国家出版基金项目
NATIONAL PUBLICATION FOUNDATION

信息化与工业化两化融合研究与应用

信息化与工业化融合战略研究

——中国工业信息化的回顾、现状及发展预见

主　编　吴　澄
副主编　孙优贤　王天然　祁国宁

科学出版社

北　京

内 容 简 介

信息化与工业化融合简称"两化融合",是我国经济发展的重要战略,是十分庞大的系统工程。中国工程院于 2009 年启动了学部咨询重点研究项目"信息化与工业化融合战略研究",本书汇集了项目研究报告的重要观点和主要内容。

本书从融合方式、融合广度、融合程度等不同视角,系统分析了"两化融合"的背景、内涵和实质,全面介绍了国内外工业信息化的历程、现状、经验和教训,深入探讨了工业信息化关键共性技术及其发展预见,详细阐述了中国工业信息化的重点领域。本书力求兼顾空间跨度、时间跨度和内容跨度,体现国家层面、科技层面和产业层面的实际需求。

本书可供政府机关、企事业单位的管理人员、技术人员学习和参考。

图书在版编目(CIP)数据

信息化与工业化融合战略研究:中国工业信息化的回顾、现状及发展预见/吴澄主编. —北京:科学出版社,2013
(信息化与工业化两化融合研究与应用)

ISBN 978-7-03-034649-0

Ⅰ.信… Ⅱ.吴 Ⅲ.①工业化-研究-中国 ②信息化-研究-中国
Ⅳ.①F424②G202

中国版本图书馆 CIP 数据核字(2012)第 118491 号

责任编辑:姚庆爽/责任校对:宋玲玲
责任印制:张 倩/封面设计:黄华斌

科学出版社 出版
北京东黄城根北街 16 号
邮政编码:100717
http://www.sciencep.com

新科印刷有限公司 印刷
科学出版社发行 各地新华书店经销

*

2013 年 3 月第 一 版 开本:B5(720×1000)
2013 年 3 月第一次印刷 印张:25 3/4
字数:510 000

定价:108.00 元
(如有印装质量问题,我社负责调换)

《信息化与工业化两化融合研究与应用》序

传统的工业化道路，在发展生产力的同时付出了过量消耗资源的代价：产业革命 200 多年以来，占全球人口不到 15％ 的英国、德国、美国等 40 多个国家相继完成了工业化，在此进程中消耗了全球已探明能源的 70％ 和其他矿产资源的 60％。

发达国家是在完成工业化以后实行信息化的，而我国则是在工业化过程中就出现了信息化问题。回顾我国工业化和信息化的发展历程，从中国共产党的十五大提出"改造和提高传统产业，发展新兴产业和高技术产业，推进国民经济信息化"，到党的十六大提出"以信息化带动工业化，以工业化促进信息化"，再到党的十七大明确提出，"坚持走中国特色新型工业化道路，大力推进信息化与工业化融合"。这充分体现了我国对信息化与工业化关系的认识在不断深化。

工业信息化是"两化融合"的主要内容，它主要包括生产设备、过程、装置、企业的信息化，产品的信息化和产品设计、制造、管理、销售等过程的信息化，其目的是建立起资源节约型产业技术和生产体系，大幅度降低资源消耗；在保持经济高速增长和社会发展过程中，有效地解决发展与生态环境之间的矛盾，积极发展循环经济，这对我国科学技术的发展提出了十分迫切的战略需求，特别是对控制科学与工程学科提出了十分急需的殷切期望。

"两化融合"将是今后一个历史时期里，实现经济发展方式转变和产业结构优化升级的必由之路，也是中国特色新型工业化道路的一个基本特征。为此，中国自动化学会与科学出版社共同策划出版《信息化与工业化两化融合研究与应用》，旨在展示两化融合领域的最新研究成果，促进多学科多领域的交叉融合，推动国际间的学术交流与合作，提升控制科学与工程学科的学术水平。丛书内容既可以是新的研究方向，也可以是至今仍然活跃的传统方向；既注意横向的共性技术的应用研究，又注意纵向的行业技术的应用研究；既重视"两化融合"的软件技术，也关注相关的硬件技术；特别强调那些有助于将科学技术转化为生产力以及对国民经济建设有重大作用和应用前景的著作。

我们相信，有广大专家、学者的积极参与和大力支持，以及编委的共同努力，本丛书将为繁荣我国"两化融合"的科学技术事业、增强自主创新能力、建设创新型国家做出应有的贡献。

最后，衷心感谢所有关心本丛书并为丛书出版提供帮助的专家，感谢科学出版社及有关学术机构的大力支持和资助，感谢广大读者对本丛书的厚爱。

中国自动化学会理事长

2010 年 11 月

引　言

在经过三十年工业化快速发展后，我国工业化的进程正面临着发达国家工业化未曾遇到过的难题：庞大的人口基数、不堪重负的环境和资源、"未富先老"的老龄化社会、日益严重的贫富差距和地区差距等。如果说前三十年，我国走改革开放道路，利用全球化的机遇，使我国工业迅速腾飞，那么，坚持改革开放，走新型工业化道路将是未来我国持续发展的主要发展战略，信息化是实现这一战略目标的重要推动力。

在这一背景下，国家提出了信息化与工业化融合、走新型工业化道路的发展战略。信息化与工业化融合是十分庞大的系统工程，具有很强的科学性和实践性，需要进行前瞻性、系统性的跨学科研究。为此，中国工程院于2009年启动了学部咨询重点研究项目《信息化与工业化融合战略研究》（中工发〔2009〕17号），项目负责人为吴澄、孙优贤、王天然。

本项目着眼于2030年前后我国经济社会发展及建设创新型国家对"两化融合"的重大需求，对"两化融合"有关的重大工程科技问题开展研究，提出"两化融合"的新思路，提出具有引领性的面向"两化融合"的关键共性技术及其产业化发展预见，提出中国工业信息化的重点研究领域建议。

项目研究报告力求满足三方面的需求：

① 国家层面：应该从和谐社会和科学发展战略的高度，紧密结合国情，关注党中央、国务院对经济和社会发展的重大设想，对"两化融合"有关的重大工程科技问题开展研究，突出重大性、宏观性、战略性和可操作性。

② 科技层面：强调内容和观点的前瞻性、系统性、战略性和客观性，强调工业化和信息化的相互融合作用，应该特别注意避免成为纯理论性的议论和预见。

③ 产业层面：突出成果的实用性和推广价值，为产业发展提供有力的支持。

在中国工程院的大力支持下，项目组经过两年多的研究，完成了《信息化与工业化融合战略研究报告》。

不同经济发展时期信息化与工业化的关系是不一样的。为了更加全面、深入地研究信息化与工业化的联系，应该从技术、经济、社会等方面全方位研究信息化与工业化融合的历史进程、内涵、战略意义、融合形式、推进方法等。本项目的研究遵循科学发展观，用系统的观点研究信息化与工业化融合中的关键问题。项目研究的主要技术路线如下：

① 在研究的空间跨度方面，对全球不同国家和地区（如美国、欧盟、日本、韩国等）信息化与工业化在经济、技术、文化、社会等发展中的相互作用和推进形式进行比较研究，总结正反两方面的经验和教训。

② 在研究的时间跨度方面，用历史的观点、发展的观点研究改革开放、特别是十五大以来信息化在推动、带动工业化过程中的方式、效果、存在的主要问题以及各级政府部门在此过程中所起的作用。

③ 在研究的内容跨度方面，强调从技术、经济和社会三个层次研究信息化与工业化融合问题，而不是简单从技术层面加以讨论，从而更加全面和深入地把握信息化与工业化融合的本质问题。

④ 在研究的成果方面，通过上述系统化的研究，以及对国内外不同行业、不同类型的企业进行调研，掌握第一手资料，提出一系列紧密结合中国国情、操作性强的建设性意见和建议，为国家有关部门制定政策和法规提供参考依据。

"融合"是指将两种或多种不同的事物合成一体的过程。"两化融合"是信息化和工业化的多层次、全方位的深度渗透，其不仅仅是一种政策或战略，还具有很强的可操作性。信息化与工业化的融合并不是一个人为的进程，而是生产力发展的必然结果。几十年以来，信息化进程和工业化进程就一直在融合，但是结合中国国情，明确提出"两化融合"的观点，并将其作为国家层面的重要政策，始于十七大报告。①

如何理解"两化融合"？"两化融合"的实质是工业信息化，是新型工业化的必由之路。通过工业信息化的过程，达到建成信息化工业的目标。

工业信息化是一个过程，是在以信息资源和信息化环境建设为基础、法规/政策/安全/标准为保障的条件下，以信息技术为代表的高新技术在工业基础设施、工业技术、工业产品、工业装备、工业管理、工业市场环境等全生命周期的各个层面渗透与融合，形成综合、集成和创新的现代工业技术，新型生产经营模式，可持续发展模式和新兴产业，从而全面提升工业竞争力、创新能力和工业素质的过程，并最终走向信息化战略与工业化战略的融合，相互协调一致，形成完整统一的新型工业化战略。

工业信息化的目标是建成信息化的工业，后者是信息社会、信息经济的基础。

工业信息化的过程在宏观社会层面、中观产业层面和微观企业层面对我国的社会经济发展都有极其重要的意义。

在宏观社会层面，工业信息化可以加速社会经济基础、生产力与生产关系从工业社会向信息社会过渡，确保实现社会经济信息化，全面推动我国的经济发展和社会进步。

_____

① 《国家中长期科学和技术发展规划纲要（2006～2020 年）》。

在**中观产业**层面，通过工业信息化加快产业结构、行业结构升级换代，促使经济增长方式从粗放式向集约式转变，推进工业经济向信息经济过渡，是带动工业行业各项工作创新和升级的突破口，也是解决当前行业管理中突出问题的有效措施。

在**微观企业**层面，工业信息化将信息技术与工业技术（制造技术、自动化技术、现代管理技术等）相结合，实现工业产品的信息化以及工业产品制造和使用/服务过程的信息化，改善工业企业的经营、管理、产品开发、生产和服务等各个环节，提高生产效率、产品质量和企业的创新能力，降低消耗，改善环境，带动产品设计方法和工具的创新、企业管理模式的创新、生产技术的创新以及企业间协作关系的创新，从而实现产品的数字化，企业经营、管理、开发、生产和服务全过程的信息化。

信息化与工业化的融合是一个双向的过程，相互渗透、相互影响、相互促进。"两化融合"本质上是一个需求（主要是工业化的需求）牵引、技术（主要是信息技术）驱动的过程。信息化对工业化的带动作用主要表现在四个方面：信息化是调整与优化传统工业结构的有效途径；信息化是降低资源消耗、减少环境污染、实现可持续发展的重要手段；信息化能大幅度提高企业运行效率、增强企业竞争能力；信息化能极大提高劳动者素质、优化人力资源结构。工业化对信息化的促进作用主要表现在两方面：工业化是信息化的物质基础和主要载体之一；工业化的需求是推动信息技术发展的动力之一。

根据不同的融合方式、不同的融合广度和不同的融合程度，信息化与工业化融合可以归结为三种形式、三个层次和三个阶段，如图 0-1 所示。

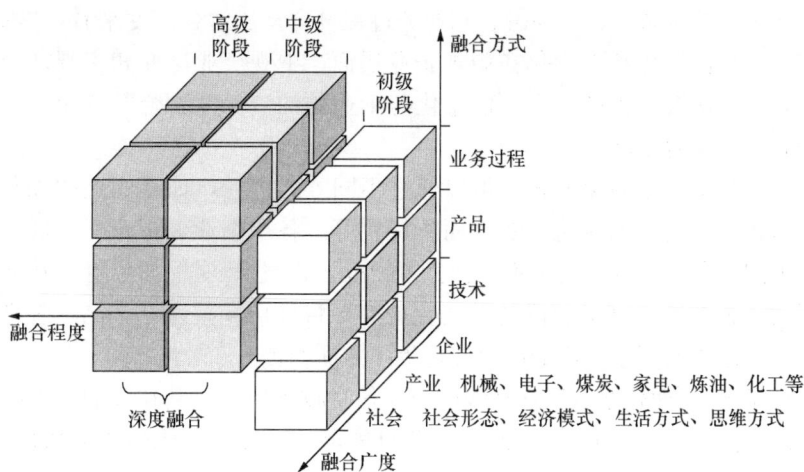

图 0-1 信息化与工业化的深度融合

　　从**融合方式**来看，信息化与工业化的融合包括技术融合、产品融合和业务过程融合三种形式。技术融合是指工业技术与信息技术的融合，产生新的技术，推动技术创新；产品融合是指将信息技术融入到工业产品中，增加产品的信息技术含量，提高自主知识产权产品的比例；业务过程融合是指将信息技术应用到企业生产、经营、管理过程的各个环节，促进业务创新和管理创新。

　　从**融合广度**来看，如前所述，信息化与工业化的融合可以在微观企业层面、中观产业层面和宏观社会层面进行。

　　从**融合程度**来看，信息化与工业化的融合可以分为初级融合、中级融合和高级融合三个阶段。在信息化与工业化的初级融合阶段，即信息化发展战略、技术装备、资源局部融合阶段，信息技术与部分业务局部集成，取得初步效益；在信息化与工业化的中级融合阶段，即信息化发展战略、技术装备、资源基本融合阶段，信息技术与核心业务（过程）基本融合，信息化发挥了战略作用，经济社会效益明显，信息化的团队能自主地解决重大的技术问题；在信息化与工业化的高级融合阶段，即信息化发展战略、技术装备、资源全面融合阶段，信息技术与全部业务高度融合，进一步发挥战略作用，工业化和信息化良性互动，产生了更多的创新性成果和更高的社会经济效益，建立了完整的信息化环境，信息化人才的创新水平达到先进国家的水平。

　　中共中央十七届五中全会通过的《中共中央关于制定国民经济和社会发展第十二个五年规划的建议》中强调："推动信息化和工业化深度融合，加快经济社会各领域信息化"。应该从融合方式、融合广度和融合程度三个方面全面地理解信息化和工业化深度融合。从融合方式来看，信息化与工业化的"深度融合"应该全面包括技术融合、产品融合和业务过程融合；从融合广度来看，"深度融合"应该包括信息化和工业化在微观企业层面、中观产业层面和宏观社会层面的全面融合；从融合程度来看，信息化与工业化的"深度融合"应该包括中级融合和高级融合阶段。

　　信息化与工业化的深度融合可以通过不同方式进行，如点到点的深化、点到线的深化、点到面的深化、线到面的深化等。各个企业、行业、区域的需求与情况不同，所采取的方式也不一样。"两化融合"进程具有阶段性，从初级阶段的"两化融合"到高级阶段的"两化融合"将经历在技术、产品、管理、效益、人才队伍以及国家层面的能力支持等多方面的提升[1][2]。

　　在技术上，"两化融合"从初级的单元信息技术应用，到初步的信息技术集成化应用，再发展到深度的业务和技术的融合，形成集成化的业务协同应用，

---

①　中国工程院，《信息化带动工业化的方式与战略》，2005 年 8 月。
②　中国工程院，《信息化推动经济社会发展有关工程科技问题研究报告》，2010 年 8 月。

以及产品的全生命周期管理与服务应用。

在产品上,应用信息技术能够加快产品的研发速度、提高产品的研制水平。在产品中广泛应用嵌入式系统,可使产品具有自动化、智能化、网络化等功能,显著提高产品的信息化含量,形成自主知识产权的产品,获得更高的附加值。

在管理和生产制造流程上,从初级的应用信息技术支持业务的高效运作,到促进新生产模式的产生和企业业务的重组,直至在全社会范围内实现制造资源的优化整合。在无所不在的信息服务和云计算技术及平台的支持下,实现企业组织结构的扁平化、降低管理成本、提高管理效率、提高组织和人员管理的实时性与组织沟通的实效性、实现智慧的企业经营管理决策。

在信息技术应用所产生的效益方面也将从初级的降低单个企业的产品成本、提高产品质量、提高管理效率的战术层指标,发展到应用信息技术提升企业和行业的核心竞争力,使企业和行业得到战略性收益。

企业的信息化人才队伍将从最初的依靠外部技术力量,发展到企业自身信息化队伍的发展壮大。

在国家和社会层面,随着"两化融合"进程的深入推进,需要从初步的鼓励企业实施"两化融合",发展到全面推进企业、行业、区域的"两化融合"的试点和示范工程;从鼓励企业采用先进的信息化技术、系统提升企业的信息化水平,发展到鼓励和促进具有自主知识产权的国产工业软件的做大做强。同时,不断制定和改进相应的法规和政策,促进"两化融合"进程的健康、有序、高效发展。

项目研究报告针对工业信息化的十项关键共性技术的技术概况、发展历史、存在问题、近期可能产生的重要进展进行了分析,提出这些技术未来 20 年以内的技术发展预见。这十项关键共性技术分别为:智能设计/制造信息化技术、先进企业生产组织模式及管理信息化技术、企业集成技术及支撑软件平台、物联网环境下的现代物流与供需链管理技术、全程电子商务、3G/4G 等无线技术工业应用、嵌入式系统、数控系统、高端工业控制技术及智能系统、现代工业传感器及仪表。

项目研究报告还提出了以下七项工业信息化的重点领域,即重大工程自动化控制系统关键技术与装备,云制造服务支撑平台及重大应用,制造服务信息化工程,工业软件,工业过程检测、控制和优化技术,装备制造业信息化工程,国家重大专项有关的信息化技术。

项目组分别在 2009 年 2 月 5 日、2009 年 6 月 9 日、2009 年 11 月 5 日、2010 年 5 月 17 日、2010 年 9 月 4 日、2011 年 4 月 27~28 日开会讨论了研究报告大纲、研究内容、报告内容、政策建议等,并邀请了部分项目顾问、专家进行咨询、讨论,完成了第十稿。2011 年 8 月 26 日,中国工程院在北京对本项目进行了验收。

　　本书汇集了项目研究报告的重要观点和主要研究成果。限于篇幅，本书未收录研究报告的第六部分"政策建议和重大项目建议"，以及附录1"国外工业信息化典型案例"和附录2"中国工业信息化典型案例"。

　　在项目研究报告撰写过程中，项目组参考了大量国内外同行专家的文献，并对有关的企业进行了调研，得到了相关领导和专家的热心接待，提供了不少有价值的信息，在此谨向他们表示衷心的感谢！

　　感谢科学出版社编辑姚庆爽先生在本书出版过程中的帮助与支持。

　　项目组组长：吴　澄，中国工程院院士，清华大学
　　项目组副组长：孙优贤，中国工程院院士，浙江大学
　　　　　　　　　王天然，中国工程院院士，中国科学院沈阳自动化研究所
　　项目组成员：
　　　　祁国宁，教授，浙江大学
　　　　范玉顺，教授，清华大学
　　　　顾新建，教授，浙江大学
　　　　朱云龙，教授，中国科学院沈阳自动化研究所
　　　　邵之江，教授，浙江大学
　　　　薛安克，教授，杭州电子科技大学
　　　　余　江，研究员，中国科学院科技政策与管理研究所
　　　　杨青海，副研究员，中国标准化研究院

　　项目顾问专家组成员：
　　　　潘云鹤，中国工程院
　　　　周宏仁，国家信息化专家咨询委员会
　　　　顾大伟，国家发展与改革委员会高技术司
　　　　闻　库，工业和信息化部科技司
　　　　徐　愈，工业和信息化部信息化推进司
　　　　赵小凡，工业和信息化部软件服务业司
　　　　杨咸武，科学技术部高新技术发展及产业化司
　　　　朱森第，中国机械工业联合会
　　　　徐少春，金蝶国际软件集团有限公司

本书各章节的主要执笔人（按章节顺序）：

主编、主审：吴澄院士
副主编：孙优贤院士，王天然院士，祁国宁教授

引言（吴澄，祁国宁，范玉顺）
第 1 章　"两化融合"的背景、内涵和实质分析（祁国宁，吴澄）
第 2 章　国外工业信息化的历程、现状、经验和教训
　　2.1　国外工业信息化的历程（余江）
　　2.2　国外信息化和工业信息化的现状（范玉顺，吴澄，余江）
　　2.3　国外工业信息化的经验和教训（余江）
第 3 章　中国工业信息化的历程、现状、经验和教训（顾新建，吴澄）
第 4 章　工业信息化关键共性技术及其发展预见
　　4.1　智能设计/制造信息化技术（顾新建）
　　4.2　先进企业生产组织模式及管理信息化技术（朱云龙）
　　4.3　企业集成技术及支撑软件平台（范玉顺）
　　4.4　物联网环境下的现代物流与供需链管理技术（朱云龙）
　　4.5　全程电子商务（朱云龙）
　　4.6　3G/4G 等无线技术工业应用（余江）
　　4.7　嵌入式系统（朱云龙）
　　4.8　数控系统（王天然，于东）
　　4.9　高端工业控制技术及智能系统（黄文君，邵之江）
　　4.10　现代工业传感器及仪表（冀海峰，邵之江）
第 5 章　中国工业信息化的重点领域
　　5.1　重大工程自动化控制系统关键技术与装备（孙优贤）
　　5.2　云制造服务支撑平台及重大应用（范玉顺）
　　5.3　制造服务信息化工程（顾新建）
　　5.4　工业软件（范玉顺）
　　5.5　工业过程检测、控制和优化技术（黄平捷，邵之江）
　　5.6　装备制造业信息化工程（顾新建，祁国宁）
　　5.7　国家重大专项有关的信息化技术（范玉顺）
全书由吴澄、顾新建、祁国宁、杨青海统稿。

目　　录

第1章 "两化融合"的背景、内涵和实质分析

1.1 中国经济社会发展及面临的主要挑战

1.1.1 中国经济社会现状

1. 举世瞩目——新中国重大历史性变迁

新中国成立六十多年来,中国的经济社会发生了翻天覆地的变化,体制机制、对外格局、综合国力、经济建设、科学技术和人民生活取得了举世瞩目的发展,演绎了亘古未有、波澜壮阔的历史性变迁。

(1) 体制机制——从计划经济到社会主义市场经济

从计划经济到社会主义市场经济,这是我国发展历史上的非凡跨越。新中国成立时,国力贫弱、百废待兴,急需搞建设。计划经济可以集中力量办大事,符合当时的认识和国情。但是,随着形势的发展,计划经济体制日益凸显"管得过多、统得过死"的弊端。将市场经济和社会主义结合起来,是人类经济发展史上的创举,是新中国社会经济发展中最关键的变革和最重要的跨越。

中国的体制机制改革正向纵深推进,社会体制改革、政治体制改革等其他各项改革也在有序进行,社会主义制度在改革中不断完善,为生产力的解放、财富的创造打开了更广阔的通途和空间。

(2) 对外格局——从封闭半封闭到全方位开放

新中国成立前夕,面对西方国家的政治隔绝、经济封锁和军事包围,中国基本处于封闭半封闭的状态。1973 年,中国占世界出口额比重降至历史最低点,仅为 0.65%。1979 年,邓小平同志提出试办经济特区,作为实行对外开放的窗口。接着,大规模地引进国外先进技术、设备、资金、智力以及兴办中外合资企业、外资企业等工作全面展开。

改革开放,打开国门搞建设,封闭的中国融入世界,成为世界第三贸易大国。2009 年上半年,中国超越德国成为世界最大的出口国。2008 年进出口贸易总额比 1950 年增长 2266 倍;利用外资规模连续多年位居发展中国家首位,2002 年以来一直居世界前 3 位;对外经济合作从无到有,2008 年合同金额达到 1130 亿美元;外汇储备从微乎其微到跃居世界首位。

世界银行副行长詹姆斯·亚当斯说:"如同 19 世纪欧洲的工业革命、20 世

纪美国崛起一样，20 世纪中期后发生在中国的故事是世界历史上最为重要的事件之一。一个贫穷的大国不仅改变了其自身，而且使它成为国际舞台上一个关键因素。"

（3）综合国力——从贫弱走向富强，迈入经济大国行列

新中国成立前夕，中国经济总量由曾占世界的三分之一①快速滑落至仅为世界的二十分之一。到 2009 年，中国已是全球三大经济体之一，重新崛起于世界的东方：经济总量从 1 万亿元到 10 万亿元，用了 15 年时间；从 10 万亿元到 20 万亿元，用了 5 年时间；从 20 万亿元到 30 万亿元，只用了短短 2 年时间。根据国际货币基金组织最新的统计数据，2010 年中国的 GDP 为 5.75 万亿美元，超过日本的 GDP（5.39 万亿美元），成为了全球第二大经济体。

至 2009 年，中国的经济总量增加 77 倍，人均国内生产总值增长 32.4 倍，国家财政收入增长 985 倍，外汇储备增加近 14000 倍，2008 年一天创造的财富量就超过了 1952 年一年的总量。

表 1-1 表示了由美国中央情报局（CIA）出版的 *The World Factbook*（《世界概况》）中 2010 年世界 10 个大国的 GDP 统计数据②。

表 1-1　2010 年世界 10 个大国 GDP 统计数据

排　名	国　家	2010 年 GDP 总量/百万美元
1	美国	14 624 184
2	中国	6 069 590
3	日本	5 390 897
4	德国	3 305 898
5	法国	2 555 439
6	英国	2 258 656
7	意大利	2 023 687
8	巴西	2 023 528
9	加拿大	1 563 664
10	俄罗斯	1 476 912

（4）经济建设——从一穷二白到建立比较完备的工业体系，农业社会转型

---

① 《康乾盛世历史报告》中有几个数据，一直到乾隆皇帝辞世的 18 世纪末，中国 GDP 在世界总份额中占到将近 1/3。中国在世界制造业总产量所占的份额仍超过整个欧洲 5 个百分点，大约相当英国的 8 倍，俄国的 6 倍，日本的 9 倍。当时美国刚刚建国，还不存在比较的基础[1]。

② *The World Factbook*，https://www.cia.gov/library/publications/the-world-factbook/index.html/index.html。

为工业社会

新中国成立前夕，中国的工业基本上处于空白。人均产纱、产原煤、发电、产钢、产原油量等，只及英国工业革命初期的水平。90％左右是分散的个体农业经济和手工业经济。"一五"计划时期建设156项工程，以及西南、西北内陆地区的"三线"重工业建设，成功构造了中国工业的基本骨架。

六十年后，中国由一个只能制造初级工业产品的国家成为世界制造业大国，成为名副其实的"世界制造工厂"。

在工业化的浪潮中，2亿多农民离开土地，投身到工业化进程中；数百万乡镇企业异军突起，成为工业化进程的重要力量。农村工业化，是亿万农民改变自己命运的自主行动和伟大创造。

（5）科学技术——从重点突破到全面创新，向科技强国进发

新中国的诞生，是科技事业腾飞的光辉起点。1949年中国科学院成立，1956年制定实施《1956～1967年科学技术发展远景规划》，集中力量形成了以"两弹一星"为代表的一批重大科技成果，缩短了中国整体科技水平与世界先进水平的差距，也奠定了中国科技发展的坚实基础。

1978年全国科学大会召开，邓小平提出"科学技术是生产力"的论断，翻开了科技事业发展的崭新篇章，科学技术从此突飞猛进。中国已初步形成了科研院所、高校、企业和科技中介机构等各具优势和特色的创新主体，企业在技术创新中的主体地位不断加强。目前，全国从事科技活动的人员有近500万人。研发人员总量仅次于美国，居世界第二位[①]。

（6）人民生活——从温饱过渡到小康，从生存型生活转向发展型生活

新中国成立前夕，人们连最低的生活都难以维持。当时中国人的平均预期寿命只有35岁，4000万灾民等待救助。

六十年后，城镇居民人均收入增长近158倍，农村居民人均纯收入增长近108倍，城乡居民人民币储蓄存款余额增加2.5万倍，财产性收入进入寻常百姓家庭。城乡居民恩格尔系数下降超过22个百分点，按照联合国粮农组织的标准，分别属于富裕型消费结构和小康水平。中国人的平均预期寿命已经达到73岁。

2. 任重道远——全面建设小康社会

在当今全球竞争日益激烈的环境下，不断提升本国的竞争力是成功胜出的关键。中国社会科学院城市与竞争力研究中心等发布的《国家竞争力蓝皮书（2010版）》指出：到2020年，中国将成为"综合强大"、"关键一流"、"整体中

① 《国家中长期人才发展规划纲要（2010～2020年）》。

上"的先进国家①。

"综合强大",是指中国的国家竞争力将达到世界领先水平,进入世界五强行列。

"关键一流",是指中国在关键重要的领域,如高新技术等,达到或超过世界领先水平,建成一个创新型的国家。

"整体中上",是指各项国家竞争力指标在世界排名都进入中上游,整体达到中等发达国家水平。

《国家竞争力蓝皮书(2010版)》还指出:到2030年,中国综合国家竞争力将仅次于美国和欧盟;到2050年,中国综合国家竞争力将仅次于美国,成为世界第二强国。

(1)国家竞争力

1990~2008年,在全球100个主要国家中,中国国家竞争力由第73名上升至第17名。中国国家竞争力态势可以概括为:进步巨大,潜力无穷,改革开放居功至伟。

(2)经济效率

1990~2008年,中国经济效率进步较慢,仅由第79名上升至第56名。中国效率竞争力态势可以概括为:整体落后,进步巨大,挑战严峻,任重道远。

(3)经济增长

1990~2008年,中国经济增长由第13名上升至第2名。中国增长竞争力态势可以概括为:长期领先,优势稳定,稳定增长,潜力巨大。

(4)经济结构

1990~2008年,中国经济结构长期在末端徘徊,仅由第91名上升至89名。中国结构竞争力态势可以概括为:低位徘徊,形势严峻,提升乏力,亟待调整。

(5)创新竞争力

1990~2008年,中国创新竞争力进步较大,由第48名上升至第22名。中国创新竞争力态势可以概括为:先稳后升,奋起直追,厚积薄发,创新增强。

(6)主体素质竞争力

2004~2008年,中国的主体素质竞争力在G20②中一直位居第4,但指数进步明显。其中,2008年中国的企业素质居第2位,公共部门居第2位,家庭素质居第8位。

---

① 中国社会科学院城市与竞争力研究中心,《国家竞争力蓝皮书:中国国家竞争力报告(2010版)》。

② G20即20国集团,成员包括:美国、澳大利亚、加拿大、中国、英国、法国、欧盟、日本、德国、韩国、巴西、土耳其、意大利、沙特阿拉伯、南非、印度、俄罗斯、印度尼西亚、墨西哥、阿根廷。

（7）国内要素供给竞争力

2004～2008 年，中国的国内要素供给竞争力在 G20 中从第 11 名上升至第 8 名，部分领域问题突出。其中，2008 年中国的人力资本居第 5 位，教育健康居第 14 位，金融体系居第 12 位，科学技术居第 6 位，文化艺术居第 4 位，区位环境居第 6 位，资源禀赋居第 4 位，基础设施居第 12 位。

（8）国内需求

2004～2008 年，中国的国内需求在 G20 中由第 11 名上升至第 9 名，总量占优、潜力巨大，但结构落后、层次不高。其中，2008 年中国的需求规模居第 3 位，需求水平居第 18 位，需求层次居第 15 位，需求结构居第 20 位，需求潜力居第 1 位。需求结构的各项指标偏离全球平均程度都比较大，表明我国经济结构劣势较大，经济增长方式亟待转变。

（9）国内联系竞争力

2004～2008 年，中国的国内联系竞争力在 G20 中由第 6 名下降至第 11 名，问题集中在空间联系差、产业集中低、社会交往弱。其中，2008 年中国的空间集中居第 19 位，产业集中居第 17 位，社会交往居第 20 位，物理联系居第 1 位，经济关系居第 3 位，社会关系居第 12 位，结构关系居第 11 位。

（10）全球联系竞争力

2004～2008 年，中国的全球联系竞争力在 G20 中由第 6 名上升至第 5 名，商品与服务流动频繁，但出口商品层次较低。其中，2008 年中国的商品与服务流动居第 2 位，资金流动居第 5 位，人口流动居第 16 位，信息流动居第 18 位，国际经济关系居第 1 位，国际科技关系居第 7 位，国际文化关系居第 15 位，国际军政关系居第 6 位。

（11）公共制度竞争力

2004～2008 年，中国的公共制度竞争力在 G20 中由第 16 名上升至第 14 名，仍是中国薄弱环节，加快改革刻不容缓。其中，2008 年中国的产权保护居第 10 位（2004 年居第 13 位），市场竞争居第 11 位，政府监管居第 13 位，社会管理居第 20 位，民间规则居第 13 位，国际制度居第 18 位。

综上所述，为了实现全面建设小康社会的宏伟目标，全面推进中国经济社会的发展，中国人民任重道远，还要面对很多重大的困难，还有很多重要的事情需要我们去做。综合判断国际国内形势，我国发展仍处于可以大有作为的重要战略机遇期，既面临难得的历史机遇，也面对诸多可以预见和难以预见的风险和挑战。我们必须"坚持把经济结构战略性调整作为主攻方向，坚持把科技进步和创新作为重要支撑，坚持把保障和改善民生作为根本出发点和落脚点，坚持把建设资源节约型、环境友好型社会作为重要着力点，坚持把改革开放作为强大动力"①。

1.1.2　中国经济社会发展面临的主要挑战

当今世界正处在大发展、大变革、大调整时期。世界多极化、经济全球化深入发展,科技进步日新月异,国际金融危机影响深远,世界经济格局发生新变化,国际力量对比出现新态势,全球思想文化交流、交融、交锋呈现新特点,综合国力竞争和各种力量较量更趋激烈,给我国发展带来新的机遇和挑战。我国经济建设、政治建设、文化建设、社会建设以及生态文明建设全面推进,工业化、信息化、城镇化、市场化、国际化深入发展,我国正处在进一步发展的重要战略机遇期,在新的历史起点上向前迈进②。

当前和相当长的一段时间内,各种积极变化和不利影响此长彼消,短期问题和长期矛盾相互交织,国内因素和国际因素相互影响,经济社会发展中"两难"问题增多。从国际看,世界经济有望恢复性增长,国际金融市场渐趋稳定,经济全球化深入发展的大趋势没有改变,世界经济格局大变革、大调整孕育着新的发展机遇。同时,世界经济复苏的基础仍然薄弱,金融领域风险没有完全消除,各国刺激政策退出抉择艰难,国际大宗商品价格和主要货币汇率可能加剧波动,贸易保护主义明显抬头,加上气候变化、粮食安全、能源资源等全球性问题错综复杂,外部环境不稳定、不确定因素依然很多。从国内看,我国仍处在重要战略机遇期。经济回升向好的基础进一步巩固,市场信心增强,扩大内需和改善民生的政策效应继续显现,企业适应市场变化的能力和竞争力不断提高。但是,经济社会发展中仍然存在一些突出矛盾和问题。经济增长内生动力不足,自主创新能力不强,部分行业产能过剩矛盾突出,结构调整难度加大;就业压力总体上持续增加和结构性用工短缺的矛盾并存;农业稳定发展和农民持续增收的基础不稳固;财政金融领域潜在风险增加;医疗、教育、住房、收入分配、社会管理等方面的突出问题亟待解决③。

2020年前后,我国将实现全面建设小康社会的目标,将把一个占全球人口1/5的大国带入比较富裕、文明的社会。这是一个人类历史上最为艰巨和宏大的社会进步过程。

中国共产党十六届三中全会审议通过的《中共中央关于完善社会主义市场

---

① 《人民日报》社论:《为全面建成小康社会打下具有决定性意义的基础》,2010年10月19日。
② 《中国共产党第十七届中央委员会第四次全体会议公报》(2009年9月18日中国共产党第十七届中央委员会第四次全体会议通过)。
③ 温家宝,《2010年政府工作报告》,2010年3月5日在第十一届全国人民代表大会第三次会议。

经济体制若干问题的决定》中提出的"五个统筹"的改革目标，即统筹城乡发展、统筹区域发展、统筹经济社会发展、统筹人与自然和谐发展、统筹国内发展和对外开放，实际上是试图解决我国当前经济社会发展过程中的一些最突出的矛盾，推进生产力和生产关系、经济基础和上层建筑相协调，推进经济建设、政治建设、文化建设、社会建设的各个环节、各个方面相协调。

增长不等于发展，失衡的增长甚至可能破坏发展。在经济高速增长的背后，目前我国经济社会发展明显失衡，社会发展相对滞后。特别是在人口、资源、环境、公共卫生、公共安全等方面，中国所面临的压力越来越大，并在一定程度上形成了对经济社会发展的瓶颈性约束。促进人口、资源与环境的协调发展，促进区域之间的协调发展，促进经济与社会的协调发展，是我国全面建设小康社会的必然要求。

若干重大因素将长期影响中国经济社会发展，机遇与挑战并存。这些因素包括：全球化和金融危机、资源和环境、人口老龄化和公共卫生、城市化、公共安全等。这些问题之间存在着错综复杂的关系，需要从不同的层次、不同的角度着手解决这些问题，而信息化与新型工业化的深度融合，特别是工业信息化则是解决这些问题的主要切入点之一。

1.1.2.1 全球化和金融危机

1. 全球化和经济全球化

全球化（globalization）是一个以经济全球化为核心，包含各国、各民族、各地区在政治、文化、科技、军事、安全、意识形态、生活方式、价值观念等多层次、多领域的相互关联、相互影响、相互制约的多元概念。

经济全球化是指世界经济活动超越国界，通过对外贸易、资本流动、技术转移、提供服务，相互依存、相互联系而形成的全球范围的有机经济整体。经济全球化是当代世界经济的重要特征之一，也是世界经济发展的重要趋势。国际货币基金组织（IMF）指出："经济全球化是指跨国商品与服务贸易及资本流动规模和形式的增加，以及技术的广泛迅速传播使世界各国经济的相互依赖性增强"。经济合作与发展组织（OECD）则认为："经济全球化可以被看做一种过程，在这个过程中，经济、市场、技术与通信形式都越来越具有全球特征，民族性和地方性在减少"。

经济全球化是人类发展进步的表现，是世界经济发展的必然结果。目前，经济全球化显示出强大的生命力，并对世界各国经济、政治、军事、社会、文化等各个方面，甚至包括思维方式等，都造成了巨大的冲击。经济全球化是一场深刻的革命，任何国家都无法回避，唯一的办法是去适应它，积极参与经济全球化，在历史大潮中接受检验。对于每个国家来说，经济全球化是一柄双刃剑，既是一种机遇，也是一种挑战。

作为机遇，经济全球化可以促进世界范围内的资金、技术、产品、市场、资源、劳动力的有效合理的配置；可以为世界各国人民提供选择物美价廉的商品和优质服务的机会；可以促进贸易和投资的自由化；可以加速技术转让和产业结构调整的进程。

中国在经济全球化的进程中不失时机地抓住了机遇，取得了令世人瞩目的成果。根据国家统计局《2009 年国民经济和社会发展统计公报》（2010 年 2 月 25 日发布），2009 年我国国内生产总值为 335353 亿元，比上年增长 8.7%。2009 年，中国产品出口规模达到了 12000 亿美元，超过德国，处于世界第一。2009 年中国制造业在全球制造业总值中所占比例已达 15.6%，成为仅次于美国的全球第二大工业制造国，对世界经济贡献率①升至全球第一，达到 19.2%。

作为挑战，经济全球化也存在严重的负面效应：经济全球化拉大了各国的贫富差距，加剧了世界经济的不平衡；经济全球化加强了世界经济的不稳定性；经济全球化还可能导致发展中国家的生态环境遭到加速破坏。

经济全球化首先带来的是对发展中国家民族经济的冲击，而且这种冲击是建立在不平等关系基础之上的。经济全球化中获益最大的当然是社会生产力高度发展的发达国家，尽管发达国家极力倡导经济全球化和贸易自由化，但是各国政府为维护本国利益，仍然实施各种贸易壁垒措施。尤其是非关税壁垒措施，如绿色壁垒、技术壁垒等，这些由发达国家有意制定的贸易标准往往都是发展中国家难以达到的。

一个国家的全球化程度越高，其受到经济全球化的影响就越大。我们既要看到中国经济总量在不断增加，经济实力在不断增强，更要看到中国仍然是一个发展中国家。原美国商务部副部长 Robert Shapiro 认为："在全球的所有国家中，美国和中国的全球化程度最高，而欧盟的全球化程度只有美国和中国的一半……在中国，转移而来的制造业十分发达，而其他行业却要落后几十年。差距之大一点不亚于日本与纳米比亚的经济发展差距。"由此可见，对于经济体制还不十分完善、科学技术还不十分发达的中国，如何在全球化的进程中规避风险、稳步前进，在 2020 年前后实现全面建设小康社会的目标，确实是一个关系到我国经济社会稳定发展的重大课题。

2. 金融危机

世界经济刚刚经历了一场严重的衰退，表现为金融的动荡、财富的大规模蒸发、

---

① 世界经济贡献率：当年某国 GDP 增量与世界 GDP 增量之比。

工业产值的下降以及全球贸易额的下跌。国际劳工组织提供的资料显示：2009 年劳动力市场状况的持续恶化，可能会使全球失业工人人数比 2007 年增长 3900 万～6100 万。截止到 2009 年年底，世界范围内的失业人数已经达到 2.19～2.41 亿人[2]。

美国金融危机和欧洲主权债务危机对中国最大的冲击，是对我国原有经济发展方式的冲击。同时，该冲击的负面影响不会是短期的，在今后若干年内仍会继续。因此，扩大内需特别是扩大消费，是中国今后一个时期确保经济稳定增长的关键，也是转变经济发展方式的重要保障。图 1-1 表示了金融危机对不同行业的影响时间与影响程度。

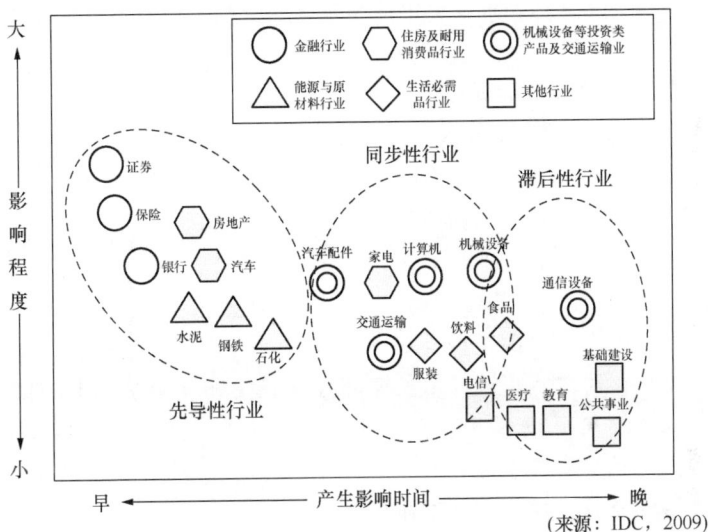

图 1-1　金融危机对不同行业的影响时间与影响程度

国际金融危机对全球经济产生了巨大的影响。2009 年我国经济遇到了非常严峻复杂的局面，国际金融危机还在继续扩散蔓延，世界经济进入了深度的衰退。在百年不遇的金融危机的冲击与催化下，世界经济将面临以下四方面转型①：

（1）世界经济格局转型

由单极向多极化转型。这次发轫于美国的世界性经济危机从根本上动摇了 20 世纪 80 年代以来美国一国独霸的单极化格局。正在形成的欧盟经济区、美洲经济区、东亚经济区三足鼎立的世界经济新格局，将成为左右未来世界经济发展的新地缘力量。

（2）世界经济形态转型

从传统工业经济向生态经济转型。人类社会正处在一个多重危机并发与新

---

① 国家行政学院张孝德，《"十二五"规划应突出三个功能》，2010 年 3 月 17 日。

经济形态兴起的时期。在当今世界遭受的金融危机与能源环境危机的重压下，探索一种更具有持续性的新经济形态，正逐渐成为世界各国应对环境危机的新选择。特别是目前正在兴起的新能源革命、低碳经济、循环经济等，酝酿着人类文明史上继工业经济之后的又一次新经济形态革命。

（3）世界经济增长动力转型

以新能源产业、智能产业、低碳贸易、文化产业与有机农业为主导的新型产业，正在成为世界各国获得新竞争优势的新领域。

（4）国际社会价值趋向转型

从单一的物质价值观向多元化的生态价值观、文化价值观、人本价值观转型。

上述正在发生的四方面转型，不是局部的、短期的转型，而是多重危机催化下的人类文明形态、经济形态、增长模式与文化范式拐点式转型，这一过程将会持续相当长的时间。当代中国已经不是这次转型的旁观者，而是当代世界转型多极文明力量不可缺少的新成员。

1.1.2.2　资源和环境

半个多世纪以来，中国工业化基本上走的是一条靠要素投入驱动的传统工业化道路。建立在对自然资源环境长期高强度开发和利用基础上的传统工业化，已经使中国的资源与环境不堪重负，无法继续维持下去。我国的未来工业化必须是以信息化带动、科技含量高、经济效益好、资源消耗低、环境污染少、人力资源优势得到充分发挥的新型工业化。

中国共产党的十六届五中全会明确提出"建设资源节约型、环境友好型社会"，并首次将建设资源节约型和环境友好型社会确定为国家经济与社会发展中长期规划的一项战略任务。"资源节约型社会"是整个社会经济建立在节约资源基础上的社会形态，它以提高资源利用效率、节约资源为核心，借助先进的科学技术和管理理念，采用法律、行政、经济、工程和宣传教育等综合措施建立资源高效利用的社会系统。"环境友好型社会"是人与自然和谐发展的社会形态，其核心是人类的生产和消费活动与自然生态系统协调可持续发展。通过人与自然的和谐来促进人与人、人与社会的和谐。"环境友好型社会"要求认识并尊重自然环境及其演变规律，保护生态环境，在全社会形成有利于环境的生产方式、生活方式和消费方式，努力降低自然资源消耗，建立人与自然的良性互动关系，构建经济社会环境协调发展的社会体系。

《中共中央关于制定国民经济和社会发展第十二个五年规划的建议》[①] 指出，

---

① 2010 年 10 月 18 日中国共产党第十七届中央委员会第五次全体会议通过。

"坚持把建设资源节约型、环境友好型社会作为加快转变经济发展方式的重要着力点。深入贯彻节约资源和保护环境基本国策，节约能源，降低温室气体排放强度，发展循环经济，推广低碳技术，积极应对气候变化，促进经济社会发展与人口资源环境相协调，走可持续发展之路。"

1. 资源问题——从资源消耗型向资源节约型转变

作为世界上最大的发展中国家，我国的资源基础虽然在总量上相当可观，但由于人口基数十分庞大，人均资源量明显不足，关键资源要素，如能源、水资源、矿产资源等的人均占有量仅为世界平均水平的一半及以下，加之资源开发和利用效率低，又进一步恶化了供给资源状况。随着今后中国经济快速增长和工业规模迅速扩大，资源对经济发展的瓶颈性制约作用将会越来越大。

1）能源

能源是人类活动的物质基础，是自然界赋存的已经查明和推定的能够提供热、光、动力和电能等各种形式的能量来源，包括一次能源和二次能源。

受能源资源、气候环境、技术装备以及国际环境等多重因素的影响，中国能源的发展面临诸多挑战。

（1）资源环境约束与能源需求的矛盾日益突出

多煤、少油、缺气的能源资源状况，决定了我国能源消费仍将长期以煤炭为主。煤炭的过度使用必然导致环境污染的加重，使经济发展、能源消费与环境保护、气候变化的矛盾日益突出，减少二氧化碳排放的国际压力不断加大。油气资源的短缺，造成石油供给能力的不确定性增加，供应安全存在很大的不稳定因素。

2009 年全年能源消费总量 31.0 亿吨标准煤，比上年增长 6.3%。煤炭消费量 30.2 亿吨，比上年增长 9.2%；原油消费量 3.8 亿吨，比上年增长 7.1%；天然气消费量 887 亿立方米，比上年增长 9.1%；电力消费量 36973 亿千瓦时，比上年增长 6.2%[1]。

据统计，我国人均能源资源占有量不到世界平均水平的一半，石油仅为十分之一。国家统计局 2010 年 1 月 21 日数据显示，2009 年我国共进口原油 2.038 亿吨，由此计算，2009 年我国原油进口依存度[2]已达 52%，这也是官方公布数据以来，我国石油对外依存度首度超过 50%的警戒线。

---

① 中华人民共和国国家统计局，《中华人民共和国 2009 年国民经济和社会发展统计公报》，2010 年 2 月 25 日。

② 全年原油进口量占全年原油产量和进口量之和的比例。

自从 1993 年以来，我国原油对外依存度由当年的 6％一路攀升，到 2006 年突破 45％，其后以年均 2 个百分点左右的速度递增，2007 年为 47％，2008 年为 49％，到 2009 年突破 50％的警戒线，仅仅用了 16 个年头。根据《全国矿产资源规划（2008～2015 年）》的预测，至 2020 年，中国原油对外依存度将达到 60％。而 2009 年年中发布的《能源蓝皮书》则预测，十年后中国的原油对外依存度将达到 64.5％，严重威胁着国家的能源安全。

（2）能源利用效率有待进一步提高

我国正处于加快工业化进程的发展阶段，产业结构重工业化倾向严重。工业整体技术水平与国际先进水平相比还有一定的差距，能源利用效率普遍偏低。加快产业结构调整，采用以信息技术为代表的高新技术加大设备更新改造将是一项长期而艰巨的任务。

目前我国主要用能产品的能耗比发达国家高出 25％～90％，平均高出 40％左右。即使在国内企业之间，主要耗能产品的单耗也相差 1～4 倍之多。

美国是全球能耗最高的国家，目前人均二氧化碳排放约为中国的 4 倍，高居世界榜首。但是，如果按照单位 GDP 能耗来计算，中国的单位能耗几乎相当于美国的 3 倍。面对现存国际能源利用格局，中国可能比其他国家更早地面临传统能源危机，这种状态将使国家能源安全很难得到有效保障。

（3）能源管理体制、机制有待进一步完善

为适应社会主义市场经济的需要，能源经济体制还在不断探索中改革，真正市场条件下价格调控能源供需的机制还没有形成，法律法规建设以及能源储备和应急机制还有待进一步完善。

2）水资源

地球上的水资源包括由人类控制并直接可供灌溉、发电、给水、航运、养殖等用途的地表水和地下水，以及江河、湖泊、井、泉、潮汐、港湾和养殖水域等。水资源是发展国民经济不可缺少的重要自然资源。

目前，中国水资源及其利用存在严重的问题。

（1）水资源短缺

中国水资源总量少于巴西、俄罗斯、加拿大、美国和印度尼西亚，居世界第六位。人均水资源占有量仅为世界平均水平的 1/4，排在第 110 位之后，而且时空分布相当不均衡。全国正常年份总缺水量约为 400 亿立方米，全国 668 座城市中 400 多座城市缺水，因缺水造成工农业损失每年达数千亿元。

（2）水资源污染严重

全国七大水系及太湖、滇池和巢湖中，只有不到 40％的河段达到水环境质量 3 类标准，75％以上的湖泊富营养化加剧，50％的城市地下水不同程度受到污染。

（3）水资源浪费现象严重

农田灌溉水量超过农作物实际需水量的 1/3 甚至 1 倍以上，工业用水中的单位产品耗水率高于先进国家几倍甚至十几倍，城市水资源的重复利用率仅为 30%～50%。随着工业化与城市化进程的进一步加快，估计到 2020 年前后总需水量将增加到 6800 亿立方米左右，我国水资源短缺的压力将会持续增大。

3）主要矿产资源

按特点和用途，通常可将矿产资源分为金属矿产、非金属矿产和能源矿产三大类。中国是世界上疆域辽阔、成矿地质条件优越、矿种齐全配套、资源总量丰富的国家，是一个具有自己资源特色的矿产资源大国。中国矿产资源的主要特点是：矿产资源总量丰富，人均资源相对不足；矿产品种齐全配套，资源丰度不一；矿产质量贫富不均，贫矿多、富矿少；超大型矿床少，中小型矿床多；共生伴生矿多，单矿种矿床少。

我国矿产资源总量大，但人均少、禀赋差，大宗、支柱性矿产不足，经济社会发展的阶段性特征和资源国情，决定了矿产资源大量快速消耗态势短期内难以逆转，资源供需矛盾日益突出。从长期看，主要矿产资源对我国经济发展的约束会进一步加大。

据预测，到 2020 年，我国铁矿石消费量将超过 13 亿吨，累计需求超过 160 亿吨；精炼铜 730～760 万吨，累计需求将近 1 亿吨；铝 1300～1400 万吨，累计需求超过 1.6 亿吨。如不加强勘查和转变经济发展方式，届时在我国 45 种主要矿产中，有 19 种矿产将出现不同程度的短缺，其中 11 种为国民经济支柱性矿产，铁矿石的对外依存度在 40% 左右，铜和钾的对外依存度仍将保持在 70% 左右[①]。

4）海洋与空间资源

随着当代科学技术的迅猛发展，人类将发展的目光更多地投向海洋和空间。在未来几十年里，各国对海洋和空间资源的争夺将日趋激烈。中国作为一个处于上升期的大国，也应当从长远利益出发，把加强海洋和空间的开发与利用、拓展发展的新领域和新空间放在战略高度上进行安排和部署。在海洋方面，无论是从保障对外贸易、维护石油等战略物资供应安全出发，还是从实现国家完全统一、确保国家 300 万平方公里领海主权、利用大洋资源等需要来看，中国都必须依靠科学技术加快走向"深海"的步伐。在空间方面，中国作为一个幅员辽阔的国家，积极发展空天技术，参与空间竞争，对利用空天资源、应对现代战争的需求、维护国家主权和国家安全，都具有十分重要的战略意义。一个不断走

① 国土资源部，《全国矿产资源规划（2008～2015 年）》。

向富强的中国，一定是要在海洋和空间领域有所作为、有所影响的中国。①

总之，在我国工业化进程中，无法回避水资源、能源和主要矿产资源等严重短缺的瓶颈约束。中国特殊的国情，决定了我们必须一方面以更加积极和开放的视野，努力开拓各种新的资源空间；另一方面还要把大幅度降低资源消耗作为实现工业现代化的基本要求。如何建立起资源节约型产业技术和生产体系，用较少的资源消耗实现 GDP 再翻两番的战略目标，对我国科学技术的发展提出了十分迫切的战略需求。

2. 环境问题——从环境破坏型增长向环境友好型增长转变

我国生态环境具有明显的脆弱性，巨大人口总量，不断增强的活动强度和提高生活质量的要求，与生态环境的承载能力构成了尖锐的矛盾。当前，我国生态环境总体功能不断下降，抵御各种自然灾害的能力逐渐减弱。目前我国水土流失面积为 356 万平方公里，占国土总面积的 1/3；全国沙化土地 173 万平方公里，约占国土总面积的 18%；土地面源污染日趋严重，中东部地区受重金属污染的土地占灌溉面积的 20%；全国历年垃圾堆存量目前已高达 60 亿吨，占用耕地 5 亿平方米，有 220 个城市已陷入垃圾包围之中；大气污染程度依然严重，酸雨区面积约占国土面积的 30%。需要高度重视的一个问题是，随着中国经济发展，各类能源（特别是传统能源）消耗量迅速增长，如果未来我国的能源消耗方式、能源消耗结构和效率上没有明显的进步，中国将成为对全球环境造成最严重影响的国家之一。作为一个负责任的大国，中国必须在保持经济高速增长和社会发展的过程中，有效地解决现实发展与生态环境间的矛盾，积极发展循环经济，这也是未来我国经济社会发展面临的紧迫任务②。

1.1.2.3　人口老龄化和公共卫生

1. 人口老龄化

一个国家人口生育率的迅速下降在造成人口老龄化加速的同时，少儿抚养比例迅速下降，劳动年龄人口比例上升。在老年人口比例达到较高水平之前，将会形成一个劳动力资源相对丰富、抚养负担较轻、十分有利于经济发展的"黄金时期"，人口经济学家称之为"人口机会窗口"或"人口红利期"（demographic window）。

世界部分地区和国家"人口机会窗口"或"人口红利期"的大致情况如下：

---

① 《国家中长期科学和技术发展规划纲要（2006～2020 年）》。
② 中国工程院，《信息化推动经济社会发展有关工程科技问题研究报告》，2010 年 8 月。

① 欧洲 1950～2000 年；

② 中国 1990～2015 年；

③ 印度 2010～2050 年；

④ 大多数非洲国家 2045 年或更晚～？年。

中国目前的人口年龄结构尚处于人口红利的阶段，每年供给的劳动力总量约为 1000 万，劳动人口比例较高，保证了经济增长中的劳动力需求。由于人口老龄化高峰尚未到来，社会保障支出负担轻，财富积累速度比较快。但是，在"十二五"末期、"十三五"初期，中国的人口机会窗口将会过去。届时，中国将成为人口老龄化程度比较严重的国家之一。解决好老龄化问题，是一个关系国计民生和国家长治久安任务。

人口老龄化是指总人口中因年轻人口数量减少、年长人口数量增加而导致的老年人口比例相应增长的过程。国际上通常把 60 岁以上的人口占总人口比例达到 10%，或 65 岁以上人口占总人口的比例达到 7% 作为某个国家或地区是否进入老龄化社会的标准。

截至 2009 年 10 月，全国 60 岁以上的老年人口为 1.62 亿，占总人口的 12.79%。从 2009 年开始我国老龄化进入快速发展阶段，老年人口将年均增加 800 万～900 万人。据测算，到 2020 年与 2050 年时，我国 65 岁及以上人口比例预计将分别达到 12% 与 24%，三十年后将出现"老龄社会危机时点"。即，在 2035 年将出现 8.1 亿劳动人口（15～64 岁）对 2.94 亿老龄人口（65 岁以上）的局面，减去在校生、失业人口和未达纳税起征额的低收入人口，将出现不足两个纳税人供养一个养老金领取者的局面。造成"生之者寡，食之者众"的局面，需要预谋对应之策，健全社会保障制度①。

我国人口老龄化的主要特点是：第一，人口老龄化提前达到高峰。20 世纪后期，为控制人口的急剧增长，国家推行计划生育政策，使得人口出生率迅速下降，加快了我国人口老龄化的进程。第二，在社会经济不太发达状态下进入人口老龄化。先期进入老龄化社会的一些发达国家，目前人均国民生产总值一般达到 20000 美元以上，呈现出"先富后老"，这为解决人口老龄化带来的各种问题奠定了经济基础。而我国进入老龄化社会时，人均国民生产总值约为 1000 美元，呈现出"未富先老"，由于经济实力还不强，无疑增加了解决老龄化问题的难度。第三，在多重压力下渡过人口老龄化阶段。21 世纪前半叶，我国在建立和完善社会主义市场经济体制过程中，改革和发展的任务繁重，经济和社会要可持续发展，社会要保持稳定，各种矛盾错综复杂，使得解决人口老龄化问题的任务相对发达国家和人口较少的国家更为艰巨。

---

① 全国老龄工作委员会办公室，《2009 年度中国老龄事业发展统计公报》，2010 年 7 月 13 日。

2. 提高公共卫生与健康水平

公共卫生是关系到一个国家或一个地区人民大众健康的公共事业，关系到人类自身发展和社会劳动力资源的维护。公共卫生的具体内容包括对重大疾病尤其是传染病（如结核、艾滋病、SARS 等）的预防、监控和医治；对食品、药品、公共环境卫生的监督管制，以及相关的卫生宣传、健康教育、免疫接种等。目前我国公众的卫生与健康保障条件仍非常落后，形势严峻。

据统计，截至 2009 年 10 月底，中国内地已累计报告艾滋病感染者 319877 例，其中艾滋病病人 102323 例，死亡 49845 例；肺结核病人超过 500 万人；乙型肝炎病毒感染者超过 1.1 亿人；糖尿病患者超过 2000 万人；血吸虫病患者达到 80 万人[①]。

更加值得关注的是，中国还是世界卫生公共资源分配最不公平、分布最不平衡的国家之一。全国农村居民中有 90％左右尚未建立起基本的公共卫生与医疗保障，占全部人口 70％的农民只能消费不到 20％的医药产品和服务。作为一个拥有十多亿人口的发展中国家来说，我们事实上无法按照发达国家的方式解决十几亿人口，特别是大多数农村人口的卫生和健康问题，因此需要建立符合中国国情的公共卫生、健康系统和技术支持体系，走出一条真正符合中国国情、具有中国特色的国民卫生健康体系建设之路。

1.1.2.4　城市化

城市化（urbanization），也称城镇化、都市化，是由农业为主的传统乡村社会向以工业和服务业为主的现代城市社会逐渐转变的历史过程，具体包括人口职业的转变、产业结构的转变、土地及地域空间的变化等。

我国一般用"城镇化"而不用"城市化"，反映了我国对城市化进程的解决基本思想。这里仍用"城市化"是因为从全球面临的挑战来分析，而不涉及我国在这方面的解决策略。

20 世纪 90 年代后期以来，金融资源配置的重心由工业化转向城市化。资金流程的改变和资本形成的偏向都表明了中国经济增长的主导因素已经逐渐从工业化转向了城市化。

联合国人口司 2010 年 3 月 25 日发布了《世界城市化展望 2009 年修正版》。报告称，中国在过去 30 年中的城市化速度极快，超过了世界其他国家。1980 年中国有 51 个 50 万人以上人口的城市，到 2010 年，中国增加了 186 个 50 万人以上人口的城市。预计在未来 50 年，中国还将增加 100 个左右 50 万人以上人口的城市。城市化已经成为中国经济增长中面临的重要课题之一。

---

① 中国工程院，《信息化推动经济社会发展有关工程科技问题研究报告》，2010 年 8 月。

2010年中共中央"一号文件"明确提出,要统筹城乡发展,推进城镇化建设。中央的意图是非常清楚的:不能无止境、无限制地盲目发展城市,此类教训国外已有很多。要降低城市化的经济和社会成本,就要以城镇化为主线,从而缓解大城市的压力,保持城乡的均衡发展。

中国经济发展经历两个过程:一是工业化决定城市化,二是城市化拉动工业化。在工业化决定城市化时期,大量的资源在工业部门流动,包括工业化本身创造的价值和大量其他部门转移的价值,如税收减让、工业用地无偿使用、劳动力无社会保障、国家利用银行系统压低资金价格提供廉价资金,以及大幅度补贴基础设施、出口退税等。上述"扭曲结构"补贴工业化的特征造成了资源耗费型的经济增长。

当城市化成为新的经济增长主导因素以后,中国经济发展进入城市化拉动工业化时期,价值转移的顺序将会发生重大变化:首先是消除"结构扭曲",将原来人为压低的价格逐步按市场的方式加以校正,在这一方式转变中的稀缺资源再估值就变得有意义了。中国工业化发展最无价的资源是土地、水和空气,而在城市化过程中它们将成为最为稀缺的资源,因而价格体系的调整是必然的。

城市化更深刻的含义不仅仅在重新理解资金、资源的流向和价值,更重要的是城市化彻底改变了中国农村经济社会发展环境的空间分配模式,也改变了工业化过程中的项目发展模式,使城市成为了在空间意义上集聚资金、资源、人口、公共基础设施、工业和政府的系列组合体,并完成了经济社会发展环境的全部重构过程。对于传统的工业化,城市规模越大越好,城市的聚集效应主要表现为规模经济与交易成本节约,而新型工业化有助于避免城市大型化。以城市为基础重新构造经济社会环境将是今后很长一段时期内经济社会发展的最主要推动力之一。

1.1.2.5 公共安全

22亿人次受灾,10.3万人因灾死亡失踪,直接经济损失2.4万亿元[①];南方低温雨雪冰冻灾害、四川汶川特大地震、青海玉树地震、甘肃舟曲泥石流灾害等,回首"十一五"期间,一连串严重自然灾害向世人敲响了警钟。

公共安全是指多数人的生命、健康和公私财产的安全。公共安全包含信息安全,食品安全,公共卫生安全,公众出行规律安全、避难者行为安全,人员疏散的场地安全、建筑安全、城市生命线安全,恶意和非恶意的人身安全和人员疏散等。在重视国防安全的同时,还必须充分关注对国家安全产生重要影响

---

① 中华人民共和国中央人民政府网站,《展望"十二五":我国加快构建防灾减灾安全屏障》,http://www.gov.cn/jrzg/2010-10/31/content_1734435.htm。

的各种公共安全问题。目前，我国每年因公共安全问题造成数十万人死亡和伤残，经济损失约 6500 亿元人民币①。

在生物领域，2003 年爆发的"非典型性肺炎"和 2009 年爆发的甲型 H1N1 流感使人们清醒地认识到，病毒微生物仍然是人类挥之不去的梦魇。特别是未来的国家生物安全，还有可能来自于人为造成的生物恐怖和战争中使用的生物武器。一些发达国家大力支持生物科学和生物技术的发展，在生物武器的研制、生物武器的防御上投入了大量的人力、资金。

在自然灾害方面，我国 70％以上人口、80％以上工农业和城市受到各种灾害的严重威胁，灾害种类多、分布地域广、发生频率高、造成损失重，是世界上自然灾害最为严重的国家之一。在经济社会快速发展和全球气候变化的背景下，我国面临的灾害风险增高、灾害损失加重，这些公共安全问题的日益突出和尖锐，要求我们必须建立更加完备的公共安全保障体系，同时也向科学技术发展提出了非常迫切的要求。

党中央、国务院十分关注减灾救灾工作，中国共产党十七届五中全会对受灾群众的生活安排和灾后恢复重建提出明确要求，并进一步提出，"要坚持兴利除害结合、防灾减灾并重、治标治本兼顾、政府社会协同，尽快启动水利重点薄弱环节工程建设，加快建立地质灾害易发区调查评价体系、监测预警体系、防治体系、应急体系，提高对自然灾害的综合防范和抵御能力。"

除了自然灾害、生产安全、食品安全、社会安全、核安全、国境检验检疫等传统安全外，经济安全、信息安全、生物安全、防恐等非传统安全问题日益突出。例如，信息技术在为国家和个人提供了全新的发展机遇和生活空间的同时，也带来了前所未有的新的安全威胁。在信息化时代，一旦信息网络系统发生问题，轻则导致经济损失和社会生活不便，重则会使整个国家的政治、经济或军事陷入瘫痪，社会秩序失控。

应该高度重视运用科技进步提高应对突发公共事件的能力，建立完备的公共安全保障体系，加大科技研发力度，将各种先进的科技产品运用到维护公共安全上面去，提高对各种公共安全问题的综合防范和抵御能力。

1.2　工业化的历史进程

1.2.1　工业化及其主要特点

工业化（industrialization）是人类经济发展过程中的一个特定历史阶段，通

---

① 　中国工程院，《信息化推动经济社会发展有关工程科技问题研究报告》，2010 年 8 月。

常是指工业（特别是其中的制造业）或第二产业产值（或收入）在国民生产总值（或国民收入）中比重不断上升，以及工业就业人数在总就业人数中比重不断上升的过程[3]。

工业化道路是实现工业化的原则、方式和机制。工业化道路主要解决在实现工业化过程中出现的各种问题。不同国家的发展条件不同，解决人口、资源、环境等约束的途径和方式不同，必然产生了工业化道路选择的模式差异，带来了不同的发展影响和增长绩效。

从根本上说，工业化过程就是伴随科技进步，经济不断发展、产业结构不断优化升级的过程。工业化不仅仅是要使工业成为国民经济的主导产业，更重要的是要将大工业的思想和理念融入社会的各个方面，在快速发展工业的同时，对农业和服务业的生产模式实行脱胎换骨的改造，使农业和服务业的劳动生产率得到迅速提高。中共十六大报告根据世界经济科技发展新趋势和走新型工业化道路的要求，针对中国经济建设中存在的突出问题，作出了推进产业结构优化升级的部署，即形成以高新技术产业为先导、基础产业和制造业为支撑、服务业全面发展的产业格局，为我国推动工业化、现代化，促进产业结构优化升级指明了方向。

工业化有以下主要特点：

（1）技术革命和机器大生产促进了生产方式的转换

在工业化的进程中，机器化大生产的生产方式得到越来越广泛的应用，取代了手工生产方式，不仅工业，而且农业、服务业等也逐步采用先进的机械化、电气化、自动化、信息化的机器设备从事生产。

（2）不断追求高效率和高效益

追求高效率和高效益是工业化的核心，是推进工业化的主要动力。无论是技术的革新还是新市场的开拓、企业规模的扩大，无不是在这一动力的推动下实现的。

（3）专业化分工日益深化，促进结构不断升级

在工业化进程中，同类产品的生产不断集中，提高生产效率和降低单位产品的成本，获取规模经济效益；产业链条不断延伸和拓展，新的产业相继涌现；经济结构发生重大变动，产业结构沿着农业、轻工业、重工业、第三产业的方向依次升级；生产集约化程度沿着劳动密集型、资金密集型、技术密集型、知识密集型等几个阶段依次演进；经济制度和经济体制也同时会随着工业化的推进而产生变迁。

（4）普遍面临着人口、资源、环境等重要的硬约束

传统的工业化道路基本上是粗放型或资源消耗型的，工业化的不断推进建立在资源高投入的基础之上，走的是一条先污染后治理的道路。新型工业化道

路要求我们在新时代实现工业的跨越式发展，是一条科技含量高、经济效益好、资源消耗低、环境污染少、人力资源优势得到充分发挥的工业化道路。

1.2.2　西方国家工业化及其道路

西方主要国家的工业化是主要建立在私有制基础上的资本主义工业化，而我国的工业化则是以公有制为基础的多种经济形态并存的社会主义工业化，二者有很大的区别。但西方国家的工业化过程包含着若干反映生产社会化，即从以手工劳动为基础的农业、手工业生产向以机械化、自动化为基础的大生产转变的普遍经济法则，这些法则对于我国的工业化有着相当重要的借鉴意义。

西方工业化的开端是产业革命。经过产业革命，生产技术发生了根本变革，原来的工场手工业被机器大工业所代替，社会生产力获得了空前的发展，使资本主义生产方式最终战胜了封建制生产方式[3]。

不同西方国家的工业化具有不同的特色，对典型国家的工业化道路进行比较研究，具有重要的借鉴意义。例如，英国、美国以市场机制为基础的内生型工业化可以归结为一种模式；德国、日本模式的特点则是以较完善的市场机制为前提，通过强有力的政府干预实现工业化。

1.2.2.1　英国工业化及其道路

1. 英国工业化历程

英国工业化的历程大致可以分成两个阶段：1740～1840 年是英国工业化的第一阶段，在该阶段中，英国成为当时的"世界工厂"；1840～1914 年是英国工业化的第二阶段，在该阶段中，英国基本实现了工业化。

（1）1740～1840 年工业化第一阶段

18 世纪 30 年代，英国首先爆发了产业革命。当时，英国各主要工业部门先后出现了从手工业生产过渡到机器生产的趋势。这一工业化过程首先是从纺织工业部门开始的。1733 年，凯伊发明了飞梭技术，使织布效率提高了一倍。飞梭应用于实际生产以后，出现了纺落后于织的现象，从而引起了纱荒。1765 年，哈格里夫斯发明了手摇纺车——珍妮机，大大提高了棉纱的产量，解决了纺与织之间的矛盾，使生产出现了飞跃。1769 年，水力纺纱机问世，接着第一座棉纱厂建成，此后大规模的织布厂随之出现。与此同时，瓦特发明了双动式蒸汽机，并作为机器的动力，1784 年开始在棉纺织厂得到应用。蒸汽机的发明，具有重大的历史意义。

蒸汽机为大工业提供了动力，促使以机器体系和雇佣劳动为标志的工厂制度迅速确立起来。在棉纺织业的带动和刺激下，其他轻工业部门也从工场手工业逐步向机器大工业过渡。轻工业部门的机器发明和广泛应用，推动了重工业的技术革新。18 世纪末，蒸汽压力鼓风机开始应用于冶铁业，使英国的冶金工业迅速发展。进入 19 世纪，蒸汽抽水机在矿井中普遍得到应用，并陆续出现和采用了一些新技术，使英国的煤产量迅速上升。同时，各种锻压设备和金属加工机床陆续发明出来，相继制造出车床、铣床和钻床，使机器制造业出现了惊人的发展。在冶金、采煤、机器制造等工业部门的强大推动下，交通运输业也发生了深刻的变化。到 19 世纪 30~40 年代，机器大工业已居于统治地位，英国成为当时名副其实的"世界工厂"。

（2）1840~1914 年工业化第二阶段

1840~1914 年是英国工业化的第二阶段。在这个阶段中工业化进一步深入发展，英国的工业产品产量增加了 3 倍，实际 GDP 增加了 3.14 倍。从工业结构来看，国民经济的主导产业从轻纺工业逐步转向煤炭、钢铁和化工等重化工业。但是，与美国、德国等国相比，这一时期英国的工业化发展相对缓慢，工业产值在第一次世界大战以前已经低于美国和德国，从世界第一位退居为世界第三位，失去了"世界工厂"的地位。

2. 英国工业化道路

作为原发型工业化国家，英国的工业化道路有以下几个特点：

（1）英国的工业化是在没有外力推动的情况下，主要依靠民间力量和市场机制自发推动的工业化

与其他工业化国家相比，英国的工业化是个人主义和市场机制的胜利。其最明显的特点是：第一，英国政府主要通过制定各种法律和社会政治制度的影响，利用"无形的手"建立起一个有利于工业化的社会结构；第二，英国政府对工业化的影响更多地出现在工业化以前。

（2）工业化过程中工农业相互促进，城市化与工业化协调发展

应该注意的是，在英国的工业化进程中并没有忽视农业的发展，工农业相互促进、协调发展。工业的发展为英国农业的发展提供了大量的先进工具，工业发展对农业的促进作用非常明显。

此外，英国的城市化与工业化进程基本上是同步的。1831 年英国的城市化率和工业化率都在 44% 左右，1851 年两者都突破了 50%。工业化和城市化发展基本协调。

（3）以棉纺织业等轻工业为主导，通过产业联系带动国民经济其他部门，特别是重化工业的发展

无论是从产值、资本的投入还是从业人员的数量来看，棉纺织业都是当时

英国工业化中最重要的生产部门。从 19 世纪中叶开始，英国的工业化逐渐转向以重化工业为主导，化学制造、冶炼和机械工业等成为新的增长点，而棉纺织等轻工业所占的比重逐渐下降，工业化进一步深化。

1.2.2.2　美国工业化及其道路

1. 美国工业化历程

美国的工业化可以看做是英国工业化模式的延伸，同样是在市场经济成熟后从经济系统内部实现工业化的。美国的早期工业化可以分成两个阶段：1816～1860 年是工业快速发展阶段；1860～1920 年是基本实现工业化阶段。如果从 1816 年算起，美国工业化大约经历了 100 年的时间。

（1）1816～1860 年工业快速发展阶段

一般认为，美国的工业化是从 1807 年的"禁运"或 1816 年英美战争结束后开始的。1807 年，为避免卷入当时的欧洲战争而颁布的禁运令，一方面使美国的进出口贸易受到了重创；另一方面也刺激了国内制造业的发展。美英战争结束后的 1816 年，为了抵制英国商品的倾销，保护本国工业，美国政府颁布了关税法，连续 3 年对棉纺织品征收 25％的关税。结果使美国的轻工业特别是棉纺织工业获得了较快发展。随着棉纺织业的发展，毛纺织、制铁、食品加工、木材加工等主要工业部门也普遍建立起新式工厂。

到 19 世纪中叶，机械工业得到迅速发展。1828 年，美国开始修建第一条铁路，到 1865 年，美国铁路线全长已达 35000 英里。大规模的铁路建设，不仅带动了东部重工业（如冶金、采煤、机器制造）的发展，也促进了西部农业生产的增长。到南北战争（1861～1865 年）前，美国已经基本上完成了产业革命，建立起近代工业体系。

（2）1860～1920 年基本实现工业化阶段

1860 年，美国成为仅次于英国的世界第二大工业国家。1880 年，美国工业产值超过英、德两国，成为世界第一工业强国。1894 年，美国的工业产值相当于整个欧洲工业产值的一半。1890 年，美国工业在工农业总产值中的比重达到 80％，重工业产值已与轻工业相当。到了 1913 年，美国工业产值在世界工业生产总值中已占 38％，比英国（14％）、法国（6％）、德国（16％）和日本（1％）四国之总和 37％还多，美国成为世界上最强大的工业化国家。

2. 美国工业化道路

（1）在各产业协调发展的基础上进行产业结构升级

与其他工业化国家相似，美国的工业化也是一个工业比重逐步超过农业、工业内部重工业比重逐步超过轻工业的过程,即产业结构升级的过程。美国的产业结构升级是在各产业协调发展的基础上进行的。美国的轻工业与重工业之间,工业与其他产业之间是相互促进、相辅相成的。从工业和农业的产值比重来看,1850年工业产值与农业产值之比为39:61。到1900年,两者之比变为73:27。从工业内部来看,1860~1914年是美国工业内部结构明显升级的时期,消费品制造部门(轻工业)比重下降,资本品制造部门(重工业)比重上升。

作为稍后工业化的国家,美国的工业化不但建立在市场基础上,而且是以工厂体制和生产组织的内部创新为起点和动力的,形成了"股份有限公司"等适合企业发展的大型生产组织,从而能够在较短的时间内迅速聚集资源,实现社会化大生产,以机器工业代替了手工劳动的生产方式,从而完成了工业化。

(2) 注重提高劳动力素质、发展技术和资金密集型产业

虽然19世纪美国的单位劳动力成本和资本价格一直高于其最重要的竞争对手英国,但美国的劳动生产率优势弥补了由于劳动力和资本价格较高而带来的损失。根据自身的资源禀赋特点,美国通过大力普及和发展教育、尊重知识、直接引进和利用英国等先行工业化国家的技术和人才、发展技术和资金密集型产业等手段和途径,努力提高劳动力的专业化素质,提高劳动生产率。

(3) 协调推进城市化与工业化

1790年,美国的城市化水平仅为5%,全国没有一个城市人口超过5万人。直到19世纪30年代以前,城市人口每10年增长的幅度都不大。但自19世纪30年代以后,随着工业化的迅速推进,城市人口的增长速度加快。从1840~1850年,城市人口数量几乎翻了一番,1850~1860年又翻了一番。到1920年,城市人口已经超过了农村人口。

按工农业中劳动力比重,1910年后工业人口逐渐超过农业人口。1910年,农业劳动力占美国总劳动力的36.3%,制造业、矿业占26.1%;1920年,上述比重分别为28%和31.2%,与制造业就业人数不断增加相适应,美国城市人口比重也不断增长,从1790年的5%迅速提高到1920年的51%。

(4) 政府发挥了较积极的宏观调控作用

美国工业化的成功与美国政府发挥了较积极的宏观调控作用是分不开的。在工业化过程中,美国政府并没有完全采取放任自流的政策,而是适时采取一些必要的调控政策,促进工业化发展,如借助发行公债、直接投资公共工程、奖励和补贴某些产业、设立专门的管制性机构等手段,以及通过设立中央银行、统一通货、设立存款准备金、买卖国库券、使用银行支票、发展投资银行等金融手段,促进工业化进程。

1.2.2.3 德国工业化及其道路

1. 德国工业化历程

德国的早期工业化大致上可以分为三个阶段：19 世纪初期～1850 年是工业化起步阶段；1850～1873 年是工业化加速阶段；1873～1914 年是基本实现工业化阶段。

(1) 19 世纪初期～1850 年工业化起步阶段

德国资本主义工业的发展比英国晚了约半个多世纪。由于封建割据和农奴制的长期统治，直到 19 世纪 30～40 年代，德国还是一个农业国家，产业工人仅占全国人口总数的 2.98%，工业规模还很小，手工业占据主导地位，工业体系尚未形成。因此，19 世纪初期～1850 年可以看作德国工业化起步阶段或准备阶段。

(2) 1850～1873 年工业化加速阶段

1845～1847 年的农业歉收以及 1847 年的经济危机等原因，直接引发了 1848～1849 年的德国资产阶级革命，此后，机器大工业才逐步确立起来。1871 年德意志帝国建立以后，依靠对国内廉价劳动力的剥削和对国外的军事侵略及战争赔款，实现了大工业的迅速发展，产业结构也发生了较大的变化。经过很短的时间，在 19 世纪 70 年代末，就基本上完成了产业革命，工业化程度达到了足以与英、法匹敌的地位。

(3) 1873～1914 年基本实现工业化阶段

1871 年德国取得了普法战争的胜利，建立了中央集权制的德意志帝国，实现了德国的统一。此后，仅仅用了 30 多年时间，就完成了工业化，并成为工业强国，居欧洲之首、世界第二。这一阶段德国工业化最突出的特征是重工业的高速发展，建立了完整的现代化工业体系。1873～1914 年，德国的煤产量从4620 万吨增加到 2.77 亿吨，增长 5 倍；钢产量从 24.8 万吨增加到 1760.9 万吨，增长 70 倍，超过了英国和法国的总和。1890 年以后，德国的机械制造业和化学工业开始快速发展，成为名副其实的工业强国。到第一次世界大战前夕，德国已经从一个落后的农业国转变为先进的工业大国。

2. 德国工业化道路

(1) "有形的手"，政府发挥了积极的宏观调控作用

德国工业化的成功得益于德国政府在工业化和经济发展中起的巨大作用。为实现国家经济发展，德国政府在社会军事组织基础上建立了强有力的政府官僚体系，成为实现产业保护、统一市场、投资科技的有效组织基础。在英、美已经实现工业化的压力下，德国通过强有力的政府干预和适当的保护政策很快

实现了经济飞跃。

（2）重视教育和科学研究，最大限度地发挥科学技术对社会的杠杆作用

德国在工业化过程中，科学技术起了极其重要的作用，对德国整个社会发生了深刻的影响。德国利用发达的科技，加速完成了工业化，具体表现在：第一，把科学技术视为强国之本，大力扶持科学研究；第二，通过创办技术院校大力培养实用人才，重视发挥科技人员的作用；第三，科研与生产紧密结合，以生产促进科研；第四，抓住化工和电气制造部门的技术革新，带动其他部门的技术进步。

（3）以重化工业为主导，通过产业联系带动国民经济其他部门的发展

在工业化的过程中，德国主要选择重化工业为切入点，轻纺工业在工业化中的主导作用时间很短，从轻工业转向重化工业的速度很快，形成了多个产业并行发展的工业化模式。此外，工业化期间的德国统一战争和大规模铁路建设，也对重化工业的发展起到了重要的推动作用。

1.2.2.4 日本工业化及其道路

1. 日本工业化历程

与英、美、法、德等西方国家相比较，日本工业化进程起步最晚。1868年明治维新以前，日本还是一个以农业为主的封建国家，统治阶级收入的85%来自农业，15%来自商业和手工业。经过明治维新，日本的工业才逐渐发展起来。日本的工业化大致上可以分为两个阶段：19世纪80年代～1938年是日本工业化起步、加速、重型化阶段；1945～1970年是经济恢复和完成工业化阶段，日本成为亚洲唯一的发达工业化国家。其中，由于第二次世界大战，1937～1945年为日本工业化中断发展阶段。

（1）19世纪80年代～1938年工业化起步、加速、重型化阶段

1880年，输入了新式纺织机后，日本的纺织工业得到了迅速发展，同时，在国家的推动、引导和扶植下，出现了开办企业的高潮。到1885年，产业革命已迅速展开。1894年的中日甲午战争是日本近代产业发展的转折点，依靠在中国开设工厂、企业及其他商业的特权和战争赔款，使其工业、交通运输、银行、贸易等出现了惊人的发展，大大加速了工业化进程。

到20世纪初，日本近代工业的主要部门都已建立起来。但是，与当时欧美先进工业化国家相比较，日本的工业化水平仍然很低，1920年日本工业生产只占世界总产量的2%。1920～1921年的经济危机和1923年的关东大地震，严重打击了日本经济，一直到1933年才开始出现经济高速发展的局面。这一时期日本工业化最突出的特征是以军事工业为中心的重化工业的发展，

到 1938 年日本产业结构中工业比重已经达到 32%，农业比重下降到 21%，基本实现了工业化。

（2）1945～1970 年经济恢复和完成工业化阶段

1937～1945 年的第二次世界大战使得日本经济大幅度衰退，但战后仅仅用了 10 年时间就将经济恢复到战前最高水平，此时强制实行"倾斜生产方式"，通过优先发展煤炭和钢铁两个基础产业，带动了日本工业的复苏。1957 年以后，通过实施产业合理化政策，重点扶持重化工业优先发展，日本成为亚洲唯一的发达工业化国家。

由于工业化水平的不断提高，日本经济持续高速增长：1955～1960 年实际 GDP 年增长速度达到 9.3%，1961～1970 年达到 10.12%，人均 GDP 在 70 年代中期超过英国，80 年代超过美国。

2. 日本工业化道路

（1）在专制政府大力扶植下的工业化

与德国类似，日本的工业化也是在政府强制基础上实现的。明治维新以后，政府一方面通过大力引进西方先进科技，加速本国工业发展，实行出口导向型政策促进本国工业的发展；另一方面，注重发展教育科技，并在政府干预下迅速改革传统生产体制，建立适合大生产的"卡特尔"。而扩张侵略、掠夺财富加速了日本工业化的进程。此外，日本工业化与日本军国主义的对外侵略扩张是同步进行的，政府通过发动战争直接为企业开拓市场，日本每一次的经济繁荣都与侵略战争紧密相联。

（2）通过协调推进农业发展促进工业化

为了促进工业化的快速发展，日本政府采取各种措施来进行农业改革：如地制改革、租税改革、耕地开发。地制改革和租税改革为工业化带来了大量的剩余劳动力和剩余农产品，耕地开发和耕地整顿为工业化提供了大量的剩余土地，并且通过工业反哺农业而形成良性的农工互动关系。

（3）同步推进城市化与工业化

日本工业化和城市化互相促进、协调发展的特点非常明显，工业化推动了城市化的起步，工业化又提高了农业的生产力和技术水平，使得农业剩余劳动力大规模转移到城市和工业部门，同时反过来又推进了城市化的发展。

（4）正确处理学习、引进、消化、吸收和创新的关系

在技术选择和技术进步上，日本非常重视技术引进和技术更新，一方面大量引进国外的专家来日本教学，直接训练日本的学生和技术人员；另一方面则是大量派出留学人员，去国外接受教育和训练。在学习、引进国外先进技术过程中，特别注重消化、吸收、改进和创新，在很多方面做到了后来居上。

1.2.3 中国工业化历程

自 18 世纪 30 年代以来，人类社会先后经历了三次工业革命，这三次革命彻底改变了世界的政治、经济、文化以及国际关系格局。在其影响下，中国的工业化也经历了曲折的发展历程。

在第一次工业革命的影响下，19 世纪 60~90 年代清政府的洋务运动创办军事工业和民用工业，19 世纪 60~70 年代中国民族资本主义经济产生，中国工业化开始了艰难的起步。

第二次工业革命后，中国民族资本主义工业化经历了 19 世纪末期的初步发展、20 世纪初的"短暂春天"和 1927~1949 年的萧条崩溃等曲折发展的阶段。

第三次工业革命以来，新中国的工业化经历了 20 世纪 50 年代初的恢复、50 年代后期的改造、50~70 年代的曲折发展和 80 年代以来的迅速腾飞等阶段。目前，中国正朝着基本实现工业化的目标奋勇前进。

中国基本实现工业化，是一件对世界发展具有重大影响的事件。中国新型工业化道路的顺利推进，将为占世界人口 80% 以上的尚未实现工业化的发展中国家提供一种可供借鉴的工业化新模式。

1. 新中国成立以前中国工业化的历程

1）洋务运动——中国工业化的起步

第一次工业革命发生在 18 世纪 30 年代~19 世纪中期。通过此次革命，资本主义经济得到迅速发展，其政治、经济、文化等方面都发生了巨大变化，资本主义各国经济呈现出一派欣欣向荣的景象。而此时的中国，仍然在封建社会的边缘徘徊，社会政治和经济没有发生根本性的变化，逐渐落后于世界潮流。为了获得广阔的商品市场和原材料，英、法、美等西方列强凭借着强大的武力和物美价廉的商品，将侵略矛头直指封建落后的中国。

面对内忧外患的局势，在西方先进工业的影响、清政府总理衙门的推动和慈禧太后的支持下，地主阶级洋务派于 19 世纪 60~90 年代掀起了以引进西方资本主义的军事装备、机器生产和科学技术，"师夷长技以自强"为主要内容，旨在镇压人民起义、维护封建统治的洋务运动。

当时，洋务派创办了一批军事工业和民用工业，引进了西方先进的机器和工艺技术，采用了资本主义的生产、管理模式，迈出了中国工业化的关键步伐。同时，洋务运动还在军事、文化、外交等方面推动了中国的近代化进程。

虽然历经 30 多年的洋务运动最终以失败而告终，但是其在中国经济、军事、思想文化、外交等方面给古老而落后的中国注入了很多新鲜的血液，对推进中国历史发展产生了一定的积极影响。可以说，洋务运动迈出了中国工业化的第一步。

2）艰难历程——中国近代民族资本主义工业化

在西方资本主义影响下，受到外国资本主义工业和洋务运动的影响和诱导，19世纪60～70年代，产生了中国资本主义。中国资本主义的产生、初步发展、短暂繁荣和萎缩，成为当时中国工业化的主体内容。

（1）产生

中国民族资本主义企业最初产生在受西方影响相对较大的沿海地区，大部分集中在封建自然经济较早解体的上海、广州、天津等通商口岸或邻近通商口岸的地方。随着民族资本主义经济的形成，产生了中国民族资产阶级。在19世纪60年代出现的早期维新派，提出了在中国发展工商业、开办新式学校、实行君主立宪的主张。虽然此时时机尚不成熟，也没有经过系统的实践，但是为后来康梁维新思想的产生奠定了基础。

当时，由于资金缺乏、规模弱小、技术力量薄弱，中国民族资本主义工业受到了外国资本主义的压迫和排挤，其产品主要是轻工业品，而且无法同经历工业革命后的外国工业品抗衡。

（2）初步发展

19世纪70年代，第二次工业革命几乎在所有的资本主义国家同时发生，世界资本主义又一次得到快速发展的机会。英、法、美等国重工业发展迅速，率先在19世纪末实现了工业化。为了满足垄断资本主义发展过程中更多的市场、原料和投资场所的需求，帝国主义国家掀起了对中国的又一次侵略狂潮。特别是甲午中日战争以后，帝国主义加紧对中国进行资本输出，这样一方面加剧了中国的民族危机和贫穷落后，另一方面也为民族资本主义的初步发展提供了客观条件。清政府为扩大税源，解决财政危机，也放宽了对民间设厂的限制，中国民族资本主义经济得到初步发展。但是此时中国工业企业仍以轻工业为主，重工业因受到外国控制，无法得以发展。

随着中国民族工业的初步发展，民族资产阶级的力量逐渐成长壮大，并作为新的、独立的政治力量登上了历史舞台，开始领导中国革命。其上层维新派发动和领导了维新变法运动，其中下层革命派发动和领导了辛亥革命。特别是辛亥革命，推翻清政府的腐朽统治，建立"中华民国"，颁布了一些发展资本主义的条令，一定程度上推动了中国工业化的进程。

（3）短暂繁荣

第一次世界大战期间，由于帝国主义国家忙于战争，暂时放松了对中国的经济侵略,使处于夹缝中的中国民族工业获得一次发展的机会。由于辛亥革命胜利的鼓舞以及一些有识之士的倡导,"实业救国"与"民主共和"并存,一起成为当时的两大思潮。工业企业由沿海向内地发展,工厂数量和投资不断增长,工业结构仍以轻工业为主。但是,好景不长,第一次世界大战结束后,帝国主义卷土重来,打断了民族工业的发展趋势。

(4)萎缩

国民政府统治时期,由于帝国主义和官僚资本的压迫,中国民族工业日益萎缩。抗日战争时期,由于日本在沦陷区的野蛮掠夺,四大家族在国统区加强对工业的垄断,中国民族工业遭到破坏性的打击。解放战争时期,国民党为了进行内战,出卖国家主权,民族工业受到沉重打击。新中国建立以前,中国工业几近崩溃。

2. 新中国工业化的历程[①]

长期以来,中国人口众多,经济落后,人均收入水平很低,农业大国是我国的基本经济国情。经过新中国成立以来六十余年的工业化进程,尤其是改革开放以来三十年的快速工业化进程,中国工业化取得了巨大的成就,经济发展水平得到了极大的提升,中国已经整体步入工业化中期阶段。

新中国成立以后,中国开始了以工业化为核心的新的现代化征程。新中国的工业化进程可以划分为两个重要时期:1949~1978 年传统的社会主义工业化道路时期和 1979 年至今的中国特色的社会主义工业化道路时期。

1)传统的社会主义工业化道路时期

以第一个五年计划为标志,中国开始了传统的社会主义工业化道路时期。此时主要学习苏联的赶超型经济发展战略,其基本特征如下:

① 以封闭的计划经济体制、极低的人均国民收入为基本国民经济背景;

② 以快速发展赶超资本主义国家、建立独立的工业体系、满足国内市场需求为目标;

③ 以优先发展重工业、优先发展国有经济并逐步实现对其他经济成分的改造、采用高关税和高估本币等方式推进进口替代、采用外延增长方式改善工业生产布局和区域经济不平衡为四项基本的工业化战略。

在当时的背景下,新中国刚刚成立,受到西方发达国家的敌视和封锁,而苏联的发展又为我国树立了榜样,这使得这种道路选择具有合理性和必然性。但是,缺乏重工业与其他产业的协同发展机制,导致了"重工业重,轻工业轻"

---

① 陈佳贵,黄群慧,钟宏武等,《中国工业化进程报告(1995~2005 年)》。

的结构性缺陷，轻工业及其他产业严重落后，表现出"高积累、低消费、低效率"的特征。消费品严重短缺，消费需求受到抑制。

在此期间，工业尽管保持了较高的增长速度，但一、二、三次产业之间，轻重工业之间，积累与消费之间的关系极不协调，资源配置和结构状况存在明显缺陷。工业化过程经常处在工业高速增长→结构关系失衡→调低工业发展速度→恢复比例关系→再提高工业发展速度的反复循环过程中，国民经济增长处在严重波动的状态中。国民经济因结构矛盾而缺少稳定、持续的增长能力。

虽然传统工业化道路产生了许多问题，但经过近三十年发展，中国初步奠定了工业化基础，建立了较完整的工业经济体系，成功地发射了"两弹一星"，工业生产能力和工业化水平都有了较大的提高。

2) 中国特色的社会主义工业化道路时期

改革开放以来，中国进入了建设中国特色社会主义工业化道路时期，其工业化道路的基本特征可以概括为：

① 以市场化改革和对外开放、较低的人均国民收入为基本国民经济背景；

② 以改善国民经济结构、促进经济发展和人民富裕为目标；

③ 以农业和轻重工业均衡发展、多种经济成分共同发展、积极利用外资和国内外两个市场、梯度发展的区域经济政策为四项基本的工业化战略。

中国特色的社会主义工业化道路取得了巨大的成功，连续三十年的经济高速发展，中国经济总量、人均国民收入得到了巨大的提高，产业结构也得到了极大的提升，中国成为一个工业生产大国，创造了经济增长的奇迹。

改革开放以来中国工业化进程大致可以划分为两个阶段：一是结构纠偏、轻重工业同步发展阶段；二是重化工业加速发展、产业结构明显高度化阶段。

始于 1978 年的第一阶段，针对以前长期实施的优先发展重工业而产生的严重结构矛盾，中国开始进行工业化战略的重大调整，放弃了单纯发展重化工业的思路，转而采取改善人民生活第一、工业全面发展、对外开放和多种经济成分共同发展的工业化战略。

该阶段工业化进程的动力是"多源"的：城市推进的放权让利式改革，改进了国有企业内部的激励机制，极大地解放了国有企业的生产力；农村改革极大地激发了农村和农民的活力，乡镇企业"异军突起"，极大地推进了农村工业化；私营和个体经济的发展，成为加快我国工业化进程的一支重要力量；外资的大量进入和我国对外贸易迅速扩张，为我国工业发展提供了新的资金来源、技术渠道和市场空间。在多种经济成分推动下，以消费结构的升级推动产业结构向高度化方向发展的工业化发展思路逐步清晰起来，工业化的总体进程也由工业化初级阶段向工业化中期过渡。

第二阶段大致开始于 1999 年,该阶段的基本特征是重工业呈现快速增长势头、工业增长再次呈现以重工业为主导的格局。在 1999 年以后,中国的重工业化趋势显著。由于中国已经告别了"短缺经济",在满足了食品、服装、电器等需求后,人们开始追求汽车、住房等耐用消费品的需求,需求结构的变化带动了工业结构调整和升级,重工业化和高加工度化成为中国工业发展的必然趋势。

2007 年 8 月 9 日,中国社会科学院发布的工业化蓝皮书《中国工业化进程报告》称,中国的工业化水平综合指数在 2005 年达到 50,表明中国工业化进程进入中期的后半阶段。到 2021 年,中国的工业化水平综合指数将达到 100,中国将实现工业化。

2002 年,中共十六大在总结我国工业发展和工业化经验的基础上,根据我国国情正式提出了我国应该走"新型工业化道路",即"坚持以信息化带动工业化,以工业化促进信息化,走出一条科技含量高、经济效益好、资源消耗低、环境污染少、人力资源优势得到充分发挥"的工业化道路。

1.2.4 中国新型工业化道路

发达国家在完成其工业化后,开始推进信息化,迈向信息社会。广大的后发国家客观上难以复制发达国家的工业化道路和模式,发达国家也不愿意看到后发国家不断加速的工业化进程。中国的经济社会要进一步发展,唯一能够选择的只有一条道路,即"科技含量高、经济效益好、资源消耗低、环境污染少、人力资源优势得到充分发挥"的新型工业化道路[4]。

1. 从传统工业化道路到新型工业化道路

所谓新型工业化是与传统工业化相对应而言的。如果传统工业化是指一个国家或地区的经济结构由农业占统治地位向工业占统治地位转变的经济发展过程,那么新型工业化就是在这个转变过程中叠加了信息化和现代科学技术发展趋势;如果说传统工业化过程是以牺牲资源和环境为代价的,那么新型工业化则更注重经济的可持续发展;如果说传统工业化强调发展中国家要学习发达国家以前推进工业化进程的经验,新型工业化则更重视将工业化规律与本国自然和制度条件有机结合;如果说传统工业化强调在工业化进程中工业数量的扩展,新型工业化过程则更重视工业化进程中依靠现代科学技术提升工业质量。

传统的工业化道路,在发展生产力的同时,付出了过量消耗资源的代价。产业革命 200 多年以来,占全球人口不到 15% 的英国、德国、美国等 40 多个国家相继完成了工业化,在此进程中消耗了全球已探明能源的 70% 和其他矿产资源的 60%。从某种程度上说,发达地区前 100 年的工业化几乎都是在不考虑资源耗费的情况下进行的。因此，后发国家在其工业化过程中不仅会面临巨大的资源瓶颈，同时也将受到发达国家的阻挠和制约。

从历史上看，发达国家在工业化和现代化过程中，长期毫无约束地大量排放污染物。从工业革命开始到 1950 年的 200 年，在全世界由于化石燃料燃烧释放的二氧化碳总量中，发达国家占 95％[5]；在 1950～2000 年这半个世纪，仍然占到排放总量的 77％。中国走传统的工业道路也将面临环境约束问题。

库兹涅茨曲线是 20 世纪 50 年代诺贝尔奖获得者、经济学家库兹涅茨用来分析人均收入水平与分配公平程度之间关系的一种学说。环境经济学中的"库兹涅茨环境曲线"理论的核心就是经济增长的不同阶段所对应的环境质量状况：在经济发展的初期，环境质量可能不断下降和恶化，但到一定拐点，环境质量又可能随经济的进一步发展而改善。发达国家工业化发展过程都显现了这一曲线，而后通过整体规划以及对新型科技的更佳利用，有效降低了曲线峰值（图 1-2）。

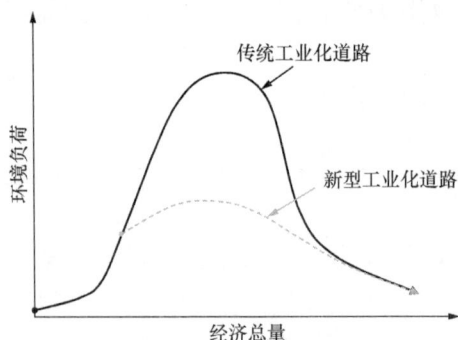

图 1-2　两种工业化道路（环境库兹涅兹曲线）

在环境库兹涅茨曲线达到峰值之前的这段严重破坏期，传统工业化的弊端显露无遗。以资源大国苏联为例，该国推行的粗放式工业发展方式使得土地的报酬递减。由于资源有限，资本资源也有限，苏联的工业化道路在 20 世纪 60 年代就走不下去了。日本在前期工业化的过程中生物多样性程度严重下降，甚至连狼这种在东亚地区维持生态平衡不可或缺的物种都已绝灭，日本全境一度几乎找不到有助于改善人类生活质量和健康的"救命稻草"级物种。

这种粗放式的发展方式几乎在所有的先行工业化国家都造成了严重的后果，一度将各国的长远发展置于危险的边缘。为了改变这种情况，各国开始反思对策，力图保持资源的持续使用，实现环境和经济的协调发展。这也就是人们所熟知的发达国家工业化进程中最大的一个特点——都经历了"资源→产品→污染"或"先污染，后治理"的发展模式。

与此同时，注重长远发展的发展模式也被提出。世界环境与发展委员会于

1987 年向联合国提交了题为《我们共同的未来》的研究报告，正式提出了"可持续发展"的新设想。即从 20 世纪 80 年代起，发达国家经济从工业经济时代迈向知识经济时代，经济结构和增长方式发生了质的变化。总之，在信息技术等高新技术大行其道的时代，各国通过信息技术等高新技术开始了现代的经济增长方式变革，有效地改善了此前出现的能耗高、效率低等一系列问题。根据国际经济合作与发展组织（OECD）的统计数据，OECD 国家的科技研发投资已达到 GDP 的 23%，其中高新技术产业部门的科技开发占了主导地位。另据世界银行统计，2003 年发达国家单位产值能耗仅相当于 20 世纪 70 年代的 50%左右，经济和社会发展越来越依靠知识和技术。

2. 新型工业化的主要特点和"十二五"工作重点[①]

传统工业化道路的显著特征是，工业化是驱动经济社会发展的内生变量，推进工业化是经济社会发展的主要矛盾。工业化的不断深入驱使社会分工日益细化，引发了城市化，加快了市场化，推动了国际化。

新型工业化道路的显著特征是，工业化和信息化同时进行，两者都是驱动经济社会发展的内生变量，从传统工业化的单轮驱动（工业化）向新型工业化的双轮驱动（工业化和信息化）转变。在双轮驱动的背景下，城市化、市场化、国际化也将呈现出新的特征和趋势。此外，新型工业化是融入全球的工业化；是传统工业化生产方式引入信息化生产方式的工业化；是以新技术革命为动力，由信息化带动的工业化；是以人为本、全面发展、统筹协调的工业化；是环境污染少、同实施可持续发展战略相结合的工业化。

《中共中央关于制定国民经济和社会发展第十二个五年规划的建议》指出，坚持走中国特色新型工业化道路，必须适应市场需求变化，根据科技进步新趋势，发挥我国产业在全球经济中的比较优势，发展结构优化、技术先进、清洁安全、附加值高、吸纳就业能力强的现代产业体系。

（1）通过新型工业化，改造提升制造业

"十二五"期间，制造业发展重点是优化结构，改善品种质量，增强产业配套能力，淘汰落后产能。发展先进装备制造业，调整优化原材料工业，改造提升消费品工业，促进制造业由大变强。完善依托国家重点工程发展重大技术装备政策，提高基础工艺、基础材料、基础元器件研发和系统集成水平。支持企业技术改造，增强新产品开发能力和品牌创建能力。合理引导企业兼并重组，提高产业集中度，发展拥有国际知名品牌和核心竞争力的大中型企业，提升小企业专业化分工协作水平，促进企业组织结构优化。

---

① 《中共中央关于制定国民经济和社会发展第十二个五年规划的建议》，2010 年 10 月 29 日。

（2）通过新型工业化，培育发展战略性新兴产业

科学判断未来市场需求变化和技术发展趋势，加强政策支持和规划引导，强化核心关键技术研发，突破重点领域，积极有序发展新一代信息技术、节能环保、新能源、生物、高端装备制造、新材料、新能源汽车等产业，加快形成先导性、支柱性产业，切实提高产业核心竞争力和经济效益。发挥国家重大科技专项的引领支撑作用，实施产业创新发展工程，加强财税金融政策支持，推动高技术产业做强做大。

（3）通过新型工业化，加快发展服务业

把推动服务业大发展作为产业结构优化升级的战略重点，建立公平、规范、透明的市场准入标准，探索适合新型服务业态发展的市场管理办法，调整税费和土地、水、电等要素价格政策，营造有利于服务业发展的政策和体制环境。大力发展生产性服务业和生活性服务业，积极发展旅游业。拓展服务业新领域，发展新业态，培育新热点，推进规模化、品牌化、网络化经营。推动特大城市形成以服务经济为主的产业结构。

（4）通过新型工业化，加强现代能源产业和综合运输体系建设

推动能源生产和利用方式变革，构建安全、稳定、经济、清洁的现代能源产业体系。加快新能源开发，推进传统能源清洁高效利用，在保护生态的前提下积极发展水电，在确保安全的基础上高效发展核电，加强电网建设，发展智能电网，完善油气管网，扩大油气战略储备。按照适度超前原则，统筹各种运输方式发展，构建便捷、安全、高效的综合运输体系。推进国家运输通道建设，基本建成国家快速铁路网和高速公路网，发展高速铁路，加强省际通道和国省干线公路建设，积极发展水运，完善港口和机场布局，改革空域管理体制。

（5）通过新型工业化，全面提高信息化水平

推动信息化和工业化深度融合，加快经济社会各领域信息化。发展和提升软件产业。积极发展电子商务。加强重要信息系统建设，强化地理、人口、金融、税收、统计等基础信息资源开发利用。实现电信网、广播电视网、互联网"三网融合"，构建宽带、融合、安全的下一代国家信息基础设施。推进物联网研发应用。以信息共享、互联互通为重点，大力推进国家电子政务网络建设，整合提升政府公共服务和管理能力。确保基础信息网络和重要信息系统安全。

（6）通过新型工业化，发展海洋经济

坚持陆海统筹，制定和实施海洋发展战略，提高海洋开发、控制、综合管理能力。科学规划海洋经济发展，发展海洋油气、运输、渔业等产业，合理开发利用海洋资源，加强渔港建设，保护海岛、海岸带和海洋生态环境。保障海

上通道安全，维护我国海洋权益。

1.3 "两化融合"的实质

1.3.1 工业化与信息化的基本概念

工业化是人类经济发展过程中的一个特定历史阶段，通常是指工业（特别是其中的制造业）或第二产业产值（或收入）在国民生产总值（或国民收入）中比重不断上升，以及工业就业人数在总就业人数中比重不断上升的过程。

信息化既是一个技术进程，又是一个社会进程。其要求在产品或服务的产生过程中实现管理流程、组织机构、生产技能及生产工具的变革①。信息化是利用现代信息技术对人类社会的信息和知识的生产进行全面改造而使人类社会生产体系的组织结构和经济结构发生全面变革的一个过程[6]。信息化是充分利用信息技术，开发利用信息资源，促进信息交流和知识共享，提高经济增长质量，推动经济社会发展转型的历史进程②。

工业化与信息化是人类文明进程中的两个重要社会发展阶段，是人类现代化和后现代化的两个基本标志。信息化是建立在高度工业化基础之上的，是工业化和科技进步发展到一定程度的结果。工业化直接创造社会财富，信息化除了促进信息产业、第三产业的发展外，更主要的是通过促进工业现代化而间接创造社会财富。信息化与工业化相互促进、相互影响、相互融合。要实现我国现代化，就必须处理好工业化与信息化的关系，探索出一条中国新型工业化道路。

目前，我国尚处在工业化进程之中，距离实现现代化还有很长的一段路程。必须清醒地认识到：第一，**工业化的进程是不能够逾越的。** 中国作为世界上最大的发展中国家，从一个落后的农业国变成一个经济高度发达的国家，一蹴而就是不现实的。第二，**在信息时代，工业化的过程是可以缩短的。** 英国实现工业化用了大约 200 年，日本实现工业化用了 100 多年，而韩国实现工业化只用了 30 多年，究其原因，主要是韩国抓住了世界产业结构调整和新科技革命的机遇。我国现在面临着与当年韩国类似的机遇，应该充分利用后发优势，大力推进以工业信息化为代表的国民经济信息化，以信息化带动工业化，从而实现全社会生产力的跨越发展。经济结构调整的核心是产业结构调整和优化升级，大的思

---

① 联合国教科文组织，《知识社会》，1998 年。
② 中共中央办公厅、国务院办公厅，《2006—2020 年国家信息化发展战略》，2006 年 9 月 26 日。

路无非是两个：一是大力发展高新技术产业和新兴产业，培育新的经济增长点；二是积极利用高新技术特别是信息技术改造传统产业，激活现有的生产要素存量。从我国的国情来看，由于传统产业量大面广，在相当长的一个时期内，传统产业的产品和生产手段的高新技术化应当是产业结构调整和优化升级的重点。制造业占第二产业总量的 80％以上，用信息技术改造传统制造业，是我们在"十二五"期间的一项重要使命。

信息技术对工业生产的影响已经是无处不在、无时不在。由于信息化的作用，工业形态发生了重大变化，其主要特征是：市场变化越来越快，行业边界越来越模糊，信息产业成为主导产业，生产与服务越来越紧密，知识和信息成为企业的重要乃至主要资源，信息技术广泛应用于工业之中。

这些变化都是由于信息技术的广泛、深入应用而产生的。以信息技术应用为主要特征的信息化过程表现出极为强大的扩散力、渗透力、融合性和创新性。这四个特征决定了能够持续地、全方位、全过程地推进信息化，并不断深化对工业化的影响，形成了信息化与工业化相结合的新型工业化。其中扩散力是指信息技术能够影响各个行业、各个领域，目前几乎所有的行业和领域都需要应用信息技术；渗透力是指信息技术已经融入工业生产的各个环节和各个过程中，并对这些环节与过程进行改造；融合性是指信息技术能够与其他技术很好地融合在一起，形成许多新的产业或技术；创新性则指信息技术和应用本身在不断进化，具有很强的创新性，并有力地支持企业进行产品和过程的创新。

图 1-3 是农业化、工业化和信息化的历史进程。信息化与工业化的融合是一个双向的过程，相互渗透、相互影响、相互促进。

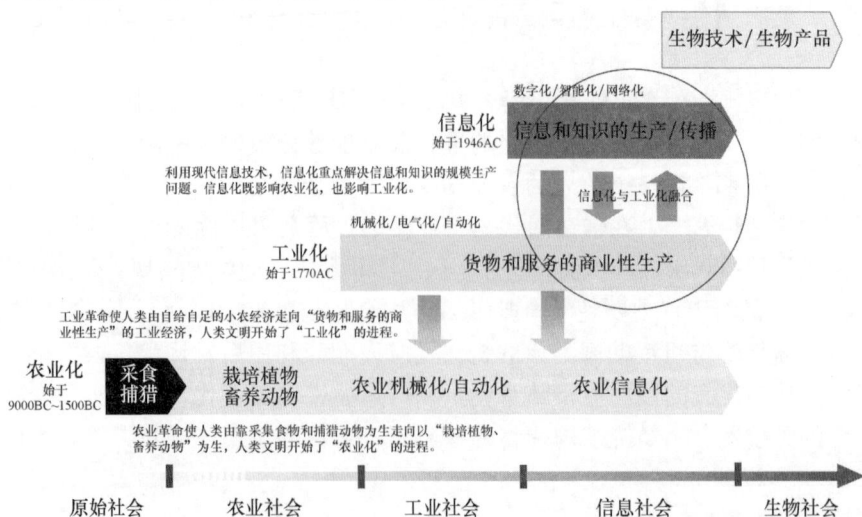

图 1-3　农业化、工业化和信息化的历史进程（根据周宏仁博士资料[6]修改）

1.3.2 信息化与工业化的相互作用

1. 信息化对工业化的带动作用

（1）信息化是调整与优化传统工业结构的有效途径[①]

信息化是我国走新型工业化道路，发挥后发优势，实现跨越式发展的有效途径。信息技术具有非常强大的改革原有经济结构的力量，并已经渗透、融合到各个产业，正在改变着这些产业的存在方式和生产经营方式，极大地提高劳动生产率和经济效益，引起劳动力结构、产品结构、技术结构等的变化，使传统产业实现了脱胎换骨的改造。传统产业的成长壮大，在很大程度上得益于知识和信息的带动。工业发达国家劳动生产率的提高，有 60%～80%是靠信息技术取得的。信息技术的创新和广泛应用，标志着社会生产力进入了一个新的发展阶段。

20 世纪 90 年代以来，信息技术成为引发重大经济社会变革的核心技术，信息产业成为全球经济发展中增长速度最快的先导产业，成为全球最大和最具生机的产业群。

我国经济结构调整是在信息经济快速发展条件下的"升级式"的调整，是战略跨越式的调整。抓住了信息化这个核心，也就抓住了结构调整这根主线，就可以利用后发优势，以信息化带动工业化，将经济的发展动力转变到结构效率提高的轨道上来，实现跨越式发展。因此，走新型工业化道路，加快信息化与工业化融合，推进产业结构优化升级，形成以高新技术产业为先导、基础产业和制造业为支撑、服务业全面发展的产业格局，将新的增长动力转变到结构效率上来，是科学发展观的必然要求，也是保持国民经济持续快速健康发展的根本途径。

（2）信息化是降低资源消耗、减少环境污染、实现可持续发展的重要手段

信息化与工业化融合可以大大降低资源消耗和减少环境污染，有利于经济可持续发展。这是因为，一是以信息技术为先导的高新技术对传统产业的改造，将在快速推进传统产业发展，推进工业化的同时，降低资源消耗和对环境的污染；二是以信息技术为先导的高新技术产业，就其性质而言，本身就是高知识、低资源消耗、低污染的产业；三是以信息技术为先导的高新技术产业的发展，将会使环保产业的技术水平大大提高，促进环保产业的快速发展。而环保产业的发展，又将与其他产业的发展形成互动，形成工业化与降低资源消耗、减少环境污染的良性循环。

---

① 中国工程院，《信息化带动工业化的方式与战略》，2005 年 8 月。

(3) 信息化能大幅度提高企业运行效率、增强企业竞争能力

设计数字化技术实现了产品设计手段与设计过程的数字化和智能化，缩短了产品开发周期，提高了企业的产品创新能力。设计数字化技术包括产品设计数字化技术与过程设计数字化技术，前者的对象是产品，而后者的对象则是产品的制造过程。设计数字化技术是工业信息化的重点之一，也是应用最广泛、研究最深入、效益最明显的领域。

制造装备数字化技术实现了加工、装配的自动化和精密化，提高了产品制造、装配的精度和效率，并对整个工业产生了深刻的影响。

管理数字化技术实现了企业内外部管理的数字化、最优化和知识化，提高了企业管理的水平。

随着信息技术的迅速发展与不断完善，未来制造企业将具备更好的可重用性、可重构性和规模可变性，以便迅速集成企业的内外部资源，并对快速多变的全球市场做出迅速响应。

(4) 信息化能极大提高劳动者素质，优化人力资源结构

信息化对人才提出了更高的要求，与以资本投入为主要增长源泉的传统经济增长方式不同，信息经济增长方式是以科技为主要投入增长源的，而人才则是科技创新和产业化的根本保证。人力资源是经济要素中最重要、最具活力的根本因素，人力资源的水平代表着生产力的水平和经济的发展潜力。

经济结构战略性调整与优化升级，要求加快改造传统产业、加速发展技术含量较高的产业，相应地要求提高劳动者的科学文化素质。要从以物质资本为中心的"物质资本统治人力资本"规则转向以人力资本为中心的"人力资本统治物质资本"规则。要将调整产业结构与人力资源优化和就业结构统一起来，不断增加人力资本投资。按新型工业化道路的要求，合理配置人才，并按照人才的专业取向与价值取向建立相应的激励机制与评价系统，为人力资源优化与开发创造良好的条件。

2. 工业化对信息化的促进作用

"工业化"与"信息化"是互动的，工业化对信息化的促进作用主要表现在以下两个方面：

(1) 工业化是信息化的物质基础和主要载体之一

从信息化发展的历史过程来看，信息化是在发达国家后工业化阶段的基础上产生的。发达国家之所以能够率先进入信息化或知识经济时代，正是由于它们建立了强大坚实的经济基础，已经实现了工业、农业和服务业的现代化，并走完了农业社会、工业社会和后工业社会三个经济时代。

从工业化对信息化的基础作用来看，信息基础设施的建设、信息技术的研

究与开发、信息产业的发展，都需要以工业化的发展作为载体和后盾。信息化技术的基础研究、开发应用，要由工业化发展到一定程度所获得的资金积累来支持，没有盈利和资金积累的产业投资，就不会有持续发展的信息化技术。同时，先进的制造技术和发达的制造业为信息技术和产业的发展提供条件。信息产品的生产制造、信息本身的产生、接收、传播等都需要各类先进的信息装备为载体，如半导体材料、光导纤维、计算机和网络等，生产这些产品需要使用精密的设备、先进的材料以及相应的制造技术。离开先进发达的制造业，这些都是无法实现的。因此，高度发达的工业化是信息化发展的基础条件和必要保证。没有发达的工业化作为基础，信息化就缺少相应的物质基础、产业依托和技术支撑。

（2）工业化的需求是信息技术发展的主要动力之一

工业化对信息化的发展提出了应用需求，这为信息技术的发展提供了强大的动力。通过工业化的广阔应用市场使信息技术不断得到深化和发展。在工业化后期，市场需求向多样化、个性化的方向发展，产品消费节奏明显加快。面对市场的动态多变性，企业为了获得竞争优势，必须在生产和制造过程中，有机地融合并有效地应用信息技术、自动化技术和现代管理技术等，力争优质、高效、低耗、清洁、快速、柔性地制造出市场所需要的产品，保持对市场需求的高度适应性和灵活反应能力。同时，这两种新变化要求企业能够在更为广泛的范围内高效快捷地获取、加工、传递和利用信息资源，从而适应市场需求的变化。因此，可以说，在工业化发展到一定程度后，制造业对信息的需求和信息技术的应用日益增加，从而成为推进信息化发展的内在动力。

1.3.3 信息化与工业化融合的实质分析

1. 信息化与工业化融合的三种形式、三个层次和三个阶段

"两化融合"是信息化和工业化的高层次、全方位的深度渗透，其不仅仅是一种政策或战略，还有很强的可操作性。所谓"融合"是指将两种或多种不同的事物合成一体的过程。根据不同的融合方式、不同的融合广度和不同的融合程度，信息化与工业化融合可以归结为三种形式、三个层次和三个阶段（图 1-4）。

1）信息化与工业化融合的三种形式

从融合方式来看，信息化与工业化的融合包括技术融合、产品融合和业务过程融合三种形式。

技术融合是指工业技术与信息技术的融合，产生新的技术，推动技术创新。

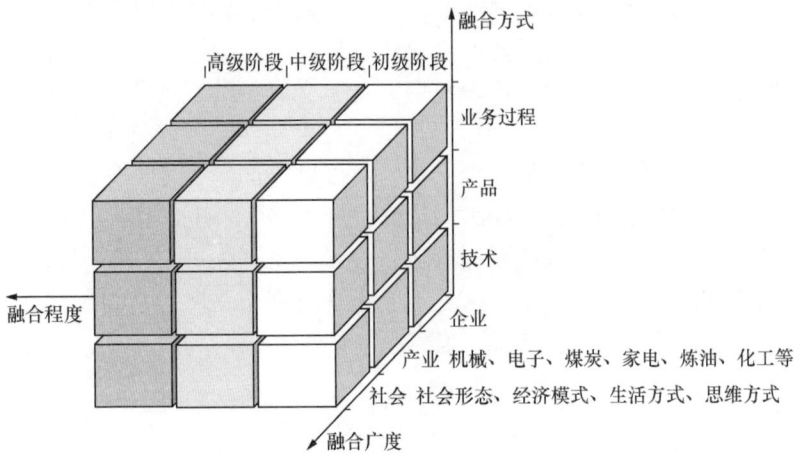

图 1-4　信息化与工业化融合的三种形式、三个层次和三个阶段

例如，设计技术与信息技术融合产生计算机辅助设计（CAD）技术、计算流体力学（CFD）技术、多学科设计优化（MDO）技术、基于 PDM/PLM 的产品模块化设计技术等；制造工艺技术与信息技术融合产生计算机辅助制造（CAM）技术、柔性制造系统（FMS）技术等；机械技术和电子技术融合产生机械电子一体化技术；工业控制和计算机技术融合产生工业控制技术等。

产品融合是指将信息技术融入到工业产品中，增加产品的信息技术含量。例如，在普通机床基础上装备数控系统之后就变成了数控机床，传统家电采用了智能化技术之后就变成了智能家电（如智能冰箱、变频空调等），普通飞机模型增加控制芯片之后就成了遥控飞机，增加汽车电子设备可以提高汽车档次等。

业务过程融合是将指信息技术应用到企业生产、经营、管理过程的各个环节，促进业务创新和管理创新。例如，企业资源计划（ERP）、客户关系管理（CRM）、供应链管理（SCM）、产品数据管理（PDM）产品生命周期管理（PLM）等管理软件的应用，极大地提高了企业管理效率和管理水平。

2）信息化与工业化融合的三个层次

从融合广度来看，信息化与工业化的融合可以在微观企业层面、中观产业层面和宏观社会层面进行。

在微观企业层面，信息化与工业化融合使企业设计、生产、经营、管理与服务实现信息化，核心业务数字化、网络化、自动化和智能化。

在中观产业层面，信息化与工业化融合使产业结构、行业结构升级换代，促使经济增长方式从粗放向集约式转变，催生新产业，推进工业经济向信息经济过渡。

在宏观社会层面,信息化与工业化融合使社会经济基础、结构、生产力与生产关系从工业社会向信息社会过渡,确保实现社会经济信息化。

3) 信息化与工业化融合的三个阶段

从融合程度来看,信息化与工业化的融合可以分为初级阶段、中级阶段和高级阶段三个阶段。

① 在信息化与工业化融合的初级阶段,即信息化发展战略、技术装备、资源局部融合阶段,信息技术与部分业务局部集成,取得初步效益。在该阶段中信息化的实施团队是边干边学,逐步积累经验和解决问题。

信息化与工业化的融合是一个长期的过程,限于我国目前经济社会发展的不平衡,信息化与工业化的融合尚处于初级阶段。具体表现为以下几个方面:

(a) 自主开发的工业信息化软硬件产品及企业应用缺乏标准规范的管理和指导,导致了市场无序竞争,工业信息化应用由于信息不对称(买方不如卖方精)存在较大的风险。

(b) 自主开发的工业信息化软硬件产品不够完善、竞争力不强,以及地域保护导致了技术低水平重复开发现象比较普遍。众多厂商之间的恶性竞争现象比较严重。另一方面,国内用户普遍对国产软件心存疑虑,也造成了国产软件必须花费更多的市场推广成本,这对于实力本身就比较弱的国产软件而言,更加雪上加霜。

(c) 企业对信息化认识还有待进一步加强。当前工业信息化建设更多地依赖于政府和软硬件厂商两方面的推动。调查表明,企业发自内心的信息化建设需求比例不超过10%。由于对高技术的不了解,企业普遍存在等待和观望,以至无意义的拖延信息化实施周期的现象。另外,还有部分企业存在把信息化建设当做"面子工程",一味追求采用高端软硬件、高层次人才的信息化建设"高消费"现象。

(d) 工业信息化环境建设还有待加强,支持企业间协作、实现制造资源共享的技术、产品和资源开发力度远远不能满足需要。

(e) 现行的学历教育不适应工业信息化应用和产业发展需求,而社会化的培训教育良莠不齐,造成了工业信息化人才的匮乏。

② 在信息化与工业化融合的中级阶段,即信息化发展战略、技术装备、资源基本融合阶段,信息技术与核心业务(过程)基本融合,信息化发挥了战略作用,经济社会效益明显,信息化的团队能自主地解决重大的技术问题。

结合我国工业信息化工作的现有基础,"十一五"期间,在国家有关部委和地方政府的努力下,重点进行了如下四个方面的工作,为我国"十二五"期间进入信息化与工业化的中级阶段打下了比较良好的基础：

　　（a）在基础环境建设方面，加强工业信息化的资源开发和利用，建设了一些工业信息化资源共享平台。

　　（b）在产业发展方面，扶植和培育若干工业信息化软硬件产业。例如，重点支持了数控装备、流程工业综合自动化系统、绿色集成制造系统、产品生命周期管理（PLM）系统、企业资源计划（ERP）和电子商务系统、现代物流系统、数字化医疗装备与医疗信息化等技术研发及产业发展。

　　（c）在应用方面，围绕大飞机、登月工程、大型发电装备、高速列车等重大建设工程和重点型号研制，完成了一批重大工业信息化建设项目，推广普及电子商务、CAD、ERP等若干制造业信息化共性关键技术。

　　（d）依靠专业化的战略研究机构开展工业信息化战略研究，加强工业信息化战略和政策机制研究。

　　③ 在信息化与工业化融合的高级阶段，即信息化发展战略、技术装备、资源全面融合阶段，信息技术与全部业务高度融合，进一步发挥战略作用，工业化和信息化良性互动，将产生更多的创新性成果和更高的社会经济效益，建立完整的信息化环境，信息化人才的创新能力达到先进国家的水平。美国、日本和德国等先进工业国家的工业信息化就是我国追赶的目标。

　　《中共中央关于制定国民经济和社会发展第十二个五年规划的建议》和《国民经济和社会发展第十二个五年规划纲要》明确指出，要"推动信息化和工业化深度融合，推进经济社会各领域信息化"。应该从融合方式、融合广度和融合程度三个方面全面地理解信息化和工业化深度融合。从融合方式来看，信息化与工业化的"深度融合"应该全面包括技术融合、产品融合和业务过程融合；从融合广度来看，"深度融合"应该包括信息化和工业化在微观企业层面、中观产业层面和宏观社会层面的全面融合；从融合程度来看，信息化与工业化的"深度融合"应该包括中级阶段和高级阶段（图1-5）。

　　信息化与工业化的深度融合可以通过不同方式进行，如点到点的深化、点到线的深化、点到面的深化、线到面的深化等。各个企业、行业、区域的需求与情况不同，所采取的方式也不一样。此外，"两化融合"进程具有阶段性，从初级阶段的"两化融合"到深度阶段的"两化融合"将经历在技术、产品、管理模式、效益、人才队伍以及国家支持方向等多方面的变化。

　　在技术上，"两化融合"从初级的单元信息技术应用，到初步的信息技术集成化应用，再发展到深度的业务和技术的融合，形成集成化的业务协同应用，以及产品的全生命周期管理与服务应用。

　　在产品上，信息技术应用不仅仅用来加快产品的研发速度和提高产品的研制水平，还在产品中广泛应用嵌入式系统，使产品具有自动化、智能化、网络

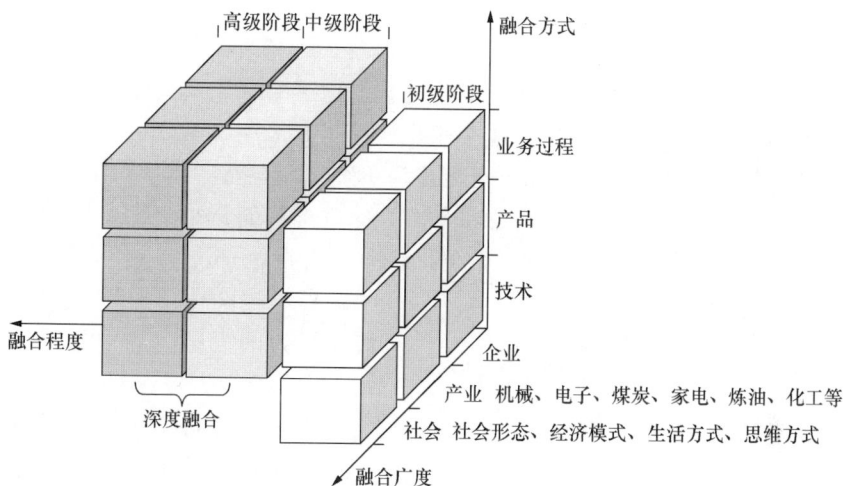

图 1-5 信息化与工业化的"深度融合"

化等功能，显著提高产品的信息化含量，形成自主知识产权的产品，获得更高的附加值。

在经营管理和生产制造流程上，从初级的应用信息技术支持业务的高效运作，到促进新生产模式的产生和企业业务的重组，直至在全社会范围内实现制造资源的优化整合。在无所不在的信息服务和云计算技术及平台的支持下，实现企业组织结构的扁平化，降低管理成本，提高管理效率，提高组织和人员管理的实时性与组织沟通的实效性，充分利用和挖掘信息资源，将计算智能和人的智慧相结合，支持智慧的企业经营管理决策，提高企业对市场的快速响应能力。

企业信息技术应用所产生的效益也将从初级的降低单个企业的产品成本、提高产品质量、提高管理效率的战术层指标，发展到应用信息技术提升企业和行业的战略核心竞争力，使企业和行业得到战略性收益，并通过为产业链上的各个环节提供透明的及时信息服务，提高产品制造、物流、销售过程的精益化水平，实现按照客户定制化需求的产品零库存生产。企业的信息化人才队伍将从最初的依靠外部技术力量，发展到企业自身信息化队伍的发展壮大。

在国家和社会层面，随着"两化融合"进程的深入推进，需要从初步的鼓励企业实施"两化融合"，发展到全面推进企业、行业、区域的"两化融合"试点和示范工程；从鼓励企业采用先进的信息化技术与系统提升企业的信息化水平，发展到鼓励和促进具有自主知识产权的国产工业软件的做大做强。同时，不断制定和改进相应的法规和政策，促进"两化融合"进程的健康、有序、高效发展。

2. 对"两化融合"的基本认识

① 必须避免单纯从信息技术或工业技术的角度去谈论"两化融合"。"两化融合"本质上是一个需求（主要是工业化的需求）牵引、技术（主要是信息技术）驱动的过程。基于这一思路，可以避免单纯技术观点。

信息化与工业化的融合并不是一个人为的进程，而是生产力发展的必然结果。几十年以来，信息化进程和工业化进程就一直在融合，但是结合中国国情，明确提出"两化融合"的观点，并将其作为国家层面的重要政策，则始于中共十七大报告（图 1-6）。

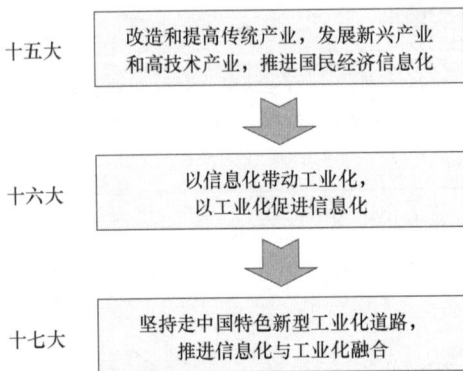

② 在新形势下中国的经济和社会发展面临着一系列新的问题，虽然发展的核心内容（提升国家竞争能力）基本没有变化，但全球化（包括应对全球化带来的"危机"）、环保、能源、产品个性化的需求越来越突出。在中国经济和社会发展的不同阶段，"两化融合"有不同的内涵和外延，必须根据实际情况采取不同的策略。

十五大	改造和提高传统产业，发展新兴产业和高技术产业，推进国民经济信息化
十六大	以信息化带动工业化，以工业化促进信息化
十七大	坚持走中国特色新型工业化道路，推进信息化与工业化融合

图 1-6　从中共十五大到十七大
对工业化和信息化关系的认识

③ 信息化与工业化的融合是一个双向的过程，相互渗透、相互影响、相互促进。在这个过程中有不同的主体，这些主体具有不同的重要性、起不同的作用，如政府、大型制造企业、中小制造企业、IT 企业、服务企业、科研机构等。各个主体在"两化融合"中正确定位、协同合作、形成合力才能更加有效地推进"两化融合"的进程。

④ 工业信息化是"两化融合"的主要内容，可以说，"两化融合"的实质是工业信息化，是新型工业化的必由之路。通过工业信息化的过程，达到建成信息化工业的目标。

工业信息化是在以信息资源和信息化环境建设为基础、法规/政策/安全/标准为保障的条件下，以信息技术为代表的高新技术在工业基础设施、工业技术、工业产品、工业装备、工业管理、工业市场环境等全生命周期的各个层面渗透与融合，形成综合、集成和创新的现代工业技术，新型生产经营模式，可持续发展模式和新兴产业，从而全面提升工业竞争力、创新能力和工业素质的过程，并最终走向信息化战略与工业化战略的融合，相互协调一致，形成完整统一的新型工业化战略[①]。

工业信息化在微观企业层面、中观产业层面和宏观社会层面对我国的社会经济发展都有极其重要的意义。

⑤ 应该在和谐社会和科学发展的战略高度推进"两化融合",特别是工业信息化。作为一种重要的国家行为,需要找准切入点并制定切实可行的政策措施以确保"两化融合"的顺利进行。

⑥ 三十年来,我国基本形成了一条符合国情的工业信息化道路。与国外水平相比较,在应用方面,特别是高端应用方面(基本上采用国外软硬件)差距不大。但是应用面还比较窄,支撑工业应用的信息化产品(特别是高端装备、关键工业软件)尚处于初步发展阶段,差距较大,有的甚至非常大。

1.4　工业信息化的战略意义和发展方向

1.4.1　工业信息化的战略意义

图 1-7 表示了逐步从工业机械化、工业电气化、工业自动化发展到工业信息化的过程。工业机械化的目的是用机器代替手工,用机械力代替自然力;工业电气化的目的是解决能量的转换和远距离传输,为工业发展提供能源;工业自动化的目的是形成全新的生产控制过程,提高生产率,使工业化进入现代化;工业信息化的目的是大规模利用信息和知识,促使工业化步入数字化、绿色化、智能化、网络化时代。

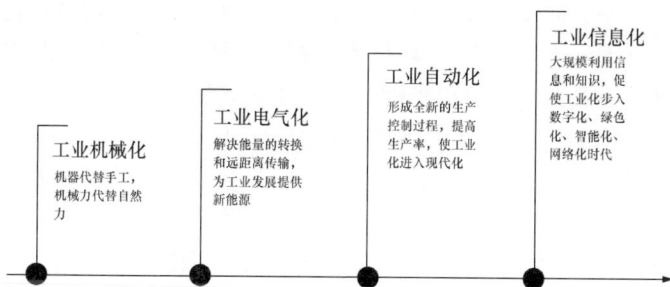

图 1-7　从工业机械化、工业电气化、工业自动化到工业信息化

工业信息化在宏观社会层面、中观产业层面和微观企业层面对我国的社会经济发展都有极其重要的意义。工业信息化的目的不仅是为了提高劳动生产率,

---

① 《中国信息年鉴》编辑部,《中国信息年鉴—2010》,2010 年 11 月。

获得竞争优势，更重要的是在和谐社会和科学发展的战略高度推进"两化融合"工作。

在宏观社会层面，工业信息化可以加速社会经济基础、生产力与生产关系从工业社会向信息社会过渡，确保实现社会经济信息化，全面推动我国的经济发展和社会进步。

在中观产业层面，通过工业信息化加快产业结构、行业结构升级换代，促使经济增长方式从粗放向集约式转变，推进工业经济向信息经济过渡，是带动工业行业各项工作创新和升级的突破口，也是解决当前行业管理中突出问题的有效措施。

在微观企业层面，工业信息化将信息技术与工业技术（制造技术、自动化技术、现代管理技术等）相结合，实现工业产品的信息化以及工业产品制造和使用/服务过程的信息化，改善工业企业的经营、管理、产品开发、生产和服务等各个环节，提高生产效率、产品质量和企业的创新能力，降低消耗，改善环境，带动产品设计方法和工具的创新、企业管理模式的创新、生产技术的创新以及企业间协作关系的创新，从而实现产品的数字化，企业经营、管理、开发、生产和服务全过程的信息化。

工业信息化的战略意义表现在以下几个方面：

1. 工业信息化是加快经济结构调整，推动产业结构升级的关键环节

工业发展的质量和效益体现在工业增加值上。2010 年，发达国家、世界总体、中国的工业增加值率分别为 40%、35%、26.5%。从这组数据可以看出，中国的工业大而不强，最集中表现在工业增加值率太低。尽管我国目前工业产品种类有 500 多种，但高档次、高技术含量、高附加值的产品占的比重不大，导致工业增加值不高，在国际市场的竞争中处于不利地位。

产生这些问题的根本原因在于信息化和工业化程度较低。这就需要同时进行工业化和信息化，大力发展高新技术产业，提升产业内部结构的技术集约度，从而推动产业结构升级。

我国现阶段的工业化水平，总的看来尚处于较低的层次。我国的工业结构升级缓慢，这不仅存在于制造业结构中，而且也存在于各个产业的内部结构以及产品结构中。由此可见，必须用信息技术改造传统工业，提高传统工业的技术密集度，加速完成我国的工业化。

为了摆脱我国工业的困境，迫切需要应用信息技术来武装以重大装备（包括重大国防装备）制造等为核心的制造业。例如，采用各种先进的产品设计技术、制造技术和相应的工具软件，大幅度提高企业的新产品开发和制造水平，增强企业的产品创新和技术创新能力；采用现代管理技术、现代电子商务技术及相应的工具软件，优化企业组织结构与资源配置，提高企业的管理水平和企业间的协作能力，实现集约化生产经营；采用系统集成与优化技术，提高制造系统集成能力；采用流程工业综合自动化技术，提高流程工业生产的效率；综合采用现代集成制造系统技术，全面提高我国制造业的重大新产品开发能力、国防装备更新能力和劳动生产率，降低资源消耗，减少环境污染等，将大大有助于实现提高综合国力的国家目标。

2. 工业信息化是应对经济全球化的重要手段

中国加入 WTO 后，中国企业直接面对国内竞争国际化、国际竞争国内化的双重挑战。经济全球化主要是商品、资源、技术、信息和资本在全球范围内的自由流动和配置，形成各国经济你中有我、我中有你相互交织的复杂局面。20世纪 90 年代中期，跨国公司就已进入了全新的全球化经营时代。随着经济的发展，中国一方面拥有丰富的生产资源，另一方面拥有广阔的市场资源，跨国公司越来越多地进入了中国市场。除了跨国公司外，越来越多的中小企业也通过因特网等信息化手段直接或间接地进入了世界市场。此时，跨国经营日益普遍，国际贸易高速增长，国际投资日趋活跃。在这种环境下，中国的企业也越来越直接地面对或参与到全球化的竞争当中，其运行的空间已经扩展到全世界。

信息技术对企业在全球化的运行空间中生存和发展起到了非常重要的支撑作用。信息技术促进了国际金融市场的快速发展，不仅保障了跨国经济活动的正常运行，而且加快了资金在全球的流动速度，使企业在规模、经济实力和创新能力等方面得到了空前的提升。

金融危机爆发后，由于国际市场的变化以及西方发达国家实施了一系列提升其国内产业竞争力的政策措施，中国的产业竞争力出现了下降的苗头。中国社会科学院 2010 年 8 月 22 日在北京发布的《产业蓝皮书：中国产业竞争力报告（2010）》指出，2010 年 3 月，中国二十六年来首次出现了贸易逆差。这种格局虽然可以减轻中国平衡国际贸易的压力，但同时也表明，中国产业的国际竞争力有所下降，对这个苗头应引起高度重视。

顺应全球化趋势，迫使我国工业企业必须改变传统经营策略，而从需求分析、概念与功能设计，直到生产制造、销售、服务和报废的整个产品生命周期范围进行全局优化，以挖掘最大化的产品与服务利润。

在加快经济发展方式转变、产业转型升级的重要历史时期，我国制造业应该实现从"中国制造"到"中国创造"、从"生产型制造"向"服务型制造"转变，占据全球制造业制高点和价值链高端，迫切需要持续推进工业信息化。

3. 工业信息化是提高企业运行效率、转变生产模式的必然选择

生产模式的每一次革命都会淘汰一批滞后于模式变革的企业，使另一批适应变革潮流的企业迅猛发展。德国、英国、美国和日本在不同的阶段中都曾创造出适应当时生产力发展的模式，领导了发展的潮流，从而取得了辉煌的经济成就。福特、丰田等公司在不同的发展阶段抓住了机会，新的生产模式使这些公司进入了当时一流大企业的行列。

与国际先进企业比较，我国企业在创新能力、管理水平、盈利能力和国际竞争力等方面还存在相当大的差距。

例如，中国制造企业 500 强的研发投入比重为 2.03%，而国际上大公司研发投入为 5% 左右，有些企业甚至达 10%~15%。研发投入不足造成技术创新能力弱，缺乏核心技术。此外，中国制造业 500 强的增加值率仅为 26%，与美国、日本及德国相比，分别低 23、22、11 个百分点；中国目前制造业劳动生产率仅为美国的 4.38%、日本的 4.37% 和德国的 5.56%[①]。

影响企业运行效率的主要因素是产品质量、制造和管理成本、生产周期以及业务流程等。信息化可以大大缩短产品上市时间，提高产品质量，降低生产消耗和交易成本，提高资源利用率，从而大幅度提高制造企业的运行效率。

随着经济全球化和社会信息化趋势的不断加强，全球性产业结构调整的不断加快，工业、特别是制造业全球化、精益化、专业化、服务化、绿色化、智能化的发展态势逐渐明显：

　① 全球化：大型集团企业建立面向全球的资源配置、销售服务网络；
　② 精益化：通过优化业务流程和资源配置，使企业实现精益运作；
　③ 专业化：从"大而全"向"专而精"发展，实现利润最大化；
　④ 服务化：制造企业从生产型制造向服务型制造转变，占据价值链高端；
　⑤ 绿色化：应用绿色材料、绿色能源，实现绿色设计与绿色制造；
　⑥ 智能化：产品和装备的智能化，为企业带来新的增长点。

信息化提高了生产要素的信息属性，促使企业竞争模式从自然资源和人力资源的竞争，转向创新能力和创造高附加值产品的竞争。信息化使得知识的重要性凸显，人才成为竞争优势的重要因素。信息化促使企业管理由金字塔型结构向扁平型结构转变，经营思想由粗放型向集约型转变，出现了各种先进生产模式，如现代集成制造、并行工程、敏捷制造、网络化制造、虚拟制造和大批量定制等，为我国企业向先进生产模式转变，进而提升我国制造企业的水平和

---

　① 中国企业联合会，《2010 年中国制造企业 500 强分析》，http://finance.jrj.com.cn/2010/09/1622508190153.shtml。

能力提供了可以借鉴的模式。

4. 工业信息化是解决信息问题的基础环境

世界银行的一份研究报告指出，信息（真实、完整、安全）问题是发展中国家贫困的主要原因之一。由于社会日益复杂，减少信息问题的机制，如会计准则、信息披露要求和信用评级机构，以及有效的法律和法庭来保证合同的履行变得越来越重要。在传统社会，人员流动很小，社会通过各种道义上的约束来解决信息问题。在工业社会，由于人员流动很大，人们需要与越来越多不熟识的人打交道。但信息分享还主要依靠个人间的直接接触，显然已经不能有效地解决信息问题。充分信息化的社会将具有能够追溯信用历史的高效和准确的计算机信息网络，并且具有有效的执法手段，使信息问题得到充分的解决。

目前我国尚处于工业社会前期，社会上存在着惊人的浪费，许多可以开发的资源没有被利用。例如，成千上万的人没有工作；假冒伪劣产品每年都造成上千亿元的经济损失；许多人创造了财富却未能得到相应的报酬，另一些人并未创造财富却能得到超额分配，从而大大打击了人们工作的积极性；经济诉讼案件数量成指数规律上升，大量的时间和资金浪费在非生产性的，而且是彼此抵消的活动中；资金未能流动到最能创利的项目中，反而去支持重复建设和无效建设；没有充分利用个人之间、集体之间合作的机会，有时反而造成了种种纠纷。

解决信息问题的方法除了加强教育，提高人们素质以外，信息的透明化、对称化和信息传递的快捷化都是一些很好的方法，可以使投机取巧难以得逞，使资源利用率更加合理。信息的社会化对于提高信息的透明化、对称化和信息传递的快捷化具有重要的意义。

综上所述，在当前和今后相当长的一段时期内，除了利用信息技术的各种巨大进步来加快工业现代化和工业信息化的进程以外，已经没有其他更好的选择。

1.4.2 工业信息化的重点领域和关键技术

1. 工业信息化的重点领域

工业信息化的重点领域（图 1-8）是指工业信息化技术研究、开发和应用的重点范围。这些重点领域的特点是：显示度好、带动性强、覆盖面广、具有较强的前瞻性和战略性。根据"有所不为才能有所为"的指导思想，应该找准工业信息化技术的切入点，并提出相应的技术路线图，重点加以突破。

工业信息化技术的重点领域包括：

① 重大工程自动化控制系统关键技术与装备（5.1 节）；

② 云制造服务支撑平台及重大应用（5.2 节）；

③ 制造服务信息化工程（5.3 节）；

④ 工业软件（5.4 节）；

⑤ 工业过程检测、控制和优化技术（5.5 节）；

⑥ 装备制造业信息化工程（5.6 节）；

⑦ 国家重大专项有关的信息化技术（5.7 节）等。

2. 工业信息化的关键共性技术

工业信息化的关键共性技术（图 1-8）是指在工业信息化的不同领域内已经或未来可能被广泛采用，其研发成果将对提高整个行业或产业的技术水平、产品质量和生产效率产生带动作用，具有巨大的经济和社会效益的一类技术。

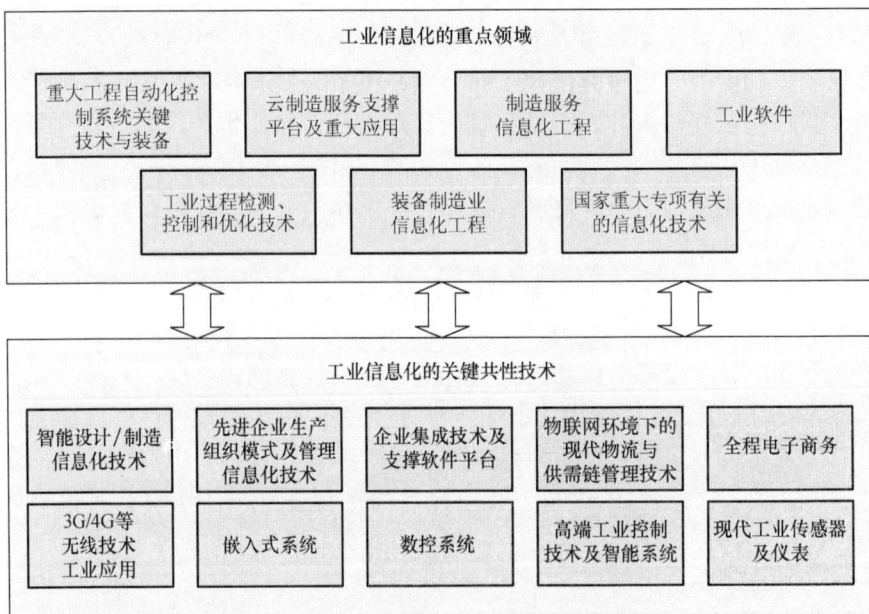

图 1-8　工业信息化的重点领域和关键技术

本书的第 4 章将对工业信息化关键共性技术的技术概况、发展历史、存在问题、近期可能产生的重要进展进行分析并提出对其未来 5～10 年的技术发展预见。

工业信息化关键共性技术是：

① 智能设计/制造信息化技术（4.1 节）；

② 先进企业生产组织模式及管理信息化技术（4.2节）；

③ 企业集成技术及支撑软件平台（4.3节）；

④ 物联网环境下的现代物流与供需链管理技术（4.4节）；

⑤ 全程电子商务（4.5节）；

⑥ 3G/4G等无线技术工业应用（4.6节）；

⑦ 嵌入式系统（4.7节）；

⑧ 数控系统（4.8节）；

⑨ 高端工业控制技术及智能系统（4.9节）；

⑩ 现代工业传感器及仪表（4.10节）。

1.4.3　工业信息化中的不同主体

信息化与工业化融合过程中有不同的主体，这些主体有不同的重要性、起不同的作用，如政府、大型制造企业、中小制造企业、IT企业、服务企业、科研机构等。图1-9表示了工业信息化中的不同主体及其作用。

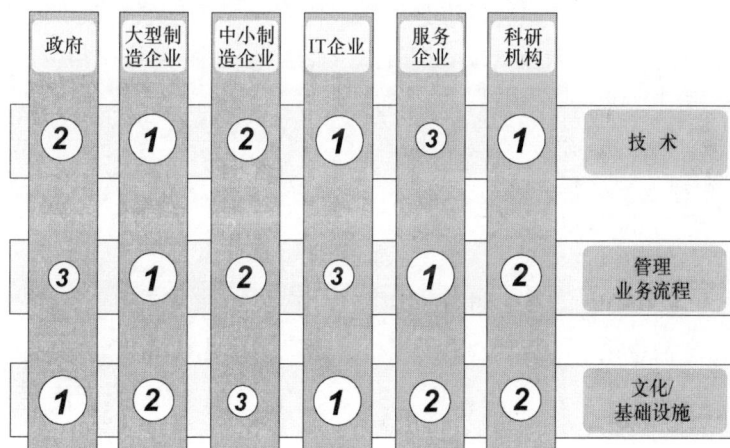

图1-9　工业信息化中的不同主体及其作用

作为一种国家行为，应该在和谐社会和科学发展的战略高度推进工业信息化工作。在不同的历史阶段，工业信息化有不同的重点领域和不同的关键技术，各主体所起的作用也不一样，在现阶段，各级政府将对推进工业信息化起到核心作用。

本小节将对不同主体如何在推进工业信息化过程中更好地发挥作用提出一些建设性建议。

1. 政府

政府在推进工业信息化过程中的作用主要是：

（1）完善市场机制

工业信息化是市场行为。企业要生存和发展就需要走工业信息化道路。政府在信息系统开发和信息化服务方面需要引入市场竞争机制，避免垄断现象的出现。要让工业信息化成为企业的自觉行为，而不是政府行为。

（2）做市场机制不能解决的事情

市场能够做的事情，让市场去做；市场不能够做的事情，政府要出面。例如，通过信息化加强环境保护、碳排放控制等方面都需要政府的重视。

（3）引导和激励

通过引导和激励，可以加速工业信息化进程。在这方面，各地有关政府部门都出台了一些激励政策，如事后补助、评比信息化示范企业、帮助建立企业CIO（信息主管）俱乐部等。

（4）制度建设

例如，由财政部、证监会、审计署、银监会、保监会联合发布了我国首部《企业内部控制基本规范》及其配套指引——《企业内部控制应用指引》、《企业内部控制审计指引》和《企业内部控制评价指引》，并已于2011年1月1日起实施。

（5）环境建设

协调IT基础设施建设，引进或扶植IT企业和信息化服务机构，为工业信息化提供较好的外部环境。

（6）标准建设引导

引导企业和行业建立标准化组织，建立和完善信息系统和信息化实施的各类标准，减少信息化中的盲目性和重复性，提高信息化的成功率。

（7）从上到下，逐步推进

将政府的信息化与工业信息化集成。例如，税务、统计等部门的信息系统向企业延伸，促进了企业的财务管理信息化、企业管理信息化。

2. 大型制造企业

大型制造企业因为其对工业信息化有着特别迫切的需求，并有足够的实力开展工作，在推进工业信息化的深度和广度方面都可以起表率作用，促进整个行业的"两化融合"。

3. 中小制造企业

我国中小制造企业比例高，绝大多数底子薄、基础弱、资金紧张、人才匮乏,对工业信息化有强烈需求,但往往心有余而力不足,因此需要提供成本低、易学好用的解决方案。例如,面向中小制造企业的信息化服务平台等。另外,广大中小企业在信息化过程中也要转变观念,克服封闭的或小而全的思想。

4. IT 企业

IT 企业在推进工业信息化中承担开发和提供信息系统的角色。IT 企业的发展趋势主要是:

(1) 高度专业化

工业信息化具有很强的专业性,不同企业、不同产品、不同流程对工业信息系统往往有不同的需求,因此,需要各种类型的、高度专业化的 IT 企业。

(2) 高度分工协同化

在信息系统基础上,IT 企业通过分工协同化,可以显著提高系统开发效率和质量,降低开发成本。

5. 信息化服务企业

在推进工业信息化过程中,对服务的需求越来越多和越来越高。工业信息化的服务内容包括:咨询、系统实施、培训、系统应用、系统管理等。其发展趋势主要是:

(1) 企业信息化外包

随着服务体系和信用机制的完善,信息化外包服务业务将越来越多。这将降低工业信息化的成本和风险。

(2) 云计算和云服务

通过互联网,服务企业提供方便快捷的云计算和云服务,使企业非常方便地享受信息化服务。

6. 科研机构

科研机构包括大专院校和科研院所。中国推进工业信息化具有许多中国特色的内容,工业信息化未来的发展方向、工业信息化中的一些新的关键共性技术,都需要科研机构的攻关。

1.4.4 不同工业行业的信息化

工业信息化没有定式,不同行业、不同企业规模、不同产品、不同阶段,可以采用不同的方法和不同的切入点。以下分别以机械行业、电子行业、家电行业、炼油行业、化工行业为例加以说明。

1. 机械行业信息化

1）机械行业的特点及其对信息化的需求

机械行业是典型的离散型制造业，生产过程基本上是将原材料分割成离散的毛坯，然后逐一经过冷、热加工，部件装配，最后装配成整机出厂。

机械行业采用了多种生产经营模式，如按订单设计（ETO）、按订单制造（MTO）、按订单装配（ATO）和按市场预测的库存生产（MTS）；相应组织生产的模式有单件生产、多品种/小批量和大批量生产、大批量定制等多种方式。

离散型制造业产品结构复杂，制造工艺复杂，生产过程所需机器设备和工装夹具种类繁多。此外，各个时期生产的产品构成随市场需求变化，从而要用到的设备资源也随之变化。产品中各零部件制造周期长短不一以及产品加工工艺路线的不确定性，造成管理对象动态多变。因此，为了保证产品成套、按期交货、尽可能减少在制品积压，常常导致生产物资管理工作十分复杂，需要从每一产品的交货期倒推，周密安排各部件、零件、毛坯的投入/产出数量和时间。

机械制造业产品结构和制造工艺比较复杂，因此工程设计任务很重。为了不断推出知识含量高且价格能被用户接受的新产品，机械制造企业必须具备强有力的新产品开发能力。因此，工程设计系统是机械制造业信息化体系中不可缺少的重要组成部分。

为了适应产品结构的不断变化，机械制造业的底层加工设备应具有足够的柔性。不断以数控机床代替普通机床，以加工中心代替专用机床是发展的趋势。

由于机械产品设计与制造涉及多个学科、多种技术，在当今全球化市场竞争的形势下，靠一家企业单打一的局面已缺乏竞争力。目前，主机厂与零件制造厂分离，组织跨地区的企业动态联盟已成为机械行业产业结构调整的必然趋势。因此，机械行业信息化还应具备对联盟企业资源的动态管理能力和质量控制能力。

2）机械行业信息化的技术特点

（1）工程设计系统

工程设计包括结构设计、工程分析、工程绘图、工艺设计、数控编程和仿真等。因此，工程设计系统包括 CAD、CAE、CAPP、CAM、MDO（多学科设计优化）等。为了提高企业经营效益，需要按合理化工程原则提高产品的标准化、通用化和模块化水平；为了提高设计工作整体效率，需要在 PDM/PLM 支持下实现 CAD/CAPP/CAM 信息集成和工作过程集成；为了缩短开发周期，需要按照并行工程方法组织新产品的开发，并在产品设计阶段采用面向制造的设计(DFM)、面向装配的设计(DFA)等 DFX 技术。

（2）管理信息系统

实施管理信息系统的目标首先是按期交货和降低成本，因此管理信息系统的核心任务是按 MRP 哲理周密安排生产，对产、供、销、存、财实行一体化管理，以实现物流/资金流的集成。进一步在网络技术，特别是物联网支持下实现包括供应商和客户在内的供应链管理。

（3）制造自动化系统

根据我国国情，多数企业的制造系统为普通机床和数控机床结合的"适度自动化"系统。对加工制造关键环节，应采用数控机床群控（DNC）系统或柔性制造单元（FMC）、柔性制造系统（FMS），以实现 NC 程序、刀具的集中管理和生产调度。

（4）质量保证系统

按照 ISO 9000 体系标准建立质量保证系统，以控制各环节工作质量，加强现场质量信息管理、计量器具管理，以及建立检验规程的自动生成系统和检测数据自动采集与分析系统。当然，对于主机厂和联盟企业，更需要建立分级质量保证体系。

2. 电子行业信息化

1）电子行业的特点及其对信息化的需求

电子产品可分为电子整机类产品、电子元器件和原材料。典型的电子整机类产品的生产组织是从多种元器件采购、关键零部件的设计加工开始，经过自动或半自动生产线组装和调试，最后得到一种产品，具有离散制造的特点。典型的电子元器件产品的生产，由专用性很强的自动化生产线完成，如集成电路、印制板、电阻、电容器的生产，可归为连续型生产。集成电路和印制板在制造之前，还要进行复杂的设计、模拟验证、规则检查，兼有离散制造的特点。因此，电子行业要按各企业的生产特点，构思信息化实施方案。

电子行业虽然自动化基础比较好，但由于从 20 世纪 80 年代中期引进的自动化设备，如数控多头钻床、CNC 钻床、光绘机、电测设备等系统，有相当一部分还存在自动化"孤岛"，严重阻碍了从设计到加工的一体化进程，成为企业快速响应市场需求的瓶颈之一。因此，对制造自动化信息集成具有迫切需求。

由于电子产品市场竞争激烈，企业要在竞争中求发展，急需增强新产品的开发能力，提高新产品一次性设计投产的成功率，因而迫切需要建立基于并行工程、集成框架平台之上的 EDA（Electronic Design Automation）系统、CAD/CAM/CAT 集成系统。

随着我国电子工业的高速发展，企业面临着生产和经营规模的迅速发展，靠手工管理越来越不能适应生产和经营的需要。早期应用的管理信息系统各自为政，数据不能共享，信息汇总统计效率极低，影响经营决策效率，迫切需要建立现代化的企业生产经营管理信息系统。

2）电子行业信息化的技术特点

（1）电子产品设计自动化系统

在集成框架平台的支撑下，实现 CAD/CAM 系统的集成。电子产品设计自动化系统具有下列主要子系统：

① CAD 子系统。完成逻辑设计、电路设计，包括逻辑图输入和自动生成后续设计所用的中间数据文件；完成工程化设计，如 VLSI 的布线设计，PCB 的布局、分层、布线设计。先进的 CAD 子系统还支持并行工程，包括可制造性设计（DFM）、可装配性设计（DFA）和可测试性设计（DFT）等。

② CAE 子系统。完成逻辑模拟验证，电路分析和仿真，设计规划和工艺规范验证。例如，PCB、ASIC 设计后都要进行版图验证和热分析验证，验证 VLSI 产品的热源分布是否均匀，整机产品散热是否良好。

③ CAM 子系统。支持工艺化功能设计，包括一系列的工艺规则检查，及对 CNC 机床（模具、多头钻床）、测试设备的信息集成支持功能。

④ CAT 系统。对电子产品功能及电性能指标进行测试，并对产品质量信息进行统计、分析管理。

（2）制造自动化/半自动化系统

该系统由 CNC 设备，如 CNC 钻床、铣床、电子束扫描成像设备和 CNC 钣金设备等构成。在信息化工程的实施过程中，应该着重解决老设备与上游 CAD/CAM 系统的无缝信息集成。

（3）企业生产经营信息管理系统

该系统由生产管理、计划调度、物资供应、产品库存、物料库存、销售管理、人事劳资管理和综合信息管理与查询子系统组成。

（4）网络数据库支撑系统

支持信息系统内部及相关子系统间的信息集成与数据共享。

3. 家电行业信息化

1）家电行业的特点及其对信息化的需求

（1）家电企业以市场驱动的备货型生产为主

通常，家电企业通过对市场需求信息的收集、分析，往往在没有订单或订单不足的情况下组织生产，装配成商品，放入仓库，再根据市场销售需求，现货供应市场。因此，在经营计划的制订中，对市场信息的依赖性很大。

（2）产品品种少、批量大

在大批量生产过程中，采用流水装配生产线，工艺变动少，相对固定。因此，在生产计划安排上，相对比较简单，但由于批量大，对物料供应的及时性、配套性要求严格，库存和在制品占用流动资金比例较高。

（3）小制造、大装配

整机类家电企业以装配为主，自己只生产一些关键零部件（一般在 20% 左右），而大部分的零部件都由外购、外协得到，形成了小制造大装配的生产特点，这样对生产过程中物料的管理与监控如同机械制造业中的生产调度一样，节奏快，实时性强。

（4）新产品的研制离线进行

家电企业在线生产的产品一般是成熟产品，即在市场销售活动中属畅销或较畅销的产品，而对新产品的选型、设计、工艺实验、试生产等活动，主要依据对市场的调查、分析后，提前进行研制，与实际生产不是实时连接。

2）家电行业信息化的技术特点

（1）采用准时生产与物料需求计划相结合的计划管理模式

对于大量的外购、外协件及自制的零部件，可采用 MRP 的备料方式，用以指导各生产车间的加工与装配计划的协调；对自制零配件和条件成熟的配件供应商，采用准时生产（JIT）的备料方式，直接送料入装配生产线，以减少零部件库存和流动资金的占用。

（2）采用面向功能的多进程管理体系，设计物流监控系统

在物流布局和流程设计上，选用多种先进输送工具组成多回路运行的物流系统；在自动化仓库库位分配上，以及对自动化仓库出/入库、运输任务调度、运输设备状态、缓冲站物料状态和需求情况等要进行合理优化处理，以提高系统的实时性、可控性和可靠性。

4. 炼油行业信息化

1）炼油行业的特点及其对信息化的需求

炼油行业具有如下一些特点：采用大规模连续生产方式，基础自动化水平较高；作业环境高温、高压、易燃、易爆、易腐蚀，对安全性要求高；生产工艺复杂，生产装置间耦合性强；运行中需控制的参数很多；生产过程中产生大量的实时数据等。因此，炼油行业信息化工程任务的重点在于管理与控制的集

成以及在其基础上的过程优化，以实现生产过程均衡、平稳、安全、低耗和高质运行的目标。

2）炼油行业信息化的技术特点

（1）必须做到信息集成与共享

为了对生产过程进行监督控制，对生产状态进行分析、评价，必须利用实时数据。因而炼油企业信息集成环境中需要同时设置关系数据库和实时数据库系统，作为整个系统信息的集散地。这两种数据库既可独立运行，又可协同操作，及时并行或交叉地处理来自整个装置的各种信息，真正做到信息集成与共享。

（2）必须解决各种接口技术和安全技术

在接口技术方面，除一般的硬软件接口外，特别要解决 DCS 系统与整体网络的接口、零散点数据采集系统与整体网络的接口、异种关系数据库之间的接口、关系数据库和实时数据库之间的接口等关键技术；在安全技术方面，要特别重视计算机网络系统和数据库系统的安全性设计。

（3）逐步实施过程操作优化

过程操作优化是炼油工业适应市场原料和产品需求变化，随时接受调度指令，调整主要生产设备的操作状况，这是柔性生产的关键，也是取得效益的重要环节。其难点是建立过程稳态数学模型。

（4）重视实施先进控制

由于生产过程的动态特性往往是非线性、大惯性和大滞后的，各个变量相互关联，甚至是时变的，所以提高控制品质并非易事。在炼油企业中，先进控制受到广泛重视，国外已有许多成熟的先进控制软件，我国也已开始引进并组织力量研究、开发和应用。

（5）信息的高度集成

由于信息的高度集成，可以通过对大量实时生产数据的处理，将其变成有用的信息，例如，用于统计质量控制、设备及过程的故障诊断、生产过程的安全维护等方面，这也是炼油企业乃至流程工业信息化工程的特点。

5. 化工行业信息化

1）化工行业的特点及其对信息化的需求

依据工艺流程特点，可以将化工过程划分为三类：

（1）连续流程型化工企业

其主要特征是物料从原料进入后，连续经过反应、换热、分离、流体输送等各类化工环节，直至生成最后产品，如炼油、化肥、硝酸等企业即为典型的连续流程型化工企业。

（2）间歇生产型化工企业

其主要特征是物料加入某个釜式反应器后，按一定的工艺条件，并经历一定时间（在这一时间中往往没有物料流出）在达到某要求指标后，再排出物料进行后续加工。如制药过程的生物反应发酵罐，高分子化工中的聚合过程，涂料生产过程等。这一类企业通常是按一定批量，有间断、周期地进行生产，故又称为批处理过程。

（3）连续与间歇相结合的化工企业

连续与间歇相结合的化工企业兼有连续型流程过程与间歇型流程过程的特点，如连续型流程的混合搅拌反应釜（CSTR）、煤造气炉、煤焦炉制气与联产甲醇等工艺。

化工生产过程主要基于连续生产过程，且包含复杂的化学反应过程。由于化工过程对象特性复杂，精确机理建模十分困难。此外，信息处理方式复杂，数据量及计算量大且有大量不确定性因素等，给生产过程的控制与决策带来很大困难。

2）化工行业信息化的技术特点

针对化工生产过程的复杂程度、处理方式及其对信息采集处理的实时性、信息量等方面的不同要求，CIPS（计算机集成流程生产系统，Computer Integrated Process System）纵向可以分解为五层递阶结构，其中包括基础控制级、优化级、调度级、管理级、经营决策层。也有分解为三层结构的（过程控制级、优化调度级、管理决策级）。

根据化工生产过程控制与过程总体优化、企业经营管理与决策总体集成的需求，CIPS系统一般由管理信息分系统、生产自动化分系统、过程安全保障分系统、产品质量保证分系统、集成支持分系统、人与组织分系统等及相应的下层子系统组成。根据所执行任务的性质和要求，可将这些子系统合理分布在CIPS系统递阶结构的不同层次中，以满足企业的集成需要。

不同的化工企业生产过程有其自身的特点及不同的控制、管理及经营决策要求，因此CIPS的集成工作应当是针对企业的具体情况展开的。

1.4.5 工业信息化技术的主要发展方向

1.4.5.1 "集成"和"协同"——工业信息化技术的重要发展方向

综观近几十年以来工业信息化技术的发展，集成和协同技术起着十分关键的作用。集成和协同构成了工业信息化技术发展的主旋律，它既是实现各种工程系统必不可少的技术，也是带动各种单元技术发展的动力。集成和协同不是简单地将两个或多个单元联系在一起，而是将原来没有联系或联系不紧密的单元有机地组成为有一定功能的、相互间紧密联系的新系统，从而产生更大的效益。

　　在工业信息化技术发展的不同阶段，集成和协同有不同的内涵和外延。图 1-10 分别从集成和协同的空间跨度、集成和协同的时间跨度、集成和协同的重点、集成和协同的对象以及主要集成和协同技术等方面表示了集成和协同技术的发展过程。

集成和协同 的空间跨度	部门内	企业内 部门间	企业间 供应链管理 流程工业综合自动化 网络化制造等
集成和协同 的时间跨度	产品制造过程 中的不同阶段	产品制造过程	产品全生命周期 PLM，制造服务等
集成和协同 的重点	信息	过程	知识 知识管理 智能制造等
集成和协同 的对象	几何模型	几何模型＋ 部分性能模型	多学科模型 多学科设计优化 MDO 等
主要集成和 协同技术	LAN CAD/CAM/CAPP	Internet/Intranet ERP/PDM 数据库，DCS	企业集成 物联网 云计算等

图 1-10　集成和协同是工业信息化技术发展的主旋律

1. 集成和协同的空间跨度

　　从集成和协同的空间跨度来看，已经从原先的部门内，企业内各部门之间，发展到追求整个增值链效益最大化的企业间集成和协同，目前的代表技术有供应链管理、流程工业综合自动化和网络化制造等。

　　供应链（Supply Chain）是现代物流中供应、分配和销售渠道及过程一体化的结果，涵盖所有参加供应、生产、分配和销售过程的企业，是现代物流活动中的核心过程和主线。以跨组织、连续性等为特征的供应链集成是现代物流管理的核心理念，是系统化和系统整体性的体现以及现代社会发展的客观要求。集成供应链管理技术遵循融合（Syncretism）、共生（Symbiosis）和协同（Synergy）的"3S"原则，保持供应链系统的高效性和灵活性，从而保证整个供应链的成长性与持续发展。正在兴起的敏捷供应链（Agile Supply Chain）充分体现了这种集成化的思想，代表了工业企业物流系统管理的最新发展方向之一。

流程工业综合自动化是将先进的工艺技术、现代管理技术和以先进控制及优化技术为代表的信息技术相结合，将流程工业企业的经营管理、生产过程控制、运行作为一个整体来进行综合的管理，将 ERP（Enterprise Resource Planning）/MES（Manufacturing Execution System）/PCS（Process Control System）三级结构应用于流程工业企业。其中，PCS 是信息处理和控制的基础；MES 以生产调度为核心，起着承上启下的关键作用；ERP 则是以资源的优化配置、调度和经营决策为目标的管理层。应用多智能体等信息技术，从生产过程的全局出发，将生产加工技术与现代管理技术有机集成，形成一个集控制、监测、优化、调度、管理、经营和决策等功能于一体的协同递阶控制系统，实现企业/企业间的优化运行、优化控制与优化管理，从而形成适应各种生产环境和市场需求、总体最优、高质量、高效益、高柔性的现代化企业综合自动化系统。

2. 集成和协同的时间跨度

从集成和协同的时间跨度来看，已经从原先仅考虑产品生命周期的某一阶段，发展到产品全生命周期管理，目前的代表技术是产品生命周期管理和制造服务技术。

经济全球化和信息技术的快速发展，使工业企业的竞争环境、发展模式及活动范围等发生了深刻的变化。在这种背景下，产品生命周期管理（Product Lifecycle Management，PLM）应运而生。从发展的趋势来看，PLM 正在迅速地从一种竞争优势转变为参与竞争所必须具备的技术。产品生命周期管理是一种在系统思想指导下，利用计算机技术、管理技术、自动化技术和现代制造技术等对产品全生命周期内与产品相关的数据、过程、资源和环境等进行管理的哲理。通过实施 PLM，企业各部门的员工、最终用户和合作伙伴等可以高效地协同工作，最终产品能够达到综合最优。产品生命周期管理系统是一种面向数据、资源和过程的产品技术信息化集成系统。PLM 解决方案涵盖了从市场需求分析、开发设计、测试验证、生产制造、安装、运行、维护、服务以及报废回收等产品的整个生命周期（图 1-11）。从技术角度来看，PLM 的逐渐广泛应用与 PDM 技术的成熟和深化具有十分密切的联系，目前这两种技术还在不断发展之中，并将得到越来越广泛的应用。

经济全球化、信息技术的革命和现代管理思想的发展，使得全球制造业发生了重大变化。同质化的竞争和供大于求的市场，使企业原有的生产、技术和资金等优势越来越不明显，产品利润率日益降低。发达国家跨国制造企业纷纷实施归核化战略和差异化战略，进行产品创新和服务创新，将经营重点放在核心业务价值链中本身优势最大的环节上，通过实施战略性外包增强差异性竞争优势。这就使原本完整连续的制造业产业价值链断裂分解，与渗透进来的服务

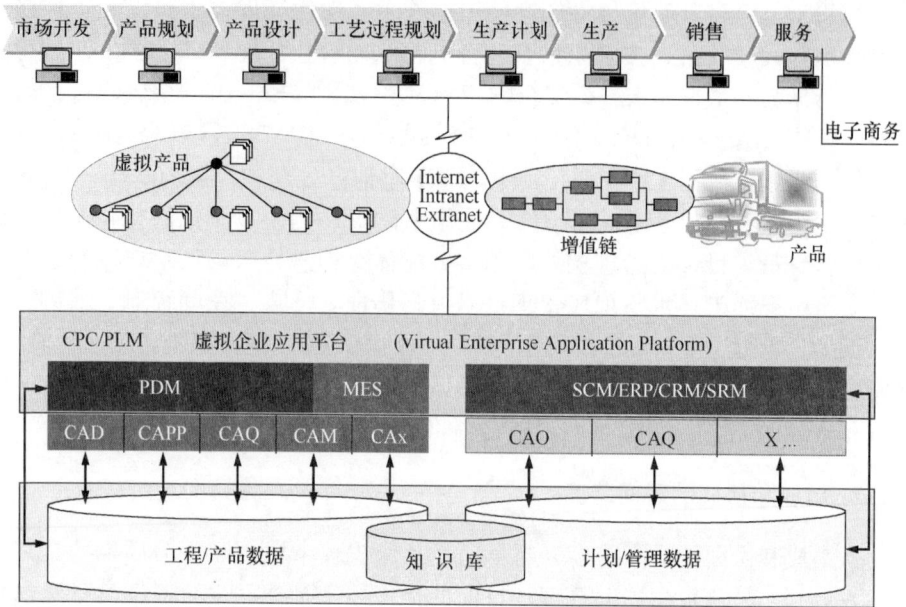

图 1-11　产品生命周期管理系统

业价值链混合，实现了制造业与现代服务业的产业融合，产生了全新的现代制造服务业价值链。因此，制造业已不再仅仅提供产品，而是提供产品、服务、支持、自我服务和知识的"集合体"，制造业企业正在转变为某种意义上的服务企业。制造服务是向产品生产过程和产品使用过程所提供的各种形式服务之总称。前者为面向产品生产企业提供的各种形式服务，如市场分析、产品研发、IT 服务、新工艺开发、制造资源维护、财务服务、人力资源开发等；后者为面向最终用户提供的各种形式服务，如产品运行服务、MRO、IT 服务、财务服务、技术培训、报废回收等。

3. 集成和协同的重点

从集成和协同的重点来看，已经从原先的信息集成、过程集成，发展到知识集成。目前的代表技术是知识管理和智能制造技术。

知识管理是指为提高企业竞争力而对企业知识的识别、获取并充分发挥其作用的过程，其目标是使企业实现显性知识和隐性知识的共享，促进知识创新并最大限度地激发企业员工的智力资源。知识作为一种独特而又无限的资源已经成为现代工业企业产品创新的核心要素，工业企业的发展逐渐从依靠资本积累转向依赖于知识积累与更新。各种显性知识和隐性知识将融入企业的产品、服务和生产过程，并作为产品进行生产，驱动以创新为目的的知识生产。而建立和挖掘客户的知识库和利用知识资源数据库等作为最重要的知识管理系统的支撑技术将得到飞速发展。

4. 集成和协同的对象

从集成和协同的对象来看，由于现代工程系统的复杂化趋势，包括工程系统的大型化、功能和结构的复杂化、追求目标的多元化等，以及多学科并行设计的迫切需求，光、机、电、磁、液、信息等技术一体化趋势，使得现代工程系统的设计必须同时涉及众多不同学科或专业领域。在这种背景下，工程系统设计已经从单纯的几何模型、几何模型加部分性能模型发展到多学科模型，多学科设计优化方法应运而生。

多学科设计优化（Multidisciplinary Design Optimization，MDO）是一种用全局的观点，通过研究复杂工程系统与子系统之间的交互影响和协同作用，对复杂工程系统进行分析和优化设计的方法。实现多学科设计优化的技术和系统分别称为多学科设计优化技术和多学科设计优化系统。

MDO 的基本思想是：在复杂工程系统的设计过程中集成各个学科（或领域）的知识，应用有效的设计/优化策略以及分布式计算机网络系统，组织和管理整个系统的设计过程，通过充分利用各个学科之间的相互作用所产生的协同效应，协调不同学科设计之间的耦合和可能出现的冲突，使复杂工程系统的设计从孤立的、串行的过程成为并行的、协同的过程，将设计的重点从单独的部件级转移到系统级整体性能优化。

多学科设计优化方法在复杂工程系统设计中的成功应用，使得设计人员能够在数值计算和仿真分析的基础上进行高水平的设计决策，大大提高了复杂工程系统的设计质量和设计效率，降低了开发成本。

5. 主要的集成和协同技术

从主要的集成和协同技术来看，计算机技术和网络技术的发展，为制造系统的集成提供了很多有效的工具，使得原先十分复杂的集成工作变得非常简单。目前代表的技术如企业集成技术、物联网和云计算/云制造等。

企业集成从 20 世纪 80 年代到现在已经发展了将近 30 年，从开始的点对点集成、企业应用集成、企业间集成，发展到了现在的面向服务的集成。随着信息技术的不断发展，集成的内涵不断发展，同时也促进了企业经营模式的变革。

物联网是通过射频识别、传感器网络、全球定位系统等信息传感设备，按约定的协议把任何物品与互联网连接起来，进行信息交换和通信，以实现智能化感知、监控和管理的一种网络。物联网是在互联网基础上的延伸和扩展，其用户端延伸和扩展到了任何物品与物品之间进行信息交换和通信。物联网的特征有三点：接入对象更为广泛，获取信息更加丰富；网络可获得性更高，互联互通更为广泛；信息处理能力更强大，人类与周围世界的相处更为智慧。物联网的应用，将对工业信息化的发展产生巨大的影响。

随着网络基础设施的逐步完善，互联网、3G/4G、无线宽带网络、无线传感等多种网络正在融合为泛在信息网络，"无时无刻不联网"的时代已经到来。在这种环境下，一种新的服务化计算模式——云计算（Cloud Computing）正在兴起。作为一种新的计算架构，云计算不仅对信息领域产生了重大影响，也对工业信息化的发展产生了重要的影响。云制造是借鉴云计算思想发展起来的一个新概念，是先进的信息技术、制造技术以及新兴物联网技术等交叉融合的产品，是"制造即服务"理念的体现。云制造需要采取包括云计算在内的当代信息技术前沿理念，建立共享制造资源的公共服务平台，将巨大的社会制造资源池连接在一起，提供各种制造服务，实现制造资源与服务的开放协作、社会资源高度共享。

1.4.5.2　绿色制造——保证中国工业的可持续发展

绿色制造（Green Manufacturing）是一种综合考虑环境影响和资源消耗的现代制造模式，其目标是使得产品从设计、制造、包装、运输、使用到报废处理的整个生命周期中，对环境负面影响极小、资源利用率极高、综合经济效益最大，使企业经济效益与社会效益得到协调优化。

绿色制造实质上是人类社会可持续发展战略在现代工业中的体现，其基本思想是实施工业产品全生命周期资源消耗、环境污染以及人体安全健康危害的减量化和源头控制。

绿色制造有关内容的研究可追溯到 20 世纪 80 年代，但比较系统提出绿色制造的概念、内涵和主要内容的文献是美国制造工程师学会于 1996 年发表的关于绿色制造的专门蓝皮书 *Green Manufacturing*[7]。

近年来，围绕制造系统或制造过程中的环境问题，已提出了一系列与绿色制造相似、相近或相关的概念，如可持续制造（Sustainable Manufacturing）、环境和谐制造（Environmentally Benign Manufacturing）、环境意识制造（Environmentally Conscious Manufacturing，ECM）、面向环境的制造（Manufacturing For Environment，MFE）、清洁生产（Cleaner Production）、生态意识制造（Ecologically Conscious Manufacturing）等。目前这些概念内涵有逐渐趋同的倾向，差异越来越小。

绿色制造的关键技术包括：绿色设计技术、绿色工艺规划及清洁化生产技术、制造系统及制造过程绿色化评估技术、产品自修复与再制造技术、绿色制造基础数据库和知识库等内容。

1. 绿色设计技术

绿色设计也称为面向环境的设计（Design for Environment，DFE）、生命周期设计（Life Cycle Design，LCD）或生态设计（Eco-design）等，是指在产品设计阶段并行考虑产品生命周期全过程的资源消耗、环境影响、健康与安全危害，在充分考虑产品功能、质量、开发周期和成本的同时，优化各有关设计因素，使得产品全生命周期对环境的总体影响极小、资源消耗极少，并符合健康与安全标准。其技术研究内容主要包括：产品结构绿色设计；产品材料绿色选择；产品可拆卸性设计；产品可回收性设计；产品节能性设计；产品绿色包装设计；产品人因工程设计；绿色产品集成设计等。

2. 绿色工艺规划及清洁化生产技术

工艺和设备是制造业进行生产加工的主体。目前绿色工艺及清洁生产技术的研究已成为绿色制造领域一个新的热点，其技术研究内容主要包括：新型绿色工艺方法及设备开发；面向绿色制造的生产过程优化技术；面向绿色制造的企业清洁化生产过程监控技术等。

3. 制造系统及制造过程绿色化评估技术

制造系统及制造过程的绿色化评估技术一直是绿色制造领域的热点研究问题，只有通过有效的评价才能辨识产品、制造工艺以及管理过程的资源消耗、废物排放及其环境影响、职业健康与安全危害状况，才能进行绿色制造的实施。主要技术研究内容包括：产品生命周期评估（LCA）技术；制造工艺及设备绿色评估技术；制造企业绿色评估技术；产业链绿色评估技术；面向绿色贸易壁垒和国际绿色标准的比较评估技术及支持系统开发等。

4. 产品自修复与再制造技术

主要包括：智能仿生自适应、自修复功能材料和制备技术；装备再制造关键技术等。

5. 绿色制造基础数据库、知识库

主要包括：产品绿色特性数据库知识库；制造工艺绿色特性数据库知识库；排放物环境影响及毒性特性数据库知识库；物料及能源绿色特性数据库知识库等。

1.4.5.3　智能制造——增强工业企业创新能力

智能制造是 21 世纪工业信息化技术发展的重要方向。智能制造系统是一种由智能机器和人类专家共同组成的人机一体化系统，在制造过程中能进行诸如分析、推理、判断、构思和决策等智能活动，并有效地管理和利用制造过程中的各种知识。智能制造技术旨在通过人与智能机器的有效协同，扩大、延伸和部分取代人类专家在制造过程中的脑力劳动，以实现制造过程的优化。智能制造将人工智能融进产品设计、工艺过程设计、生产计划调度、工艺过程控制、制造、装配、维护和回收等环节，提高制造系统各个环节的智能水平，使制造系统具有更高的柔性。智能制造的主要研究内容包括：智能化设计技术及系统；智能化管理技术及系统；智能化制造技术及系统；智能化集成技术及系统等。这些技术成为工业信息化技术的重要组成部分。

1. 智能化设计技术及系统

智能化设计是应用现代信息技术，采用计算机模拟人类的思维活动，提高人机系统中计算机的智能水平，使计算机更多、更好地承担设计过程中的各种复杂任务，成为设计人员的得力助手。目前，智能化设计技术及系统发展的趋势和研究重点是：支持创新设计的智能化工具；智能行为建模技术；现代设计方法和技术；产品广义优化理论、方法和技术；设计知识表示技术；多种推理机制的综合应用技术；智能化人机接口；智能设计与分析顾问系统；支持从概念设计、产品设计、工艺设计到工厂设计全过程的智能设计软件；集成智能工艺信息系统；多模态智能建模方法等。

2. 智能化管理技术及系统

智能化管理技术及系统发展的趋势和研究重点是：商务智能及商务智能决策支持系统；企业的智能管理模型技术；生产管理知识表示与知识获取技术；集成环境下协同建模与仿真系统；基于多智能主体的群体决策支持系统；智能化企业组织与管理模型；智能管理优化方法；面向管理决策的多媒体人机智能接口系统；智能化计划优化技术；基于智能优化方法的企业管理信息系统；智能化生产车间的组织形式与体系结构；智能化车间生产过程重组与配置技术；集工艺知识、优化控制、智能技术为一体的智能化先进控制系统等。

3. 智能化制造技术及系统

智能化制造技术及系统将各个层次的制造过程互相连接并加以集成，而无须考虑其所处的地理位置。智能化制造技术及系统可将信息收集、分析和处理功能集成到自学习环境中，对所有的制造能力和工艺过程进行全面的控制，而且还能预测问题、修正加工动作，并具有自学习、自调整和自恢复功能。智能化制造技术及系统发展的趋势和研究重点是：数字化、智能化数控机床；智能化物流系统；具有智能、基于模型和开放式控制结构的模块化加工装备；智能化自配置装配系统；智能化标签；智能化工业传感器和系统；智能化虚拟仪器仪表；机械装备的智能自修复技术等。

4. 智能化集成技术及系统

目前对智能化集成技术的研究不断深入，智能化集成技术及系统主要内容包括：智能化制造网络平台；智能公共信息服务系统；制造知识共享使能工具集；智能化企业数据与资源管理系统；分布式智能协商（冲突消除）处理系统；传感器网络技术；过程混杂大系统决策与智能优化计算方法等。

1.4.5.4 网络化制造——改变工业企业运作方式

20 世纪 90 年代，随着计算机技术和网络技术的迅速发展以及经济的全球化，一种新的经济模式——网络经济正逐渐成为现代经济的主流。因特网由于其互联性、交互性和时空压缩性，对经济全球化、市场全球化等产生了巨大的影响。人们的生活因此而发生了根本的转变，传统的制造业也因此而发生了巨大的变革，产生了一系列新技术、新设备和新方法。一种新的制造模式——网络化制造正在逐渐形成。

网络化制造是企业为应对知识经济和制造全球化的挑战实施的以快速响应市场需求和提高企业（企业群体）竞争力为主要目标的一种先进制造模式。通过采用先进的网络技术、制造技术及其他相关技术，构建面向企业特定需求的基于网络的制造系统，并在系统的支持下，突破空间和地域对企业生产经营范围和方式的约束，开展覆盖产品整个生命周期全部或部分环节的企业业务活动（如产品设计、制造、销售、采购、管理等），实现企业间的协同和各种社会资源的共享与集成，高速度、高质量、低成本地为市场提供所需的产品和服务。

网络化制造系统是企业在网络化制造模式和方法的指导下，在网络化制造集成平台和软件工具的支持下，结合企业具体的业务需求，设计和实施的基于网络的制造系统。网络化制造技术是支持企业设计、实施、运行和管理网络化制造系统所涉及的所有技术的总称。

在制造全球化的大趋势下，采用网络化制造系统可以显著地提高企业间协同制造的能力，根据企业间协作需求，不同企业间可以构建不同形态的基于网络的制造系统，如网络化产品定制系统、网络化产品协同设计系统、网络化协同制造系统、网络化营销系统、网络化资源共享系统、网络化管理系统、网络化供应链管理系统、网络化设备监控系统、网络化售后服务系统和网络化采购系统等。跨区域、跨国界网络化制造系统将在大中型骨干企业得到广泛应用。

1.4.5.5　大批量定制——提高工业企业应变能力

　　竞争的全球化和客户需求的多样化对工业企业提出了更高的要求：更多的产品变化、更短的交货期、更低的产品成本和更高的产品质量。大批量定制（Mass Customization，也称大规模定制、批量客户化定制等）就是在这种背景下产生的一种新的生产方式。通常情况下，有两类产品多样化，即：客户可以感受到的产品外部多样化，以及在产品的设计、制造、销售、服务和回收过程中，企业可以感受到的产品内部多样化。大批量定制的核心是尽可能减少产品的内部多样化、增加产品的外部多样化。

　　大批量定制生产模式是在市场需求的拉动和技术进步的推动下产生和发展的。大批量定制具有不同的形式，不同的形式适应于不同的产品和不同的市场。不同的定制方法能够为企业带来不同的效益。大批量定制的基本原理和方法对其他生产模式以及一些相关问题的解决具有广泛的指导意义。目前，大批量定制的技术体系尚在完善之中，包括三方面关键技术：面向大批量定制的开发设计技术、面向大批量定制的管理技术以及面向大批量定制的制造技术。这些技术覆盖了产品的整个生命周期。

　　1. 面向大批量定制的开发设计技术

　　面向大批量定制的开发设计技术包括产品开发设计技术与过程的开发设计技术，前者的对象是产品，而后者的对象则是产品的制造或装配过程。根据不同的产品特征和不同的大批量定制形式，如按订单装配（Assembling To Order，ATO）、按订单制造（Manufacturing To Order，MTO）和按订单设计（Engineering To Order，ETO），可以采用不同的开发设计技术。

　　2. 面向大批量定制的管理技术

　　面向大批量定制的管理技术是实现大批量定制的关键技术。面向大批量定制生产管理的主要特点是：客户信息、供应商信息、产品信息和定制信息的有效管理，ERP/PDM 系统集成等。为了获得全面实施大批量定制的综合经济效益，还应该针对大批量定制在管理方面的特点，采用相应的管理技术，包括各种客户需求获取技术、面向大批量定制的生产管理技术、面向大批量定制的企业协同技术、面向大批量定制的知识管理和企业文化等。这些技术形成了一个完整的体系，分别在不同的阶段，从不同的层次，支持企业实现大批量定制。

　　3. 面向大批量定制的制造技术

　　面向大批量定制的制造技术应该具有足够高的物理和逻辑的灵活性，能够根据被加工对象的特点，方便、高效、低成本地改变系统的布局、控制结构、制造过程和生产批量等，有效地支持大批量定制。当然，为了有效地实现面向大批量定制的制造，在制造过程的上游还必须提供一定的条件。例如，产品设计和工艺设计必须做到标准化、规范化和通用化，以便在制造过程中可以利用标准的制造方法和标准的制造工具，优质、高效、快速地制造出客户定制的产品。

参 考 文 献

[1] 郭成康，等. 康乾盛世历史报告 [M]. 北京：中国言实出版社，2002.

[2] 林毅夫. 后危机时代的经济全球化 [N]. 中国日报，2010 年 1 月 6 日.

[3] 简新华，余江. 中国工业化与新型工业化道路 [M]. 济南：山东人民出版社，2009.

[4] 周子学. 对工业化、信息化发展历史进程的几点认识 [J]. 理论前沿，2009，(4)：8～10.

[5] 王梦奎. 中国环境服务业发展研究报告 [M]. 北京：中国言实出版社，2007.

[6] 周宏仁. 信息化论 [M]. 北京：人民出版社，2008.

[7] Melngk S A, Smith R T. Green Manufacturing [M]. Dearborn：Society of Manufacturing Engineers，1996.

第2章 国外工业信息化的历程、
现状、经验和教训

2.1 国外工业信息化的历程

西方发达国家是在基本完成工业化后，开始推进信息化的，其信息化是在成熟工业化的基础上发展起来的，因此在总体上呈现出先工业化、后信息化的梯度发展格局。信息与通信技术已经并且还将继续成为促进发达国家经济增长强大的驱动器，因此，作为已经实现了工业化的国家，其信息技术应用和信息化所追逐的目标仍然包括传统产业的改造升级、新兴产业的发展，以及推动信息和知识的生产，否则就不可能保持它们在全球竞争中的"发达国家"地位。

纵观美欧日韩各国的发展战略，可以看出，各国在实施整体信息化进程中，均注重推进先进制造技术与信息科学技术的进一步融合，提升传统产业竞争力。总体上看，存在着两大推动力量：一是传统制造业借助信息化技术实施现代化的管理、设计和制造，从而提高生产、管理效率；另一个是将大量的信息化技术融入传统制造业产品流程，改进原有的产品制造过程，服务密集型导向的制造趋势日益明显。

2.1.1 美国工业信息化的历程简述

1. 美国工业信息化早期阶段

1946年美国福特公司的机械工程师哈德首先用"自动化"一词来描述生产过程的自动操作。1952年迪博尔德的《自动化》一书出版，他在书中认为"自动化是分析组织和控制生产过程的手段[1]"。在1952年，即商用电子计算机问世的第二年，美国柏森斯公司就以电子管元件为基础，设计了数控装置，试制了第一台三坐标数控铣床。虽然它体积庞大、价格昂贵，却开辟了一个数字控制的新时代。从20世纪50年代中期开始，美国企业将大量投资用于以信息技术改造传统制造产业，实现企业生产和管理的计算机化。在信息化方面，相比其他发达国家，美国是全面实施信息化战略的倡导者和先行者。

1974年，也就是Intel公司第一个微处理芯片问世的第三年，第五代使用微处理芯片和半导体存储器的计算机数控装置研制成功。随后，由于微电子技术、计算机技术、软件技术、网络技术及其他新技术的发展，各种数字控制机床的性能逐步提高，品种和加工范围不断扩大，对智能化和网络化的形成和发展产生了革命性的影响[2]。20 世纪 80 年代初，IBM 公司率先将计算机辅助设计（CAD）技术应用于产品设计。随后，计算技术的迅猛发展使得传统的自动化技术得到了全面的数字化改造，使产品研发、设计、生产、测试、供销等各个环节逐步实现智能化和网络化，信息化与工业化的融合进入了一个全新的发展时期[3]。

2. 计算机集成制造[4]

从 20 世纪 80 年代中期开始，美国大力提倡信息技术（当时主要是计算机技术，如网络、数据库、各种工业用的软件等）在制造业中的应用，目的是改变 70 年代因轻视制造业而造成的美国产品地位落后的状况，夺回生产优势。

CIM 最初是英文 Computer Integrated Manufacturing 的缩写，即计算机集成制造。CIM 的概念是由美国人约瑟夫·哈灵顿（J. Harrington）于 1973 年提出来的。哈灵顿认为，企业生产的组织和管理应该特别强调以下两个观点：

① 企业中的各种生产经营活动是不可分割的，是一个有机的整体，需要统一加以考虑。

② 整个生产制造过程实质上是信息的采集、传递和加工处理的过程。

CIM 是一种组织、管理与运行企业的理念，它将传统的制造技术与现代信息技术、管理技术、自动化技术、系统工程技术等有机结合，借助计算机（硬、软件），使企业产品全生命周期——市场需求分析、产品定义、研发、设计、制造、支持（包括质量、销售、采购、发送、服务）以及产品报废处理等各阶段活动中有关人/组织、经营管理和技术三要素及其信息流、物流和价值流有机集成并优化运行，实现企业制造活动的信息化、智能化、集成优化，以达到产品上市快、高质、低耗、服务好、环境清洁，进而提高企业的柔性、健壮性、敏捷性，使企业赢得市场竞争[5]。

CIMS 是一种基于 CIM 理念构成的信息化、智能化、集成优化的制造系统。

美国的这一信息化举措总体上是成功的，反映在美、日竞争中美国又获得了相当的优势。美国保持了在重大装备、尖端武器、信息产品的领先地位，其制造业竞争力明显提高。

实施 CIM 的制造企业逐渐认识到，作为影响集成的障碍，人员和组织机构问题比技术更重要。

CIM 的成功与否不仅取决于是否采用了先进的计算机集成技术，还取决于是否采用了正确的思想和恰当的方法，如人、经营信息和技术的集成方法，制造系统组织结构的简化和优化方法，并行工程，成组技术以及正确的 CIM 开发和实施的系统方法等[5]。

3. 基于信息高速公路的敏捷制造

20 世纪 90 年代，美国根据本国制造业面临的挑战和机遇，为增强制造业的竞争能力和促进国家经济增长，1993 年克林顿总统提出了先进制造技术的六项行动。

其中的敏捷制造（或称灵捷制造，Agile Manufacturing，AM），是美国为恢复其在世界制造业的领导地位而提出的一种全新概念的生产方式，是美国在 21 世纪的制造战略。

敏捷制造是将柔性制造技术，熟练掌握生产技能的、有知识的劳动力以及促进企业内部和企业之间相互合作的灵活管理机制集成在一起，通过共同的基础设施，对迅速改变或者无法预见的消费者需求和市场机遇作出快速响应。

敏捷制造将制造系统空间扩展到全国，通过全美工厂网络建立信息交流的高速公路，建立全新的企业——"虚拟企业"或"虚拟公司"，以竞争能力和信誉为依据选择合作伙伴组成动态公司，进行企业大联合，共同冒险、共同获利。这是利用信息技术打破时空阻隔的一种新型企业，是一批为了完成某一特定任务，利用电子手段在短时间内迅速建立起灵活关系的合作者所构成的协作网络，不同于传统观念上的企业[6]。

2.1.2　日本工业信息化的历程简述

1. 概述

20 世纪 60 年代以来，微电子半导体技术以及集成电路的发展，促成了日本电子与信息产业乃至整个工业信息化的发展。日本自 1963 年引进集成电路（IC）生产技术后，20 世纪 70 年代开发出大规模集成电路（LSI），20 世纪 80 年代进入超大规模集成电路（VLSI）时代。1970～1982 年 VLSI 以年均 50% 的速度发展，使得整个电子产业的增长速度达到了 17%[7]。同时，由于微电子半导体技术的迅速发展，集成电路的生产成本直线下降，带动整个制造产业的升级更新，引发了一场深刻的社会变革：

① 日本计算机产业的迅速崛起和壮大。伴随 LSI 技术水平的提高，计算机的性能越来越优异，价格也更低，日本计算机实现了超高速型和超小型化，并且不断从工业领域深入到家庭等社会应用。

② 日本产业机器人的应用普及。由于微电子技术的飞跃进步，产业机器人的成本降低，推动了机器人向生产线的应用，不仅应用于工业领域，而且应用于农林、水产、矿业、医疗及第三产业等，极大地提高了生产效率。

③ 汽车产业的发展。日本汽车制造业率先推广使用机器人自动生产线和计算

机控制，使生产率大幅提高，质量提升且稳定，一举占据了世界市场的相当份额。

④ 日本不断加快以微电子半导体技术为基础的计算机、数据图像传输处理、卫星通信、网络等信息技术产业的发展速度，并将信息技术及其产品应用到社会的各个领域，从生产到办公、家庭，迅速提升了整个社会的信息化程度。

在发展信息技术方面，日本政府做出了巨大努力。政府还赞助了一批以基础研究为目的的大型项目，如通产省资助的第 5 代电子计算机、生物工程、机器人等 7 项计划，每项年限为 10 年左右，全部经费达 18 亿美元[8]。

当时，日本预计在 1981～1988 年间投资 1 亿美元发展超高速计算机；1982～1991 年间投资 4.5 亿美元发展第五代计算机系统；1984～1991 年间投资 9000 万美元发展智能机器人。投资规模如此之大，在当时是世界其他国家所无法比拟的。日本在世界数控机床市场上也确立了明显的优势。

1995 年，日本东京大学成立了机械制造信息学系，开始重视制造信息学在制造系统中的地位和作用，并开展了相关研究。正是由于日本政府重视信息技术的投资，才使日本的信息产业得以较快发展。

20 世纪 80 年代初期，在全球消费类电子产品（收音机、电视机等）和汽车市场中日本企业异军突起。对于经济发展处于全球领先的日本，有能力采纳最为先进的信息化技术。很多日本企业重视适应本土需求的解决方案，使用自己研发的信息系统，以适应自身的管理模式，因为他们对自己的管理模式最熟悉。事实上日本的信息化已经成为日本在 20 世纪 90 年代试图继续保持和提升国际竞争力的最倚重的手段之一。

2. 智能制造系统项目

日本在 1991 年 1 月发起了智能制造系统（Intelligent Manufacturing System，IMS）的国际合作研究开发计划。该项计划旨在组合工业发达国家的先进制造技术，包括日本的工厂与车间的专业技术、欧洲共同体的精密工程专业技术和美国的系统专业技术；探索将研究成果转化为生产技术的途径；开发下一代的标准化技术。其重点是实现当前生产技术的标准化，开发出能不受生产环境和国界限制、彼此合作的高技术生产系统。通过各发达国家的共同研究，制造业在接受订货、产品开发和设计、生产、物流直至经营管理的全过程中，做到装备和生产线的自律化，并实现自律化的装备和生产线在系统整体上的协调和集成，由此来适应制造活动全球化的发展趋势，减少过于庞大的重复投资，并通过先进、灵活的制造过程来解决制造系统中的人因问题。此处的"自律化"，是指能够根据周围环境以及生产作业状况自主地进行判断并采取适当的行动。欧美有许多国家参加了这一计划①。智

---

① http://www.ims.org。

能制造系统对信息技术的作用给予了很高的期望。虽然最终还是没有实现完全的智能制造，但对推进制造系统朝智能化方向发展起到了重要的作用[9]。

2.1.3　欧盟工业信息化的历程简述

1. 概述

欧盟制造业因为长期以来形成的产业文化，供应商、制造企业、服务企业和用户之间业已建立了相互联系的广泛网络。其成员国拥有一流的研究能力，可以产生高水平的知识，具有良好的科学素养。另外，欧盟制造业 99% 的企业都是中小企业，具有很好的适应性、灵活性、创新能力和企业家精神，更有利于促进和实现企业之间合作竞争。欧洲较早实行了可持续发展战略，对环境保护、清洁生产以及环境友好生产过程的大量投资，已经形成了新的制造模式。

但是欧洲制造业近几年对 ICT（信息通信技术）和新技术的投资水平比较低，生产率增长速度低于美国，在将新思想转化为新产品和新工艺方面做得不够，没有及时顺应由机械化、电气化和自动化向数字化的转变。经历了 20 世纪60 年代自动化制造阶段和 70 年代精益制造后日本企业崛起带来的激烈冲击，欧盟各国一直在考虑如何更好地利用信息技术来建设信息经济社会，增强包括制造业在内的经济竞争力。为了提升欧洲制造业的竞争力，欧盟委员会邀请来自研究机构和产业界的专家，经过讨论形成了指导未来欧洲制造业发展的《未来制造业：2020 年展望》，并于 2004 年 12 月在荷兰恩斯赫德市（Enschede）召开的未来制造业（Manufuture）会议上发布。在欧盟内部，与企业信息化建设有关的政府性机构和组织主要有欧盟委员会下的企业与工业总司、信息社会和媒体总司、欧洲信息中心和欧洲经济和社会委员会。性质不同，职责也不同，但它们在推进企业信息化建设方面相互协调、相互补充，各个机构的职责、出台的政策规划和举办的重大活动很少出现重复的情况，而是相互补充和相互支持。

2. 德国的"生产 2000"计划

"生产 2000"（Produktion 2000）计划是由德国政府、企业界、科技界和工会组织共同提出的一项战略计划。该项目总共投资 4.5 亿马克，执行时间为1995～1999 年。

"生产 2000"计划的研究重点是[10]：

① 产品开发方法和制造方法，特别要研究如何缩短产品开发和产品制造的周期，以便对新的市场需求作出快速响应；

② 产品制造过程中的经济学，即开发可重复利用的材料并制订新材料的标准，开发可重复利用的产品，开发能进行"清洁制造"的制造过程；

③ 面向制造的后勤学，特别是研究加速产品制造过程和减少运输费用的方法，同时也应考虑减少对环境的负面影响；

④ 面向制造的信息技术，特别要研究通信技术，开发面向制造的高效的、可控的系统；

⑤ 在"动荡"环境中的生产，即研究开放的、具有学习能力的生产组织结构，提高对市场变化的响应速度；

⑥ 其他热门课题，如全球制造、企业协作和与其有关的标准。

2.2　国外信息化和工业信息化的现状

2.2.1　关于智慧地球与云计算

2.2.1.1　"智慧地球"

1. "智慧地球"的由来[11]

早在 1998 年 1 月，当时的美国副总统戈尔第一次提出了"数字地球"（Digital Earth）的概念，十年后，戈尔所描绘的一个可以嵌入海量地理数据的、多分辨率的"数字地球"已经实现。然而，"数字地球"并没有能帮助人类摆脱所面临的生存困境。

作为"数字地球"的发展，2008 年 11 月 6 日，美国 IBM 总裁兼首席执行官彭明盛在其演讲"智慧地球：下一代的领导议程"中首次提出了"智慧地球（Smarter Planet）"的理念，描绘了一个由物联网构成的"智慧地球"的愿景，为人类构想了一个全新的空间：让社会更智慧地进步，让人类更智慧地生存，让地球更智慧地运转。

早在 2007 年金融危机爆发之前，IBM 已经看到了当代世界体系存在的一个根本矛盾，那就是一个新的、更小的、更平坦的世界与人们对于该世界落后的管理模型之间的矛盾。一方面，全球化进程随着冷战的结束和世界市场的空前扩张而飞速推进；另一方面，人们很大程度上仍然沿用已经明显过时的模型管理着世界。在这一矛盾作用之下，危机的出现绝非偶然。今天，人们已经更加清晰地认识到，新的世界需要新的运行模型。

在"智慧地球"的模型之中，通过构建一个运用先进信息技术将各种物体加以互联的扁平化网络体系，并在此基础上进行信息的智能化识别和管理。在该模型中，政府、企业和个人的关系将被重新定义，从过去单维度的"生产—消费"、"管理—被管理"、"计划—执行"转变为先进的、多维度的新型协作关系。在这种新型关系中，每个个体和组织都可以自由、精确、及时地贡献和获取信息和专业知识，从而对彼此的行为施加正面的影响，达成智慧运行的宏观效果，极大提高资源利用率和生产力水平，以应对经济危机、能源危机、环境恶化，从而打造一个"智慧地球"。

欧盟信息社会和媒体总司 2009 年 5 月公布的《未来互联网 2020：一个业界专家组的愿景报告》指出，欧洲正面临经济衰退、全球竞争、气候变化、人口老龄化等诸多方面的挑战，未来互联网不会是万能灵药，但欧盟坚信，未来互联网将会是这些方面以及其他方面解决方案的一部分甚至是主要部分。报告谈及了未来物联网的四个主要特征：未来互联网基础设施将需要不同的架构；依靠物联网的新 Web 服务经济将会融合数字和物理世界从而带来产生价值的新途径；未来互联网将会包括物品；技术空间和监管空间将会分离[①]。

2. "智慧地球"的主要内容

智慧地球的核心是以一种更智慧的方法，通过利用新一代信息技术来改变政府、公司和人们相互交流的方式，以便提高交互的明确性、效率、灵活性和响应速度。智慧方法具有以下三个方面特征：更透彻的感知、更广泛的互联互通、更深入的智能化。

（1）更透彻的感知（物联化，Instrumented）

这里的"更透彻的感知"是超越传统传感器、数码相机和 RFID 的更为广泛的一个概念。具体来说，"更透彻的感知"是指利用任何可以随时随地感知、测量、捕获和传递信息的设备、系统或流程。通过使用这些新设备，从人的血压到公司财务数据或城市交通状况等任何信息都可以被快速获取并进行分析，便于立即采取应对措施和进行长期规划。

（2）更全面的互联互通（互联化，Interconnected）

互联互通是指通过各种形式的高速、高带宽的通信网络工具，将个人电子设备、组织和政府信息系统中收集和储存的各种分散的信息及数据连接起来，进行交互和多方共享。从而更好地对环境和业务状况进行实时监控，从全局的角度分析形势并实时解决问题，使得工作和任务可以通过多方协作来得以远程完成，从而彻底改变了整个世界的运作方式。

（3）更深入的智能化（智能化，Intelligent）

智能化是指深入分析收集到的数据，以获取更加新颖、系统且全面的洞察来解决特定问题。这要求使用先进技术（如数据挖掘和分析工具、科学模型和功能强大的运算系统）来处理复杂的数据分析、汇总和计算，以便整合和分析海量的跨地域、跨行业和职能部门的数据和信息。

---

① 通信产业网，http://www.ccidcom.com/html/chanpinjishu/yewu/201011/17-128199.html。

上述三方面特征形成了 IBM 对"智慧地球"认知的 3 个"I"：物联化（In-strumented）、互联化（Interconnected）和智能化（Intelligent）。

通过建设智慧的基础设施系统，将衍生出关系到各行各业的智能化工程，让各行各业都"智慧"起来，包括：智慧的城市、智慧的电网、智慧的铁路、智慧的医疗、智慧的金融、智慧的供应链、智慧的水资源管理等。这些智慧的解决方案将进一步带给社会更多的价值：经济的繁荣、信息传递的便利、无障碍的沟通、随需应变的企业、更方便的生活，也会创造更多的市场需求和工作岗位。

3. 关于"智慧地球"的讨论

① "智慧地球"将信息技术提升到一个更高、更重要的地位。IBM 所提出"智慧地球"的愿景中，表达了三种观点：（a）人们需要也能够更透彻地感应和度量世界的本质和变化；（b）我们的世界正在更加全面地互联互通；（c）在此基础上所有的事物、流程、运行方式都具有更深入的智能化，人们也因此能够获得更智能的洞察。当这些智慧之道更普遍、更广泛地应用到人、自然系统、社会体系、商业系统和各种组织，甚至是城市和国家中时，"智慧地球"就将成为现实。

② 出现"智慧地球"或类似理念是全球社会经济和技术发展、特别是信息技术发展的一种必然结果。当前的金融危机、全球气候变化、能源危机和安全问题，向全世界提出了扁平化管理的紧迫需求。也正是各种各样的危机，使人类能够站在一个新的高度，用一种新的思路寻求创新，实现文明的跨越。

③ 尽管中国目前是世界上增速最快的经济体，但高增长、低就业、大量消耗生产要素的粗放型增长已对我国经济社会的可持续发展造成严重威胁。如何"智慧"地利用资源、劳动力，实现一种健康和谐又可持续的发展，是我们迫切需要解决的重要问题。

④ 实现"智慧地球"是一个长期的过程，其不仅涉及信息技术和相关的领域技术，还与国家的政治、经济体制以及文化等密切相关。应该按照中国的国情和经济社会发展的具体情况，从整个社会生态系统出发，充分发挥先进信息技术的潜力以促进中国经济社会的发展。

2.2.1.2 "云计算"

1. "云计算"的由来

早在 20 世纪 60 年代，麦卡锡（John McCarthy）就提出了将计算能力作为一种像水和电一样的公用事业提供给用户的设想。四十年后，这种设想成为事实，这就是云计算（Cloud Computing）。

云计算是一种分布式计算技术，其透过网络将庞大的计算处理程序自动拆分成无数个较小的子程序，再交给由多台服务器组成的庞大系统进行处理之后将结果回传给用户。利用云计算技术，网络服务提供者可以在数秒钟之内，处理数以千万计甚至亿计的信息，达到与超级计算机效能同样强大的网络服务。

云计算的新颖之处在于其几乎可以提供无限的廉价存储和计算能力。

云计算和宽带战略是智慧地球的主要支撑技术。

Google 是目前规模最大的云计算使用者。Google 搜索引擎建立在分布于200 多个地点、超过 100 万台服务器的平台之上。Google 地球、地图、Gmail、Docs 等也使用了这些基础设施。

IBM 在 2007 年 11 月推出了"改变游戏规则"的"蓝云"计算平台，该平台提供了一系列自动化、自我管理和自我修复的虚拟化云计算软件。

微软于 2008 年 10 月推出了 Windows Azure（"蓝天"）操作系统。Azure 是继 Windows 取代 DOS 之后，微软的又一次颠覆性转型——通过在互联网架构上打造新云计算平台，让 Windows 真正由 PC 延伸到"蓝天"上。

2. "云计算"的主要内容

云计算是一个虚拟的计算资源池，其通过互联网向用户提供资源池内的各种计算资源。完整的云计算是一个动态的计算体系，提供托管的应用程序环境，能够动态部署、动态分配/重分配计算资源、实时监控资源使用情况，以达到高效使用的目的。

1）云计算的特点

云计算有以下主要特点：

① 云计算提供了可靠、安全的数据存储中心，用户不必再担心出现数据丢失、病毒入侵等问题；

② 云计算对用户端的设备要求非常低，使用方便；

③ 云计算可以轻松实现不同设备间的数据与应用共享；

④ 云计算为人们使用网络提供了几乎无限多的可能。

2）云计算的形式

InfoWorld 网站同数十家公司、分析家和 IT 用户讨论后，总结出云计算的主要形式有：SaaS（软件即服务）、实用计算（Utility Computing）、网络服务、平台即服务、MSP（管理服务提供商）、商业服务平台、互联网整合等。

3）云计算应用案例

（1）亚马逊网站（Amazon. com）

亚马逊的云域名为亚马逊网络服务（Amazon Web Services，下称 AWS），目前主要由 4 方面核心服务组成：简单存储服务（Simple Storage Service，S3）；弹性计算云（Elastic Compute Cloud，EC2）；简单排列服务（Simple Queuing Service）以及尚处于测试阶段的 SimpleDB。

（2）谷歌公司（Google）

谷歌推出了谷歌应用软件引擎（Google AppEngine，GAE），这种服务让开发人员可以编译基于 Python 的应用程序，并可免费使用谷歌的基础设施来进行托管（最高存储空间达 500MB）。

（3）Salesforce

Salesforce 是全球著名的软件即服务厂商，该公司正在建造一个网络应用软件平台 Force. com。该平台包括关系数据库、用户界面选项、企业逻辑以及一个名为 Apex 的集成开发环境。Salesforce 的下一目标是：平台即服务。

（4）微软公司

不久以前，微软首席软件架构师（CSA）雷·奥兹（Ray Ozzie）曾表示，微软的宏伟计划是"提供均衡搭配的企业级软件、合作伙伴托管服务以及云服务"。微软将其称为"软件加服务"（software plus services）。

3. 关于"云计算"的讨论

① 云计算有可能是未来一种计算模式，其新的设计理念将对信息系统的构建产生影响。云计算将使信息资源的统计复用增益显著提高，目前信息系统规划和设计过程中过量预留产生的浪费，以及投入不足导致的能力缺失等问题将可能在云计算的支持下得到合理解决。

② 云计算系统的一个显著特征是采用开放标准的零部件与开放源码的基础软件。这为我国摆脱 WinTel 垄断，发展自主创新的云计算技术与应用带来了契机。可以以云计算为核心，大力发展通用信息平台技术和云计算技术，在国民经济的关键行业和政府部门开展广泛的应用，提升信息技术为经济社会转型提供服务的效率，催生数万亿元规模的、自主可控性强的、节能环保的以云计算为核心的通用信息平台战略性新兴产业。

③ 至 2030 年，云计算技术领域的发展呈现下述趋势。

2015 年前，云计算领域将仍然处于百花齐放的发散期。云计算领域的关键技术及应用会蓬勃发展，多种多样的云计算硬件、软件、应用服务和商业模式将会出现，但主要形式仍将是众多的集中式互联网服务。

　　2015～2020 年，云计算领域将会出现产业整合和学科整合。主要技术标准将会成型并得到广泛应用，学科基本知识点将趋于稳定并凝练成体系。云计算领域将出现集中式多云中心模式和多云中心协同互操作模式。云计算将会实现与三网融合、物联网的互补结合。

　　2020～2030 年，云计算将趋于成熟和普及，对经济社会的推动作用充分显现，并酝酿出新的技术（云计算 2.0?）。

2.2.2　美国信息化和工业信息化的现状

　　进入 20 世纪 90 年代，美国的先进制造技术计划（1992 年）中有多个重大项目包含了系统集成技术。美国国家关键技术报告（1995 年）中将 CIM 相关软件列为制造领域的重要子领域；同时，美国又实施了一系列有关敏捷制造技术发展计划，如由美国能源部发起的敏捷制造使能技术（TEAM）研究战略计划（1994 年），美国国防部的敏捷制造与制造技术计划以及国家工业信息基础设施协议 NIIIP 计划（1993 年）等。政府、企业和民间合作实施的这些先进制造计划大大促进了美国制造业的发展[12]。

　　从美国信息化的发展历程中不难看到一个超级大国在扩充全球势力范围和解决国内问题时的信息化战略导向。可以说，没有全球信息化的发展和全球化市场竞争的支撑，美国的信息革命以及相关信息技术和产业的迅猛发展都是难以实现的。美国的信息化战略思想逐步形成，其整体战略目标是通过占领全球信息技术研发和应用的制高点，提高信息占有、支配和快速反应的能力，从而主导未来世界的信息传播，保持和扩大美国在信息化方面的全球整体优势。1993 年，克林顿政府宣布实施"永久改变美国人生活、工作和沟通方式"的《国家信息基础设施计划》（简称 NII），并公布了《国家信息基础设施：行动纲领》，计划在 2015 年前建成由通信网、计算机、数据库和消费类电子产品组成的无缝的、高速的、多功能的信息网络基础设施。这一战略构想的提出恰逢互联网由国防、科研用途转为商业化应用的进程之中，对于互联网的快速应用和普及产生了重大的促进作用，推动了美国乃至整个世界大规模网络化、信息化建设，为美国赢得了进入信息社会的极为重要的先机。由于拥有核心网络信息技术，美国在信息化推进方面是全球领先的，特别是在互联网的核心技术方面长期居于世界主导地位，而近几年"智慧地球"和"云计算"的理念提出，标志着美国企业掀起了新一轮的信息革命浪潮。

　　1996 年 Xerox 公司 Palo Alto 研究中心的 Mark Weiser 首先提出了泛在计算（Ubiquitous Computing）的概念，泛在计算是正在酝酿的重大技术革命之一，将对经济社会变革产生深刻影响。1997 年，美国颁布了全球电子商务框架文件，确立了美国政府电子商务政策的基本框架，推动美国电子商务在世界互联网上的迅速发展。美国政府提出 NII 计划之后，就着手考虑建设电子政府平台，其目标是：通过信息技术的应用，提高政府组织效率，改进公共服务，最终实现办公自动化和信息资源的共享，使人们可以从不同的渠道获得政府信息和服务。

进入 21 世纪，美国相继发布《21 世纪信息技术计划》、《网络与信息技术研究开发计划》和《网络空间安全国家战略》。当前全球化背景下的信息化出现新的动向，由于印度、爱尔兰和其他国家的信息技术服务产业保持快速增长，信息技术服务的生产已完全扩散到全球范围。在这种信息技术服务扩散的同时，世界套装软件的销售和发明活动均集中在美国，并主要由美国企业承担研发。美国有强大的创新动力和文化在发挥作用，这些动力可能确保新软件产品开发和软件创新在未来一段时间里集中在美国。美国在培养计算机科学家方面仍拥有全世界最好的高等教育体系，拥有大量有利于软件产业发展的外来技术移民。除了教育和人力资本问题，因原有的产业集中性而产生的聚合经济以及整体来说有利的商业环境，使美国软件的创新者继续具有巨大优势。而且美国软件产品的创新者享有的最大优势是他们靠近世界市场重要用户，美国企业向来在世界信息技术领域属于最具创新性的用户，这些用户在过去极大地推动了美国和世界的软件产业，今后一段时间内仍将如此。

信息化成为美国企业劳动生产率大幅度提高的重要原因。例如，美国康宁公司在每一产品零部件材料供应上的平均花费由 140 美元下降为 7 美元。思科（CISCO）公司大约 90％的订单不需要员工经手即直接通过网络进入公司，其中 52％的订单执行和完成也不需要员工介入[①]。

美国是一个信息化领先于世界各国的国家，政府早在 1993 年就公布了《国家信息基础设施：行动纲领》。为了能够将美国的影响扩大到全球，美国在 1994 年 9 月提出建立"全球信息基础设施"的倡议，建议联通各国的国家信息基础设施，实现各国之间的信息共享。在 1997 年 7 月颁布全球电子商务框架，以鼓励在全球范围内促进电子商务发展。1998 年，美国麻省理工学院（MIT）的凯文·阿什顿（Kevin Ashton）在 Procter & Gamble 公司演讲中第一次提出物联网（Internet of Things）的概念，即通过在各种物体增加射频身份标识或其他传感器，组成一个新的网络，并使现有的互联网步入一个新阶段。次年阿什顿在麻省理工学院牵头成立 Auto-ID 实验室，希望建立以 RFID 为基础的物联网全球框架，使得从剃须刀、纸币到汽车轮胎等数百万计的物品能够被持续跟踪。

"9·11"事件之后，为了加强政府管理、节约成本，使政府运作更加顺畅，布什政府先后公布了 2002 年电子政务战略和 2003 年电子政务战略。2002 年，

---

① 周宏仁，《信息化——现代化的必由之路》，广东省信息化与县域经济发展论坛讲话，2006 年。

美国出台网络空间国家安全战略，提出了 5 大优先发展领域和 47 项行动建议，将信息网络安全置于国家战略高度[13]。整体来说美国的信息化政策，比起其他国家要早 5～10 年，其实也反映了美国同其他国家经济技术发展水平的差异引起的需求差异。

2004 年美国竞争力委员会完成了《创新美国：在竞争与变化的世界中繁荣》的报告，指出创新是美国的灵魂，是确保美国在 21 世纪处于领导地位的非常重要的手段，建议美国政府全面构建一种新型的创新合作、管理和监测机制，以确保美国在未来的全球经济中获得成功。

2006 年，美国提出覆盖未来十年的科技、创新、教育的综合性战略——"美国竞争力计划"，指出国家的未来越来越依赖于新思想的产生、科学与工程领域劳动力的活力，以及新知识的创新性应用。2007 年，美国科技政策界最为重要的战略咨询机构——总统科技咨询委员会向总统提交了《领导于挑战中：世界竞争中信息技术研究与开发报告》，指出保持在网络和信息技术方面的领导地位对于美国经济繁荣、安全和生活质量都是不可缺少的，这种领导地位源自于美国"网络和信息技术生态环境"，包括美国的市场地位、商业环境和领先的教育和研究环境，其他国家和地区已经认识到保持网络和信息技术领导地位的价值并在努力追赶；目前互联网基础设施的五大核心领域：高性能计算机、操作系统、数据库技术、网络交换技术和信息资源库全部被美国 IT 巨头垄断。为继续保持这种领导地位，美国将加强长期、跨学科项目的研究，在高端计算、网络安全和信息保障、人机互动、网络信息技术和社会科学等方面大力开展研究开发①。

2008 年度以来电子商务的快速发展也促进了产业不断细化，一些新型的电子商务模式呈现出良好的发展势头。美国的 IT 巨头们凭借其对全球数字信息资源的超强整合能力，进一步依托其高性能计算和云计算技术的领先，为各国客户在新的形势下的战略转型提供崭新的海量数据密集型业务解决方案，形成某种"海量数据优势"。2008 年 9 月，谷歌公司与通用电气公司对外宣布共同开发清洁能源业务，为美国打造国家智能电网。2009 年 1 月，面对金融危机，IBM 与美国智库机构信息技术与创新基金会共同向美国政府提交报告，提出通过 ICT 投资可在短期内创造就业机会，美国政府只要新增 300 亿美元的 ICT 投资（包括智能电网、智能医疗、宽带网络三个领域），便可以为民众创造出 94.9 万个就业机会。1 月 28 日，在奥巴马就任总统后的首次美国工商业领袖圆桌会上，IBM 首席执行官建议政府投资新一代的智能型基础设施，即"智慧地球"战略：将感应器嵌入和装备到电网、铁路、建筑、大坝、油气管道等各种物体中，形成物物相联，然后通过超级计算机和云计算将其整合，实现经济社会与物理世界融合。上述提

---

① 刘九如，《2008 年世界主要国家和地区信息化发展报告》，电子科学技术研究所。

议得到了奥巴马总统的积极回应，奥巴马把"宽带网络等新兴技术"定位为振兴经济、确立美国全球竞争优势的关键战略。在宽带信息基础设施建设方面，2009年4月，美国联邦通信委员会开始着手制定国家宽带计划。2010年3月在广泛征求广大美国民众意见的基础上，向国会提交了国家宽带计划[14]。

总体来说，美国在推行信息化过程中注重在扩充全球势力范围和解决国内问题时的信息化导向，努力建设充满活力的"网络和信息技术生态环境"①。另一方面，云计算方兴未艾，美国 IT 巨头们凭借其对全球数字信息资源的超强整合能力，进一步依托其高性能计算和云计算技术的领先优势，为各国客户提供崭新的海量数据密集型服务解决方案。2009年3月5日，美国总统奥巴马任命Vivek Kundra 为美国联邦政府首席信息官（CIO）。这是一个联邦政府新设的职位，联邦政府的首席信息官将负责为联邦政府的信息技术投资制定政策和策略规划，并负责监督联邦政府的技术接入。还需要与首席技术官（CTO）紧密合作，以推进总统的技术政策。

2.2.3　日本信息化和工业信息化的现状

日本政府于2000年10月制定了《IT 基本法》，并在内阁专门设置了信息通信网络社会推进战略本部，负责日本的信息化建设工作。2001年以来，日本政府相继制定了 e-Japan、u-Japan、i-Japan 等国家信息技术发展战略，从大规模开展信息基础设施建设入手，不断拓展和深化信息技术的应用，以此带动本国社会、经济发展。e-Japan 战略的目标是使日本在2005年成为世界上最先进的IT 国家之一；u-Japan 战略的目标是在2010年使日本成为世界上走在最前面的ICT 应用国家；i-Japan 战略着眼于深层次、全面地利用和发展日本全国的信息技术[15]。其中，u-Japan、i-Japan 战略中开始包含大量与泛在网以及物联网的推进发展相关的计划和内容。

日本政府在《高度信息网络社会形成基本法》和 e-Japan 战略中明确指出：通过建立世界最先进的高速信息通信网络，加强信息知识教育、促进电子商务发展和电子政务建设，推进公共领域信息化、确保信息安全等一系列战略举措，最大限度地发挥信息网络的作用，使国民能够充分、方便地使用信息网络。通过电子商务提高企业生产效率，进一步促进经济结构的调整，增强产业国际竞争力。经过近三年的运行，日本于2003年5月制定 e-Japan 战略Ⅱ，肯定基础建设阶段已经基本完成，在此基础上，提出信息化建设已进入信息技术有效应用阶段，目标是建立健康、安心、感动、方便的社会。2004年2月补充的加速

---

①　美国总统科技咨询委员会，《领导于挑战中：世界竞争中信息技术研究与开发报告》，2007年。

推进"电子日本战略Ⅱ"一揽子计划中又明确提出实施亚洲 IT 国际战略，强化安全政策，通过灵活运用 IT 确保国民生活、社会经济活动的安全，推进 IT 规范的改革和评价制度，推进电子政务和电子自治体建设，以推进"至 2005 年成为世界最先进的 IT 国家"目标的实现[16]。

在移动通信技术方面，日本早在 21 世纪初就为 4G 的研发工作制定了详细的发展计划，并作为 e-Japan 计划的一部分，提升到了国家战略的高度。按照日本的计划，在 2005 年之前，日本的研究重点在基础通信技术层面，同时积极参与国际标准化工作。2005 年之后，4G 的研究目标转移到了具体系统实现层面。为了实现这一目标，日本政府计划充分利用现有的技术和市场资源，联合政府、商业公司和研究机构的力量，共同推动从 LTE① 到 4G 的技术和业务应用。同时积极参与国际标准化工作，力图最终制造出符合国际发展趋势的 4G 通信系统。

2009 年之前，日本的战略偏重强调研发数字化技术和其先进性，一定程度上忽视了信息技术为大众服务的理念，而在信息技术本身达到一定高度之后，必然会受到社会需求的限制，出现发展瓶颈。i-Japan 战略于 2009 年 7 月提出，描述了 2015 年将会实现的日本数字化社会蓝图，阐述了实现数字化社会的战略。该战略旨在通过数字化社会的实现，提升国家的竞争力，参与解决全球性的重大问题，确保日本在全球经济中的领先地位。该战略旨在到 2015 年实现"以人为本，安心且充满活力的数字化社会"，让数字信息技术如同空气和水一般融入每一个角落，并由此改革整个经济社会，催生出创新活力。

i-Japan 战略分为 3 大核心领域（电子政府和电子自治体、医疗保健、教育与人才）和"激发产业与区域活力"、"培育新兴产业"以及"完善数字基础设施建设" 3 个范畴。i-Japan 预计总投资 1 万亿日元。该计划明确提出，在日本政府层面首次设立副首相级的 CIO 职位，以监督日本信息技术战略的执行，提高各级领导和具体执行人员对行政、医疗和教育电子化的认识，推进以国民利用信息技术的便利性为首要目标的新战略的落实。

总体来看，日本政府注重官产学研各方的密切配合，信息通信技术应用国际领先，因此，日本政府近年来开始强调以人优先的信息技术社会效应。

2.2.4　欧盟信息化和工业信息化的现状

1. 概述

为了提高企业竞争力，欧盟从 20 世纪 90 年代末出台了一系列紧扣建设"信

---

①　LTE（Long Term Evolution，长期演进）是 3G 无线通信技术的演进，是 3G 与 4G 技术之间的一个过渡，它改进并增强了 3G 的空中接入技术和数据传输速度。

息社会"的战略规划，并把重点放在提高中小企业的效率和市场竞争力上。欧盟委员会是发起、负责和推进"信息社会"计划的总体决策机构，其下设两个总司：企业与工业总司以及信息社会和媒体总司。企业与工业总司主要负责为企业发展创造良好的环境，推动企业创新，提高欧洲企业的竞争力。企业与工业总司还特别关注中小企业的发展，在总司司长之下设立了中小企业特使。信息社会和媒体总司侧重推动信息化技术的研究及相关政策和标准的制定，例如，在欧盟的一系列科技框架计划中，信息社会和媒体总司一直负责信息社会技术方面的研究计划。同时，两个部门在制定政策措施和采取行动时保持合作。

欧洲信息中心成立于 1987 年，主要职责是为中小企业提供信息、建议和援助。欧洲信息中心于 2001 年 9 月发起了帮助中小企业走上信息化道路的活动——"帮助中小企业面对信息化挑战"。其在每一个国家的分中心通过举办企业信息化专题会议、向中小企业提供战略建议、开办服务网站、提供咨询服务等方式为中小企业信息化提供帮助。

2. 建设信息社会

早在 1994 年 6 月的 Korfu 欧洲首脑会议上，欧洲理事会就曾指出"充分利用信息社会提供的可能性和机遇"来发展欧洲经济、提高竞争力和就业率，提出利用信息技术来建设信息社会。同年 12 月在 Essen 的欧洲首脑会议上，欧洲理事会重申信息社会的建设，欧盟委员会也同时提出了一份行动方案——欧洲通向信息社会之路。

1995 年 6 月的欧洲首脑会议上，理事会强调信息通信技术的重要性，提出扩建基础设施、建设信息高速公路和多媒体网络以及远程教育和工作等。可以说，在这个时候，欧洲已经非常重视信息通信技术（ICT）对经济和社会所带来的积极意义。

1997 年，欧洲理事会在推动 ICT 的发展基础之上，于 11 月在卢森堡的欧洲首脑会议上提出了建立知识型信息社会的设想，旨在通过发展教育、开放式网络及其设备的利用促进欧洲增长和就业。

在 1999 年，先后三次的首脑会议均指出欧盟需要重视创新和建设信息社会，其中 6 月的科隆会议上提出实施 150 亿欧元的共同体第五次研究计划，希望欧洲能够在信息社会中扮演领导者的角色。12 月在赫尔辛基举行的会议上提出建设"一个有竞争力的、有效就业的、可持续发展的经济体"，认为"有效应用 ICT 在全球竞争中有着举足轻重的地位"，建设一个有效运作的电子市场，支持电子业务，同时委员会还提出了"电子欧洲"行动计划。

在世纪之交，欧洲逐渐走上全面建设信息社会的道路，而这个建设过程在 2000 年的里斯本首脑会议上达到一个高峰。在里斯本战略提出之前，欧盟的

ICT 产业有一个不错的发展。ICT 装备和服务业在欧洲已经是一个非常重要的、独立的经济部门，占到欧盟 GDP 的 8％，2000 年占到欧盟就业的 6％。该行业也是一个最有创新力的行业，占到整个欧盟研发支出的 18％。此外，它还是一个最有生产力的行业，在 1996～2000 年间年均生产力上升 9％。1995～2000 年间，欧盟所获得的生产力的提高 40％来自于 ICT。应用 ICT 支出的经济回报直接表现在 ICT 商品和服务市场上的增长和创新以及企业为提升效率的 ICT 应用上[①]。而且，ICT 越来越成为所有工业和服务市场不可分割的组成部分，或者是商品中包含 ICT 成分（如家庭设备、电子娱乐设备、汽车或者医疗设备等），或者是服务产品的组成部分（如包裹的邮寄，银行业的电子处理等）。

3. "电子欧洲"行动计划

2000 年 3 月在葡萄牙里斯本举行的欧洲首脑特别会议上，欧洲理事会提出了一个未来十年的战略目标——使欧盟成为世界上最有竞争力、经济最活跃的知识经济体。为了实现这个目标，需要一个全球性的战略，即建设"为所有人服务的信息社会"。在这个过程中，欧盟具体实施了一个行动计划，即"电子欧洲"行动计划，旨在充分利用欧洲的电子业务和互联网技术及其服务，使欧洲在核心技术领域（如移动通信方面）保持领头羊的地位。另外，要求欧洲投资银行和成员国大力支持现代化的信息技术和其他电信网络的发展及基础设施的建设，使欧洲信息社会的建设得到确实的保障。

在 2000 年以后的几年里，欧盟实施了两个阶段的"电子欧洲"行动计划，第一阶段从 1999～2002 年，第二阶段从 2002～2005 年。

欧洲建设信息社会和实行"电子欧洲"计划以来所取得的成就是令人瞩目的。欧洲建设信息社会已经打下了坚实的基础。电信网络运营商实现了集中式服务，如"三网合一（Triple-play）"和"网络电视（IPTV）"。到 2004 年 7 月欧盟 15 国的宽带接入数达到人口的 80％。欧盟在移动通信领域长期居于世界领导地位，爱立信、诺基亚、西门子公司在移动通信领域中，引领技术发展，并且在与美国企业的竞争中占据优势。中小企业是欧盟经济的支柱，它们提供了 6500 万个就业机会。同时，由于中小企业信息化水平普遍较低，欧盟非常重视中小企业的信息化，明确提出要"小者优先"（think small first），要"让 ICT 为中小企业服务"（making ICT work for SMEs）。其出台的与企业信息化和电子商务有关的政策规划、行动计划、法律法规中，大部分都是为中小企业服务的，例如，在"电子欧洲 2002"和"电子欧洲 2005"中，都指明了中小企业信息化的目标和方向。

---

① 罗秀妹，《欧盟信息通讯产业发展与信息社会战略》，复旦大学欧洲问题研究中心报告，2007 年。

为了响应"电子欧洲 2002"行动计划,帮助中小企业有效利用 ICT 技术,欧盟于 2001 年 2 月发起了"步入数字时代"(Go Digital)行动,明确了行动的目标、优先领域和具体行动计划。"步入数字时代"行动的总体目标是采取适当的支持行动帮助中小企业尽可能有效地应用 ICT 技术。欧盟企业与工业总司配合"步入数字时代"行动,发起了"步入数字时代认识运动"。该"运动"历时三年,旨在提高中小企业对信息化建设和"步入数字时代"行动的认识。

4. 未来制造业:2020 年展望

从 2003 年开始,欧盟委员会开始组织一流相关专家,进行一系列的研讨,以对未来的制造业进行预测,探讨其发展趋势,并力求对欧盟制造业的技术发展做出远景规划,最终形成一个清晰的战略研究日程。2004 年 11 月,专家组提交了一份历史性的重量级报告——《未来制造业:2020 年展望》(*MANUFU-TURE:a vision for 2020*),指出欧盟制造业应该实现从资源密集型向知识密集型、具有创新活力的领域转变,以实现和维持在全球市场中的领先地位[①]。

报告认为,欧盟制造业目前面临着来自发展中国家和低工资经济体的巨大的竞争压力,如果没有一个具有竞争力的欧盟制造业,单纯依靠服务业不能得到长久的发展。在这份报告中,对欧盟制造业的优势、劣势、机遇、挑战进行了分析。分析认为,欧盟未来制造业的发展目标是,提高制造业的智能化和先进水平,加速制造业的转变,确保在知识经济中,欧盟制造业在世界制造业中能够占有较大份额。为此,应采取如下措施:鼓励创新,适应和解决面临的社会问题;促进知识的生产;改进教育和培训体系;创造相应的基础,支持发展网络化、技术开发和创新(RTDI)基础设施,帮助企业,特别是中小企业在可承受的成本范围内,迅速地采用新技术和新的组织方式。

报告也提出了欧盟制造业未来的发展趋势和发展方向:(a)实现从资源密集型向知识密集型的转变;(b)实现创新生产,这种结构以知识和资本为基础。这种结构的转变有赖于重新认识持续获得、运用、保护和资助新知识的产生;(c)有竞争力的研发体系是实现制造业成功转型的关键;(d)提出了欧盟未来制造业的发展战略,建立未来制造业平台,制定战略研究日程。

2005 年 12 月,在英国德比(Derby)召开的未来制造业 2005(Manufuture 2005)会议上,欧洲制造技术平台发布了《战略研究议程》(Strategic Research Agenda,SRA)初稿,2006 年 7 月完成战略研究议程最终稿。同《未来制造业:2020 年展望》相比,战略研究议程在具体操作上更具指导意义,其重要的

贡献是描绘了欧洲制造业转型的路线图，并提出较为具体的执行方案。

5. i2010 战略计划

2005 年 6 月，欧盟委员会在比利时布鲁塞尔公布了一个新的战略计划——《i2010 战略计划：欧洲信息社会 2010》（i2010-Initiative：European Information Society 2010），其目的在于促进欧盟经济增长和创造就业。i2010 战略计划是继 2000 年欧洲理事会制定的里斯本战略目标"到 2010 年把欧洲建设成世界上经济最活跃、最有竞争力的知识经济体"后，提出的又一个重要的战略计划，是欧盟为了应对现代信息社会的巨大挑战的一个产物。其为欧盟信息化的发展设定了三个目标：（a）建设一个统一的欧洲信息空间，向用户提供在价格上可以承受的、安全的高宽带通信以及内容丰富的、多样化的、数字化的服务；（b）在现代信息技术的研究和创新中，要有世界水平的表现，以缩小欧洲与其竞争对手之间差距；（c）建设一个包容性的信息社会。

《i2010 战略计划》包括一系列措施和政策，计划在 2005～2010 年实现。在该战略计划中，欧盟最注重的是 ICT 的创新和研发投入及其对国民经济发展的影响，关心的是 ICT 产业的发展所带来的巨大经济前景[17]。

6. 欧盟物联网行动计划

2009 年 6 月，欧盟委员会向欧盟提交了《欧盟物联网行动计划》，以确保欧洲在构建物联网的过程中起主导作用。该计划描绘了物联网技术应用的前景，并提出要加强欧盟对物联网的管理，消除物联网发展的障碍。该行动计划提出以下建议：加强物联网管理；完善隐私和个人数据保护；提高物联网的可信度、接受度和安全性；推广物联网标准化；加强相关系统与关键技术研发；建立开放式的创新环境；增强机构间协调；加强国际对话；推广物联网标签、传感器在废物循环利用方面的应用；加强对物联网发展中的无线频谱与电磁影响的监测、统计和管理①。

2009 年 10 月，欧盟委员会以政策文件的形式对外发布了物联网战略，提出要让欧洲在基于互联网的智能基础设施发展上领先全球。除了通过 ICT 研发计划投资 4 亿欧元，启动 90 多个研发项目提高网络智能化水平外，欧盟委员会还将于 2011～2013 年间每年新增 2 亿欧元，进一步加强研发力度，同时拿出 3 亿欧元专款，支持物联网相关公私合作短期项目建设。

欧盟在信息化应用中长期以来注重成员国、地区和私人之间的协调，注重与环保节能的协调发展。欧盟非常重视知识密集型中小企业的发展，随着对制

---

① 通信产业网，《解读欧盟物联网行动计划　发展中取长补短》，2010 年 8 月 5 日。

造业的日益重视，各国纷纷出台了本国面向未来的制造业发展战略。欧盟各成员国纷纷建立了自己的制造业平台，为本国制造业提供技术基础平台，组织联合研究开发，创造有利于企业创新的政策环境。而 2004 年发布的《未来制造业：2020 年展望》报告，基于研发和创新的发展战略，强调从个体竞争转向系统竞争，标准的 ICT 接口；参与虚拟工程和虚拟制造伙伴的开放网络，积极采用新的商业模式。从欧盟内部来看，不同成员国之间企业的信息化水平存在巨大差距，数字鸿沟明显。德、法、英等西欧国家企业信息化水平较高，而一些东欧国家的信息化水平却比较落后。

《未来制造业：2020 年展望》集中反映了欧盟对未来信息社会背景下的整体扬长避短的制造战略。欧盟各成员国纷纷建立了自己的制造业平台，为本国制造业提供技术基础平台，组织联合研究开发，创造有利于企业创新的政策环境。而最近《欧盟物联网行动计划》的公布，更是试图确保欧盟在更广范围的全球信息化浪潮中发挥主导作用。

2.2.5　韩国信息化和工业信息化的现状

作为一个发展中国家，目前韩国的信息化应用水平已经达到世界先进水平，其发展模式还被公认为国际上最成功的典范之一。

1987 年，根据韩国《信息化促进法》，成立以总理为主席的韩国信息化促进委员会（以下简称委员会），各部部长为委员会成员。1991 年底，韩国政府提出了"高级先进技术国家计划"（Highly Advanced National Project，HANP），由韩国科技部、工商部、能源部和交通部联合实施。该计划的目标是：到 2000 年把韩国的技术实力提高到世界一流工业发达国家水平。这一计划包括先进制造系统、新能源、电气车辆、人机接口技术等 7 个大项目。

韩国信息产业产值已经占其国内生产总值的 17%。韩国经济的腾飞与信息产业的崛起有很大关系。在亚洲金融风暴之后，韩国政府深深感到"网络经济竞争"的重要性，尤其韩国宽带网络产业成为了韩国 e-Korea 和 u-Korea 计划的基础。韩国政府宽带网络发展策略，属 u-Korea 计划发展蓝图中的网络基础建设部分，因此如何提供方便价廉的宽带网络接入，让韩国产业、政府、人民能够在其宽带网络技术基础上发展相关具有国际竞争力的产业，成为韩国政府的一个重要战略课题。

1. e-Korea 计划的提出

1993 年韩国政府制定了《信息产业育成计划》。1996 年韩国政府提出"促进信息化基本计划"，到 1997 年提出"网络韩国 21 世纪"计划，韩国 2002 年以建设 e-Korea 国家发展计划为契机，信息产业政策由"辅助地位"转为"领导策略"，其关注的重点是如何加紧建设 IT 基础设施，强调将战略重点放在新兴技术与增值服务上，以求信息产业的国际领先。使得韩国社会的各方面在尖端科技的带动下跨上一个新的发展台阶。韩国选择新一代移动通信为突破口，打造国家高技术服务业与高技术制造业的互动平台，而以三星、SK 电讯和 LG 为代表的韩国信息通信制造企业和运营服务企业已经成为实施"韩国以世界一流的信息产业提升国家竞争力"战略的主力军。

2. IT839 计划到 u-Korea

韩国 2004 年的"IT839 计划"实现从传统的以重化工业规模扩张向以信息化支撑下的集约发展转变，接着韩国情报通信部公布了 u-Korea 战略，在其发布的《数字时代的人本主义：IT839 战略报告》中指出，"无所不在的网络社会将是由智能网络、最先进的计算技术以及其他领先的数字技术基础设施武装而成的技术社会形态。在无所不在的网络社会中，所有人可以在任何地点、任何时刻享受现代信息技术带来的便利。u-Korea 意味着信息技术与信息服务的发展不仅要满足产业和经济的增长，而且给国民生活中带来革命性的进步"[18]。

u-Korea 计划提出的愿景是"The FIRST u-Society on the BEST-Infrastructure"。而"FIRST"涵盖了亲和型政府（Friendly Government）、"智能型国土"、"再生型经济"、"安全型环境"与"精致型生活服务"五项 u 社会需具备的特质；"BEST"则涵盖了"均衡式全球领先"、"生态型产业基础建设"、"效率型社会基础建设"与"透通型技术基础建设"等 u 社会需具备的四项基础建设。

为支撑"u-Korea"理念的提出，IT-839 计划修订为 u-IT839 计划，其基础设施为宽带融合网络（BcN）、无所不在传感器网络（USN）、下一代网络协议（IPv6）。韩国也从 2004 年开始进一步推动 BcN 计划，目的是整合有线与无线网络、语音及数据、视频与互联网，在任何时间、任何地点，都能为消费者提供带宽、质量有保证的无缝网络服务。

3. 产业应用案例：造船大国的数字化造船

作为航运业、海洋开发及国防建设提供技术装备的综合性产业，现代船舶行业是一个设计、建造工艺与组装技术相集成的产业。20 世纪 90 年代后期，韩国企业开始在造船流程中大量引入信息化技术，其应用水平目前已达到世界最高水平。始于 21 世纪初的第二次造船现代化正在向数字化、模块化方向演进，韩国造船企业在船舶建造过程中引进"数字化造船"、基于互联网的三维设计系统和自动运行控制产品等尖端信息系统技术，使得船东只要登录互联网认证后，就可以在三维成像技术的帮助下，随时查看船舶建造实时进度，这使得韩国船厂在高端船型的商业接单能力上明显强于其他国家。

信息技术的深度应用保证韩国的船舶制造水平和造船效率能够满足国际竞争的要求，快速、高质量地建造出各种船舶。韩国的现代重工、大宇造船、三星重工、三湖重工公司在世界造船产业中居于领先定位，这些大型企业的船型研发设计系统基本实现了系列化和标准化，具备很强的竞争能力。我国三大造船厂之一的外高桥造船厂就购买引进了韩国的设计软件，进行二次开发[19]。

4. "IT 韩国未来战略"

经过多年发展，韩国 IT 产业在国内生产总值（GDP）中占 17％，在出口中占 40％，是国家真正的核心产业。在经济合作与发展组织（OECD）成员国中，韩国的 IT 产业所占比重最大①。

2009 年 9 月，由韩国总统李明博亲自主持召开了 IT 韩国未来战略发布会，决定未来 5 年内投资 189.3 万亿韩元（约合 1.035 万亿元）发展电子信息核心战略产业，以实现信息产业与其他产业的融合，为韩国经济发展提供新的动力。李明博强调："我认为 IT 技术能够为韩国所有产业提升竞争力，这就是 IT 的力量。IT 本身就是一个独立的技术，不过与其他领域'融合'时更能发挥作用。"而担任"韩国未来企划委员会"委员长的郭承俊也表示："造船和 IT、国防和IT 的融合，以及机械产业和电子产业的融合等，IT 技术并不是自己发展，而是要走融合之路。为此企业之间的合作也是必不可少的[20]。"韩国中央政府还新设了 IT 特别助理，来协助实施 IT 韩国未来战略。在内阁中设立信息化推进委员会，由总理担任召集人。

IT 韩国未来战略把信息整合、软件、主力信息、广播通信、互联网等 5 个领域确定为"信息核心战略"领域；制定了在半导体、显示器、手机三个"信息主力领域"保持全球市场占有率第一的目标。并且着重提出了促进 IT 产业和其他产业的融合，特别强调汽车、船舶、能源、航空、机器人、医疗、纺织、机械、建筑、国防等产业和 IT 技术相融合，培育国家"10 大战略产业"，将加强下一代存储器的研发，并积极参与制定下一代显示器和移动通信行业标准。

近年来，韩国确立了在存储半导体、手机、家电、液晶平板等硬件的 IT 制造产业的领先地位，面对最近美国苹果公司的 iPhone 等基于软件的产品主导全球市场的趋势，韩国产生了一种传统以硬件为中心的韩国 IT 竞争力可能会下降的危机感。为此，韩国知识经济部 2010 年 2 月在向韩国总统李明博提出了成为软件强国的战略。

---

① 《朝鲜日报》社论，《建设"IT 强国"，韩国该做些什么？》，2009 年 9 月 3 日。

5. "物联网基础设施构建基本规划"

2009 年 10 月 13 日韩国通信委员会通过了《物联网基础设施构建基本规划》，将物联网市场确定为新增长动力，据估算，至 2013 年物联网产业规模将达 50 万亿韩元。韩国通信委员会已经确立了到 2012 年 "通过构建世界最先进的物联网基础实施，打造未来广播通信融合领域超一流 ICT 强国" 的目标，并为实现这一目标，确定了构建物联网基础设施、发展物联网服务、研发物联网技术、营造物联网环境等 4 大核心领域、12 项详细课题。这方面已经有一些成功的应用，例如，SK 电讯的远程抄表和车辆管制等在内的各类技术应用。

6. 绿色 IT

近年来韩国力图以绿色理念为突破口，结合本国产业发展的特色和优势，在金融危机困境中寻求经济复苏的新引擎。积极利用 IT 优势，加强全球绿色领域合作，实现优势互补。韩国和美国联手开发未来绿色技术，其中包括在智能电网领域的合作。新成立的韩国绿色增长委员会还设定了 "IT 部门的绿化（Green of IT）" 和 "用 IT 实现绿色化（Green by IT）" 战略。2009 年 6 月，韩国知识经济部与美国能源部发表了能源领域合作意向书，意图是借助韩国的 IT 技术优势，结合美国的电力技术实现智能电网，从而实现节能和绿色增长[21]。

2.3　国外工业信息化的经验和教训

信息化与工业化是人类文明进程中的两个重要社会发展过程，随着全球信息技术的进步，人类信息和知识生产手段会不断创新，信息化也会被不断注入新的内涵。在全球化市场竞争日益激烈的背景下，科技进步速度加快，特别是网络信息技术、纳米技术、材料科学以及生物技术等领域的变化日新月异，对制造信息化进程的影响十分深刻。基于最新信息技术研究成果的新生产工艺、单项技术的集成促进了自然科学和技术的发展趋向统一，可能造成制造业的范围和规模发生急剧的变化。环境变化和可持续发展的要求日益迫切；综观美欧日韩各国的发展战略，虽然在进行信息化规划时，由于经济发展阶段和社会背景的不同，不同国家有自己的国家目标取向和侧重。但是各国在实施整体信息化过程中，均注重推进先进制造技术与信息科学技术的进一步融合，从而提升传统产业竞争力。

回顾国际工业信息化的历程，可以得出几点规律性认识：

① 信息化发展水平已经成为一个国家国际竞争力和综合国力的标志。信息与通信技术已经并且还将成为促进国家经济增长的强大驱动力，无论是发达国

家还是发展中国家，其信息技术应用和信息化所追逐的目标均包括传统产业的改造升级和新兴产业的发展，以及推动信息和知识的生产，努力保持其在全球竞争中的地位。

② 以欧美为代表的发达国家的信息化战略特别关注其在保持信息时代的"发达国家"地位，建立与信息时代相适应的经济结构、产业结构和社会结构，这也就是发达国家实施信息化战略转型的本质所在。除了希望利用信息化为本国企业在国际竞争中谋求更为有利的竞争形势以外，它们还希望利用信息技术解决国内的诸多社会经济发展问题，以提高公民的生活质量和促进社会的进步。

③ 发达国家的 IT 跨国公司凭借其面向全球网络应用和智能终端上的系统和软件平台核心技术的传统优势，进一步依托高性能计算和云计算技术，以及对全球数字信息资源的超强整合能力，在未来的全球化竞争中形成某种"海量数据优势"。

④ 以韩国为代表的发展中国家强调政府的强势介入，更多是希望利用信息化提升自身战略性产业的工业水准和工业化水平，并力图在进入未来新的技术竞争形态时，有较强的实力参与国际游戏规则的订立。因此它们对于"信息化与工业化的相互融合"的意义认识最为深刻，例如，韩国总统强调"IT 技术能够为韩国所有产业提升竞争力，IT 与其他领域'融合'时更能发挥作用"。

⑤ 我国的信息化战略有自己的路径与特色。对发达国家来说总体上是先工业化后信息化，但对进入了 21 世纪的中国来说，则不能再走同样的路子，否则差距会越来越大。与一般发达国家的信息化道路不同的是，我国的信息化还带有很强的"发展中"的特性，新型工业化道路将工业化进程和制造产业升级转型紧密结合，协同发展。同时信息化正以前所未有的速度、广度与深度向各个领域渗透，影响并深刻改变着经济社会生活的方方面面。当前我国处于经济发展的重要战略机遇期，同时在公共预警、食品安全、生产监管、应急管理等社会化管理方面也面临诸多挑战，而以信息技术革命带来的信息化应用将成为我们驾驭当前复杂的国际国内形势、破解经济与社会管理工作难题的重要突破口和切入点，深层次的"两化融合"将成为我国经济和社会管理科学化的强大推动力。

参 考 文 献

[1] John Diebold. Automation: The advent of the Automatic Factory [M]. New York: Van Nostrand, 1952.

[2] 周宏仁. 大力推进信息化与工业化的融合 [N]. 中国电子报, 2008 年 4 月 18 日.

[3] 何涛, 杨竞, 范云. 先进制造技术 [M]. 北京：北京大学出版社, 2006.

[4] 吴澄. 现代集成制造系统导论 [M]. 北京：清华大学出版社, 2002.

[5] 祁国宁. 计算机集成制造系统方法论 [M]. 上海：上海科学技术文献出版社, 1996.

[6] 顾新建, 纪杨建, 祁国宁. 制造业信息化导论 [M]. 杭州：浙江大学出版社, 2010.

［7］ 宫崎勇，等．尖端技术与日本经济［M］．东京：日本评论社，1985（转引自：那日苏．日本战后的科学技术与社会［M］．北京：中国经济出版社，1999）．

［8］ 杨书臣．日本科技开发体制的改革及对我国的启示［J］．现代日本经济．2000，（3）：7～10．

［9］ 范玉顺，刘飞，祁国宁，等．网络化制造系统及其应用实践［M］．北京：机械工业出版社，2003．

［10］ 杨海成，祁国宁，等．制造业信息化工程-背景、内容与案例［M］．北京：机械工业出版社，2003．

［11］ 李伯虎，张霖，王时龙，等．云制造——面向服务的网络化制造新模式［J］．计算机集成制造系统，2010，16（1）：1～7，16．

［12］ 范玉顺．用 CIMS 技术改造中国制造业的经验和前景［J］．自动化博览，2002，（3）：1～7．

［13］ 唐岚，张欣．美国网络空间国家安全战略的背景与构想［J］．国际资料信息，2002，（11）：17～19．

［14］ 中国贸促会电子信息行业分会．美国国家宽带计划面临多重挑战［N］．中国电子报，2010.04.20．

［15］ 赵经纬．从 x-Japan 模式看日本新一代网络发展策略［J］．通信世界，2009，（39）：I0015．

［16］ 王保中．日本基础教育信息化与信息教育发展概论［M］．济南：山东大学出版社，2009．

［17］ 陈柳钦．物联网：国内外发展动态及亟待解决的关键问题［M］．决策咨询通讯，2010．

［18］ 王玮．建立 21 世纪无所不在的网络社会——浅谈日本 U-Japan 及韩国 U-Korea 战略［J］．信息网络，2005，（7）：1～4，8．

［19］ 徐恒．船舶业：国轮国造呼唤中国芯［N］．中国电子报，2009 年 4 月 3 日．

［20］ 朱庸中，金宗浩．韩国斥资 189 万亿韩元振兴 IT 产业："IT 韩国未来战略报告大会"［N］．朝鲜日报，2009 年 9 月 3 日．

［21］ 廖瑾，汪礼勇，殷利梅．信息技术：韩国绿色增长的"新动力"［J］．上海信息化，2009，（11）：82～85．

第 3 章　中国工业信息化的历程、现状、经验和教训

　　三十年来，我国基本形成了一条符合国情的工业信息化道路。与国外水平相比，在应用方面，特别是高端应用方面差距不大，但是应用面还比较窄；支撑工业应用的信息化产品尚处于初步发展阶段，差距较大，有的甚至非常大。本章结合典型案例，对中国工业信息化的历程、现状进行分析，总结经验，汲取教训。

3.1　中国工业信息化的历程

　　我国工业信息化的历程是十分复杂的，需要从多个角度考察。

　　从系统的层次性考察，工业信息化是信息化的一部分，制造业信息化是工业信息化的最核心的部分。

　　从信息化的驱动力考察，我国工业信息化的历程可以分为两条主线：企业自发的信息化和政府推进的信息化。工业信息化的发展需要工业企业的需求驱动，需要合适的信息技术的推动，需要政府的支持。

　　从信息化的子系统考察，工业信息化可分为设计、制造、管理、装备等信息化子系统。

3.1.1　中国信息化和工业信息化历程

　　信息化主要是需求驱动的。对应于企业系统到社会大系统的各个层次，信息系统的范围也具有相应的层次性，如图 3-1 所示。另一方面，从应用的角度看，信息技术也具有层次性。

　　制造业信息化是工业信息化的核心组成部分，是工业信息化的切入点。所以工业信息化往往被称为制造业信息化。

　　1）中国信息化历程

　　20 世纪后期，以信息技术为代表的新一轮产业技术革命，使信息产业成为许多国家的国民经济支柱产业。而信息技术所具有的高渗透性、高带动性、高倍增性和高创新性，也使其成为改造和带动传统产业发展的重要技术。

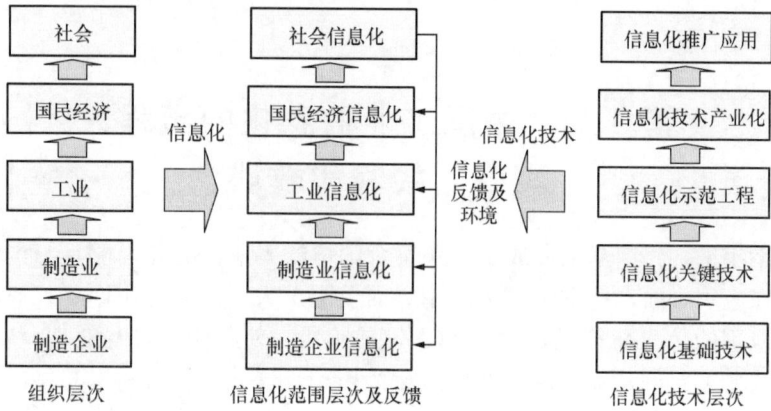

图 3-1　信息系统的层次性

国家层面对我国信息化日益重视。图 3-2 为我国工业信息化历史的简要回顾。

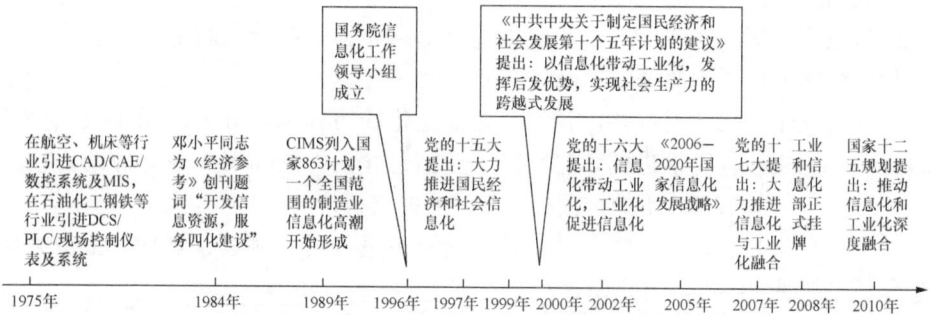

图 3-2　我国工业信息化历史的简要回顾

2）我国工业信息化历程

（1）863 计划 CIMS 主题[1]

1986 年国家 863 计划（高技术研究发展计划）开始论证和实施，首先启动对我国经济发展有重大影响的七个高技术领域的攻关。其中的自动化技术领域包括计算机集成制造系统（CIMS）主题和智能机器人主题。

CIMS 对我国工业化具有牵引导向作用，对提高我国制造业水平产生了深刻影响，对我国经济增长方式的转变具有重大意义。

十年内 CIMS 应用示范企业扩展到 800 多家，覆盖了 20 多个行业，并在全国大面积推广，产生了明显的经济社会效益。

例如，北京第一机床厂通过实施 CIMS 工程，产品变型设计周期缩短一半，库存占用资金减少 10%，生产计划编制效率提高 40～60 倍。在当时市场萎缩的严峻形势下，保持了良好的经济效益和强大的竞争实力。

1994 年和 1999 年，国家 CIMS 工程中心和华中理工大学分别荣获美国制造工程师学会的"大学领先奖"；1995 年，北京第一机床厂的 CIMS 工程又获美国制造工程师学会的"工业领先奖"。表明我国的 CIMS 研究开发和应用开始进入国际先进行列。

（2）"九五""甩图板"工程

"九五"初期，当时的国家科委（中华人民共和国科学技术委员会）主任宋健同志提出"甩图板"的口号。虽然"甩图板"只是一个具有历史意义的突破口，远不是制造业信息化的最终目的和最高境界，但却形象地描述了"九五"CAD 推广应用工程的阶段性愿景在全国产生巨大的号召力。20 世纪 90 年代的"甩图板"、"扔算盘"工程，推动了企业信息化普及高潮：在 600 多家企业进行了 CAD 技术应用示范，3000 多家企业进行了重点应用，并带动数万家企业开展 CAD 应用。

（3）"十五"国家制造业信息化工程

图 3-3 为"十五"期间制造业信息化工程建设任务体系结构。其特点是形成完善的工程体系，省市协同推进。国家还成立了制造业信息化工程协调领导小组。

"十五"期间培育了一批制造业信息化专业服务机构，在 27 个省、49 个重点城市的 6000 多家企业推广了制造业信息化工程。

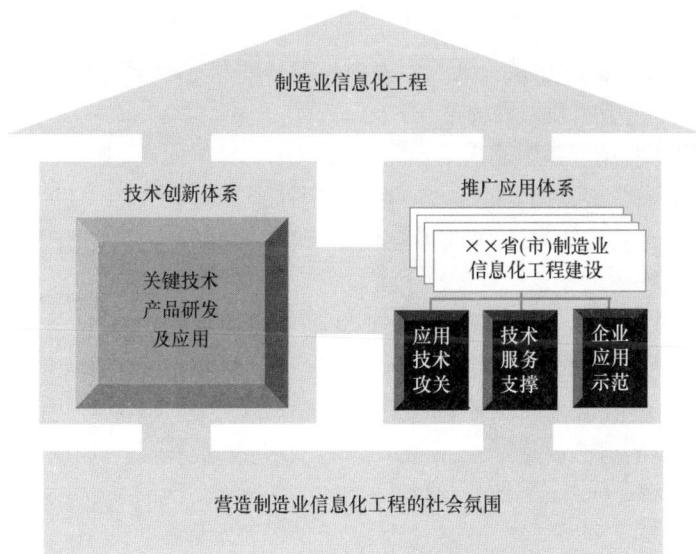

图 3-3　"十五"期间制造业信息化工程

（4）"十一五"国家"甩图纸"、"甩账表"工程

"十一五"期间，科技部提出组织制造业企业实施设计制造一体化的"甩图纸"示范推广工程和经营管理信息化的"甩账表"示范推广工程，简称"两甩"工程，这成为"十一五"制造业信息化科技示范工程预期实施效果的阶段性愿景。

"十一五"期间，以集团企业、骨干企业、中小企业为对象，以集成与协同为重点，向纵深方向推进制造业信息化发展，全面提升了制造企业核心竞争力。完成了 10 个集团企业数字化综合集成；在 4 个片区 28 个省市 600 多家骨干企业实施了"两甩"工程，带动了上千家企业；完成了 14 个公共服务平台建设，为上万家中小企业提供了服务；培育了 20 多个技术咨询和培训机构①。

（5）"十二五"国家制造业信息化工程

"十二五"期间国家科技部门将以服务为手段，以增效为目标，以升级转型为标志，继续大力推动我国制造业信息化工程。

3）到 2020 年，实现信息化和工业化的基本融合

（1）到 2020 年，初步确立新型工业化发展模式

中共中央办公厅、国务院办公厅印发的《2006～2020 年国家信息化发展战略》强调，到 2020 年，我国将实现综合信息基础设施基本普及，信息产业结构全面优化，新型工业化发展模式初步确立，为迈向信息社会奠定坚实基础。

同时，制造业信息化被列入《国家中长期科学和技术发展规划纲要（2006～2020 年）》中制造业科技发展的重点方向。

（2）到 2020 年，基本实现工业化

党的十七大明确指出，到 2020 年，我们这个历史悠久的文明古国和发展中社会主义大国，将成为基本实现工业化、综合国力显著增强、国内市场总体规模位居世界前列的国家。

（3）到 2020 年，实现信息化和工业化的基本融合

信息化和工业化的融合是一个渐进的过程，工业化是载体。只有当工业化基本实现之时，信息化和工业化才有真正意义上的全面融合。而只有信息化和工业化的基本融合，才有所谓的新型工业化发展模式，如图 3-4 和图 3-5所示。

---

① 杨海成，《"十二五"制造业信息化科技工程规划方案报告》，2011 年 2 月。

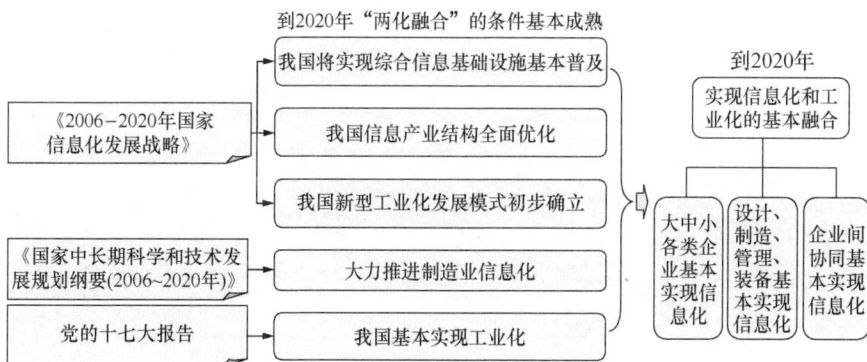

图 3-4　到 2020 年，实现信息化和工业化的基本融合

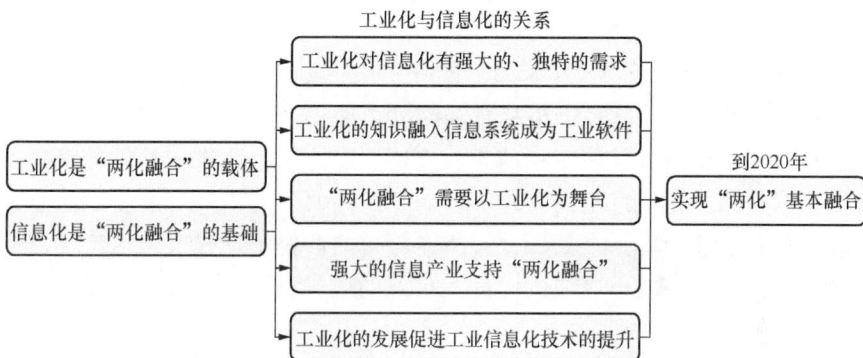

图 3-5　"两化"基本融合中工业化与信息化的相互关系

3.1.2　中国工业信息化的驱动力

信息化是需求牵引和技术驱动的，而需求是第一位的。企业需求主要是为了提升企业效益，所以需求驱动又称为效益驱动。效益（包括经济效益和社会效益）是信息化建设的真正内因和动力。有效益的信息化才能进入良性发展，才能得到企业领导的长期重视和支持，得到企业员工的支持和拥护。效益不仅是评价信息化是否成功的唯一标准，也是信息化的出发点和归宿。

图 3-6 描述了我国工业信息化的驱动力[2]。

1. 外部因素导致的需求驱动

（1）企业从"卖方市场"向"买方市场"转变，市场竞争的需要

在 80 年代前，我国商品短缺、是一种典型的卖方市场。在这种背景下，企

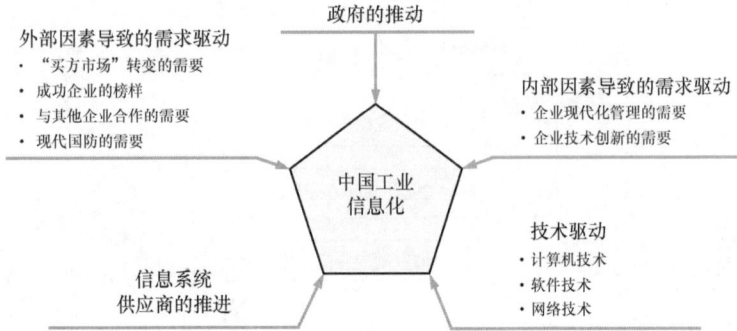

图 3-6　我国工业信息化的驱动力

业不关心信息化，不追求管理的精细化，对质量、成本和交货期的控制比较粗放。

进入 90 年代后，市场发生了重大转变，从"卖方市场"向"买方市场"转变。库存积压越来越严重，价格战越演越烈，使得企业无利可图。企业急需利用信息技术了解市场、掌握库存信息、快速反应；对企业进行精细化管理，降低成本；对产品质量进行全面管理和控制；提高研发能力，缩短新产品设计周期；在实现企业社会责任（如环保、节能等）的前提下，提供满足市场需要的创新产品和服务，并且以更快的时间、更好的质量、更低的价格（成本）提供更好的产品和服务。

（2）成功企业的榜样

榜样的力量是无穷的。我国大规模的工业化进程还是自改革开放以来才开始的，信息化开始的时间更晚。因此企业普遍缺少工业信息化相关经验和技术。最简单的方法是看别人怎么做：国内企业看国外同行企业，小企业看大企业，一般企业看领头企业。

显然，在企业信息化方面，我国企业有"后发优势"。国外竞争对手成熟的信息系统可以借鉴，信息化中大量的经验和教训可以吸取，这对我国企业信息化有积极作用。

（3）与其他企业合作的需求

这类情况普遍出现在与国外企业合作的国内企业中。例如，我国一些飞机制造企业的信息化起步早、水平高，这与这些企业为国外飞机制造企业承包部件加工任务是分不开的。国外飞机制造企业高度信息化，要求合作企业采用相同的 CAD/CAM 系统和 PDM 系统。

有的汽车零部件企业在应用了与 TS 16949 集成的 ERP 系统后，比较容易接到订单。因为整车厂看到该零部件企业在质量管控方面有较好的手段，比较放心和认可。

有的企业采用三维 CAD 系统建立产品虚拟样机，向用户直观展示产品模型，用户容易了解产品，合作就相对容易。

有的企业利用信息系统清晰形象地描述和仿真业务流程，吸引用户的注意，从而容易在竞标中脱颖而出。

（4）现代国防的需要

正如国外的主要信息技术首先是由军事工业的需求而推动的，我国的工业信息化也首先与军事工业的需求密切相关。

高档数控机床是现代军工的基础，也是"巴黎统筹委员会"（由北约国家和日本等 15 国组成）严格限制的产品。2000 年美国通过了针对中国的控制高技术机床出口法案。我国企业自主开发了各种高档数控机床，在一定程度上满足了我国国防建设的需要。

国防工业中的许多软件是自主开发的，例如，航天工业中使用的企业级协同产品研制管理平台——AVIDM，用于神舟六号的主发动机的国产新洲三维设计软件等。

2. 内部因素导致的需求驱动

（1）企业现代化管理的需要

我国目前的绝大部分大中型企业在改革开放以来发展迅速，企业变大、管理变复杂、信息交互的工作量变得十分庞大后，传统的管理模式已经无法应付，需要实施现代化管理，依靠信息系统进行管理。

通过信息化可以引入和固化现代企业管理制度和方法，提高企业现代化管理水平，如图 3-7 所示。这是我国许多企业领导积极推行管理信息化的主要原因之一。

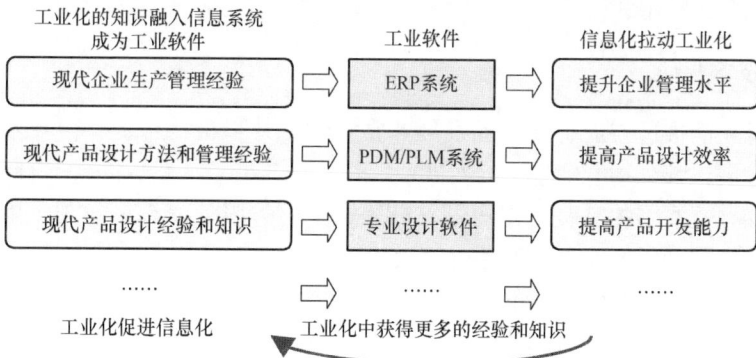

图 3-7　信息化促进工业化的原因

（2）企业技术创新的需要

改革开放初期，企业只要引进国外的生产线，模仿国外的产品，就能够得到生存和发展，并不需要自己去进行产品设计和创新。

随着中国进入 WTO 后，国外企业大举进军我国内地，竞争日趋激烈；知识产权保护越来越严厉。企业自主创新的任务多了，对设计信息化的要求也就水到渠成，如图 3-7 所示。

3. 政府的推动

由于信息化投入大、风险大，同时信息化对我国新型工业化至关重要。所以我国政府历来重视工业信息化，主要表现为：（a）以少量的国家财政经费带动企业大量的信息化资金投入；（b）加强典型经验的总结和示范，通过不同类型和规模的企业、重点行业、典型区域和省市的信息化示范应用，全方位推进制造业信息化；（c）利用政府的信誉和资源，为企业提供及时有效的服务，如建立中介机构、组建 CIO 俱乐部、为软件公司和企业牵线搭桥等。

4. 信息系统供应商的推进

信息系统供应商在企业信息化实施中起了很大作用。信息系统供应商为了生存和发展，对企业大力游说和公关，推销自己的系统，直接促进了信息化的普及。他们耐心的介绍、孜孜不倦的推动，使企业从彷徨到接受，从门外汉到入门，许多企业实施了信息化，取得较好的效果。

但存在的问题主要是：软件供应商的推销人员在向用户兜售企业信息系统时，往往较少考虑这些新系统是否能够为用户创造价值。不少企业用户在软件供应商鼓动下，盲目应用一些与自己企业实际需求和能力脱节的信息系统。往往没有获得较好的应用效果，甚至影响了原来正常的运营。企业应用信息技术的信心因此受到很大的打击，结果对双方都不利。

5. 技术驱动

信息化的推进与信息技术的发展非常密切。计算机技术、软件技术和网络技术的发展，都推动着信息化的发展。

例如，互联网的发展使得阿里巴巴等电子商务服务商大量涌现，用户大量上网采购，推动了企业电子商务的发展。

又如，三维 CAD 技术的发展，为企业设计提供了全新的空间，帮助设计师更加直观地、轻松地了解产品的复杂结构，使三维 CAD 的普及率迅速提高。

3.2　中国工业信息化的需求

3.2.1　经济全球化的需求

经济全球化为我国工业化近 30 年的快速发展提供了良机。发达国家把劳动和资源密集型的产业向中国转移，利用中国的廉价劳动力、土地资源、矿产资源、水资源，利用我国宽松的环保政策，制造出大量的工业产品，销售到中国和全世界。

经济全球化是一把双刃剑，对我国的影响有利有弊。

经济全球化对我国企业的好处是：

① 有助于我国企业快速掌握国外的先进技术，使我国企业的产品档次和质量迅速提高，加快与国际市场的接轨。

② 低成本加上勤劳聪敏的劳动力特质使我国产品在国际市场上具有较强的竞争能力，促进我国制造业的迅速发展，提高了就业率，改善了人民生活。

③ 使我国企业了解和掌握市场化运行规则，企业间的协同水平显著提高，企业的服务质量和态度大大改善。

但是，上述好处正在逐渐消失，例如：

① 国外先进技术的转移难度增大。在经济全球化中，随着我国企业的壮大和发展，资本和技术由于不断积累而变得丰裕起来，在技术方面与国外企业的差距进一步缩小，同时国外企业在技术方面的封锁和打压将更加厉害，购买技术的成本将急剧增加。

② 国际上一般产品的市场已经饱和。已经没有那么大的市场可以让我们把服装、眼镜等一些传统出口产品的数量再翻一番。因为这些产品的出口量已经在全球出口总量中占了很大的比重。例如，全世界每四双袜子中至少一双是我国生产的，七成的玩具是我国制造的，70% 的牙刷来自中国。另一方面，低价扩张难以为继。我国低价出口销售的数量扩张将会因国外反倾销而不得不萎缩。

③ 低成本优势面临挑战。在经济全球化中，随着我国经济的发展，劳动力这一生产要素由于不断得到充分利用而变得短缺起来，导致劳动力价格的上升，我国企业的低成本优势将面临更低工资国家的企业的挑战。

④ 美欧经济体的"再工业化"。金融危机之后，美欧消费型国家对制造业的重视日益加强。美国总统奥巴马在 2010 年 8 月 11 日签署《制造业促进法案》，旨在帮助制造业降低成本，恢复竞争力，创造更多就业岗位。美欧经济体的"再工业化"对制造业向中国的转移势必产生消极的作用。

另一方面，经济全球化对我国企业也有一些不良影响，例如：

① 全球经济不稳定的影响。全球经济不稳定将成为一种常态。在经济全球化过程中，各国经济的相互依赖性空前加强。在这种环境下，经济波动和危机的国际传染便成为经常性的事情。例如，最近的几次金融危机对我国企业的运行和发展或多或少产生了负面影响，外需锐减引发我国企业大量倒闭和失业人数大量增加。

② 发达国家掌控高附加值的环节。在经济全球化基础上建立的产品价值链分工中，我国企业处于弱势，一般只能处于产品价值链中资源消耗最多、环境影响最大、所需要的劳动力最多的制造加工环节。作为资本和先进技术的主要拥有者，发达国家总是处于全球化的中心地位和产品价值链分工中高附加值的环节。

③ 跨国公司通过控制产业链，进而控制我国企业。跨国公司为确保其全球竞争优势，利用经济全球化，通过技术、管理等产业链条控制我国的产业。例如，我国的高铁发展很快，但高铁运行所需的关键零部件，如车轮、车轴、轴承等还得依赖进口。

改革开放以来，我国经济迅速发展，GDP 已经是世界第二。但日本、美国的人均 GDP 的绝对值提高得更多，如图 3-8 所示。

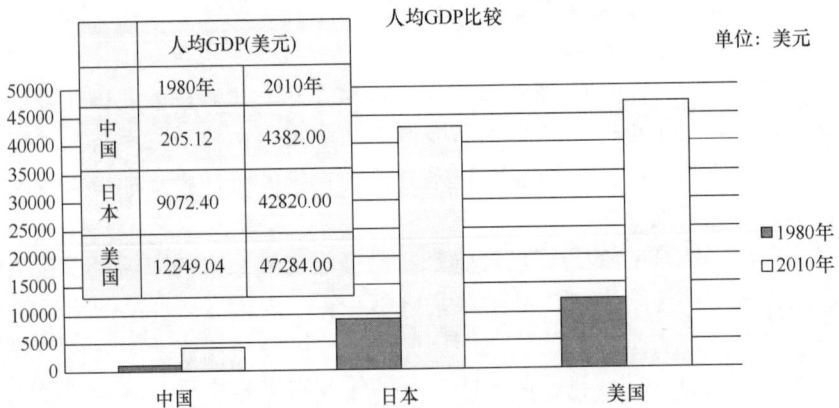

图 3-8　人均 GDP 的比较

在经济全球化的格局下，工业企业要实现合作、采购、制造、市场的全球化，甚至人才、融资的全球化。为了充分和持续利用经济全球化的好处，减少其负面影响，需要开展下述"两化融合"工作：

① 建立面向全球的合作网络，资源互补、协同研究、设计、制造等，帮助企业参与国际市场的竞争。例如，国际招投标、供应商和客户的搜索和联系、合作伙伴的搜索和协同；使企业在信息化方面与国外合作企业同步，便于信息集成。

② 建立与国际接轨的信息管理制度和系统，实现对企业运作的有效管控，开展精细化管理。

③ 建立面向全球的采购网络，使企业的外购件、外协件在质量满足要求的前提下，价格尽可能低、交货期尽可能短。

④ 建立面向全球的销售服务网络，为全球客户提供满意的服务。

⑤ 建立面向全球的企业信息网络，帮助企业了解和遵守各种国际游戏规则、产品质量标准和管理规范，参与全球化运作；帮助企业搜索竞争对手的信息，了解市场、产品和技术变化趋势。

图 3-9 描述了经济全球化的约束以及"两化融合"的作用。

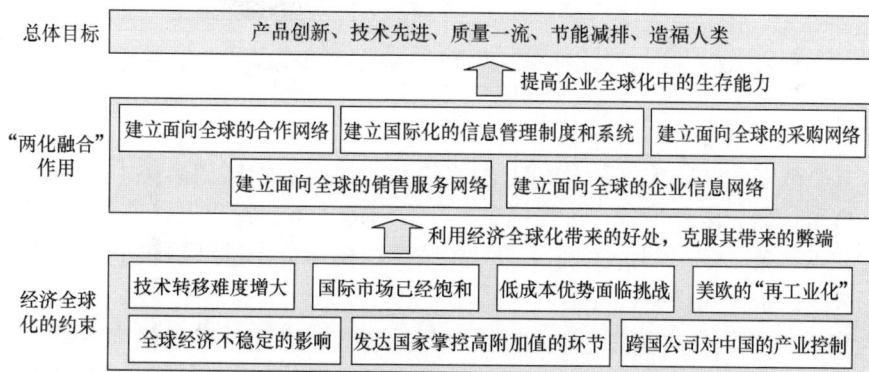

图 3-9　经济全球化环境中"两化融合"的作用

3.2.2　提高创新能力的需求

党的十七大报告提出：提高自主创新能力，建设创新型国家。这是国家发展战略的核心，是提高综合国力的关键。

创新正在成为企业的主要财富、利润的主要源泉、最核心的竞争能力。创新能够帮助企业进入无竞争和高利润的"蓝海"，创新能力正在成为企业的最重要的能力。

在过去 20 多年中，我国经济发展很快，但科技进步的速度没有完全同步。世界经济论坛发布的《全球竞争力报告（2009—2010）》表明，在 134 个国家和地区参与的竞争力排名中，我国竞争力排名仅为第 29 名，创新能力为第 26 位。

图 3-10 为我国技术创新现状、目标及"两化融合"的作用。

我国技术创新现状主要是[3]：

① 对外技术依赖度居高不下。我国对外技术依赖度超过 50%，而美国、日本仅为 5% 左右。科技对我国经济发展的贡献率只有 30% 左右，只有万分之三的

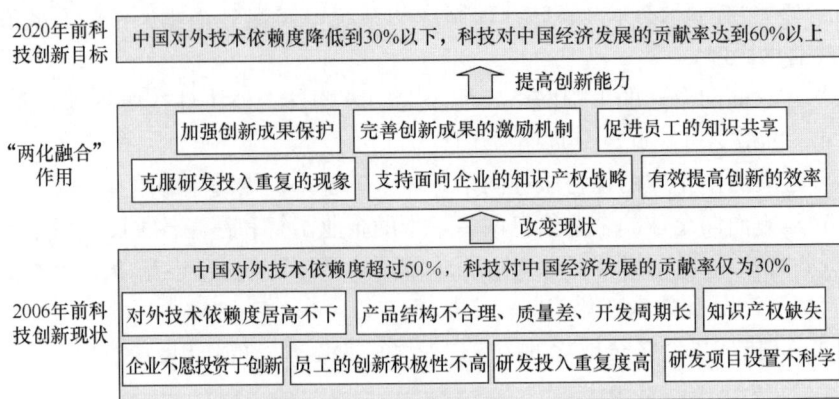

图 3-10　我国技术创新现状、目标及"两化融合"的作用

国内企业真正具有自主的知识产权[4]。

　　具有战略意义的关键产品和重大装备对外技术依赖度居高不下，如航空设备、精密仪器、医疗设备、工程机械、光纤制造装备、集成电路芯片制造装备、石油化工装备、轿车制造关键设备、高档数控机床、先进纺织机械等。我国每年形成固定资产的设备投资中，一半以上用于进口。

　　装备和产品的一些关键部件，如控制系统等，对外技术依赖度更高。虽然一些装备和产品是我国产量最多或出口量最多，但其控制系统主要依赖进口。

　　② 创新能力差导致产品结构不合理、质量差、开发周期长。例如，我国汽车在可靠性、节能、动力、排放等方面与国际水平有很大差距：平均自重上比国外同类车重 10%～20%，油耗高 10%～50%。国外汽车公司产品开发周期一般为 36 个月，有的甚至缩短至 24 个月，而我国汽车企业的开发周期很长，难以满足汽车市场的变化要求。我国企业及其品牌在国际市场上的信誉度和影响力微乎其微，尽管我国已有 100 多种产品产量成为世界第一，但我国的制造业离真正意义上的世界工厂的目标仍非常遥远。

　　③ 知识产权缺失。知识产权已经成为影响我国工业化进程的最大的不确定因素。知识资产正在成为企业的主要资产，而企业知识资产最主要的是知识产权。目前全世界 86% 的研发投入、90% 以上的发明专利都掌握在发达国家手里。凭借科技优势和建立在科技优势基础上的国际规则，发达国家及其跨国公司形成了对世界市场特别是高技术市场的垄断，从中牟取大量超额利润。例如，知识产权许可从 1980 年 20 亿美元急升为 2000 年的 1000 亿美元。在由发达国家主导的国际贸易规则下，后发国家的生存与发展空间将受到越来越多的挤压。

　　2006 年发布的《国家中长期科学和技术发展规划纲要（2006～2020 年）》中确定了我国技术创新的目标：到 2020 年，全社会研究开发投入占国内生产总值的比重提高到 2.5％ 以上，力争科技进步贡献率达到 60％ 以上，对外技术依存度降低到 30％ 以下，本国人发明专利年度授权量和国际科学论文被引用数均进入世界前 5 位。

通过"两化融合"有助于提高我国企业的创新能力[2]：

① 加强创新成果保护。专利制度从法律上提供了创新成果的保护法网。但对专利侵权行为的发现、甄别、惩罚等难度很大。利用信息技术，可以依靠大众发现和甄别专利侵权行为，对专利侵权行为的主体进行跟踪和监控。

② 完善创新成果的激励机制。没有公平公正、透明开放的创新成果的激励机制，员工的创新积极性就难以持久。利用信息技术，可以帮助记录、跟踪、统计、分析员工的创新行为、成果和推广应用情况，在此基础上，可以对员工的创新成果进行各种形式的奖励，激励员工创新。通过制度建设和信息化手段，使企业广大员工积极参与科技创新。

③ 促进员工的知识共享。绝大多数创新是建立在已有知识基础上的。利用信息技术，建立知识库和知识共享平台，使员工可以方便地发表自己的知识，并可对别人的知识进行评价。最终可以使知识库中的知识按照价值大小排序，同时对员工的知识水平进行排序，企业可以据此给予激励，从而达到促进知识共享，降低创新重复度的目的。

④ 减少对低端产品技术的研发投入严重重复的现象。利用信息技术，可以让广大科技人员对知识和技术的关系进行评价，建立知识网络，确定技术进化图和技术路线图。新的项目可以从知识网络中找到定位，明确与其他技术和项目的关系，进而减少重复研究。在建立知识网络的同时，对科技人员的知识水平进行评价和排序，并给予相应的激励，从而使科技人员积极、认真地参与知识网络的建设，最终使我国有限的创新资源得到充分利用。

⑤ 支持面向企业的知识产权战略。例如，海尔集团每一项技术创新方案都要申请至少一项专利，实现 100％ 的专利申请率；采购人员在签订零部件采购协议时，首先会想到这种零部件是否牵涉专利侵权问题。利用信息技术，提高专利搜索、分析、申请、保护的效率，减少其中大量重复性的工作，并帮助企业选择合适的专利战略。

⑥ 有效提高创新的效率。一些支持创新设计的工业软件，如 CAD、CAE、MDO、CAPP、CAM、PLM、KM、CAI 等系统以及一些行业的专用设计软件，可以帮助产品建模和知识共享及重用、减少重复性的工作、进行产品仿真和各种性能计算优化等。

3.2.3 制造服务的需求

我国的工业不能再按以前的模式发展，这已成为人们的共识。主要原因如下[5]：

① 地球上已经没有那么多的资源可以供我们继续按以往的消耗量使用。

② 传统产品在国外市场已经占了很大份额，继续依靠扩展海外市场的方式发展经济已经不可持续。

③ 我国的就业压力非常大。2030 年，我国人口将达到 15.1 亿～16.1 亿人，每年新增劳动力 1000 万人左右。另一方面，城镇化需要解决大量农民进城就业的问题。而第二产业的就业市场随着生产率的提高、市场的饱和，其容量增加是很有限的。

但我国工业化进程还是要继续，GDP 需要保持稳定的增加，就业率不能下滑。在这种资源和市场的双重约束下，我国需要大力发展服务业。因为，服务业可以在增加 GDP 的同时，使资源消耗的增加量较传统制造业要少得多，并且可以扩展新的市场。

《2010 年政府工作报告》提出：推进服务业跨越式发展。加快发展现代物流、电子商务、金融、会展、文化创意、研发设计等生产性服务业。

生产性服务（即制造服务）是未来我国工业化的主要发展趋势之一。

通过"两化融合"可以帮助推进制造服务、提高制造服务的质量，如图 3-11所示。

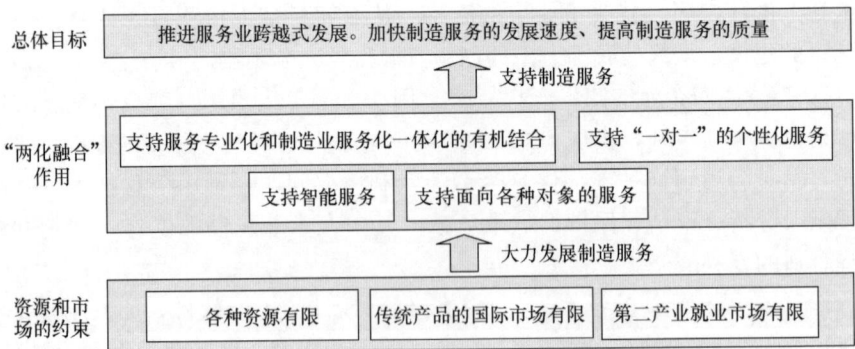

图 3-11　资源和市场的约束及"两化融合"的作用

① 支持服务专业化和制造业服务化一体化的有机结合。利用信息技术帮助企业在时间域内充分考虑产品的全生命周期的优化（优化指标包括用户满意度、成本、时间、质量和环保等），在空间域内充分考虑不同企业各种产品、各种业

务的整体优化。在此基础上，采取不同的制造服务策略。

② 支持"一对一"的个性化服务。包括：模块化服务、远程服务、信息服务、知识服务等。

③ 支持智能服务。包括：信息技术提高了产品的智能水平，使产品具有自主的智能服务功能；信息技术提高了服务的智能水平，许多服务可以通过软件自动实现等；信息技术提高了服务系统和平台的智能水平，帮助服务人员提高服务水平。

④ 支持面向各种对象的服务。包括：面向用户的服务；面向"用户"的"用户"的服务；面向供应商的服务等。

3.2.4　节能减排的需求

绿色化是当前制造业的发展趋势。

传统制造业在使人们生活水平得到提高的同时，使人类生存环境遭到破坏，资源得不到充分利用，进而必将导致自然和社会走向极限。随着环境形势的日趋严峻，人们逐渐意识到若再沿用粗放式的生产模式，将不能保证制造业和社会的可持续发展。今天，在人类发展进程所面临的诸多重大难题中，最具"瓶颈"性质的无疑是环境问题。1992 年在里约热内卢召开的联合国环境与发展大会发出了警告：如果人类不改变自己的生产方式、生活方式和价值观念的话，前景就是毁灭。环境问题是由发展带来的，所以要首先研究发展的方式，转变现有的发展方式，由不可持续的发展方式转向可持续的发展方式。2002 年世界首脑会议终于达成共识：经济、社会、环境必须相互协调才能可持续发展。我国政府把可持续发展作为重大发展战略，并在 2003 年制定了《中国 21 世纪初可持续发展行动纲要》。

在这种背景下，出现了一种兼顾产品质量和环境保护的新的制造技术的概念——绿色制造，其含义是节能减排的制造技术。图 3-12 表示了与环境问题相关的经济社会发展模式的变化。

面对日趋严峻的资源和环境约束，世界各国都在制定可持续发展规划。德国制定了产品回收法规，欧盟颁布了汽车材料回收法规，从 2005 年起要求新生产的汽车材料 85% 能再利用，到 2010 年要达到 95%。日本等国提出了减量化、再利用及再循环的 3R 战略，美国提出了再制造及"无废弃物制造"的新理念。所谓"无废弃物制造"是指制造过程中不产生废弃物，或产生的废弃物能被其他制造过程作为原料而利用，并在下一个流程中不再产生废弃物[1]。

---

① 柳百成，《振兴制造业，发展绿色制造》，2005 年 3 月 6 日。

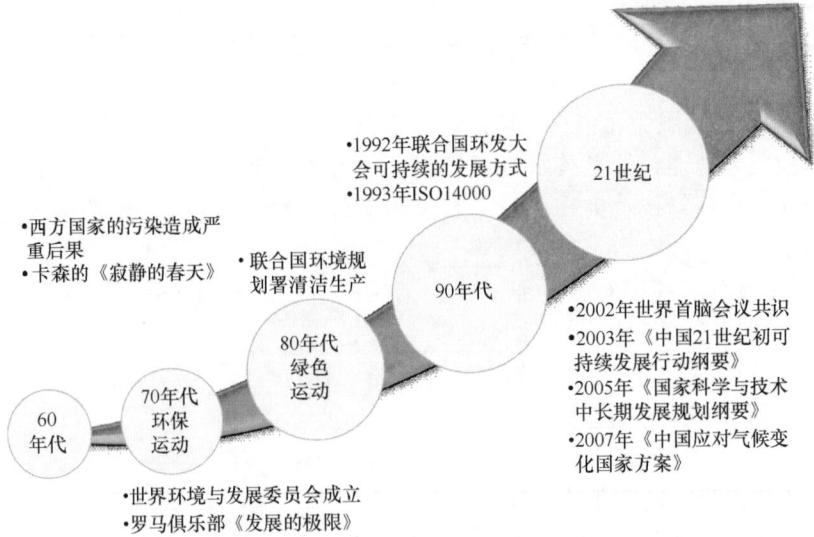

图 3-12　与环境问题相关的经济社会发展模式的变化

　　我国正处于工业化、城市化加速发展的社会主义市场经济转型时期，高速的经济发展和能源需求使得我国成为全球二氧化碳第一排放大国。如今，我国的"高碳经济"已成为发达国家的攻击对象，为此，急需探索低碳、环境友好型的经济增长模式。同时，能源过度消耗以及经济快速增长所带来的环境问题，成为了制约我国可持续发展的重要因素。因此，对我国而言，节能减排、应对气候变化已不仅仅是国际责任，更是我国自身经济社会发展的内在需要。

　　面临巨大的环境责任，我国积极参与国际合作，投入大量的人力物力开展有关气候变化与减少碳排放的研究。2007 年，国务院发布《中国应对气候变化国家方案》，目标是到 2010 年，单位国内生产总值能耗比 2005 年降低 20%（最终达到 19.1%）；2009 年，我国政府应对气候变化，与自身的可持续发展相结合，公布了最新的相对减排目标，即在 2020 年实现单位 GDP 二氧化碳排放强度比 2005 年下降 40%～45%，并将其作为约束性指标纳入国民经济和社会发展规划。

　　图 3-13 描述了绿色制造的影响因素。现状、环保法规和绿色贸易壁垒起了推动作用；绿色消费和环保意识起了拉动作用；绿色供应链管理、绿色制造模式、绿色制造评价体系、绿色制造技术等起了支持作用。

　　（1）生态环境破坏的现状是实现绿色制造的根本原因

　　生态环境破坏的现状逼使绿色制造成为现代制造业的发展方向。

　　（2）国家的环保法规是企业实现绿色制造的外部推动力量

　　在传统制造方式下，政府是制造系统的外部因素。而绿色制造的非市场性

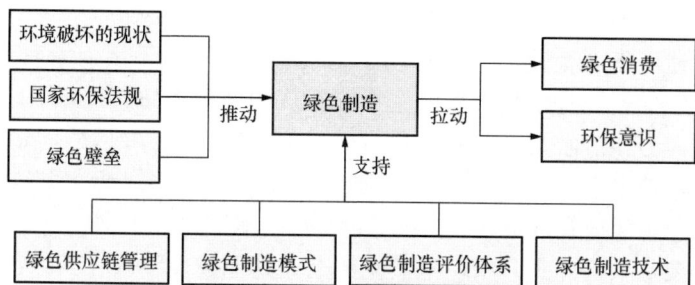

图 3-13　绿色制造的影响因素

质，决定了政府必须参与到绿色制造系统中，并成为该系统的一个重要组成要素。政府的作用主要是制定和监督执行各项环保法规。

近年来各国的环保法规越来越严格，制定与环境相关的法律、法规、条例、环保标准，运用法律、行政手段向企业施加压力：目前世界上已签署了 200 多个与环境和资源保护相关的国际协定，要求产品的制造过程和方法必须符合特定的环境要求；政府在经济、行政等方面对绿色制造的优惠政策，使绿色制造的报酬率得以提高，以支持和推动企业实施绿色制造；一些国家还通过"环境/生态税"，利用税收杠杆来调节环保型和非环保型企业的利益关系。例如，索尼公司就曾因为游戏机的手柄含铅量过高而被欧盟罚款 1.5 亿美元。

（3）绿色贸易壁垒迅速成为阻碍扩大我国产品出口市场份额的主要障碍

国际贸易中正日益盛行一种新的非关税贸易壁垒——绿色贸易壁垒。绿色贸易壁垒指在国际贸易领域，发达国家通过立法，制定繁杂的环保公约、法律、法规和标准、标志等，对商品设置准入限制，是一种非关税壁垒。入世以来，我国产品出口屡屡受到来自美国、欧盟等发达国家和地区的"壁垒"阻击，其中"绿色贸易壁垒"的影响最大，并正在迅速成为阻碍我国产品出口的主要障碍。

绿色贸易壁垒具有两面性，一方面制约了我国产品的出口，另一方面对于我国产品在环保、节能、安全等方面的改进具有积极的意义。

（4）绿色消费是绿色制造的拉动力量

绿色消费正在成为 21 世纪的消费主流。消费者是市场的"上帝"，消费者的购买倾向直接影响着产品的发展方向。绿色消费的兴起影响着产业结构的调整，影响着企业发展战略。

绿色消费，也称可持续消费，是指一种以适度节制消费，避免或减少对环境的破坏，崇尚自然和保护生态等为特征的新型消费行为和过程。

我国政府提出了"提高全社会资源忧患意识和节约意识，大力发展循环经济，建立节约型社会"的发展计划。

（5）企业的环保意识是绿色制造持续发展的保证

绿色制造还需要企业的自觉行动，这就要求企业上下要有一种环保意识，尤其是企业领导。一些发达国家的企业已经认识到：产品的"环境印象"将直接影响其生命力，继而关系到企业的存亡。它们已经将"环境印象好的产品"作为市场决策依据之一。

（6）绿色供应链管理是有效实现绿色制造的支撑和保证

企业需要从采购源头开始，把供应链上的其他成员整合在其绿色制造管理过程中。

"两化融合"有助于解决节能减排中遇到的问题：

① 利用信息技术帮助进行产品的轻量化设计。通过轻量化设计，可以减少产品的材料消耗和在使用过程中的能耗。

② 利用信息技术帮助进行产品的合理化设计。通过将相似产品和零部件统一的合理化处理，减少零部件的多样化，降低零部件在加工和维护过程中的各种资源的消耗。

③ 利用信息技术减少产品制造过程中存在的各种资源浪费。包括：降低原材料库存，避免原材料长期库存所带来的损耗；降低在制品（半成品）和产成品的库存，避免在制品和产成品长期库存所带来的损耗；合理组织预测型生产，根据销售库存变化情况，增加畅销产品的生产，停止滞销产品的生产，达到降低库存、增加销量、减少浪费的目的。

④ 利用信息技术提高生产质量，减少废品所带来的浪费。

⑤ 利用电子商务，减少交易过程中的浪费。如：减少出差；减少中间环节；节省房租费用；减少不合理的物流等。

⑥ 利用信息技术监管整个产品供应链，确保产品满足各种安全和环保标准、规范和法规。绿色制造不是一家企业的事情，需要一个强有力的绿色供应链的支持。例如，德国政府一方面制定了严格的环保法规，另一方面在全国范围内建立"双元回收系统"，为德国供应链的绿色回收提供组织保障。调查显示，工业污染排放的 30%～40% 是由于管理不善造成的。科学和严格的管理，在减少污染方面可得到事半功倍的效果。

⑦ 利用信息技术支持制造企业责任向产品使用、维护和报废回收阶段延伸，帮助企业监控耗能产品的使用过程，通过提供服务降低产品使用中的能耗，并监管逆向供应链，支持报废产品的有效回收。

⑧ 利用信息技术建立产品生命周期评价（LCA）系统，对产品全生命周期的能效和污染情况进行评价；利用信息技术跟踪企业产品全生命周期的碳排放情况，计算产品的碳排放量，并提供知识帮助企业减少碳排放。未来，碳排放量将成为必须公开的企业信息，达不到减排要求的企业，其产品将失去竞争力，

甚至可能会被禁止上市。

⑨ 设备和流程的信息化（自动化）提升了资源利用效率，如大型焦炉集中控制系统通过信息化改造，能耗降低 1.5%～3%；另一方面，国内重点企业通过建立能源管理系统，提高了能源利用效率，如宝钢建成能源和环保系统后，吨钢综合能耗、煤气的放散率每年平均降低 1.6%，每年直接效益 2530 万元[6]；

⑩ 利用信息技术进行企业的能效管理。通过信息化技术与工艺技术的融合改进系统管理和优化物流、能流的平衡是实现节能减排的有效技术路线。图 3-14 为节能减排的需求和"两化融合"的作用。

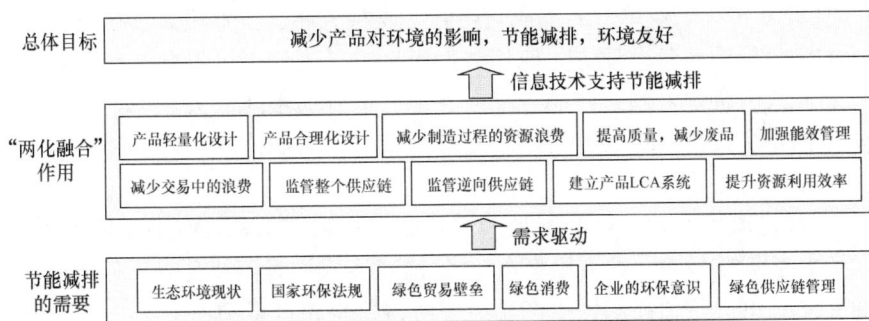

图 3-14　节能减排的需求和"两化融合"的作用

3.2.5　社会和谐发展的需求

我国作为有着 13 亿多人口的大国，社会和谐是经济发展的目标，也是经济发展的保证。但是大有大的难处：

① 出口增长受限。2010 年，我国产品出口规模达到了 15779.3 亿美元，处于世界第一。我国与美国的贸易不平衡问题非常突出。美国议会多年来一直逼迫我国将人民币升值，甚至把美国的金融危机归咎于人民币问题。但作为一个大国，靠出口增长发展经济的模式是不可长久的，经济的发展、新型工业化的实现，最终需要依靠内需的增长。

② 失业率居高不下。降低失业率事关国计民生，随着城镇化和工业化进程的加速，生产效率的提高，失业率往往会居高不下。就业是人的起码尊严，大学生的就业更是人才资源有效利用的关键。

③ 贫富差距拉大。缩小贫富差距，有利于社会稳定。由于制度的缺陷、"马太"效应的存在，社会贫富差距、地区贫富差距越来越大，这最终会影响社会的稳定发展。我国目前的基尼系数为 0.52，已经超过了国际警戒红线（基尼系数越大反映收入差距越大）。

④ 东西部地区差距过大。东西部地区工业化差距越来越大，这会造成社会不稳定。

⑤ 我国经济忽热忽冷的波动对经济的良性发展产生不利的影响，造成了社会财富的浪费和破坏。

⑥ 工业产品、食品等的安全问题越来越严重，甚至成为社会不稳定的导火线。

"两化融合"需要考虑保就业、保增长，需要为促进内需增长、缩小贫富差距、减少经济波动等作出贡献，其主要作用是：

① 改变传统工业单一的集成化模式，支持分布式工业模式。信息技术帮助工业的触角延伸到各个地方，使那些偏僻地方的人们也可以方便地利用当地的原材料和人力资源，制造产品，推向各地。这有助于降低失业率，支持人民生活水平的稳步提高，扩大内需，并支持小城镇与大城市的和谐发展和缩小东西部地区工业化差距。

② 促进服务业发展，既满足人们日益增长的需求，又有助于降低失业率，并且对环境影响较少。西方国家在 30 年前就步入了服务社会或服务经济，其服务部门创造的总价值在国民生产总值中所占比重超过了 70%，其中，为制造业服务的生产性服务业占整个服务业的比重也在 70% 以上，增幅是同期服务业增幅的近两倍。服务业的发展需要知识和信息的支持。

③ 市场经济是市场调控的一只看不见的手，信息技术也是市场调控的一只看不见的手，有助于减少市场不必要的波动，促进供需平衡，减少企业的风险。

④ 工作分配合理化。我国需要做的工作很多，但是很多人无所事事。信息技术有助于减少这一不对称，帮助降低失业率，缩小贫富差距。

⑤ 支持增加出口和扩大内需的和谐发展。大部分中国人的生活水平还远没有达到小康，内需的潜力很大。如何让他们通过自身的劳动，达到小康水平，整个社会有责任，信息技术可以提供相应的环境。

⑥ 通过制度建设和信息技术应用，可以有效跟踪和监控工业产品、食品等的生产、包装、运输、销售全过程，确保其安全性。

图 3-15 为社会和谐发展的需求和"两化融合"的作用。

3.2.6　以人为本的需求

党的十七大报告多处提到以人为本。现代企业也特别强调以人为本，即人性化管理，改善工作环境，充分发挥人的积极性。欧盟第 7 框架计划的"下一代生产系统"项目经费 2400 万欧元，为期 4 年（2005～2009 年）。其目标是：(a) 提高企业竞争力。通过提高生产系统的生产率和产品质量提高制造企业的

总体目标	支持社会和谐发展

⇑ 作用

"两化融合"作用	支持分布式工业模式	促进服务业发展	市场调控的看不见的手	工作分配合理化
	支持增加出口和扩大内需的和谐发展		跟踪和监控工业产品、食品等的安全问题	

⇑ 改变现状

社会和谐发展的需求	出口增长受限	失业率高	贫富差距大	东西部差距大	经济波动严重	产品、食品的安全

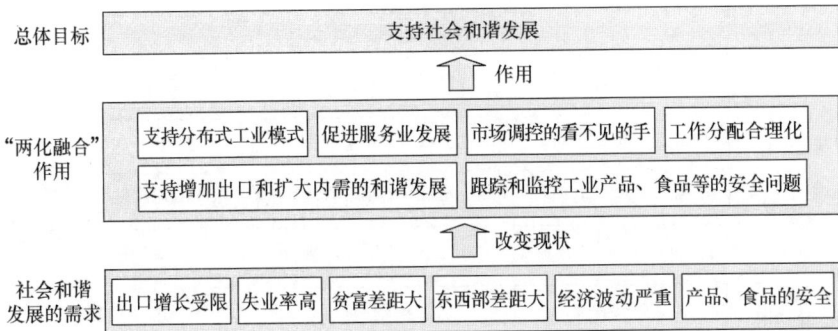

图 3-15　社会和谐发展的需求和"两化融合"的作用

竞争力。(b) 环境。力求生产系统的环境负荷最小化,实现可持续发展。(c) 就业。新一代的职业,改进现有条件,使妇女也可在制造业胜任工作。(d) 生活质量。提高职业的安全性、改善工作条件、保护工人健康。(e) 制造业形象。改善制造业生产和研究的形象,使其不再是又苦又累的工作。后三项目标都与企业以人为本的管理有关。

现代工业企业以人为本的需求主要体现在以下方面,而"两化融合"可以较好地帮助满足这些需求 (图 3-16):

① 创造良好的工作环境,使员工的身心健康得到保证。大量的累活、脏活、危险的和单调重复的工作可以通过信息化技术代替。例如,国外大力推广加工中心等装备,其中一个重要原因是:这些装备在晚上可以自动加工,不需要人的管理。

② 将员工当做最重要的资源对待,建立以人为中心的组织、制度和文化,使员工热爱自己的工作,有较强的工作积极性和主动性。人力资源管理系统可以在这方面发挥重要的作用。例如,通过人力资源管理系统,员工可以了解到自己所喜欢的岗位的条件以及满足这些条件的途径,并可在系统中获取和学习相关知识,提高自己的能力。

③ 通过知识共享和评价,创造良好的创新氛围,尊重知识和创新,使员工的聪明才智得到充分发挥,使员工乐于知识共享和协同工作。在这方面知识管理系统、知识共享平台可以发挥积极的作用。现在国外许多企业都有这些系统,可以使个人的知识组织化,隐性知识显性化,使新员工不再"不知所措",使企业的知识处于可控、有序状态,使企业的人才评价科学化,使员工和企业在知识积累中成长。

④ 实现分布化管理,减少中间管理层次,给员工更大的自主权,充分发挥人的积极性,提高企业的快速反应能力。例如,单元制造系统、独立制造岛等

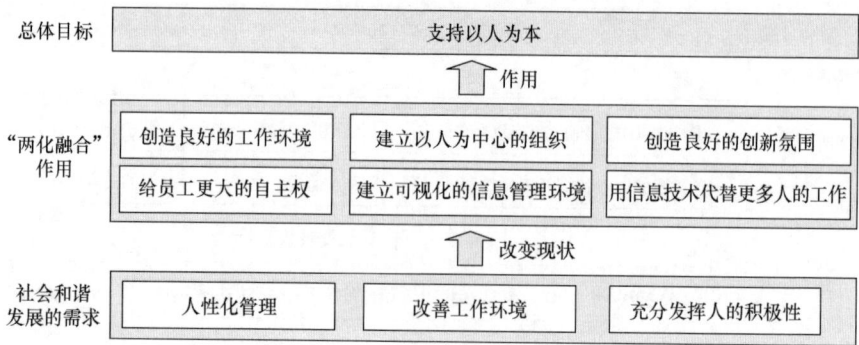

图 3-16　以人为本的需求和"两化融合"的作用

制造系统模式受到人们越来越大的重视。这种分布化管理更需要通过信息系统来帮助单元间的相互沟通,并进行有效的监控。

⑤ 建立可视化的信息管理环境,企业各级领导及员工能够"实时"地监控、管理、评测及预测企业行为,客户、供应商和合作伙伴的信息和流程有更高的可见度。

⑥ 用信息化技术代替更多人的工作。我国沿海企业目前遭遇的"民工荒"以及正在出现的"未富先老"的难题迫切需要信息化技术帮助化解。并且随着信息技术的发展,在越来越多的工作领域,信息系统在成本上将远远优于人工系统。

3.3　中国工业信息化的现状

3.3.1　中国工业信息化的特点

当前我国工业信息化的特点是:

1. 工业企业对信息化的认识越来越成熟

在经历了多年的信息化建设和实践后,许多企业积累了丰富的经验和教训,对信息化有了全面了解。面对日益激烈的市场竞争,越来越多的企业意识到信息化是提高企业竞争力的最直接、最有效的方法之一,把信息化的目标定位于使企业更好地生存和发展。

企业已经开始通过自身的学习和研究,提出企业信息化的需求和总体规划。企业也更加务实,更重视投资回报,冷静对待各类信息系统的应用,更加注重信息系统对企业的适应性,而不是单纯追求硬件、软件的档次和先进性。

　　企业对信息化建设的重视程度正逐渐提高，许多企业建立了信息化建设的专门机构，设立了主管信息化工作的副总裁或副总经理职位。

　　从工业信息化的资金投入来看，我国信息化资金投入已经由"重硬轻软"向"软硬件并重"的方向发展。

2. 信息化从单元技术应用向系统集成方向发展

　　单元系统如 CAD 系统、CAM 系统、财务管理系统、库存管理系统等已经在企业普及。在此基础上，越来越多的企业向系统集成方向发展，企业不只关注一些单元系统应用，而是更加注重提高企业的整体信息化水平，ERP、PDM、SCM、CRM、PLM 等信息化集成系统的应用发展迅速，提高了企业产品设计、采购、制造、销售、服务等的一体化管理水平，使信息化取得更好的效果。

3. 从大企业信息化扩展到中小企业信息化

　　我国工业信息化正从大企业信息化向中小企业信息化方向发展，中小企业逐渐成为信息化的主角。

4. 工业信息化产学研结合日益紧密

　　我国工业信息化的产学研结合比较好，这是我国信息化的一个优势。我国高校利用其多学科的优势，积极参与制造业信息化，在联合攻关、技术转移、人才培养等方面起到了十分重要的作用。我国的科技计划（科技支撑计划、863、973、国家自然科学基金等）都把工业信息化的相关技术、理论作为支持的内容，大大促进了我国工业信息化的进展。

5. 工业信息化良好的外部环境正在形成

　　（1）政策法律环境进一步优化

　　我国政府及行业部门制订了一系列法规和标准，为工业信息化营造了良好的环境，促使其步入良性的循环发展中。例如，国家和地方政府对企业信息化财政支持已经成为经常化的政策。

　　（2）比较完善的信息化基础设施

　　我国互联网基础设施发展迅速，使企业可以方便应用各种基于互联网的信息系统。例如，企业可以方便利用电子商务系统进行采购和销售。同时也导致阿里巴巴、生意宝等一大批电子商务公司快速成长。

　　我国无线互联网基础设施最近也发展很快，为建立各种基于无线互联网的信息系统提供了较好的环境。

　　（3）电子政务推动和加速了工业信息化的进程

政府信息化对工业信息化起了巨大带动作用。一方面，政府信息化为工业信息化提供了良好的支持环境和对接方式；另一方面，政府网上采购、网上办公也带动了工业信息化的发展。例如，国家税收部门对财务数据的需求，推动了企业财务管理系统的普及。

（4）信息系统供应商和信息化产品、系统更加成熟

信息化应用系统供应商，尤其是国内主流厂商的信息系统都已相对成熟，能够较好满足细分行业用户的个性化需求。例如，目前 ERP 等系统的交付期越来越短、成功率越来越高。

（5）信息化应用咨询和服务水平迅速提高

在企业信息化中，企业逐渐意识到，企业信息化的关键是管理问题。因此众多企业开始把目光从产品、技术、软件转向企业自身存在的管理问题，更加注重引进先进的管理理念和技术来对企业进行变革，对信息化应用咨询和服务的需求增大。同时，信息化应用咨询和服务公司发展迅速，水平迅速提高。

（6）物流环境进一步改善

物流问题是制约我国工业信息化进程的主要因素之一。近年来，我国工业信息化发展的物流环境得到进一步改善：物流基础设施初具规模，配送体系逐渐形成，第三方物流服务发展迅速，物流信息化稳步推进。物流和物流信息化的发展将为我国工业信息化提供良好的环境。

3.3.2　不同信息系统应用现状

1. 产品设计系统信息化[2]

（1）计算机辅助创新（CAI）技术和系统

TRIZ 的含义是发明问题的解决理论，其拼写是由发明问题解决理论俄语单词置换成英语单词的字头组成的，国内有时翻译为"萃智"[7]。

基于 TRIZ 的 CAI 系统有：TechOptimizer，Goldfire InnovatorTM，TriSIDEAS，TRIZ Explorer，Pro/Innovator，InventionTool，webTRIZ 等。

这些软件将 TRIZ 中的概念、原理、工具与知识库、专利库紧密结合。设计者通过使用这些软件，可以参考世界上优秀工程设计实例，为产品开发提供设计思路，快速并高质量地完成概念设计。

国家科技部等四部门在《关于加强创新方法工作若干意见》中提出推广基于 TRIZ 的 CAI 技术和系统。我国一些省市已经开始组织基于 TRIZ 的 CAI 的培训。一些企业也已经购买了基于 TRIZ 的 CAI 系统帮助创新。

（2）计算机辅助工程（CAE）技术和系统

通用的 CAE 系统主要来自国外公司，如 ANSYS 等，应用已经比较多。对

我国企业产品的自主开发和设计有积极作用。

专用的 CAE 系统，如船舶、汽车零部件等的 CAE 系统，有许多来自国外，价格不菲。国内一些企业也开始研究和应用适合自己产品和专业的 CAE 系统。

CAE 系统开发的关键是产品设计知识，这是我国企业目前所缺乏的，这与我国企业产品设计水平低也是密切相关的。

（3）计算机辅助设计（CAD）技术和系统

二维 CAD 系统得到普及。其作用主要是显著提高了绘图和修改的效率，并可以方便地利用各种标准件库、企业图库，提高设计效率。

三维机械 CAD 系统具有绘图直观、分析方便、可与 CAM 集成、沟通方便等特点，所以在企业中得到了快速推广应用。另外，基于模型的定义（MBD）技术也开始应用于一些高端企业的 CAD 中。

但由于三维数据通常不作为向生产技术、制造与检验等部门工作人员传达设计人员意图的媒介来使用。结果，在制作出了三维模型的同时，还必须再制作二维图纸或简易的二维图纸，将几何公差、尺寸公差、表面处理方法及材质等仅靠形状而难以表达的信息（设计意图），传达给生产技术、模具设计与生产、部件加工、部件与产品检验等后期工序。

目前三维机械 CAD 系统的市场基本被国外产品所控制。我国在机械三维CAD 系统方面与国外的差距越来越大。

与机械 CAD 软件相比，建筑 CAD 软件要单纯得多，且建筑工程严格执行行业标准，建筑 CAD 软件的发展也规范得多，因此建筑 CAD 系统比较成熟，应用面很宽，我国自主研发的建筑 CAD 系统具有很强的竞争力。

二维柔性产品（如服装）CAD 系统已经得到普及，但三维柔性产品 CAD系统发展甚慢，依然是世界级难题。

（4）产品数据管理（PDM）技术和系统

PDM 是一种面向数据、资源和过程的产品技术信息化集成系统。PDM 的基本原理是，在逻辑上将各个 CAx 信息化孤岛集成起来，利用计算机系统控制整个产品的开发设计过程，通过逐步建立虚拟的产品模型，最终形成完整的产品描述、生产过程描述以及生产过程控制数据。通过建立虚拟的产品模型，PDM 系统可以有效、实时、完整地控制从产品规划开始直到产品报废处理的整个产品生命周期中的各种复杂的信息。

早几年计算机在产品设计领域的应用使工程师们基本甩掉了传统的设计图板，减轻了设计强度，提高了工作效率和设计质量。但接踵而来的是大量的图纸和设计文档，存放在人工管理的图纸档案中或分散在计算机系统的文件中，给工程师们查找文件带来了极大的困难。据研究表明，大多数应用工程师在真正的产品设计上仅花费 25% 的时间，然而却有 30%～35% 的时间花费在寻找设计所用的数据上。PDM 系统不仅解决了这一困难，而且还提供了产品工程设计与工艺规划设计之间电子数据交换和项目管理的应用环境[8]。

由于企业的产品不同、设计流程不同，对 PDM 系统的需求会有明显的不同。因此对企业而言，PDM 系统一般还是半成品，往往需要二次开发。并且 PDM 系统的实施涉及企业设计部门的全体员工，管理难度较大。PDM 系统中的一些模块对员工的约束较大，所受到的阻力较大。因此，PDM 系统全面应用的成功率较低。

在国内企业的 PDM 系统应用中，国外的产品占有一定的优势，因为其与自己的三维 CAD 能够实现较紧密的集成。但国内 PDM 系统也有一定的市场，特别是中小企业的市场。

PDM 系统的发展方向是：产品集成模型、Web 2.0 技术的应用、基于组件的快速重构架构等。

（5）产品生命周期管理（PLM）技术和系统

制造全球化、集成化和服务化的发展趋势对 PLM 系统及在企业的应用提出了日益迫切的需求。例如，由于大型飞机的零部件来自成千上万家合作企业，飞机的生命周期有几十年，需要 PLM 系统支持协同设计和制造，以缩短生产周期，降低成本，保证质量，需要对产品全生命周期中的零部件的各种技术状态、各种工程变更数据等进行有效的管理，以提高飞机保养、维护、维修的效率和质量。

PLM 系统实施难度很大，成功率不高。因为 PLM 系统主要包括软件、产品模型和流程，不是一个纯技术系统，涉及大量的基础性的产品建模工作，并对产品全生命周期管理中各种流程进行了严格的规范。不同企业的产品不同，流程不一，往往需要对 PLM 系统进行大量的二次开发。PLM 系统的实施需要企业领导强有力的推行，需要广大员工积极参与，并需要 PLM 软件供应商和咨询公司积极负责的配合。

2. 制造技术信息系统[2]

（1）计算机辅助工艺规划（CAPP）技术和系统

检索式 CAPP 系统和派生式（Variant）CAPP 系统在企业中应用比较广泛。该类系统以国内公司产品为主，许多是应用企业自己开发的。

对通用的创成式（Generative）CAPP 系统国内外有过不少研究，但因为知识获取是其瓶颈，所以真正实用的应用系统很少见到。有少数专用的创成式 CAPP 系统进入成熟应用阶段，如某航空制造企业。

（2）计算机辅助制造（CAM）技术和系统

通用的 CAM 系统主要来自国外。国内也自主开发和应用了一些专用的

CAM 系统，用于航空、军工等产品制造。

（3）计算机辅助质量管理（CAQ）技术与系统

作为制造大国，质量管理是企业十分关心的问题。在实际应用中，CAQ 可以分成质量保证、质量控制和质量检验等。由于管理和知识水平、产品特点等的不同，CAQ 系统在企业应用程度不一，有的是质量数据的采集和统计分析，有的是与 ISO9000、TS16949 等质量体系认证标准相结合的质量管理系统，有的可以对质量进行自动监控、预测。

企业中应用的 CAQ 系统以自主开发的系统为主。

CAQ 系统中的质量保证部分往往作为 ERP 系统的一部分，质量控制部分可以采用统计过程控制（SPC）方法，质量检验部分可以采用计算机辅助测试（CAT）技术与系统。CAT 系统的专业化程度很高，不同产品往往建立自己的一套 CAT 系统，主要由企业自主开发或由行业性的 CAT 技术与系统公司提供。

3. 企业管理信息系统[2]

（1）企业资源计划（ERP）系统

ERP 系统作为企业应用的主要信息系统，在我国应用面和影响较大，甚至有人误认为信息化就是实施 ERP 系统。

国外著名的 ERP 系统有：SAP、甲骨文、微软等软件系统。国内著名的 ERP 系统有：用友、金蝶、浪潮、神州数码、新中大等软件系统。目前大型企业大多采用国外 ERP 系统，其特点是包含的管理知识丰富、功能较强、成熟度高，缺点是实施难度大，二次开发麻烦。

不同行业对 ERP 系统有不同的需求，因此出现了一些颇有特色的行业 ERP 系统，如服装 ERP 系统等。

ERP 系统中的功能模块很多，其中财务管理、采购管理、销售管理等模块应用很多，其核心的生产管理模块应用深度不一。

（2）制造执行系统（MES）

制造现场管理一直是企业急需解决而又感到头痛的问题，因为涉及人员多、设备多、数据多，变化快。由于不同企业的现场生产情况有较大差别，通用的 MES 很少，大多是根据企业需求和实际情况定制的。随着各种传感器、数据采集系统、PLC、无线通信等技术的发展，MES 应用越来越多，特别是在连续制造业。

（3）供应链管理（SCM）系统

由于企业分工专业化和全球化的趋势增强，越来越多的企业需要 SCM 系统。

一些 SCM 系统是在 ERP 系统的基础上发展起来的，成为 ERP 系统的部分功能；也有的 SCM 系统是单独开发的。不同的 SCM 系统差别较大，主要是集成水平和知识水平方面的差别。

不同行业的 SCM 系统有较大差别，这方面还在发展之中。

（4）客户关系管理（CRM）系统

由于买方市场、全球化市场、客户需求多样化和个性化等的驱动，以及信息技术和网络技术的拉动，CRM 系统应用越来越广泛。CRM 系统比较适合网络应用，因为比较容易与分散在异地的客户、经销商等进行集成。

（5）知识管理（KM）系统

知识正在成为企业的主要财富，知识管理正在成为企业的主要管理内容。KM 系统在国外企业已经很普遍，但在国内还刚刚开始发展。

KM 系统的差别很大，简单的是一个知识库，复杂的 KM 系统可以包括知识的评价、知识地图的建立等。

专利管理和分析系统也可以看做是 KM 系统的一部分。目前越来越多的企业实施专利战略，对专利管理和分析系统的需求也日益增大。

KM 系统以及专利管理和分析系统的开发难度不大，关键是如何对系统中的知识及专利进行有效的管理，使其成为企业员工不可或缺的资源和工具。

（6）办公自动化（OA）系统

OA 系统很实用，并且特别适合企业领导的需要，因此应用面较宽，应用效果较好。OA 系统并不复杂，所以企业应用的系统以国内开发的产品为主。

（7）企业分销系统

越来越多的企业建立自己的分销系统，一方面有助于企业品牌建设，另一方面能够通过销售，了解用户的需求。

例如，宁波雅戈尔集团是一家以生产和销售服装为主的股份制产业集团。集团老总曾感叹："服装出了厂门就不知去向。不知道有否卖掉，在什么地方卖掉，何时卖掉"。雅戈尔集团通过实施信息化工程解决了这一问题，将全国各地几千家卖场的信息按天收集汇总，通过数据挖掘，掌握了市场动向，并整合了从上游的面料生产企业到下游的销售网点，使之成为一个信息畅通、反应迅速的有机整体，从而在减少库存的同时，对客户需求做出快速反应、扩大销售量。

4. 数据库和网络技术得到普及

绝大部分企业有了自己的核心数据库，如财务、销售、库存、人事等数据库。

网络技术的发展使企业内联网/外联网发展迅速，成为企业内部沟通的最常用的渠道。

互联网的发展使得很多企业能够方便地利用电子商务开展网上采购和销售，极大地降低了企业的运营成本。许多企业还通过互联网开展协同设计和制造，充分利用外部资源支持企业快速开发和制造产品，满足用户需求。

5. 设备和生产线的检测，控制系统的信息化、自动化的应用越来越普及

因为这是直接与提高生产率、提高产品质量相关的，容易引起企业的重视，当前的应用水平都比较高。但是许多重要装备或生产线，包括其控制系统和关键的传感器都是国外引进的。

3.3.3　不同行业和不同工业化水平的企业的比较

工业化发展的严重不平衡是中国企业的特色。不同行业、不同规模、不同地区企业的工业化和信息化存在巨大差距。不同工业化水平所对应的"两化融合"模式也有很大不同。

1. 不同工业行业信息化水平的一些比较

信息化水平与行业密切相关，即所谓的行业差异化。一般讲，资本密集型和技术密集型企业信息化水平高，劳动密集型企业信息化水平相对较低；流程工业企业信息化水平相对较高（主要是生产过程的自动化），离散工业企业信息化难度更大，信息化的集成水平相对较低。

流程工业中的化工、制药、钢铁等企业，因其具有资本密集型和技术密集型的特性以及信息化控制容易实现的特点，信息化水平较高。大型企业的 ERP 系统建设热潮已过，目前进入中小企业普遍投资建设 ERP 系统的时期。

例如，到 2007 年，钢铁行业（流程工业、资本密集型）已进入 ERP 推广应用阶段。以钢铁行业为例，38 家重点钢铁企业已全面实施企业资源计划系统，实现了信息流、物流、资金流的高度集成，在降低成本、减少库存等方面发挥了重要作用。我国钢铁行业信息化经历了从单项应用向多项应用扩展并开始加速向集成应用转变。信息化与钢铁企业的生产经营各环节融合取得显著成效，已成为其构建核心竞争力的必备要素。我国重点钢铁企业已实现产销一体化，使交货周期由"按月交货"转化为"按周交货"，使库存降低 20%～50%，非计划品率降低 20%～50%，实现了合同跟踪和交货承诺，改善客户服务水平[6]。

国内流程工业中，石油化工行业信息化建设起步早，信息化建设基础设施已初具规模，但信息化应用水平有待提高。随着信息化大环境的成熟和企业内部的资源整合需要，越来越多的石油化工企业开始全面实施信息化工程。

离散工业中的航空航天企业的信息化水平较高，这与产品的复杂性、国际合作较早等密不可分。

机械、电子、汽车行业内的主流大中型企业在完成 ERP 等关键系统建设之后，开始了 SCM、CRM、MES 等系统的扩展应用。以汽车行业为例，整车行业基本上已完成了 ERP 系统各类功能模块的应用建设。随着配套零部件企业在地域上的布局完成，以及市场竞争加剧迫切要求整车降低生产成本，强化整车企业与配套的一级、二级零配件企业的协同作业管理就显得格外重要，于是 SCM 的需求立即凸现出来。因此，这些扩展应用已经成为上述行业信息化建设的主题。

劳动密集型的纺织、服装、食品行业的信息化由于原有规模小，信息化投入增长非常明显。一方面是由于消费增长刺激行业企业收入增加，另一方面纺织服装行业的竞争加剧以及食品行业国家监管深化都要求企业提升对信息化的重视力度，因此像纺织服装、食品行业企业对 ERP 等关键应用的建设投入增长明显。

总之，目前工业细分行业的信息化应用水平已经形成不同梯队，每个行业又都呈现各自不同的需求特点，因此行业差异化已经成为工业信息化中突出的特点。

2. 不同工业化水平的企业的一些比较

1）工业化高级水平所对应的"两化融合"模式

① 飞机制造企业：产品非常复杂，并与国外企业较早有合作关系，如成都飞机工业（集团）有限责任公司。

② 大型石化企业：设备全套引进、流程复杂、品种变化不大，如中国石化镇海炼化股份有限公司。

③ 大型药企：资金密集型企业，流程工业，有实力并相对容易实现信息化。例如，浙江海正药业股份有限公司，只需坐在中央控制室中轻点鼠标，全部生产参数一览无余。

④ 大型钢铁企业：资金密集型企业，设备全套引进、流程相对简单。如宝钢集团。当用户发出需求信息，信息能马上传递到宝钢股份销售部。数小时内，需求信息被自动转换成销售合同及生产合同，并根据用户提出的交货日期，向各生产单元下达生产指令。

⑤ 汽车企业：效益近年不错，管理复杂，迫切需要信息化。经过几年的建设，目前一些大型的汽车整车企业，尤其是合资企业，如一汽大众、上海大众、上海通用、长安汽车和江铃集团等，整体信息化水平都已相对较高。它们普遍

采用了 CAD、FMS、ERP 系统等。一汽大众已经建立高度柔性化制造的车间，同一个平台可以混线生产不同型号、不同颜色的汽车。

⑥ 大型烟草企业：因为是垄断和高利润行业，所以可以采购最先进的硬件和软件。例如，杭州卷烟厂资产总额达到 46 亿元，生产线达到国际先进水平，整个生产过程实现自动化和数字化，产品研发和生产管理也都实现信息化。

2) 工业化中级水平所对应的"两化融合"模式

① 机床企业：产品和过程复杂、产业链长、协作度高，特别需要信息化的支持。其特点是：CAX、ERP、CRM、SRM、BI、EC、OA 应用较早；CAX 的应用效果明显好于 ERP，但 CAE 的应用较薄弱；生产过程的信息化水平相对较低；企业间的信息化水平参差不齐，大型企业信息化建设正在进入深化阶段，中小企业信息化应用仍处于较低水平。

② 家电企业：信息化水平参差不齐。如行业信息化标杆企业奥克斯集团，其信息化建设累计投资超过 1.2 亿元，已经完成了规划中 ERP、OA、PLM 的所有内容以及 CRM、SCM 的大部分内容。

③ 汽车零部件企业：企业间的差别很大。效益好的、产品比较复杂的企业在设计信息化方面进展很快，CAX 系统应用普遍，并且有一定深度；部分企业已经应用 ERP 系统，更多的是还在逐渐推广应用中；MES 也在开始推广应用。

④ 工程机械企业：近年发展较快，效益较好。企业普遍全面实施信息化，已经取得明显效果，如三一重工、徐工、柳工等。

3) 工业化初级水平所对应的"两化融合"模式

主要是一些中小企业，其信息化水平较低，主要集中在财务管理、销售管理、采购管理等方面。原因主要是：产品和管理比较简单，信息化作用不大；产品比较简单、管理比较复杂，信息化代价大，人工管理比较合算。

① 服装中小企业：占服装行业企业总数的 95% 以上。其流程复杂，主要依靠人的经验管理，企业门槛和利润都较低。

② 食品小企业：流程简单，工作环境差。

③ 标准件中小生产企业：采用自动化、半自动化机械，产品单一，流程简单，不需要进行设计。

3. 七个重点行业的"两化融合"发展水平评估[9]

工业和信息化部对首批钢铁、化肥、重型机械、轿车、造纸、棉纺织、肉制品加工等七个重点行业的信息化与工业化融合发展水平评估报告显示，我国企业"两化融合"整体上仍处于以局部应用为主的阶段，不同行业融合水平差异较大。

评估报告显示，24.5％的评估企业"两化融合"还处于起步阶段，重点关注于信息化基础设施建设。43％的评估企业处于信息化局部覆盖阶段，各单项业务应用有一定成熟度，但协同集成基本未开展。22.2％的评估企业处于集成阶段初期或向集成阶段过渡，不同程度地开展了关键业务系统间的协同集成。10.3％的评估企业处于深度创新阶段，在市场开拓创新、决策支持和综合节能减排等方面成效显著。其中，钢铁和轿车行业开展集成性应用较为普遍，重型机械和棉纺织行业总体处于由局部覆盖向集成过渡阶段，化肥、造纸和肉制品加工行业基本处于局部覆盖阶段。

3.4 中国工业信息化的经验和教训

3.4.1 信息化方法的经验和教训

表 3-1 从信息化前期和基础工作不同的角度，总结了不同的企业信息化的类型，表明绝大多数信息系统要取得成效，必须做好大量的前期和基础工作。

表 3-1 信息化前期和基础工作的关系

	工业信息化的类型	前期和基础工作	案 例
1	"立竿见影"的信息化		数显系统、电子视频会议系统、即时通信系统
2	基于模型的信息化	建立执行信息系统的模型	数控机床、PLC控制、基于物联网的信息感知、生产过程的控制
3	基于标准数据和流程的信息化	建立标准数据和流程	财务管理、库存管理
4	基于集成的信息化	集成相关的资源、数据、信息和知识	FMS、BI系统、企业信息系统集成、企业间信息系统集成
5	基于产品合理化的信息化	对相关产品进行合理化	CAD、CAPP
6	基于过程合理化的信息化	对相关过程进行合理化	工作流管理系统、ERP系统、过程优化控制系统
7	基于知识的信息化	对专业知识进行挖掘和整理	CAE系统、决策支持系统
8	基于协同的信息化	建立支持协同的企业制度和文化	车间调度管理系统、知识管理系统、PDM/PLM系统

1. "立竿见影"的信息化

一些简单易用的信息系统，很容易为企业带来比较好的应用效果。例如：

① 数显系统。曾几何时，国内制造业掀起一股数显的热潮。在各种机床上用数显装置代替过去的刻盘等，明显降低人工阅读机床参数时出现的错误，提高工作效率。

② 电子视频会议系统。减少开会出差次数，降低成本，效果明显。

③ 即时通信系统。如 QQ、MSN 等即时通信系统已经在企业广泛应用，特别是在销售部门，成本低，效果不错。

2. 基于模型的信息化

企业只要拥有这类信息化技术和系统，并建立执行信息系统的模型，就能够立刻取得比较好的效果。这类系统的特点是不涉及产品和过程的重组、数据的整理和规范以及人的利益。例如：

① 数控机床。具有复杂曲面的零件加工有难度，质量难以保证，数控铣床可以"迎刃而解"；对复杂的相似零件族，数控机床具有高度的柔性，可以低成本地完成加工任务，关键是建立加工模型。一般的模型可以利用 CAM 系统自动建立。

② PLC 控制。在产品和装备中采用 PLC 控制，能够代替人的许多工作。控制模型的建立是关键，难易程度相差较大。

③ 基于物联网的信息感知。利用物联网，可以感知企业、生产线的各种信息，以便进行监控。但所有的信息"眉毛胡子一把抓"会使数据的利用率降低，需要建立模型集成相关数据、发现有价值的信息。

④ 生产过程控制。在生产过程控制中，传感及对指标的采集等都需要通过自动化手段来进行，不但要采集数据，还需要通过数学模型去处理和分析。例如，炼钢过程控制中，采集到氧气的流量和压力、钢水的黏稠度、渣滓成分等数据后，如何调整氧枪的高度、如何控制流量才能达到出钢碳含量的要求等，这些都需要借助数学模型来演算[10]。

3. 基于标准数据和流程的信息化

对这类信息化技术和系统，只要采用标准数据和流程，就能够立刻取得比较好的效果。例如：

① 财务管理。财务管理软件可以使企业的入账、查账和分析更加方便，有助于财务控制。

② 库存管理。库存管理软件可以使企业对各种库存的检索、对账和统计分

析更加方便，有助于降低库存，保证供给。

4. 基于集成的信息化

这类信息化技术和系统需要集成相关的资源、数据、信息和知识，才能发挥应有的作用。例如：

① 柔性制造系统（FMS）。FMS 的实施，对上线毛坯尺寸、CAPP 系统、刀具管理系统、生产管理系统等的集成提出了要求。例如，北京第一机床厂在"七五"期间，花了几百万美金引进了两条 FMS，但很长时间没有得到充分利用。分析原因，主要不在于车间本身，而是相关部门与系统的配合问题。

② 商务智能（BI）系统。BI 系统需要集成各种经过整理的数据，并结合相关知识，才能进行数据的有效挖掘和分析。

③ 企业信息系统集成。例如，将 ERP 系统交由企管办或信息中心负责，控制系统由设备科或车间负责，而 CAX 则由技术科或设计科负责，标准不统一，提供厂商各异，造成信息孤岛，诸侯割据，结果很难获得综合效益。

④ 企业间信息系统集成。案例：美特斯邦威（美邦服饰）的虚拟经营。十多年来，休闲服装公司美特斯邦威没有生产过一件成衣，所有服装由国内 300 多家服装厂 OEM（代加工）生产；公司本身也不卖衣服，而是由分散全国的 2600 多家加盟店销售。正是靠这种"虚拟经营"模式，至 2008 年年底，美邦服饰以 185 亿元市值成为市值最大的国内服装企业。

服装最高附加值就是品牌。美邦服饰做好品牌经营和服装设计，使其成为虚拟链条中处于核心地位的管理型企业。

该公司投资 1 亿元打造的信息系统已正式运行，实现了对上游生产商和下游专卖店的全流程"掌控"。这套信息系统包括制造商资源管理系统、集团内部资源管理系统和代理商资源管理系统。通过该系统能够实时掌握每个专卖店进、销、存状况，还可以据此随时变更生产订单。信息系统提高了企业的快速反应能力。一个订单的处理周期原来需要 10 天，而现在只需要 2～3 天。

5. 基于产品合理化的信息化

这类信息化技术和系统需要对相关产品进行合理化，才能取得较好的效果。例如：

① CAD 系统。如果不对产品进行合理化，没有合适的产品数据检索和重用方法、流程和制度，那么 CAD 系统可能会源源不断地创造出不必要的新零件。这些新零件将产生巨大的新增成本。

② CAPP 系统。在产品合理化的基础上，建立典型零件的工艺，可以减少零件工艺的多元化，进而降低制造成本。

6. 基于过程合理化的信息化

这类信息化技术和系统需要对相关过程进行合理化，才能取得较好的效果。如果企业实施信息化前，没有进行科学系统的业务重组和过程优化，只是简单地对现行系统进行信息化，就容易使信息化难以发挥应有的效益。例如：

① 工作流管理系统。信息化导致工作流程的变化，其特点是：（a）流程简化。例如，采用了信息系统后，数据都在数据库中，并可得到各种不同层次和粒度的汇总和统计，各层部门和领导都能看到，不需要再像过去那样，层层上报和汇总数据。这样就使得流程得以简化。（b）流程并行化。因为信息透明，交流便捷，许多串联的流程可以同步并行进行，缩短了产品设计和制造周期。

② ERP 系统。ERP 系统中涉及企业的许多过程，需要进行过程合理化，使ERP 系统能够帮助企业提高竞争力，例如，将信息处理工作纳入产生这些信息的实际工作中，采取准时制造模式等。

③ 过程优化控制系统。例如，江苏沙钢集团从炼铁到炼钢采用"一包到底"的技术，使得电炉钢每吨钢冶炼电耗由改造前的 221 度下降到 167.7 度，降幅达24.12%，既减少了铁水热量消耗，又提高了效率。其中，"一包到底"工艺在铁水包运输的过程中省去了中间包和混铁炉等环节，但还需要对运输过程进行全程跟踪与调度，这就需要用物联网信息系统帮助解决。

7. 基于知识的信息化[11]

这类信息化技术和系统需要对专业知识进行挖掘和整理，才能有效利用知识，产生真正的价值。例如：

① CAE 系统。要用好 CAE 系统，还需要许多知识。例如，模具 CAE 系统，需要丰富的有关模具材料、结构等对模具成型影响方面的知识。

② 决策支持系统。没有系统的知识，决策支持系统就是一个空壳。

8. 基于协同的信息化

这类信息化技术和系统涉及信息技术、管理技术、产品和过程技术等，涉及企业上上下下各方面的人，需要所有部门级负责人甚至普通员工都能够从整体的角度来考虑问题；要多部门、多人协同使用，一个环节发生问题，就可能使系统难以正常运行；需要一定的企业文化、企业制度的支持，才能取得较好的效果。例如：

① 车间调度管理系统。车间调度管理系统涉及具体的产品、人员和设备情况，需要调度员的一些现场经验。过去这些经验都是在调度员的头脑里，别人难以代替。现在调度员所有的经验、数据都在计算机中，便于年轻人胜任这项

工作，但往往会引起老调度员的不满。

②知识管理系统。知识管理系统关键要有大量的有价值的、有序化的知识，而对知识价值的评价和有序化的工作只能依靠一线的知识型员工。如何让他们积极主动参与知识价值的评价和有序化，是一个难题。

③PDM/PLM系统。PDM/PLM系统涉及企业产品数据、信息和知识的全生命周期管理，需要与产品有关的各类员工的协同，需要保证产品的各种相关数据和模型的完整性、一致性和可追溯性。

9. 不同信息系统需要不同的实施方法

从上述分析可以看到：

①不同信息系统需要不同的实施方法，需要做好大量的前期和基础工作。

②许多信息系统只是半成品，还需要根据企业需要，进行完善。

③工业信息化不是一个单纯的技术工程，它与企业的管理体制、流程等密切相关，与业务过程高度相关。

④企业的信息化水平是与其工业化程度密切相关的。

3.4.2　信息化实施中的经验和教训

1. 信息化实施对企业领导的要求

1）领导出面排除信息化实施阻力

信息化实施中的阻力包括[2]：

①因权利削弱而产生的阻力。工业信息化不是一个单纯的技术工程，它与企业的管理体制、流程等密切相关，与业务过程高度相关。其中，人的因素起了决定性作用。在信息化实施中，工作流程的变化导致组织结构的变化，许多中间层部门的权力被削弱了，有的人甚至被剥夺了权力，这无异会引起很大的阻力。

②因信息透明而产生的阻力。信息化使过去的黑箱操作阳光化，这将使某些人无法继续"浑水摸鱼"，因而会引起这些人的反对。需要领导亲自出面对来自企业内部的人为干扰进行坚决的排除。

③因不习惯而产生的阻力。大家不习惯新的系统，有着本能的抵触心理。需要企业领导进行动员，强力推行。

案例：从1998年起，华为公司与IBM等公司展开了深入合作，引入业界先进的管理理论和方法，从业务流程、组织结构、品质控制、人力资源、财务管理、客户满意六个方面进行管理变革[12]。

为了防止管理变革过程中走形变样，华为提出要"削足适履"，坚持"先僵化，后优化，再固化"的原则，即不要让先进的国际规范适应华为特色，而要让华为遵循先进的国际规范。

2）对信息化实施中额外的工作给予激励

在系统实施中，企业实施人员的工作量急剧增加，往往白天需要完成日常工作，晚上需要加班实施新系统，新老两套系统并行运行，如果不对此给予及时的激励，就容易在系统实施的关键时刻，功亏一篑。

3）从企业领导角度规划信息系统

在实现"数据→信息（领导需要的）→决策→企业能力"转换中，企业领导要认真提出自己的需求，例如，需要对哪些数据进行分析，得到哪些结果，以便信息系统去采集和生成。

2. 信息化实施中对实施企业的要求

1）要有适合企业战略、需求和能力的信息化规划[①]

一般的原则是：有限目标、滚动规划、先易后难、分阶段实施、逐步推进。其目的是使实施企业有一个适应过程，逐渐树立信心，积累经验，取得效益，并能显著减少实施风险。

① 系统实施要随着员工信息技术使用水平的提高而提高，不要盲目地求新求大；在关键阶段解决关键问题，然后一步一步往前推进。这种"小步快跑"的方法能使企业在信息化过程中，不断取得效益，使信息化更容易得到领导的支持和大家的认可，使信息化的阻力大为减少。

② 在系统配置方面，不要贪多贪全。这是因为：（a）实施力量受限。即便软件商将软件都提供给了企业，全面实施，一步到位，实施企业有可能派不出适当人员参与，影响系统实施周期。（b）应用能力受限。即便全面实施了系统，企业也不一定都能全部利用起来。（c）消化能力受限。面对如此复杂的信息系统，企业有可能无法适应。过多的功能和模块会带来不必要的复杂性和风险。

③ 实施企业要理性地控制需求，制订清晰的目标，应该考虑的是在较高性价比基础上得到一个最需要的信息系统，用以解决最核心的问题。这样，有利于快速成功应用，然后再扩展到其他方面。

④ 从系统的总体效益出发，从全局的观点来设计或规划系统，保证系统内

---

① 吴勇毅，《规避 IT 系统的负面影响》，计算机世界网，2009 年 2 月 23 日。

部数据和信息的完整性与一致性；注意系统内各局部或子系统间的有机联系和信息交流；防止信息的重复存储和重复处理。采用自顶向下逐层分解，逐步求精的方法；统一规划数据，统一规划处理，统一规划设施（包括计算机硬件和网络设备等）；必须对企业信息化的阶段划分、时间限制、资源配置和考核指标等具体事项做出明确可行的组织安排；保证系统的运行效率和信息的有效性。

2）信息化要有成本意识[13]

信息化投资巨大，并且像个无底洞，令企业领导害怕。其原因是：

① 供应商已经很善于不断推出具有新特色和新功能的硬件和软件，促使企业更频繁地购买新计算机、应用软件和网络设备。

② 一些信息系统后继的服务费用十分惊人，服务费用动辄几千元/人日。

③ 硬件和软件生命周期短，几年就要更换。

④ 随着企业组织和流程的变动，巨大的软件投资可能一文不值。

所以需要注意控制信息化的成本和风险。具体方法如下：

① 信息化成本和人工成本的权衡。应用信息化时一定要核算信息系统代替人所创造的价值。在许多情况下，人工成本会大大低于信息化的成本。在这种情况下，企业最好利用人工，而将信息系统作为管理支持系统和执行监控系统。

② 对信息系统投资的预期回报进行更严格的评估。例如，企业成本精细化管理本身需要成本，应分析这些成本是否会超过精细化管理实施后所节约的成本。如果是的话，就可以不开展成本的精细化管理，因为这样做得不偿失。

③ 从整体角度分析信息化的成本和产出。局部系统可能成本高于产出，但许多个局部系统连成网络，组织成一个更大的系统时，可能获得较大的效益，使产出远大于所有局部系统的成本之和。所以分析成本要从全局考虑。

④ 更多关注风险而不是机会。企业中 IT 应用越深入和普及，对 IT 系统越依赖，则 IT 所带来的风险就越大。对这些风险要提早防范，要有对付这些风险的预案。

节约信息化成本的具体措施是：

① 利用 SaaS 模式，减少 IT 成本。

② 对于外包和其他的合作方式抱着更开放的心态。

③ 杜绝浪费，节约成本。

④ 对于一个具体的信息化项目，尽可能不要打持久战。例如，一些 ERP 系统实施拖延太久，容易使员工对项目实施失去热情。

3）选择合适的软件供应商

如果应用企业缺乏对软件供应商的评估和管理能力，最终就有可能难以实现期望的系统功能，造成投资的浪费。

所以选择软件供应商时，需要进行如下比较：

① 软件产品的功能，即：产品是否能满足企业管理的需求？满足到什么程度？对于部分个性化需求，是否有针对性的解决方案？

② 软件产品的成熟程度。可以考察公司的发展历史、拥有的客户数量，在可能的情况下测试供应商提供的演示版。最好到供应商以前客户的工作现场实地考察一下，了解其实施的背景、基础、过程、遇到的问题以及目前的运行状况、适用性及稳定性等情况。应该特别注意比较：（a）软件的适用情况：哪家软件供应商在相似企业有成功案例，成功应用的企业的相似度越高越好。（b）软件的成功应用情况：哪家软件供应商在相似企业有更多的成功案例。

③ 产品的可扩展性。软件的扩展性体现在三个方面：（a）灵活、完整的解决方案。企业可以根据自己的需要分阶段、循序渐进地选择从简单到复杂的信息系统。（b）集成化的企业级综合解决方案。在采用现有解决方案的基础上，企业可很容易扩展到其他系统的综合应用，并且所有这些解决方案都是无缝集成的。（c）二次开发平台。在项目实施和运行的过程中，可随时把自己的各种独特应用增加到系统中去，使用简便、易维护，并且没有系统升级等的后顾之忧，能否提供稳定可靠的二次开发能力是信息化项目成功与否的关键因素之一。

④系统的可操作性。如视窗操作、图形化的界面与桌面主要应用系统的集成（如 Office 套件、Outlook/Exchange 等邮件系统的集成等），方便的界面和菜单设计功能，工作流的操作界面等，使操作简单、直观、易学。

4）选择合适的咨询公司

因为工业信息化不是单纯的软件系统实施问题，需要进行产品、组织和过程的重组优化，因此越来越多的企业在实施信息化的时候要选择咨询公司进行企业诊断和信息化实施指导。在选择咨询公司时，需要注意以下几个方面：

① 咨询人员的素质和专业水平比咨询公司更重要。有的咨询公司争取项目时派出的人往往水平很高，但项目到手，就派一些没有经验的人来对付。这种情况比比皆是。需要与咨询公司落实，保证有经验的人有足够的时间到场指导。

② 原厂咨询比非原厂咨询对软件更熟悉，不仅软件的功能可以充分挖掘，而且有更强的软件二次开发能力。

5）准确估计自行开发能力

有的企业有一支信息化队伍，喜欢自行开发和实施信息系统。其优点是：（a）对企业的产品和业务流程熟悉，知识转移要求不高；（b）系统维护能力强；

（c）自己开发的系统有感情，比较熟悉，容易成功。其缺点是：（a）系统性能的稳定性相对要差些；（b）对一些软件开发人员的依赖性较强，人员变动可能会导致系统维护困难；（c）有时会高估自行开发能力，造成系统实施时间过长、投资过高。

6）消除因对信息化环境不适应所产生的消极影响[2]

实施信息化必然导致从以纸为主的办公方式到基本无纸的办公方式的转变。在以纸作为载体办公时，人们通过手工对业务资料进行处理，所有数据都记录在纸上，比较直观。但在信息化环境中工作，人们面对的是一个又一个的屏幕，机械地往里边录入数据，对其内在的工作机理毫无了解。面对从以纸为主到基本无纸的转变，人们会有许多不适应的感觉：

① 不放心。数据输到系统去以后总担心数据会丢失，就像是把一份重要的资料交给了一个陌生人。

② 修改难。有些手工很容易做的修改，在系统里面改起来很麻烦。因此，觉得系统不方便、很死板，在手工工作时无关紧要的小错误在系统中绝对不能犯，稍有不慎系统就会"找麻烦"。

③ 难理解。一个部门的数据错误可能影响其他部门，一时的数据错误可能影响到很久以后的工作，初次接触系统的人较难理解这种因果关系，因而觉得信息系统莫名其妙。

④ 不会用。对系统所提供的数据处理可能性认识不足，不知道怎样利用系统进行数据查询、汇总和分析。因此在他们看来，放弃纸张、使用屏幕是没有回报的投入。

我国企业员工的文化和计算机水平大多比较低，很多员工从来没有摸过计算机。因此，要选择最容易见效、难度最低的子系统首先实施，例如，采购管理、销售管理、财务管理等系统。需求驱动，分步实施，坚持不懈。

国内企业的大部分员工对于集成的管理软件完全陌生。这种陌生感可能导致企业员工对管理信息系统的抵制。

因此，如何激起员工对向信息化过渡的愿望，如何预防和尽快消除因对信息化环境不适应所产生的消极影响，是信息化实施中所必须解决的问题。

7）信息化过程和文档规范化

由于参与信息化各阶段开发人员的成分和工作性质不同，文档成了他们之间沟通的桥梁，成为协调各阶段工作的重要根据。过程和文档规范化可以保证各阶段工作的衔接文档是阶段工作成果，是上一阶段到下一阶段工作的依据。为了保证对内容的正确理解，要求过程和文档采用规范、标准、确定的格式和术语，采用规范的图形和图表。

8）信息化需要大量基础数据的准备

企业上了新信息系统，并不等于万事大吉。需要不断输入准确的数据，完成规定的操作。如果数据输入不准确、不及时、不完整，系统也将变得毫无用处。许多企业愿意花费大量资金购进或开发各种管理软件，但是当需要各种数据时总是残缺不全。

9）加强对信息系统运行的监控和维护

在信息系统实施中，有一种观点：系统上线即表示成功。其实信息系统实施过程中的"上线"，只不过是走向成功的一个起点。只是为信息系统的实施成功奠定了一个基础，需要加强对信息系统运行的监控和维护：

① 要有制度保证系统的正常运行，并将这些制度在信息系统中"落地"。例如，规定什么数据必须在什么时间前输入完毕，什么表格应该在什么时间前建立完毕。如果不完成的话，信息系统就自动对有关责任人提出警告或惩罚。

② 要有专人监督信息系统的运行，及时备份数据，防止黑客、病毒的危害，防止内部泄密；避免使用不当造成的损失；防止因内部因素而造成的信息、数据的修改和丢失；防止因外部因素造成信息、数据的泄露和篡改。

③ 要不断总结经验，提高系统运行效率。有一些企业的信息系统不注意运行维护，功能越用越少，数据越来越不及时、准确，最后导致系统瘫痪。

④ 企业自己要在系统使用过程中进行持续的改进和优化，否则信息化的效益就难以持久。

3. 信息化实施对软件供应商和咨询人员的需求[2]

1）要深刻理解企业的业务流程

工业信息系统不是一个单纯的买来装上就能用的软件。如果软件供应商或开发人员没有全面了解企业的业务过程和操作要求，就容易导致信息系统运作效率的降低，引起用户的不满。

2）加强培训，从"扫盲"开始

"信息化盲"是工业信息化中最大的风险。信息化实施中，软件供应商与企业实施人员的知识"差距"较大，知识转移困难，培训不足或不到位，系统功能没有真正被利用起来。例如，许多 ERP 系统实施人员发现：第一次上 ERP 系统的企业与 ERP 系统实施失败过的企业相比较，后者再次实施 ERP 系统成功的概率要大于前者。其原因在于：前者没有经历过 ERP 系统，可能存在较多的"ERP 盲"；后者经历过 ERP 系统，尽管失败了，但企业人员知道什么是 ERP，知道失败的原因，知道实施 ERP 的难度。

要想提高信息化的成功率，还得从"扫盲"开始，加强培训非常重要。通过信息化失败经历"扫盲"，代价太大。

3）提高知识转移的能力

信息化是一个深层次的管理、组织、变革过程。要想使信息技术成功地与本企业的文化、管理和组织结构相结合，关键在于实施方和用户方的隐性知识能否达到充分沟通和互动，并在双方的交流过程中形成有效的知识诱发和协同共创机制。

在信息化推进过程中，隐性知识的转移是最为复杂和困难的。实施方与用户方之间的交流和沟通，决定了信息化的成败。

从实施方来看，隐性知识主要体现在以下几个方面：

① 实施过程中的方法论、模板和技术诀窍；

② 软件所包含的管理理念、管理流程和行业经验。

从用户方来看，隐性知识主要体现在以下几个方面：

① 企业已有的文化、管理体制和业务流程；

② 企业的变革适宜度和灵敏度；

③ 企业员工对本企业流程的认识程度；

④ 企业对信息化的需求程度。

信息化知识转移成果的标志是：用户方具有掌控和顺利运行信息化软件系统的能力，对企业变化有足够的适应能力。

4）要"授人以渔"

在知识转移中，更要"授人以渔"。例如，在实施 ERP 中，仅仅讲解 ERP 概念与原理是不够的，还有一个重要内容就是帮助企业提高自我诊断管理问题的能力，包括：企业战略与信息化战略的确定、业务流程描述、企业诊断方法、需求分析方法、投资效益分析方法、确立目标与选择系统的方法等。

5）软件系统要真正反映行业的特点

对 ERP、PDM/PLM 这些信息系统要进行行业细分，如机械、电子、服装、建筑、化工等。否则，为了适应企业需求，系统就要作较大修改，这容易导致项目延期、成本上升、系统不稳定。

开发应用软件中，必须促进两类专家（第一流的工业信息化应用软件开发专家和第一流的工程技术专家）的合作和融合。

6）要有快速重构信息系统的能力

即使同一行业，不同企业的产品不同、过程不同、管理方法不同，这也会对系统提出较多的二次开发的任务。二次开发的模块往往不成熟，问题较多。

另一方面，企业的需求会随着时间发生变化，市场环境变了，企业规模变了，其管理模式、组织机构、业务过程都要随之改变。这必然要求企业管理软件也随之变化。

如果信息系统具有快速重构的能力，那么系统二次开发的工作量就小很多，系统的质量容易得到保证，系统的维护也比较容易。

目前，许多信息系统具有模块快速配置、参数化的流程和表格设计功能，使信息系统具有较宽的空间和时间的适应能力，但还是有一定的局限性。

7）以应用企业为主体实施信息化

信息化必须以应用企业为主体，以应用为目标，而不应由软件供应商和咨询公司所主导。应该由应用企业自己提出信息化建设规划，理智地选择信息技术，为企业的管理和发展服务。而不应由 IT 企业越俎代庖。Standish 集团在 1995 年调查了美国 8000 个软件实施项目，得出的　个重要结论是——用户参与程度是软件开发过程中最重要的成功因素[14]。

8）系统要尽可能简单、方便、实用

例如，阿里软件提供的在线租用软件就非常简单、方便、实用，因此很快就有几十万家用户。

据统计，目前国内成功实施信息化项目的企业仅为 40%，而纵观实施失败的企业中，40% 是由于产品功能不够强大；20% 是由于采用技术架构不好；18% 由于软件供应商后续服务停滞造成；12% 是由于自身管理等内部因素造成的①。

9）要在"两化融合"上下工夫

要在融合上下工夫，即用融合的思维模式进行信息系统的研发工作，不能仅从信息化或者传统工业的眼光看待信息化与工业化的融合②。

---

① 吴勇毅，《规避 IT 系统的负面影响》，计算机世界网，2009 年 2 月 23 日。

② 杨学山，《在部分省市促进工业产品研发设计信息化经验交流会上的讲话》，上海，2009 年 1 月 12~13 日。

3.4.3　信息化作用的认识误区

对信息化作用的认识存在两种误区：一种是信息化万能论，另一种是信息化无用论，如表 3-2 所示。下面作进一步的分析和讨论。

表 3-2　信息化作用的认识误区及正确的认识

	认识误区	正确的认识
对信息化万能论的认识误区的分析	信息化的目的是建立信息系统	信息化是手段而不是目的，目的是提高企业的竞争能力
	信息技术是万能的	信息技术不是万能的
	信息系统有很强的信息处理能力，能够变废为宝	对计算机而言，如果进去的是垃圾，处理出来的也是垃圾
	有一款好的信息系统，就能创造出竞争优势	信息系统不会直接为任何企业提供独特的竞争力，企业需要利用信息技术再创新
	管理信息系统的实施主要是技术问题	管理信息系统的实施是"三分技术，七分管理"
	信息化是带动新型工业化的充要条件	信息化是带动新型工业化的必要条件但非充分条件
	信息化没有风险	信息化是机遇和风险并存
对信息化无用论的认识误区的分析	信息化不能雪中送炭，只能是锦上添花	信息化也能雪中送炭
	信息化可有可无	信息化越来越离不开
	不懂信息化，企业也能现代化	在信息时代，企业要现代化，就需要信息化
	信息化是企业的陷阱	信息化成功案例比比皆是，向信息化标杆企业学习，同时要重视信息化的研究和实施，注意防范和降低风险

1. 对信息化万能论的认识误区的分析

信息化万能论过高估计信息化的作用，以为上了信息系统，就能解决企业的所有问题。这方面的一些认识误区及正确的观点总结如下：

1）认识误区：信息化的目的是建立信息系统

正确的认识：信息技术充其量不过是一种工具和手段，而信息化的真正目的在于提高企业的竞争能力。不能为了信息化而信息化，不能搞"花架子"，不能盲目追潮流。要从企业的实际出发，量力而行，选择最适宜的信息系统。

2）认识误区：信息技术是万能的

正确的认识：信息技术的巨大潜力来自于计算机的核心功能，其应用的局限也来自于计算机的核心功能。计算机的局限来自程序的描述能力，其只能胜任通过程序能交代得十分清楚的任务，计算机能力的边界就是程序描述能力的范围。人类太多的智慧与感悟往往只能意会不能言传，计算机能够存储与执行的智慧只是人类智慧中的一小部分，只是形式逻辑推理语言能表述的那一部分，计算机尚无法实现人类的全部智慧[1]。

3）认识误区：信息系统有很强的信息处理能力，能够变废为宝

正确的认识：输入的是错误的或不准确的数据，计算机处理后得到的信息也必定是错误的或不准确的。计算机不会变废为宝。

4）认识误区：有一款好的信息系统，就能创造出竞争优势

正确的认识：随着信息技术的普及，应用软件到处可以买到，它不再为任何企业直接提供独特的竞争力。企业需要利用信息技术，进行再创新，建立自己独特的商业模式、流程和产品，才能使自己具有持续竞争优势。

5）认识误区：管理信息系统的实施主要是技术问题

正确的认识：对于管理信息系统而言，信息技术不是最主要的，关键是管理信息系统实施和运行中的管理是否到位。

6）认识误区：信息化是带动新型工业化的充要条件

正确的认识：对于新型工业化而言，没有信息化是不行的，但仅有信息化也是不够的。

7）认识误区：信息化没有风险

正确的认识：信息化在给企业带来机遇的同时，也存在一定的风险：

① 受制于人的风险。现在许多正版软件都需要联网认证后才能使用。显然，依赖这些软件的设计、管理等活动有可能因为断网、不予认证而无法进行。

② 信息集中的风险。伴随着企业信息集成度提高，系统接入互联网后，信息安全问题将变得十分突出，硬件故障、软件故障、网络故障、黑客、病毒、

---

[1]　胡小明，《以知识化为灵魂的信息化》，CIO 时代网，2007 年 3 月 8 日。

机密信息窃取、网页仿冒等都可能对企业信息系统造成很大的破坏，进而直接
影响企业生产和服务的能力，影响企业的声誉。

③ 控制复杂的风险。计算机控制系统实现越来越多、越来越复杂的控制功
能，使得操作工变成计算机系统的辅助，如果系统出现重大问题，可能导致
事故。

④ 系统开放的风险。企业内大型的开放信息系统为工作带来了方便，提高
了效率，但是企业的数据、信息和知识的保护变得更加困难。

2. 对信息化无用论的认识误区的分析

在信息化初期，许多人对信息化寄托了无限美好的希望，但实际进展并非
如此。随着信息化泡沫的破灭（例如，21 世纪初的网络泡沫的破灭），另一种片
面的观点甚嚣尘上，即信息化无用论，例如：

1）认识误区：信息化不能雪中送炭，只能是锦上添花

正确的认识：其实信息化雪中送炭的例子比比皆是。例如，有的企业没有
订单，处境艰难。后来通过阿里巴巴上网宣传产品，找到客户，马上拿到了国
外的订单。又如，我国一些飞机制造企业在为国外飞机制造企业承包部件加工
任务时必须采用相同的 CAD 系统和 PDM 系统，以便进行信息交流。

2）认识误区：信息化可有可无

在许多企业，信息化部门和人员被边缘化了，被企业领导视为"成本中
心"，可有可无。

正确的认识：其实不然。例如，广州一家民营配送企业凭借其独有的信息
系统，可以通过网站全面监控货物的发运情况，从提货发运、接车验收、入库
出库、到配送签收的全部作业流程，在投标中胜出，因为只有他们才能够达到
用户要求的门户管理、上下游产业链管理等指标。

3）认识误区：不懂信息化，企业也能现代化

有人认为：很多民营企业经营者本身没有很高的学历，也不太懂信息系统，
但是他们经营决策很果断，有些取得了很大成就。而一些大型企业拥有很现代
化的信息系统，也没有产生相应的效益。这是事实，但不能就此而否定信息化。

正确的认识是：

① 信息系统不能代替人的所有工作，特别是决策和创新。但信息系统可以
辅助决策者防范风险，理性决策。

② 企业成功与否，取决于许多因素。信息系统不是唯一的因素。

③ 在信息社会，如果不能充分利用信息系统所搜集和分析的信息，仅凭直觉处理问题，所做的决策最终难免要出问题。

④ 在许多场合，使用信息系统和不使用信息系统，存在较大差别。例如，信息系统的实施可以真实地提高过程的控制品质和装置的生产效率。

4）认识误区：信息化是企业的陷阱

正确的认识：信息化项目的高失败率是一个事实，但信息化成功案例比比皆是。工业化国家的跨国公司、龙头企业早就实现了较高水平的信息化。我们应该向信息化标杆企业学习，同时要重视信息化的研究和实施，不能简单地把信息化看做只是买一些软件来使用的过程，要作为一项关系企业各方利益、行为习惯、文化制度，涉及大量工作量的系统工程来对待，要特别注意防范和降低风险。

3.4.4　信息化和合理化关系处理方面的经验与教训

1. 先合理化，后信息化的演化模式[2]

图 3-17 是先合理化、后信息化的演化模式。

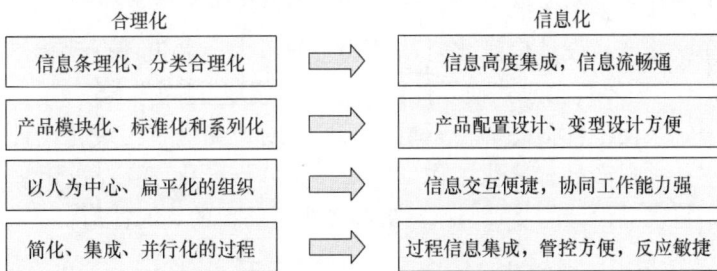

图 3-17　先合理化，后信息化的演化模式

图 3-18 描述了企业合理化和信息化全面优化的方向。

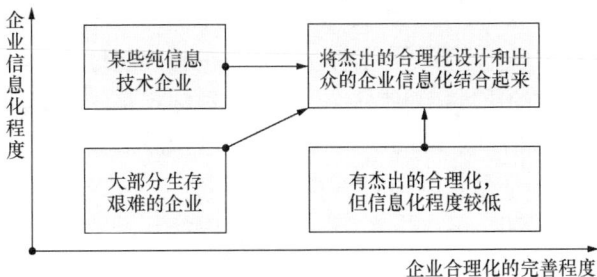

图 3-18　企业合理化和信息化全面优化的方向

2. 先组织流程优化，后管理信息化

"先组织流程优化，后管理信息化"并不是要求企业的组织和流程适应软件产品。企业管理信息化应用软件目前正在从"以软件产品为中心"向"以软件用户为中心"的方向发展，也就是说，应该是软件产品适应企业而不是企业的组织和流程适应软件产品。例如，过去软件商在推销管理软件产品时，通常以软件产品为中心，要求企业进行组织和流程重组，以适合软件产品。每个企业的内外环境不同、产品、组织和流程不同，用同一种管理软件是难以满足不同用户需求的。

所以，企业管理信息化需要与杰出的企业组织和流程重组结合起来，才能取得好的效益。

3. 产品设计合理化和产品设计信息化的集成

产品设计合理化是指产品"三化"，即模块化、标准化和系列化。

CAD 系统的应用，使得产品设计效率大幅度提高，但是，如果不强调产品设计合理化，例如，有的企业根据设计人员设计图纸的工作量进行考核，那么设计人员就会源源不断地设计出"新的图纸"，而不是尽可能借用以前的设计图纸的信息。结果是，每增加一个新的零件，就会增加新的工装，使管理更加复杂，使工人增加许多工作量。

所以在实施产品设计信息化时，必须充分考虑产品设计合理化。例如，通过 PDM 系统共享零件信息，使零件信息可以方便地重用；对零件信息进行准确和方便的编码，使零件信息的搜索更加容易；对产品进行模块化设计，提高零部件重用率；加强产品标准化工作，提高产品的标准化率；对重用零件的行为给予奖励；将产品设计的奖励与产品最终销售后获得的利润挂钩。

图 3-19 描述了产品设计合理化与产品信息化技术的关系。

未来，标准件和通用件将越来越多，并面向更多的企业，标准的更新速度也将越来越快，并且标准制订需要最懂技术的人参加。因此，可以采用 Web 2.0 技术支持标准件和通用件的制定。其思想类似维基（Wiki）百科的建立模式。维基百科本质上也是一种标准。让广大技术人员通过网络参与标准件和通用件的标准制订和更新，这样可以显著降低标准件和通用件的标准制订成本，缩短制订时间，提高标准件和通用件的质量，并使标准件和通用件深入人心，容易推广。

另一方面，企业信息系统的应用将大大促进产品设计合理化；产品设计合理化则显著提高企业信息系统的应用效果，提高产品设计的质量。无论是早期的成组设计、成组工艺、成组生产，还是企业内部开展的标准化工作，由于受计算机应用基础的限制，所取得的实际效果十分有限。

例如，在企业信息化中，同一零件可能有好几份不同的工艺文件，如果将

标准化形式：产品主结构/主模型和主文档+事物特性表

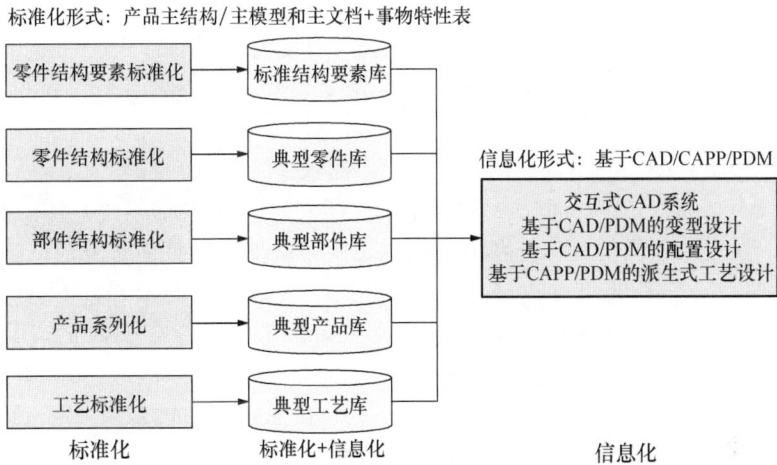

图 3-19　产品设计合理化与产品信息化技术的关系

其都存到计算机中，显然是不行的。必须从中选出一份最好的工艺文件存在计算机中，并要有一个合适的编码，使今后采用计算机编制工艺的人能很快找到该零件的工艺文件。

进一步，如果一批不同零件只是在结构上有些不同，如果针对这些零件分别独立编制工艺文件，可能其工艺路线会有很大的不同。如果针对这些零件（构成了零件族）建立典型工艺文件，然后由典型工艺派生出各个不同零件的工艺文件，则其工艺路线会很相似，就可以归类加工，形成较大的成组批量，从而提高生产效率。由此可见，产品设计合理化可以给信息化带来如下好处：

① 使产品设计信息的搜索容易有效，能帮助快速搜索相关的信息，可以充分重用以往的设计资源和制造资源；

② 降低信息化的复杂度，大幅度减少信息存贮量，简化大量的计算工作量；

③ 使信息系统的集成更加容易，可以实现基于产品设计合理化的各种与产品有关的信息系统的集成。

3.4.5　企业信息化的效益分析

企业是讲效益的。如何提高企业信息化的效益，是企业领导最关心的事情。

工业化直接创造社会财富，信息化除了促进信息产业、第三产业的发展外，更主要的是通过促进工业现代化而间接创造社会财富。

1. 信息化效益分析中的两种不同观点

目前对于信息化的效益有两种不同的观点：

（1）信息化水平高的企业的平均利润要高些

例如，斯坦福大学和 Accenture 咨询公司对食品和消费品工业中的 100 家制造商和 100 家零售商做了一项联合调查，结果表明，取得高于平均利润的公司均为那些达到更高信息共享水平的公司。

（2）经济回报高的企业的信息技术支出比较少[13]

2002 年，Alinean 咨询公司对比了美国 7500 家大公司的信息技术支出和财务状况，发现绩效最优者却处在最吝啬者之中。例如，经济回报最高的 25 家公司，平均只花费 0.8％ 的收入在信息技术上，然而一般的公司却花了 3.7％。Forrester 的一项研究同样表明，在信息技术支出方面最大手大脚的公司很少取得最优的结果。

上述观点不同的原因是比较对象的不同：信息技术方面投资不等同于信息化水平。信息化没有钱不行，但信息化不是仅靠钱堆出来的。

2. 企业经济效益评价

企业效益有显性的，也有隐性的。

1）直接经济效益

直接经济效益，又称有形经济效益，是指可以定量计算出的那一部分经济效益，一般产生在企业的事务处理活动或者一线的业务处理活动方面。最常见、最直接的效益表现在信息技术的应用使传统工作方式得到改变，因而可以直接带来工作效率的提高。效益评估的方法主要是：对信息化前后的效益进行比较，扣除因其他原因影响的效益，如市场的突变、投资新的生产线、增加许多新员工等，如图 3-20 所示。

2）间接经济效益

间接经济效益是指不能加以定量计算的那一部分经济效益，故又称无形效益、隐性效益。它主要是指提高管理水平、管理效率以及企业信息化建设所引起企业管理上的一系列变革等，如图 3-21 所示。

3. 信息化成本分析

企业信息化的投入对于企业而言都是一笔不小的开支。据统计，国外企业的信息化投入已经达到其年销售额的 4％～5％。国内企业目前投入比例虽然不到年销售额的 1％，但随着信息化的普及，企业的投入必将逐渐增加，但这也会

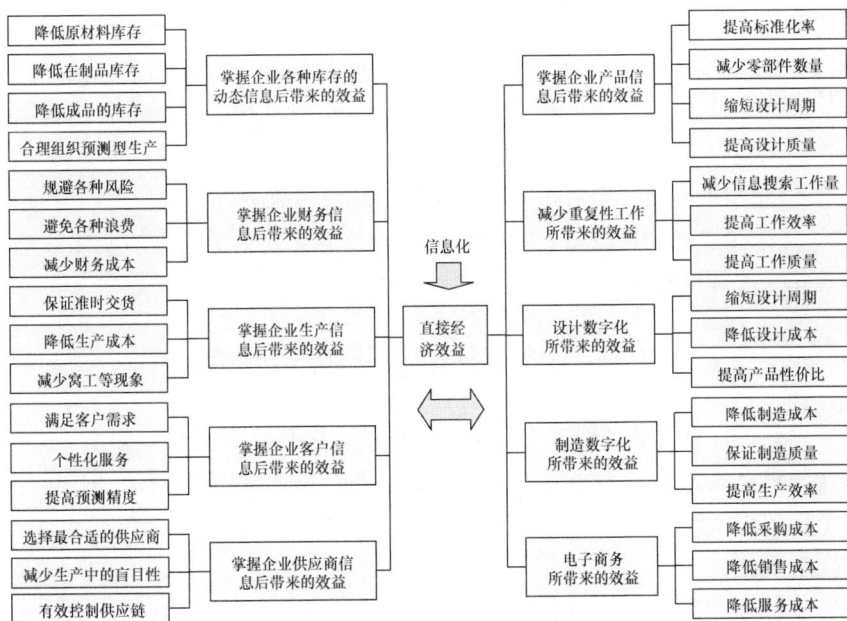

图 3-20　信息化直接经济效益的分类

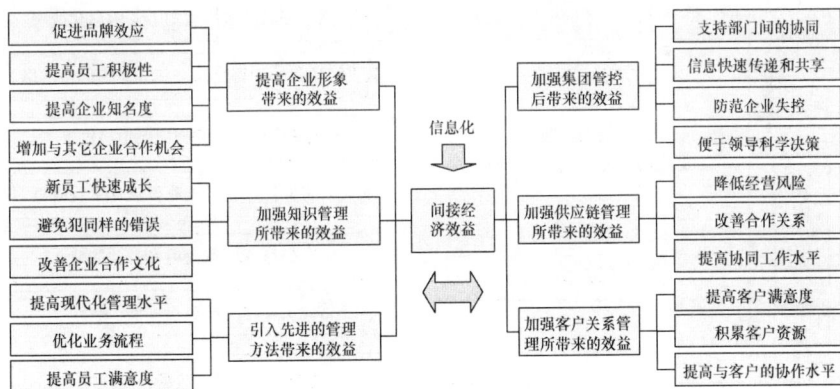

图 3-21　信息化间接经济效益的分类

超出国内多数企业的心理预期①。

　　企业信息化的成本主要包括②：

　　① 信息化实施所需的软件费用、硬件网络费用、培训费以及咨询实施费用等。

　　② 信息化实施期间所增加的人力、加班费用以及对正常业务工作的干扰造

① 　熊涛，《正确认识企业信息化效益评估》，e-works 制造业信息化门户网站，2003 年 7 月 3 日。

② 　管政，企业信息系统建设的价值评估模型，e-works 制造业信息化门户网站，2006 年 6 月 8 日。

成的损失等。

③ 流程成本。部署信息系统的企业需要对现有的工作流进行再造。

④ 系统运行成本，诸如集成和测试费用、运行费用、管理费用、数据分析成本、数据转换成本等。

⑤ 信息系统实施完毕后，系统的维护、升级的成本。

⑥ 如果企业的发展战略、组织结构、业务流程发生了较大的变化，整个信息系统相应的调整成本。

3.5　中国工业信息化的发展战略

中国工业信息化的战略首先要服从中国工业化的发展需求和战略。

我国已经制定了 21 世纪的近中期发展战略。近期发展战略是：21 世纪前 20 年，全面建设小康社会，基本实现工业化；中期发展战略是：到 21 世纪中叶，基本实现现代化。

图 3-22 为我国工业信息化的发展战略的主要内容。

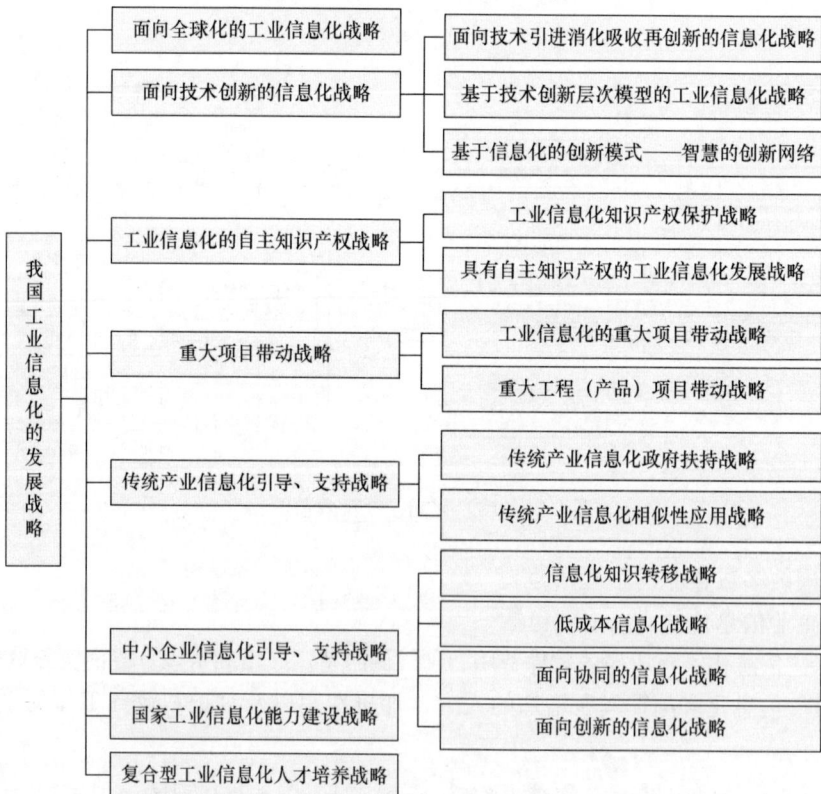

图 3-22　我国工业信息化的发展战略的主要内容

3.5.1　面向全球化的工业信息化战略

1. 面向全球化的工业化发展需求

信息化的方向必须与工业化的方向一致，信息化才能与工业化深度融合。

全球化是当前工业化的主要方向之一，对外开放是我国的基本国策。因此，全球化的内涵、特点是确定工业信息化战略必须首先考虑的。

在经济全球化的格局下，工业企业要实现合作、采购、制造、市场、产品的全球化，甚至人才、融资的全球化。面向全球化的工业化发展需求主要是：

(1) 用户和市场全球化

由于我国资源（包括劳动力、土地等）廉价、环保法规宽松，再加上中国人勤劳聪敏、产业链完整，我国许多低端产品在国际市场上很有竞争力。由于改革开放以来，国内投资较快增长，以及国际全球化分工带来的外国直接投资的快速增长，我国的生产能力和产品出口能力大大增强，我国的产品遍布全世界，许多产品在国际市场的份额超过 50%，但多数是低端产品。

(2) 产品价值链全球化

产品价值链包括产品研发、设计、制造、装配、运输、销售、服务等环节。发达国家出于效率和成本的考虑，已不再一味追求完整地占领一个产品价值链，而是根据自身的综合实力和比较优势，尽力抢占产品价值链中的高技术和高附加值环节，同时把劳动密集和低附加值的制造环节转移到其他国家，从而使我国形成了新的国际贸易分工体系。在产品价值链的全球化中，劳动密集和低附加值的制造环节大量转移到我国，从而使我国成为所谓的"制造大国"。而发达国家通过掌控产品价值链的两头，赚取高额利润。

(3) 企业全球化

我国越来越多的企业通过兼并、海外建厂等方式走向全球。我国企业全球化的原因主要是：

① 获得国外企业的品牌和技术的需要。例如，2004 年 12 月 8 日联想集团收购 IBM PC 事业部；2010 年 3 月 28 日吉利并购沃尔沃。

② 减少制造成本的需要。例如，目前到越南、柬埔寨等地投资建厂的我国纺织服装企业已近千家，到孟加拉国投资的也有百余家[①]。

③ 获得先进技术和接近市场的需要。例如，我国有的家电企业、服装企业将自己的研发中心、营销中心、公司总部等向发达国家转移。

④ 加入跨国公司的全球供应链的需要。全世界跨国公司已经形成了一个庞

---

① 《服装产业　变局中的转移》，人民日报，2009 年 7 月 31 日第 9 版。

大的全球生产和销售体系，控制了全世界 1/3 的生产，掌握了全世界 70% 以上的专利和其他技术转让。可以说，不参加跨国公司在这些产业的全球性生产和市场网络，就很难加入这些产业发展的世界主流。

（4）产品全球化

"中国制造，世界合作"。我国制造的产品不仅许多设计来自国外，而且其中许多关键零部件来自国外。例如，我国家电、汽车等企业的零部件全球采购以及零部件行业的国际化，模糊了产品的"国家特征"，使其成为典型的全球化产品。

（5）企业联合化

企业与合作伙伴甚至竞争对手建立全球范围的设计、生产和经营的各种联盟，以增加产品开发能力，提高产品质量和市场响应速度，确保竞争优势。例如，世界汽车制造业中就出现了大企业集团联合化的趋势。

（6）竞争全球化

全球经济体系日渐融为一体，来自各地的竞争不分远近，而订单可以在极短时间内转往最具竞争力的地方。

（7）横向一体化

全球化导致许多传统采用垂直一体化的生产组织形式的产业向横向一体化方向发展，即本企业只抓自己最擅长的工作，其余外包或外协。例如，在汽车工业中，过去整车厂与零部件厂之间是垂直一体化的生产组织关系，现在零部件厂独立出去，面向全球所有的顾客企业。整车厂则集中力量开发白车身及关键部件。

（8）人才全球化

发达国家在全球化中最大的优势是人才吸纳优势。经济合作与发展组织成员国目前有一千多万移民是来自新兴国家或发展中国家"高水平"人才（大学以上学历）。美国 20% 的科技人员和工程师都来自国外，美国有一半的物理、工程、数学和信息学博士学位授予了外籍学生。

2. 面向全球化的工业信息化战略要点

全球化的工业化必须有信息化的支持，面向全球化的工业信息化战略要点如表 3-3 所示。

表 3-3　面向全球化的工业信息化战略要点

	全球化方向	面向全球化的工业信息化战略
用户和市场全球化	开发更多用户需求的产品；为用户提供更多、更好的服务，向服务要效益；减少销售中间环节	通过协同设计和销售平台，帮助用户方便地参与产品设计；帮助了解用户需求；帮助企业在任何时刻为世界任一角落的用户提供"一对一"的服务；支持网上直销；加强网络营销

续表

	全球化方向	面向全球化的工业信息化战略
产品价值链 全球化	向产品价值链的两头发展	通过产品价值链管理系统,支持产品价值链的全程掌控
产品全球化	优化全球采购网络	通过全球供应链管理系统,提高全球采购效率,降低成本;支持产品质量监控
企业全球化	企业运作和管理全球化	通过信息集成技术,建立跨国、多语言、跨平台的信息系统集成平台,实现异构软件的集成,实现信息沟通和集成;管理信息的透明化
企业联合化	开展多元联合,积极组织和参与各种企业联盟	通过企业联盟管理系统,降低企业联盟建立和管理成本
竞争全球化	积极参与竞争,通过竞争提高自己的能力	通过企业竞争情报系统,快速了解竞争对手和市场最新动态,快速反应
横向一体化	加强分工专业化和协同化	通过供应链管理系统和客户关系管理系统,支持供应链管理,提高全球采购效率,降低成本;支持客户关系管理,降低全球销售的成本;支持产品质量监控
人才全球化	加强人才引进,人才培养,人才合作	通过协作网络,提高人才培养效率;支持人才远程合作

3.5.2 面向技术创新的信息化战略

1. 一些国家的技术创新战略

2004 年,美国竞争力委员会完成了《创新美国:在竞争与变化的世界中繁荣》的报告。报告指出创新是美国的灵魂,是确保美国在 21 世纪处于全球领导地位的非常重要的手段,建议美国政府全面构建一种新型的创新合作、管理和监测机制,以确保美国在未来的全球经济中获得成功。

2006 年,美国提出覆盖未来 10 年的科技、创新、教育的综合性战略——美国竞争力计划,指出国家的未来将越来越依赖于新思想的产生、科学与工程领域劳动力的活力,以及新知识的创新性应用。

2009 年 9 月,美国推出了《美国创新战略:推动可持续增长和高质量就业》。2011 年 2 月,推出了《美国创新战略:确保我们的经济增长与繁荣》,包括五大行动计划:发展无线网络;改革专利制度;改善基础教育;发展清洁能源;实施"启动美国伙伴关系"计划。

2010 年 6 月,欧盟通过了"欧洲 2020 战略"。这是欧盟历史上第二份十年经济发展规划。包括 5 大目标、3 大重点和 7 大计划，以及一个监督保障体系。这 3 大重点分别是实现以发展知识经济为主的智能增长、实现以发展绿色经济为主的可持续增长、实现以提高就业和消除贫困为主的全面增长。实施智能增长的计划有 3 个，分别是面向创新的"创新型联盟"计划、面向教育的"流动的青年"计划和面向数字社会的"欧洲数字化议程"。

2007 年 6 月 1 日，日本内阁正式审议通过了"创新 25 战略"，并付诸实施。该战略指出，日本政府希望通过创新，到 2025 年把日本建成终身健康的社会、安全放心的社会、人生丰富多彩的社会、为解决世界性难题做出贡献的社会和向世界开放的社会。韩国也确立了 2015 年成为亚洲地区科研中心、2025 年成为科技领先国家的发展目标。

2003 年 1 月中旬，世界银行在日本东京发布了《创新的亚洲：增长的前景》的报告。报告指出，资源投入曾是过去的主要增长来源，但东亚的未来将取决于创造一个促进创新的环境。研究结果表明，东亚成功的发展模式在过去三十年带来了高速增长和减贫成果，但在未来其效果可能会降低，会出现收益递减。造成"亚洲模式"效果递减的原因包括：东亚的主要出口产品正在转为低附加值商品，以及来自成本更低的制造企业的竞争日益加剧。报告指出，发展的唯一方式是超越"模仿"阶段，进入"创新"阶段，提升产品的价值链，并向服务业领域扩展，这就要求有意识地以创新作为主要的增长来源。

在我国，提高自主创新能力，建设创新型国家，已经成为国家发展战略的核心，提高综合国力的关键。

2. 企业的技术创新战略

1) 技术引进战略

技术引进曾经使日本迅速崛起。如 20 世纪 50 年代，日本从美国进口大容量火力发电设备，同时引进其技术资料，仅花一两年时间就仿制成功，造出本国产的发电机。又过不长时间，日本造出了比欧美更先进的发电设备用于出口。有人总结出日本引进技术的"公式"，即"一号机引进，二号机国产，三号机出口"。

技术引进也给中国的发展带来了巨大的好处，使中国迅速从落后的农业社会转向工业化社会，并向后工业化社会发展。例如，中国机械制造业中 57% 的产品产业化是在引进技术基础上完成的。

技术引进可以形成一种"后发"优势，通过引进技术，实现"跨越式"发展，别人几十年、一百年走完的路，我们可以在很短的时间内走完。

2) 技术消化吸收战略

随着科技的发展和企业竞争的需要，企业所需要的技术越来越先进和复杂，其价格也越来越高，企业要获得新技术就要付出更大的代价，并且技术引进的难度越来越大，引进成本越来越高。因此，在技术引进基础上要吸收消化，不能一味依靠外部技术的"输血"，必须培育自己的"造血"机能，建立可持续发展的技术创新机制。当年日本、韩国引进欧美技术，用于引进的资金和对引进技术消化吸收创新的资金投入比例为 1∶8，而我国这一比例仅为 1∶0.07[15]。显然，这是我国许多技术引进项目陷入"引进→落后→再引进"的恶性循环的主要原因之一。

技术消化吸收战略的目的是：

（1）全面消化吸收引进技术

主要体现在：不仅要引进显性知识，还要学习相关的隐性知识；不仅要"知其然"，还要"知其所以然"，使引进的技术发挥最大效益。

（2）将引进技术与国内环境相结合

有些技术引进来也不是马上就能用得上，需要与本企业生产、管理等技术融合之后，才能取得实效。

（3）通过消化吸收引进技术，培养技术创新能力

技术可以引进，而技术创新能力不能引进，只能通过"干中学"获得。

3) 技术再创新战略

技术再创新又称为二次创新，即利用引进技术的后发优势实现比技术输出国更快的技术发展速度。二次创新不同于一次创新，是指在技术引进的基础上进行的，受囿于已有技术范式，并沿既定技术轨迹而发展的技术创新；而一次创新是指主导了技术范式和技术轨迹的形成、发展和变革的技术创新[16]。二次创新可以看做是消化引进技术基础上的创新。其过程如图 3-23 所示。

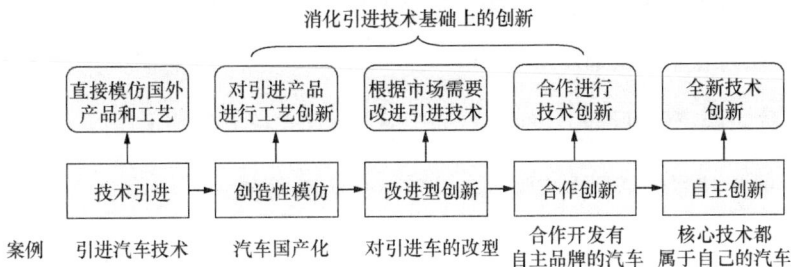

图 3-23　技术引进消化吸收再创新的创新过程

3. 面向技术引进消化吸收再创新的工业信息化战略要点

1）减少盲目引进技术

盲目引进技术表现为：国内已有技术再去重复引进；过时的技术引进；多家企业同时引进同一技术；引进一批技术，但缺少若干关键技术，所引进的技术形不成系统，难以生产出有竞争力的全新产品等。

信息技术对减少盲目引进技术的作用是：

① 建立技术分布数据库，使企业快速知道国内已有技术开发和引进情况，避免重复引进。

② 建立技术关联网络，帮助企业了解技术的先进性和发展方向，了解技术的系统性。

③ 建立行业技术共享平台，支持企业技术联盟的建立，帮助企业协同引进技术。

2）支持引进技术的消化吸收

引进技术消化吸收难的主要原因是：

① 知识梯度过大而使引进的新技术难以理解、消化和吸收，这将导致整体技术引进的失败。

② 掌握引进技术的企业往往不希望国内其他研究单位来学习了解引进技术。自己消化吸收不了，也不希望别人来消化吸收。

信息技术在引进技术消化吸收方面的作用是：

① 建立人才分布数据库，快速集成最合适的相关人才参与引进技术消化吸收。

② 对引进技术的全生命周期进行跟踪分析，使引进技术的企业通过技术开放有利可图。

③ 利用知识管理系统，为引进技术消化吸收提供支持。

3）支持技术再创新

通过知识管理系统和各种 CAX/PDM/PLM 系统支持技术再创新。

4. 基于技术创新层次模型的工业信息化战略要点

技术创新是一国国力强弱、国家竞争力高低的决定因素。技术创新体系是一个大系统，是技术创新的环境，包括如图 3-24 所示的 9 层结构。

基于技术创新层次模型的工业信息化战略要点主要是：

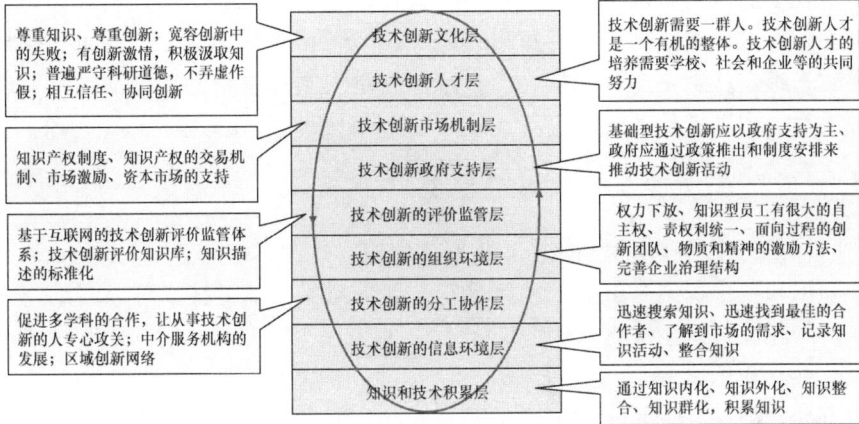

图 3-24　技术创新层次模型

1）通过技术创新的信息环境层支持技术创新

① 帮助技术创新者迅速搜索到已有的知识，避免重复性的工作，提高技术创新的效率。

② 帮助技术创新者迅速找到最佳的合作者，使自己专注于自己最有能力突破的工作上。

③ 帮助技术创新者了解到市场对技术创新成果的需求，帮助技术创新成果的供需见面。

④ 利用最新的信息技术及网络技术对整个产生、利用知识的活动加以记录。在此基础上，进行技术创新的评价。

⑤ 帮助人们将分散的创新观点整合起来。过去由于缺乏信息，我国许多企业的产品开发在低水平重复，分散在不同地方的企业和技术人员的力量不能有效组织起来进行技术创新，许多产品不是盲目生产，就是没有找准市场，不适合顾客的需求。

⑥ 基于 Web 的协同工作环境则为地理上分布的研发团队运用"头脑风暴法"进行创新提供全面支持，也为企业、供应商、分销商与客户通力合作、协同研发真正满足客户需求的创新产品提供技术保障。

⑦ PLM（产品生命周期管理）是近年来发展起来的支持产品创新的信息技术，它提供了产品研发、生产、营销、采购、服务、维修等部门协同工作的环境。

就目前的技术水平而言，通过机器实现自动创新还十分困难，虽然人们可以通过搜索引擎大大提高搜索的效率，通过人工智能实现简单的知识推理，达到一定程度的人工智能，但实现自动化的技术创新还十分困难，或者只能实现辅助性的技术创新。例如，名为 Idea Generator 和 Mind Link 的工具通过引导人们突破思维定势来提高创新能力。技术创新是人类最复杂的思维活动，要求机器像人类一样思维是不可能的，但人类可以设计出一些软件模拟人类思维。

2）信息技术在其他层次的重要作用

（1）信息技术在知识和技术积累层的作用

知识和技术积累对于技术创新具有重要的意义。信息技术可以帮助将人们所获得的隐性知识显性化（外化），存储在知识库等媒介中，使知识和技术得到交流、共享和积累。

例如，一家名叫 Knowledge Technologies International（KTI）的英国公司开发的 ICAD 能够使设计者将几何概念与专家的知识库联系起来，还能够联系诸如产品指标、性能数据、安全性代码之类的信息。ICAD 已被用于缩短空中客车 A340-600 的设计时间，该飞机是 A340-300 的加长型，可以容纳 380 名乘客，而 A340-300 的载客量只有 295 名。英国航空公司（British Aerospace，BAe）使用 ICAD 来设计机翼、用于将 150 座的 A320 "拉伸" 成 195 座的 A321 的两个额外机身部件之一[①]。

创新设计知识库包括作用原理库、物理结构库与实例库。当系统根据相似性搜索到新作用原理或物理结构后，相应的实例被自动调出。在此基础上可以开展基于实例推理（CBR）设计。

（2）信息技术在技术创新的分工协作层的作用

通过信息平台，可以支持多学科的合作与交叉，支持外包服务。

（3）信息技术在技术创新的组织环境层的作用

技术创新需要良好的组织环境，如权力下放、责权利统一、面向过程的创新团队、组织的激励等。

创造知识不应是少数人的职责，而是组织内每个人的任务，没有任何部门拥有对于创造知识的全部责任，一线的员工和各级领导都应起作用。

通过信息平台，进行技术创新全生命周期的跟踪分析，并与绩效管理系统相结合，可以帮助建立这种良好的组织环境。

（4）信息技术在技术创新的评价监管层的作用

技术创新的评价监管体系不健全将会对技术创新活动产生负面效应，如：导致投机取巧成风，学术腐败盛行；技术创新活动得不到正确的评价，科研人

---

① Geoffrey Nairn，《空中客车：基于知识的技术加速飞机设计》，中国知识管理网，2000 年 5 月 29 日。

员的技术创新积极性受挫；企业认为技术创新活动难以评价监管，风险太大，不愿投资。

同时，技术创新的评价监管又很难，这是因为：一些知识的价值也可能因为环境的某种变化而消失；技术创新成果经常是短期内并不见效，难以做出评价；技术创新的效果往往很难用单纯的经济效益来评估；技术创新成果的应用效益还取决于诸多因素，如市场的需求和成熟等。

互联网的发展可以帮助健全技术创新的评价监管体系，例如，防止论文抄袭、减少内容重复的科研活动、在全国范围组织真正内行的专家进行知识评价等。建立比较完整的技术创新评价知识库也可以帮助快速对某些知识进行迅速评价。

技术创新的评价监管体系对于政府投入的科研经费的有效利用具有重要意义，具体表现为：在项目申请评审时，可以严防低水平的、重复性的、不可行的研究项目入选；在项目进行中，可以随时监督项目的执行、经费使用和人员工作等情况；在项目结束时，对项目的投入产出比、项目的效益、项目的科学价值进行正确的评估；对项目成果应用情况的跟踪。科研成果的应用效益可能是长期的，需要进行长期的跟踪评估。

（5）信息技术在技术创新政府支持层的作用

在技术创新方面，需要政府投入。信息技术可以帮助政府对投入产出效果进行管理，对政府资助的技术创新项目全程跟踪。

（6）信息技术在技术创新市场机制层的作用

技术创新需要一个能使它健康发展的良好的市场机制，例如：

① 知识产权制度是企业技术创新的保障和激励。利用信息技术，企业了解知识产权现状，以便采取相应的对策；利用信息技术，企业可以协同开展知识产权保护。

② 市场需求是技术创新的源动力。市场在一定程度上可以部分抵消创新的不确定性，引导创新。利用信息技术，企业可以通过建网站、开展网络营销和网络调查等了解市场需求。

（7）信息技术在技术创新人才层的作用

技术创新以人为本。计算机技术等先进技术手段只能帮助人提高创新的效率，承担创新中的重复性的、结构化的工作，真正有创新的工作还是要依靠人来完成。

信息技术在促进人才交流和流动、人才培养等方面都可以发挥重要作用。

5. 基于信息化的创新模式——智慧的创新网络

目前我国科技工作者的创新才能大部分没有得到充分发挥，主要原因之一是创新成果的评价机制存在问题：将论文、专利、科研成果、获奖等作为评价标准，但由于评价人很有限，并且评价时间很有限，更重要的是评价人的知识结构与评价对象往往不对应，这样导致评价失准。面对海量的论文、专利等，人们往往很难找全、看遍，结果往往是自以为在创新，而可能该工作早已有人做过，从而导致大量的垃圾论文、专利、获奖源源不断涌现。而且为造假者有机可乘。我国目前期刊论文数量、专利申请、大学生数量、博士生数量、研究人员数量等已经是世界第一，但是，我们的创新能力仅在世界排名 20 多位。大量科技人员的才华和精力、大量科研经费浪费在制造科研"垃圾"上，更严重的是败坏了科研风气，影响了年轻一代。图 3-25 描述了技术创新面临的困境。

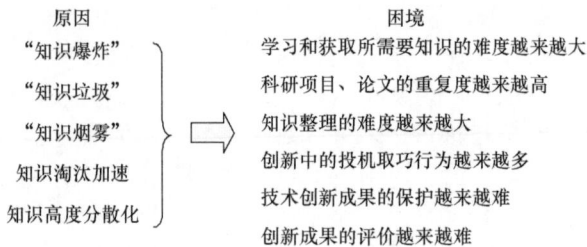

原因	困境
"知识爆炸"	学习和获取所需要知识的难度越来越大
"知识垃圾"	科研项目、论文的重复度越来越高
"知识烟雾"	知识整理的难度越来越大
知识淘汰加速	创新中的投机取巧行为越来越多
知识高度分散化	技术创新成果的保护越来越难
	创新成果的评价越来越难

图 3-25　技术创新面临的困境

利用信息技术可以帮助建立一种面向整个社会的智慧的创新网络，其特征是：

① 更透彻的感知：知道哪些论文、专利、科研成果有价值；知道哪些人是哪方面的专家；感知市场的变化、用户的需求；感知新的技术和知识，做出比较准确的评价和判断。

② 更全面的互联互通：对论文、专利、科研成果等进行全生命周期的跟踪；对科研人员的科研生涯进行跟踪；实现知识供需双方的快速对接；同一学科的科技工作者协同建立本学科的知识网络；不同学科的知识网络互联互通；同行专家协同建立技术进化图和技术路线图；一些有价值的想法、方法等可以直接发布到网上得到评价和利用；知识贡献、共享和激励机制的有机集成。

③ 更深入的智能化：论文、专利、科研成果中的知识形成一个显式的有机的网络，可以快速知道自己的创新位于知识网络的哪个部分；可以快速发现新的研究方向，避免重复研究；可以方便地将不同学科的知识进行组合，集成创新；可以自动对科技工作者的成绩做出有充分根据的准确评价。

3.5.3　工业信息化的自主知识产权战略

人才战略、专利战略和技术标准战略是我国的三大科技发展战略。

1. 发达国家的知识产权战略

当今世界，国家核心竞争力越来越多地表现为对知识产权的创造和运用能力。世界未来的竞争就是知识产权的竞争。知识产权包括专利权、版权、著作权、商标权以及竞争权利和商业秘密所享有的权利。

知识产权战略是美国最为重要的长期发展战略之一。20 世纪 70 年代，欧亚发达国家和新兴工业国家、地区在经济上崛起，使美国产业界感到了巨大的竞争压力。美国认为，其在经济竞争中最大的优势是科技，但由于知识产权保护不利，外国能够轻易模仿，并凭借劳动力的成本优势实现了经济快速发展。为此，美国将知识产权战略提升到国家战略的层面，以保持美国在全球经济中的霸主地位①。

20 世纪 80 年代开始，美国企业开始了"圈知运动"，到各国去申请知识产权。在今天的美国，公司市场 80％的市值依赖于知识产权，而在 30 年前，这一比例仅为 17％。

美国大量工厂外移，已经呈现出制造业的"空壳化"趋势。而知识产权贸易是美国的关键经济利益所在。国外跨国公司进入中国市场，往往是"产品未到，知识产权先行"，先搭起知识产权保护网，再投资建厂，组织生产销售。

进入 21 世纪，美国作为世界上的科技领先型国家，通过了《知识产权与通讯综合改革法案》以及美国专利与商标局（USPTO）于 2002 年制定的以专利制度改革为目标的 21 世纪战略计划，建立了高水平的知识产权制度，并在知识产权国际事务中强制推行其美国价值标准。

日本在经历了 20 世纪 90 年代"失落的十年"后，更加认识到科学技术在当今国际竞争中的决定性意义，明确提出：实施国家知识产权战略，旨在凭借强大的技术创新实力提升并强化国家竞争力。

2007 年 9 月，日本政府制定并公布了《知识产权推进计划 2007》。日本政府在这一被称为"决定日本命运"的国家级战略计划中发誓要尽快构筑以知识的"创造"、"保护"和"有效运用"为支柱的良性循环体系，并以此体系作为经济发展的基础，从而实现建设"美丽日本"的国家目标。

世界金融危机爆发以来，韩国政府出台了知识产权强国战略，积极推进《知识产权基本法》制定工作，把促进知识产权运用和加强知识产权保护作为工作重点，不断加大服务力度和能力建设，积极参与知识产权国际规则的调整，促进韩国从制造业强国发展为知识产权强国[17]。

2009 年 7 月，韩国制定了知识产权强国实现战略：韩国政府将采取六大措

---

① 张斌，《知识管理与国家知识产权战略》，KMCenter，2008 年 1 月 22 日。

施以保护知识产权，鼓励知识创业。其中一个措施是：加强知识产权信息基础建设。通过建立网上知识产权交易所，促进知识产权的管理和流通。通过建立国家技术创业综合信息网向市场提供技术转让和技术创业等方面的信息服务[18]。

欧盟 2020 战略已将在线知识产权保护纳入其重要的旗舰计划"欧洲数字议程"。作为议程的一项优先行动，欧盟正在积极探索适应数字时代的知识产权保护体系，从而更好地促进和保障创新、创造性事业的健康发展。为此欧盟分别就互联网商务、著作权、视听版权、个人拷贝权、商标和商业秘密、盗版和仿造、国际协调和合作等专门立项加大研究力度，以实现信息时代知识产权的有效保护①。

2. 我国工业信息化方面的知识产权现状

通过 http://www.soopat.com/搜索中国的授权发明专利，"企业资源计划"有 9 项符合、"ERP"有 20 项符合、"产品数据管理"有 19 项符合、"PDM"有 30 项符合，而且其中只有很少几项授权的发明专利真正与输入的关键词相关。

软件知识产权保护主要是依靠计算机软件著作权版权登记。因为软件知识产权的侵权主要是"盗版"，所以版权主要是对付"盗版"。

工业信息化硬件方面的专利比较多。通过 http://www.soopat.com/搜索中国的授权发明专利，"控制装置"有 18257 项符合、"工业传感器"有 2515 项符合、"数控系统"有 176 项符合。

3. 工业信息化知识产权保护战略

我国工业信息化发展中一个瓶颈是知识产权保护问题。

1）软件知识产权保护战略

软件盗版带来的主要害处如下：

① 形成不尊重知识产权的价值观，淡化人们的法律意识，危害社会的信用机制。

② 使国内具有自主知识产权的软件企业没有足够的销售收入和利润，难以持续发展。

③ 企业信息化被国外的盗版软件捆绑。当企业员工都熟悉这些软件，并有大量系统和数据与这些软件紧密结合在一起，这些软件就到了离不开的地步，国外软件商就会通过法律手段以及技术手段逼迫企业支付高额罚款和年费。

---

① 江洋，《欧盟积极探索解决互联网知识产权保护难点》，http://www.most.gov.cn，2011 年 6 月 24 日。

因此软件版权保护是我国工业信息化发展的关键。软件版权保护战略需要与我国的国情相结合。

（1）降低软件价格和维护费用，使企业买得起、用得起

由于我国绝大多数企业是中小企业，资金缺乏，昂贵的软件和维护费用往往使企业望而却步。因此需要鼓励软件公司降低软件价格和维护费用，或者政府对购买和使用国产软件给予补贴。

（2）通过 ASP、SaaS、云制造等模式，开展低成本、便捷的企业信息化

基于 ASP、SaaS、云制造等平台，通过软件租赁、服务租赁方式，让企业用得起，并用得好软件。

在企业中，人们往往买了软件，最后发现不实用，也没有办法再转卖给别人。并且许多软件买了后，利用率不高。这些都是造成企业信息化成本居高不下的原因。软件租赁、服务租赁方式可以避免这些问题，政府应该鼓励这种信息化模式。在计算企业信息化投入中，软件和服务的租赁费应等同于软件和设备的购买费，政府可以根据当地的政策给予补贴。

（3）将企业的软件资源信息登记在案，进行审查

政府有关部门应建立企业软件资源信息登记和审查制度，监督企业遵守知识产权。

2）硬件知识产权保护战略

硬件知识产权主要是专利。信息化硬件企业在开发新产品前，要认真搜索和分析国内外专利，以防侵权；在开发新产品中，要认真分析和学习国内外专利，既可以开阔思路、获得灵感，也可以帮助绕开已有专利，而失效专利还可直接用于新产品中；在开发新产品后，要及时申请专利，这是创新产品的法律存在形式。每一项技术创新方案都应去申请相关专利，从而构成对技术创新的法律保护。

4. 具有自主知识产权的工业信息化发展战略

我国必须逐步掌握工业信息化的核心关键技术，发展具有自主知识产权的工业信息化技术。

1）工业信息化软件

工业信息化软件是"两化融合"的核心部件。

目前，高端的工业信息化软件主要控制在国外公司手中。作为一个大国，没有自主开发的高端工业信息化软件，那将永远被别人牵着鼻子跑。我国需要大力扶持本土的高端工业信息化软件开发公司。

虽然我国高端工业信息化软件在总体上与国外的系统有差距不断加大的现象，但绝对不能因此而气馁，放弃对高端工业信息化软件开发的扶植。因为：

① 高端工业信息化软件是企业管理、控制的核心技术，企业产品创新和技术创新的基础平台。这种工业化中最重要的系统长期受制于人，存在很大的安全隐患。

② 高端工业信息化软件的开发对于我国软件人才的培养非常重要。软件工程的发展不消耗物质资源和污染环境，对于我国"保增长，促就业，走可持续发展之路"具有重要意义。

许多工业信息化软件，如 CAD、CAE、高端自动化控制等系统的核心是一些复杂的模型和算法，涉及数学、物理、力学、控制理论等基础学科。没有这方面扎实的基础研究，是难以开发出一流的工业信息化软件的。对于这些基础研究，政府应给予大力、持续的支持。

国外一些高端工业信息化软件中包含了大量来自世界领先企业的科研及管理的经验和知识。这是我国企业最缺乏的。高端工业信息化软件需要对个人、企业乃至行业等不同群体行为模式有长期积累性的理解，需要整个产业甚至社会经济有深厚根基，才谈得上创造性地提炼和抽象，这一过程是轻易"跨越"不了的。如 PLM、ERP 等系统。

所以，一方面需要善于分析和学习国外高端工业信息化软件中所包含的各种来自实践的经验和知识，另一方面，需要善于总结我国企业的实践经验，将它们凝聚到工业信息化软件中去。

以下简要介绍一些企业工业信息化软件：

(1) 产品研发类工业信息化软件

产品研发类工业信息化软件包括计算机辅助设计（CAD）、计算机辅助工程（CAE）、计算机辅助工艺规划（CAPP）、计算机辅助制造（CAM）、产品数据管理（PDM）、产品生命周期管理（PLM）、知识管理（KM）、计算机辅助创新（CAI）等系统。需要重点研究开发的是三维 CAD、CAE、CAM、PDM、PLM等系统。

(2) 经营管理类工业信息化软件

经营管理类工业信息化软件包括企业资源计划（ERP）、供应链管理（SCM）、客户关系管理（CRM）、制造执行系统（MES）、企业资产管理（EAM）、项目管理（PM）以及商务智能（BI）软件等。需要重点研究开发的是高端 ERP、SCM、CRM、MES、BI 等系统。

(3) 集成与协同类工业信息化软件

集成与协同类工业信息化软件包括协同产品商务（CPC）软件、应用服务提供（ASP）平台、企业门户软件（PORTAL）等。这些软件发展很快，需要跟踪研究。

2) 工业信息化硬件

主要有两大类：流程工业的自动化控制系统和离散工业的数控系统。当然这些硬件是与软件集成在一起的。

(1) 工业自动化控制系统

工业自动化控制系统（PCS）主要用于流程工业，包括实时以太网通用实时中间层协议、总线式远程 I/O 系统、基于 IEC61499 体系结构参考模型的分布式控制系统、控制系统功能可靠性分析与仿真平台、基于非结构化数据统一模型的流程工业实时数据库系统、基于工程对象模型的控制工程软件开发平台、工程系统的电子服务技术等。

需要重点研究开发的是高端自动化控制系统，如 1000 兆瓦超超临界的火电工程、1000 兆瓦压水堆式核电工程、1000 万吨炼油工程、100 万吨乙烯工程、380 公里/小时高速铁路工程、5500 立方米特大高炉工程、1200 米/分高速纸机工程、2500 吨/日煤气化工程、大型舰船工程，以及重大公用工程中的自动化控制系统等。

(2) 数控系统

数控系统主要面向离散工业，主要用于数控机床的控制。需要重点研究开发的是高档数控系统，满足航空航天、船舶、汽车、发电设备制造所需要的高档数控机床的需求。

3.5.4　重大项目带动战略

重大项目带动战略是通过政府组织工业信息化的重大项目，或通过其他与信息化密切相关的重大项目带动信息化，使我国工业信息化能够得到快速发展。

1. 工业信息化的重大项目带动战略

(1) 工业信息化的核心软件和硬件

如 ERP 系统、PDM/PLM 系统、数控系统、工业物联网等。这些软件和硬件对于降低工业信息化成本、普及信息化等具有重要作用。这些软件和硬件主要依靠公司去开发，但需要政府扶持。

(2) 工业信息化的高端软件和硬件

如高档数控系统等。这些软件和硬件往往被西方国家所封锁，国家要集中相关资源，组织攻关。

（3）工业信息化的关键基础技术和部件

工业信息化中的许多关键技术和部件控制在国外企业手中，如芯片、嵌入式系统、传感器等。这些关键技术和部件的开发是一个系统工程，涉及一个比较大的技术体系，需要产品价值链各个环节的创新。因此，需要政府支持有关企业进行这方面的协同攻关。

（4）对工业信息化未来发展有重要作用的新技术

如云制造技术、物联网技术、RFID技术等。这里也往往涉及一个比较大的全新技术体系，也需要政府组织力量对这些技术攻关，有可能使工业信息化取得突破性的进展。

2. 重大工程（产品）项目带动战略

所谓重大工程（产品）项目是对国计民生、国防、科技发展等有重大影响的工程（产品）。信息化已经成为这些工程（产品）的主要或重要组成部分，如大型飞机、航天飞船、大型舰船、高速列车、煤矿采掘系统、高档数控机床、千万吨级炼油装备、百万吨级乙烯装备、百万千瓦火电装备、百万千瓦核电装备、大型矿山机械等。

重大工程（产品）中关键信息系统（单元）大多控制在国外企业手中，如自动化控制系统、高档传感器等。因此，重大工程（产品）的信息化是我国工业信息化水平的标志。

有些重大工程（产品）中的关键信息系统（单元）我国已有自己的产品，但存在这样一个怪圈，导致这些产品没有用武之地：重大工程（产品）业主选型要求信息系统（单元）已经在其他重大工程（产品）中经过应用验证，而国内产品没有被应用验证过，这样国内自主知识产权的信息系统（单元）就不能被重大工程（产品）选用，最终导致国内产品永远没有机会进入市场。

政府已经采取了一些措施鼓励企业选用国内产品，但还需要加大力度。

3.5.5　传统产业信息化引导、支持战略

1. 传统产业对信息化的需求

传统产业又称传统行业，是一个历史相对概念，因此不存在传统产业的标准定义。

目前的传统产业是相对于信息产业、新材料产业等新兴工业而言的，主要包括纺织服装、机电、汽车、化工、建筑、轻工、钢铁、电力、造船等历史悠久的产业。

也有的人从产业链的角度进行分解，将传统产业定义为劳动密集型的、以

制造加工为主的产业。这实质上是指传统产业的产业链各环节中的产品制造阶段的细分产业，如图 3-26 所示。其特点是附加值低、资源消耗大、劳动密集程度高。

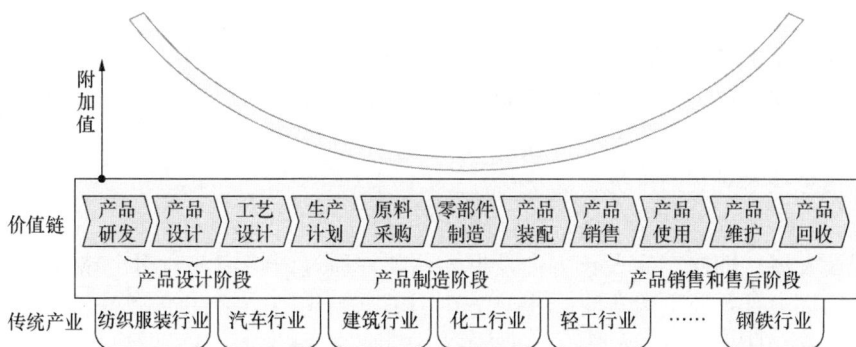

图 3-26 传统产业的产业链各环节的附加值的"微笑曲线"

在全球化背景下，发达国家传统产业链中低附加值的产业纷纷转移到我国，我国传统产业利用"人口红利"得到了快速发展。但这种发展现在遇到了 3 个瓶颈：

（1）劳动力瓶颈

我国劳动力成本迅速增加，2015 年人口红利窗口将关闭[①]。目前"民工荒"已经在我国经济发达地区出现。

（2）资源瓶颈

传统产业链中的加工制造业消耗资源最多。

例如，工业在我国最终能源消费量中的比重已占到 70%。而美国的工业能耗占全国总能耗的比重不到 20%，日本不到 30%。在工业部门内部，能源消费又明显集中于以制造业为中心的高耗能产业。根据中国统计年鉴提供的资料表明，自 20 世纪 90 年代中期以来，能耗排名前 10 位的产业依次为：黑色金属冶炼及压延加工业、非金属矿物制造、化学原料及制品制造、石油加工及炼焦、有色金属冶炼及压延加工业、电力蒸汽热水生产、煤炭采选、石油加工和天然气开采、纺织、造纸等 10 个高耗能的传统产业。2006 年这 10 个产业增加值占全部工业增加值的 47.66%，能源消费量却占工业部门能源消费的 83.11%[19]。

（3）环境瓶颈

传统产业链中的加工制造业对我国环境的破坏最大。能源消费大，二氧化碳等的排放量也大。

---

① 巴曙松，《2015 年人口红利窗口将关闭》，http://www.eastmoney.com，2011 年 5 月 5 日。

显然，我国传统产业不能再像过去那样依靠廉价劳动力、挥霍资源和破坏环境而得以发展。

2. 信息技术对我国传统产业发展的影响

信息技术对传统产业的影响首先是一种自发的、自下而上的过程。例如，网络经济的出现和发展，在传统制造业催生了一种新的制造模式——网络化制造模式[20]。

信息技术对我国传统产业发展的主要影响如下：

① 利用传统产业中的加工制造业的优势，帮助企业向产业链"微笑曲线"的上游发展，即向产品设计方向发展。例如，通过因特网，利用全球资源进行产品协同设计；通过因特网，企业与用户协同设计，开发用户需要的新产品。

② 利用传统产业中的加工制造业的优势，帮助企业向产业链"微笑曲线"的下游发展，即向销售及售后服务方向发展。例如，通过因特网，取消中间环节，直销产品；利用信息管理系统，监控库存和销售情况，一方面可以提高销售管理水平，另一方面，将信息反馈给制造企业，快速反应，为用户提供真正需要的产品；通过因特网，为用户提供产品的远程监控和维护、软件更新、咨询等各种网络化售后服务；利用售后服务管理系统，加强服务人员、维修备件等的管理，及时服务，提高服务水平。

信息技术帮助我国传统产业从劳动密集型向技术密集型和知识密集型企业方向发展，从产业链的价值低端向高端发展。

③ 在加工制造环节，利用数字化装备、信息化管理手段，提高生产效率、产品质量，节能减排，降低对环境的影响、对资源的需求；通过因特网，加强分工专业化和协同化，通过规模效应，降低产品成本，缩短产品交货期；通过信息技术手段，对产品制造过程的能耗进行监控，帮助节能降耗。

3. 传统产业信息化引导、支持战略概述

因特网等信息技术的发展对我国传统产业是机遇也是挑战。如果我国传统产业不能很好抓住因特网发展带来的大好机会，将使振兴我国传统产业的难度大大增加。

1) 传统产业信息化政府扶持战略

从本质上讲，传统产业信息化应是企业行为和市场行为，但由于以下原因，需要各级政府对传统产业信息化进行引导和支持。

① 信息技术发展很快，新技术在新的行业应用会碰到许多新问题，失败的概率较大，并有影响企业原有工作和生产秩序的风险，软件公司也需要通过在

新行业中的企业应用，完善软件。政府需要对"第一个吃螃蟹的人（企业）"给予扶持，以便快速完善和推行信息化成果。

② 信息技术应用实施需要较大的成本，许多传统产业企业资金实力不足，需要政府给予一定的财政资助，以便激励企业应用新的信息技术。

2）传统产业信息化相似性应用战略

同一传统产业各个企业的信息化有很多共同点，利用这些共同点，可以降低成本和风险，提高效率，因此需要采用传统产业信息化相似性应用战略。

① 建立传统产业信息化联盟，对产业信息化进行规划，将相似问题统一加以解决。

② 建立产业标准化流程，建立产业信息化参考模型和指南。

③ 建立产业信息化标准软件及软件模块。

3.5.6　中小企业信息化引导、支持战略

1. 我国中小企业对信息化的需求

中小企业是与所处行业的大企业相比人员规模、资产规模与经营规模都比较小的经济单位。我国《十二五规划纲要》提出："大力发展中小企业，完善中小企业政策法规体系。促进中小企业加快转变发展方式，强化质量诚信建设，提高产品质量和竞争能力。推动中小企业调整结构，提升专业化分工协作水平。引导中小企业集群发展，提高创新能力和管理水平。创造良好环境，激发中小企业发展活力。"

我国中小企业的主要特点如下：

① 在价值链中大多处于低附加值的加工制造环节，利润低、资源消耗多、对环境影响大。

② 专注某一细分领域，将成本控制到极致。

③ 中小企业之间协作程度高，形成具有块状经济特色的企业集群。

④ 低档产品为主，模仿多、代工多、设计能力弱，品牌建设能力弱。

⑤ 一方面"船小好调头"，另一方面"船小怕风浪"。

⑥ 信息化水平不高，技术力量薄弱，人才缺乏。

⑦ 创新资金匮乏等。

我国中小企业对信息化的主要需求如下：

① 利用网络等信息技术获得与大企业等同的外部资源的支持，从以加工制造为主，向价值链的高附加值环节进军，向全价值链整合方向转变，以取得更大竞争力和利润空间。

② 利用计算机辅助设计工具和知识库，利用网络帮助协同设计，提高企业产品设计能力和产品档次。

③ 利用网络，提高企业跨区域的协作能力。

④ 利用网络，对顾客需求快速反应。

⑤ 通过网络，获取低成本、便捷的信息化服务，以解决中小企业缺乏资金、人才和经验的问题。

2. 中小企业信息化引导、支持战略概述

针对中小企业信息化的需求，中小企业信息化引导、支持战略主要是：

1）信息化知识转移战略

针对中小企业缺失信息化知识的问题，信息化知识转移战略的目的是通过组织、技术等方法帮助中小企业快速获得信息化知识，提高信息化实施成功率，降低实施成本，缩短实施周期。

① 建立中小企业示范体系。

② 建立中小企业 CIO 联盟。

③ 建立软件公司与中小企业的服务联盟。

④ 基于网络服务平台，提供知识咨询服务。

2）低成本信息化战略

针对中小企业缺乏资金的问题，需要采用低成本信息化战略，具体包括：

① 通过 SaaS（软件即服务）、PaaS（平台即服务）模式和云制造模式，为分布广泛的中小企业提供软件资源、信息资源和知识资源的服务，降低资源的使用费用，降低企业信息化成本。

② 简易版的信息系统。例如，神州数码 ERP 根据客户的不同需要，推出易助、易飞、易拓三个系统。其中易助是一个简易版的信息系统，其特色就是让客户可以在很短的时间（一个月之内）实施完毕，使缺乏信息化基础的企业在很短时间内就可以把自己的管理水平快速提高。

我国中小企业比例高、信息化力量弱，因此急需支持广大中小企业信息化的手段。SaaS、云制造等基于互联网的中小企业信息化服务平台可以在这方面发挥积极的作用。

3）面向协同的信息化战略

中小企业对企业外部的依赖度较高，对协同要求较高。协同化是工业化发展的方向。面向协同的信息化战略不仅满足企业协同的需求，还能够促进企业协同的发展。面向协同的信息化战略包括：

① 提供网络服务平台，促进中小企业的协同，从简单的商品交易的协同向全价值链的快速、紧密的协同方向发展。

② 通过网络零件库，让零部件企业把自己的零部件三维模型发布到网上，以便设计师快速找到所需要的零部件模型，组合成自己所需要的产品。不仅帮助企业提高协同能力，还能够促进企业分工专业化，实现工业化和信息化的深度融合。

网络零件库系统主要面向机电行业。由零部件供应商在网络零件库系统中发布企业的零部件 3D 模型，供整机设计人员下载使用。国外已经有成功应用的案例，如 http://www.traceparts.com/中的零件库有上亿个 2D 或 3D 零部件模型。我国在这方面与国外差距很大。

4）面向创新的信息化战略

面向创新的信息化战略不仅帮助提高中小企业的创新能力，同时，需要考虑优化资源配置，用有限的资源，取得尽可能大的创新成果。

① 基于网络服务平台，提供设计资源支持创新设计，减少重复性工作。

② 基于网络服务平台，帮助开展远程协同设计，充分发挥有限资源的作用。

③ 基于网络服务平台，开展知识产权申请、审核、保护、交易和监控管理，一方面保证发明者的利益，另一方面减少重复创新，减少资源的浪费。

3.5.7　国家工业信息化能力建设战略

国家工业信息化能力建设战略主要是围绕国家经济发展战略，建设和发展国家工业信息化能力（图 3-27）。工业信息化软件和硬件已经在前面介绍过，本节主要介绍国家工业信息化基础设施和环境条件。

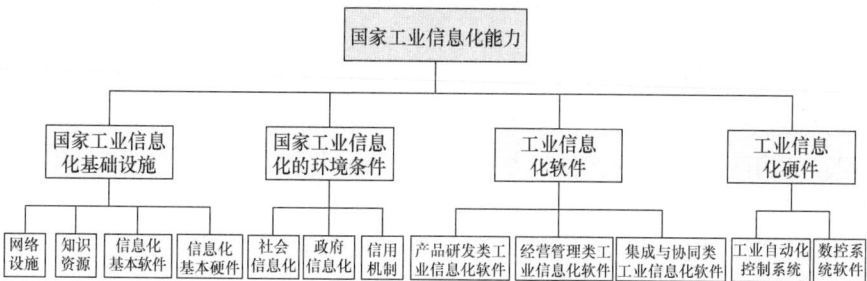

图 3-27　国家工业信息化能力体系框架

1. 国家工业信息化基础设施建设

国家工业信息化基础设施包括：

（1）网络设施

网络设施包括宽带网、移动互联网等。网络设施的发展主要是由于人们对网络社交、游戏、阅读、视频、商品交易和通信的需求而迅速发展起来的。中国的几家大型网络和通信运营商利润十分丰厚。网络设施基本能够满足工业信息化的需求，但随着云计算模式和物联网技术的推广，对网络带宽的要求将更高，为此这可以通过发展第二代互联网技术帮助解决。

网络设施的核心技术大多控制在国外公司手中，这对我国工业信息化的安全不利。

（2）知识资源

对知识资源不仅要求内容丰富，而且要求有序。否则，重复研究现象就严重，知识资源的利用率降低。

比较正式的知识资源包括：专利、标准、论文、研究报告等，但其中有许多知识没有价值。进入网络时代以后，人们发表自己想法、经验等非常容易，但带来的问题是信息爆炸，信息垃圾泛滥，知识资源的集成和利用难度显著增加。

由于知识资源的重要性，并且其公共品程度很高，因此建立高度集成和有序化的知识资源是国家层面所要考虑的问题。利用 Web 2.0 技术帮助建立高度集成和有序化的知识资源库是一个方向。

（3）信息化基础软件

信息化基础软件如数据库、操作系统等。

信息化基础软件目前主要来自国外。这对我国工业信息化的安全不利，并且导致企业信息化成本居高不下。

自主发展信息化基础软件难度很大，不仅有技术难度，还有集成难度，基础软件具有"胜者通吃"的垄断性质。但从长远来看，作为一个大国，应该发展自己的信息化基础软件。

（4）信息化基础硬件

信息化基础硬件如芯片、RFID、工业传感器、工业仪表、嵌入式系统等。

芯片是信息系统的心脏。工业传感器和工业仪表是信息化中信息的主要来源端口。获取不到准确、及时和完整的信息，就谈不上信息化。嵌入式系统是信息系统智能化的关键单元，RFID 对于物联网的发展具有重要意义。

由于我国工业基础还处于低端，信息化基础硬件与国外有一定差距，需要大力发展。

信息化基础设施层不仅面向工业信息化，还面向其他行业的信息化，如社会、农业等信息化。

发展我国自主的工业信息化，需要坚实的信息化基础设施的支持。这需要长期的、不懈的努力。

2. 国家工业信息化的环境条件

工业信息化的环境条件是工业信息化的超系统，工业信息化的发展在很大程度上受制于这一超系统，其主要包括：

（1）社会信息化

如银行信息化、交通信息化等。我国在这方面发展很快，与国外差距不大。

（2）政府信息化

如电子政务、税收管理信息化等。我国在这方面发展很快，与国外差距不是在技术上，而是在应用管理上。

（3）知识产权制度

由于多种原因，我国的知识产权制度的实施还不到位，致使我国软件盗版严重，自主工业软件缺少市场支撑，发展困难。因此，加强知识产权保护是发展自主工业软件的必要环境条件，需要政府层面出面组织。

（4）信用机制

由于历史原因，在我国，软件供应商、咨询公司、工业企业等之间的信用机制还不够完善，严重影响工业信息化的健康发展。信用机制的建设是一个长期的任务。利用信息化所带来的信息集成和信息透明可以帮助改善和提高信用度。

（5）信息化服务体系

信息化服务体系包括软件和硬件的维护、软件开发、信息化咨询等。特别是中小企业信息化力量较弱，希望能够快速得到外部服务的支持。

信息化服务体系是需要政府层面着力组织建设的。需要充分整合中央和地方企业工业信息化技术培训和咨询服务中心、软件公司、系统集成服务公司和技术产权交易所等资源，进一步建立和完善企业工业信息化技术培训和咨询服务体系，构筑企业工业信息化公共技术服务平台，实现技术培训和咨询服务的市场化，形成布局合理、发展平衡、协调一致的工业信息化技术支持服务体系，为工业信息化发展提供技术保障，促进相关技术服务产业的发展。

3.5.8　复合型工业信息化人才培养战略

1. 企业对复合型工业信息化人才的需求[2]

我国规模以上工业企业在 40 万家以上，每个企业搞信息化建设平均最少需要 5 名复合型工业信息化人才，那么全国对复合型工业信息化人才的需求量要在 200 万以上。复合型工业信息化人才是依托信息产业迅速发展的"朝阳职业"，人才需求由低端到高端都有广阔的就业前景。

复合型工业信息化人才主要是帮助企业进行企业信息化规划、各种信息系统的建设和管理、网络管理、数据库管理、知识管理等。

工业信息化软件开发也需要大量的复合型工业信息化人才。

工业信息化人才的知识结构最好是 T 字形结构，如图 3-28 所示。一方面，具有较宽的知识面，包括信息技术、工程技术和管理技术等；另一方面，在某方面有较深的钻研，能够独当一面，知道具体事情怎么做。

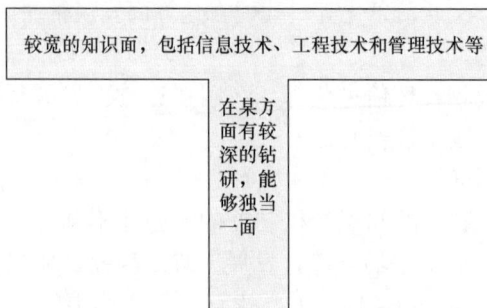

图 3-28　工业信息化人才的知识结构

对工业信息化人才的知识结构的需求是：

① 至少会用一种计算机语言编写有一定复杂度的程序。

② 知道怎样对企业的功能、过程和信息建模。

③ 比较深入地了解企业的组织和业务过程以及信息化对它们的影响。

④ 知道产品和制造过程是如何设计的，生产是怎样进行组织的。

⑤ 知道现代制造系统的新模式、新的管理方法。

⑥ 了解信息系统的集成、安全等方面的技术。

⑦ 知道信息系统的实施方法。

2. 工业信息化人才的职业岗位

1）信息主管（Chief Information Officer，CIO）

20 世纪 80 年代前后，一些发达国家的政府部门和企业中相继出现了一个引人注目的新职位——信息主管。

信息主管在不同企业往往有不同的称呼，如信息中心主任、计算机应用研究所所长、信息技术主管、信息系统主管、信息服务主管、企业软件公司总经理等。

其主要职责是负责整个企业的信息化推进工作，做好信息中心的日常管理工作，确保业务计划的完成；主持公司各种数据的统计与汇总工作，为决策提供服务；做好公司计算机软、硬件管理工作，推动公司计算机管理工作的持续发展。

CIO 已不再单单是技术角色，而是技术加管理的综合角色，是精于技术的业务经理。许多 CIO 拥有副总经理头衔，他们需要考虑如何通过 IT 的投资为企业带来高回报率，主要包括：

① 加速业务增长：缩短产品上市时间；完善业务决策过程；改善客户关系；增加收入；扩大市场份额；提高营利能力。

② 降低成本：降低 IT/业务成本；提高企业运行效率；提高投资回报。

③ 降低风险：最大限度降低 IT/业务风险；提高法规遵从能力；加强内部控制，完善决策过程。

CIO 应帮助其他业务部门了解 IT 部门的职责，并使他们明白 IT 部门可以使其工作更有效率，更具成本效益。

2）企业信息管理师

我国人力资源和社会保障部为了开展企业信息管理师职业资格培训和全国统一鉴定工作，参照企业 CIO 的岗位职能设计了企业信息管理师国家职业标准，将企业信息管理师定义为"从事企业信息化建设，并承担信息技术应用和信息系统开发、维护、管理以及信息资源开发利用工作的复合型人员"。该职业的基本特征是"既懂经营管理又懂信息技术，具备复合型、综合性的知识和能力"。

该标准包括基础知识部分和六大职业功能模块（信息化管理、信息系统开发、信息网络构建、信息系统维护、信息系统运作、信息资源开发利用）。基础知识部分包括信息技术基础、企业管理基础和法律法规基础三部分内容；六大职业功能模块均按级别划分为工作内容、技能要求和相关知识三部分内容。

企业信息管理师职业的从业人员主要包括：

① 从事信息化建设的企（事）业单位的信息主管（CIO）或主管副总、信息中心主任、相关职能部门负责人以及有关信息管理人员。

② IT 公司从事有关企业信息化建设的规划、实施和咨询服务的专业人员。

③ 大专院校信息管理与信息系统专业以及其他管理或技术专业的应届本科毕业生、在读研究生。

④ 有志于企业信息化建设事业的社会其他人员。

3）知识主管（Chief Knowledge Officer，CKO）

（1）知识主管的职能
了解企业的环境和企业本身，理解企业内对知识和创新的需求。

① 负责全面的知识管理，绘制企业知识地图，管理企业的知识财富。

② 设计和管理企业的知识结构，包括知识库、人力资源、知识资源、专利和标准、技术中心。

③ 负责与知识的外部供应商的联系和合作。

④ 设计并管理企业技术创新的活动和环境。

⑤ 协调知识管理项目的实施。

⑥ 监督并保证知识库内容的质量、深度、风格，并与企业的发展相一致。

⑦ 保证知识库和知识管理系统的安全、正常运行。

⑧ 评价和完善企业内的技术创新和知识使用过程。

⑨ 建立和造就一个能够促进学习、积累知识和知识共享的环境，使每个人都认识到知识共享的好处，并为企业的知识库做出贡献。

⑩ 支持知识集成，促进知识应用，推进企业的技术创新。

⑪ 寻找利用团队的知识方法来帮助团队成长发展，了解知识团队的技能和资格，创造一种团队文化氛围（具有共同的价值观，使信息能有效流动，并且能相互交流知识）。

（2）对知识主管的要求

对知识主管的要求是：

① 在知识管理的某些方面具有丰富的经验，包括知识的创新、传播和应用。

② 熟悉知识型企业的运作和知识管理方法，如知识库和群件。

③ 善于合作与交际，善于与知识型员工合作，精力充沛、宽以待人并注重实效。

④ 一流的激励大师，对知识、对激励人都充满热情，具备展示高水平的知识和解说成功案例的能力。

⑤ 开阔的眼界、思想和学识，与知识型员工有共同语言。

⑥ 在技术、人力资源和企业发展领域都能挥洒自如。

⑦ 以目标为导向，对变革感兴趣，既不能过于谦虚，也不应自命不凡。

4）信息化咨询师

对信息化咨询师的要求是：

① 具备信息化实施与应用经验。

② 了解某一行业的工程背景、业务流程。

③ 熟悉信息化需求分析、信息系统的架构分析，了解信息系统的体系结构。

④ 思维敏捷，逻辑分析能力强，具备较强的研究能力和文章撰写能力。

⑤ 具有高度的敬业精神、团队合作精神及学习能力。

⑥ 较强的沟通和组织能力。

3. 复合型工业信息化人才培养

1）高校培养

如果考察企业现有的复合型工业信息化人才，可以发现来自理工科各个专业的都有，极少量的来自文科专业。因为，企业经常安排一些专业较好的工程人员负责或参与信息化工作。

高校有许多专业特别适合复合型工业信息化人才的成长，例如，工业工程、机械制造及其自动化、自动化等。

2）企业复合型工业信息化人才培养服务

企业复合型工业信息化人才是有不同层次的。

第一层次是企业 CIO（信息主管），全面负责企业信息化的企业实践。对于 CIO 而言，需要的培训是高层次的，除了经常组织信息系统供应商介绍新的系统外，更需要为 CIO 之间的信息交流提供必要环境。

第二层次是企业部门的信息化负责人，全面负责企业部门的工业信息化的企业实践，有较强的组织能力。可以由对企业信息化很熟悉的业务骨干担任。对他们来讲，同行之间的相互学习、有关信息系统及供应商信息的沟通、培训是很重要的。

第三层次是企业信息化的实施骨干，他们一般同时是企业的业务骨干，对信息化比较热爱、用心，学习能力强。主要通过企业内组织的培训帮助他们了解和应用信息系统。

第四层次是企业信息化的参与者。通过适当的信息化培训，使企业专业人员能够很快掌握一些信息化工具，具有信息系统应用的能力。部分企业专业人员对信息系统的管理甚至开发比较感兴趣，又有这方面的学习能力，可以承担起企业信息化的骨干及负责人的角色。

参 考 文 献

[1] 吴澄. 现代集成制造系统导论 [M]. 北京：清华大学出版社，2002.

[2] 顾新建，纪杨建，祁国宁. 制造业信息化导论 [M]. 杭州：浙江大学出版社，2010.

[3] 谭建荣，顾新建，祁国宁，等. 制造企业知识工程理论、方法与工具 [M]. 北京：科学出版社，2008.

[4] 成思危，焦立坤. 中国技术对外依赖度超 50% [N]. 北京晨报，2006 年 5 月 25 日.

[5] 顾新建，祁国宁，谭建荣. 现代制造系统工程导论 [M]. 杭州：浙江大学出版社，2007.

[6] 胡红军. 信息化融合工业化　钢铁行业发展进入新时期 [N]. 经济日报，2009 年 8 月 13 日.

[7] 檀润华. 创新设计——TRIZ：发明问题解决理论 [M]. 北京：机械工业出版社，2002.

［8］祁国宁，等．图解 PDM［M］．北京：机械工业出版社，2005.

［9］工信部：完成七大重点行业两化融合评估报告［J］．中国信息化，2010，(13)：8.

［10］杜莹．漆永新：一场绿色的战役［J］．中国制造业信息化，2010，(7)：12～14.

［11］顾新建，祁国宁．知识型制造企业［M］．北京：国防出版社，2000.9.

［12］任正非．华为公司的核心价值观［J］．中国企业家，2005，(18)：3～20.

［13］尼古拉斯·卡尔（美）．IT 不再重要-互联网大转换的制高点——云计算［M］．闫鲜宁译．北京：中信出版社，2008.

［14］李云飞．企业信息化演进模型研究［N］．经济日报，2001 年 10 月 12 日.

［15］刘峥毅．完善以企业为主体的技术创新体系［N］．科学时报，2005 年 10 月 12 日.

［16］吴晓波，倪义芳．二次创新与我国制造业全球化竞争战略［J］．科研管理，2001，(3)：43～52.

［17］付明星．韩国知识产权政策最新动向（之一）［N］．中国知识产权报，2010 年 3 月 20 日.

［18］忠清．韩国六大举措力推知识产权战略［N］．中国知识产权报，2009 年 8 月 31 日.

［19］屈小娥，袁晓玲．中国工业部门能源消费的面板协整分析［J］．工业经济研究，2008，(6)：10～15.

［20］顾新建，祁国宁，陈子辰．网络化制造的战略和方法［M］．北京：高等教育出版社，2001.

第4章 工业信息化关键共性技术及其发展预见

工业信息化技术包括两个主要组成部分:

① 工业产品的信息化;

② 工业产品制造和使用/服务过程的信息化。

本章将对 10 项工业信息化关键共性技术的技术概况、发展历史、存在问题、近期可能产生的重要进展进行分析,并提出对其未来 5～10 年的技术发展预见。

4.1 智能设计/制造信息化技术

4.1.1 技术概况

智能设计/制造信息系统是一种由智能机器和人类专家共同组成的人机一体化智能系统,它在制造过程中能进行智能活动,诸如感知、分析、推理、判断、控制、构思和决策等。通过人与智能机器的合作共事,去扩大、延伸和部分地取代人类专家在制造过程中的脑力劳动,提高制造水平与生产效率。它把制造自动化的概念更新,扩展到柔性化、智能化和高度集成化[1]。

智能设计/制造信息化理念建立在自组织、分布自治和社会生态学机理上,目的是通过设备柔性和计算机人工智能控制,自动地完成设计、加工、控制管理过程,旨在解决高度变化环境下制造的有效性问题。随着网络技术的发展,特别是物联网技术的发展,智能设计/制造信息化朝更高阶段发展,如智慧设计/制造、U-设计/制造、新一代智能设计/制造、泛在智能设计/制造等。

从系统层次考察,智能设计/制造信息系统具有不同层次,依次包括智能制造单元、智能生产线、智能车间、智能企业、智能供应链等。

从物流角度考察,智能设计/制造信息系统主要分智能离散制造系统(如汽车装配智能生产线)和智能连续制造系统(如化工产品智能生产线)。

从智能化程度考察,设计/制造信息系统智能化是一种渐进的过程,可分为初级、中级和高级几个阶段,从以人为主要决策核心的人机和谐系统向以机器为主体的自主集成和运行转变。

智能设计/制造信息化技术是实现智能设计/制造信息系统的关键技术,主要包括:

（1）基于自学习功能的设计技术

能够将设计过程中的经验和教训沉淀下来，并进行有序化，在进行新产品设计时，能够将相关知识主动推送给设计者。

（2）智能人机交互技术

突出人在设计/制造过程中的核心地位，帮助高素质、高智能的人发挥更好的作用，充分发挥出人的潜能，计算机智能和人的智能集成在一起，使人机之间表现出一种平等共事、相互"理解"、相互协作的关系。

（3）智能信息和系统集成技术

通过应用云计算、Web 服务、本体、XML、物联网、3G/4G 等技术，将各种异构系统、不同企业人员中的信息快速集成在一起，使企业信息流畅通，提高设计/制造效率。

（4）智能决策支持技术

对企业各种数据和信息进行智能分析和挖掘，结合企业知识库，自动发现问题，提出解决方案，帮助企业领导和员工进行决策。对企业外部和内部的变化作出快速反应，以最合适的方式进行应对，使制造过程保持稳定或适应这种变化。

（5）智能知识有序化技术

利用 Web 2.0 技术，为员工提供方便的系统接口，支持员工知识发布、阅读、评价、应用等行为；对这些行为进行自动跟踪、统计、分析和排名，并根据排名赋予员工不同的评价权重，使知识评价更加合理；自动分析员工在信息系统中的行为，积累知识；自动统计、分析知识库中的知识价值及关联关系，在此基础上，对知识进行有序化；将知识主动推送给需要知识的员工。

（6）智能 3D 零部件库技术

利用 Web 2.0 技术，由零部件供应商协同建立和优化基于 Web 的 3D 零部件库；建立零部件信息关联模型及智能搜索系统，支持设计师快速搜索和下载 3D 零部件模型，进行新产品设计和仿真测试；由产品需求主动推送相关零部件供选择，由所选择的零部件信息主动推送相关零部件（如选择了螺栓，系统主动推送可匹配的各种螺母和垫圈）；设计信息快速关联零部件供应商，开展协同制造。最终达到优化制造资源、降低成本、缩短制造周期、促进产品低碳化的目的。

（7）实时信息流的智能化处理技术和融合技术

对获取的海量数据进行实时处理、分析和挖掘，并以可视化的方式展示其结果，为不同用户提供个性化的数据分析结果。对工业过程实时信息流的智能化处理和融合，为工业系统监控模型、决策管理提供准确反馈信息的必要手段，为工业生产系统提供实时高效，安全可靠的保障。

（8）智能调度与管理技术

根据现场数据和分析结果，针对优化目标，对各种任务、刀具、装备、物流和人员进行调度，尽可能在已有约束条件下满足生产需求。并能根据环境变化，快速反应，提出最佳应对方案。

（9）智能质量管理技术

对制造质量问题自动监控，及时发现潜在的质量问题，自动分析质量问题并提出优化的解决方案。在可视化环境下，实现自动化生产线的设备诊断、报警、校准、记录跟踪等功能，提高维护效能和生产安全性。

（10）智能制造系统可重构技术

根据需要，快速重构智能生产线，进行新产品制造。智能生产线中的各组成单元能够依据工作任务的需要，自行组成一种最佳结构，其柔性不仅表现在运行方式上，而且表现在结构形式上。采用分布控制技术，其基本思想是分散控制、集中操作、分级管理、配置灵活、组态方便。采用现场总线控制技术，其特点是开放性、互操作性和互用性。

（11）生产全流程智能优化技术

对生产过程进行自组织和智能化，实时动态调整系统模块和过程参数，以适应实际生产目标调整和工况变化，对生产全流程节能减排进行智能优化控制，实现全流程优化运行，最终实现制造系统的自治控制。

（12）供需匹配智能优化技术

基于 Web、本体、XML 等技术，自动搜索所需要的零部件，用于快速、低成本组合新的产品；自动集成和综合供应商的报价，给出产品的报价和交货期；帮助快速设计和制造出低碳化的产品；能够知道供应商的供应商的信息，零部件供应商也清楚知道整机企业的需求；能够充分利用已有的零件和制造能力，降低协同制造的成本，降低产品的造价，缩短交货期，提高质量，快速响应市场的需要。

4.1.2　应用案例

1. 宁夏小巨人的智能化工厂

宁夏小巨人公司是中国和日本合资，由日方控股的一个大型机床厂，是日本山崎马扎克（MAZAK）公司在中国建立的中高档数控机床生产基地。公司完全引用了马扎克智能网络化工厂（CYBER FACTORY）的构建理念，以马扎克最先进的生产装备和软件管理系统，建立起智能网络化的生产环境。

小巨人公司的智能化工厂拥有大件加工线、中小壳体加工线、轴承及盘类零件加工线、精密加工线、部件装配线、涂装作业线、总装作业线等多条种类齐全的自动化生产线，同时还建造了全自动立体仓库、精密检测室，以及恒温超净室，用于机床主轴部件、主轴箱部件、换刀部件等精密部件的装配及无故障考核试验①。

小巨人公司实现了加工过程柔性化、数字化、精益化；管理网络化、信息化、智能化。从接到订单到发货，物流及信息流通均能迅速准确完成，并实现高效率的生产运营。

小巨人公司采用 MRP 和 CPC（智能生产中心）系统，集成了制造过程、质量保证、成本管理、物流管理，有效控制了整个制造过程，从而实现了智能化生产。将 CPC、MRP、CAD 系统以及互联网在线服务系统通过局域网连接在一起，构成了整个工厂的管理网络系统，通过共享数据库采用最新信息对工厂进行实时管理，提高了工厂运作效率，有效保证产品质量和交货期，及时为用户提供维修服务和技术支持。

CPC 系统具有智能编程、智能排序管理、智能刀具管理和智能监控 4 个模块②：

（1）智能编程系统 CAMWARE

智能编程通过一些非常简单的操作，把 CAD 图纸和一些相关的信息转换成加工程序，免除了繁琐的 NC 编程。在编程的过程中，还提供了后续制造过程需要的基础数据，如加工设备信息、加工周期和刀具信息、加工程序等内容，为后续生产进行生产准备提供了必要的信息。

（2）智能排序（Cyber Scheduler）

通过智能排序管理模块，可以比较方便地通过 MRP 系统输出的制造订单以及从 CAMWARE 传来的程序，准确得到每道工序的加工时间和加工设备信息，从而迅速地编制出生产计划，确定交货期。系统生成的生产计划通过网络直接发送到每台机床，操作者可以在第一时间了解自己的工作内容和计划，以及计划的变动情况。计划的调整通过鼠标的拖拽即可轻松完成，并实时下发到相关的操作人员。同时，这个生产计划既可以通过计算机自动编排，也可以由管理人员手工干预。当出现紧急情况时，可以人工插入另一个生产计划，就会把其他的工作自然向后推延，使整个管理工作非常便利、科学、准确。

（3）智能刀具管理

智能刀具管理（Cyber Tool Management）系统实现了对机床刀库内刀具数

① 《宁夏小巨人：智能网络机床制造的梦工厂》，http://www.gkong.com，2010 年 8 月 23 日。
② 《小巨人公司：数字化制造与现代化管理》，http://www.newmaker.com/art_33760.html，2009 年 6 月 2 日。

据及状态的远程监控。根据 CAMWARE 提供的刀具信息和智能排序提供的任务信息，可以自动计算完成明天的任务所必需的刀具清单，包括每把刀具需要使用的时间。该模块提供了设备名称和编号、刀具的尺寸和类别、刀套的编号、刀具图形的示意图、刀具允许的最低功率、刀具允许的极限转速、刀具的寿命，还有刀具已经用过的时间等。有了这些信息，就可以非常方便地对该刀具事先进行相应的准备，自动计算出完成该项任务所需要的刀具清单。这样可以大大降低刀具的准备工作量。

（4）智能监控（Cyber Monitor）

在小巨人公司，所有的生产设备都相当于一个图标，每个管理者的计算机都可以看到这些图标以及图标所代表设备的运行状态。鼠标双击任意一台设备的图标，可以显示主轴速度、程序编号、工件计数等更详细的信息。同时，还可以自动记录设备的开动时间。大幅度降低了生产过程中的非加工时间，从而有效提高了生产效率，实现了作业日程安排、工艺管理、生产准备以及数控机床运行状态的监控，使生产全过程控制实现了由车间级细化到每台数控机床，保证了生产进度和生产成本控制，使机床利用率大幅提高。

2. 奥迪的全数字化工厂①

奥迪的全数字化工厂（新奥迪总装车间）于 2008 年 6 月 6 日在长春奠基，总投资约 10 亿元人民币，占地 81610 平方米，将生产包括全新奥迪 A4L、奥迪 Q5 及其衍生车型在内的奥迪全新一代车型，目前年产能达到 10 万辆。

奥迪的全数字化工厂将数字化管理理念融入到总装流程的各个部分，包括领先环保的厂房规划、柔性化生产、有序高效的数字化物流、更为可靠的数字化质保等[2]。

（1）数字化的物流管理体系

奥迪的全数字化工厂通过数字化的物流管理体系、庞大的物流超市，打造了一个井然有序的零部件物流供应体系，保证零部件物流体系的有序、可控和高效。

18960 平方米的物流超市中存放小尺寸零件的部分采用了国际最先进的 Pick to Light 管理系统，物流人员只需通过扫描装配单，货架上的指示灯就能够自动提示需要分拣的零部件储存位置，确保了零件分拣、供应过程的"零错误"。而通过有序高效的数字化物流，新奥迪总装车间的生产线边准时化供货零件储备周期仅 2 小时，超出时限的零件被运走，保证了生产环境的整洁，生产效率进一步提高。

---

① 《秘密工厂首度开放　参观奥迪数字化工厂》，中华网汽车，2010 年 10 月 20 日。

（2）柔性化生产

根据动力总成的不同、电气系统配置的不同、颜色的差异，目前奥迪 A6、A4、Q5 三大系列车型已经演变出 1000 多个品种。

奥迪的全数字化工厂采用了大量与德国同步的计算机技术，生产全线使用了数字化控制和管理，具有更高的生产精度和生产效率，实现了柔性化生产。经销商的订单与零部件供应商、物流系统、生产线链接在一起，供应商要按照奥迪的要求，在 27 分钟内可以将不同车型的零部件送到相应的车位上。

（3）智能质量控制系统

奥迪的全数字化工厂中，产品质量得到最大限度的保障。以螺栓为例，一辆车 80% 以上的连接是靠螺栓，在全数字化工厂里有一套专门的螺栓联网系统，把每个关键力矩，都按照大众公司的统一标准记录并连接到一个网络，存储在专门服务器的管理系统中。记录数据包括螺栓拧紧的时间、拧紧之后的最终力矩、合格的公差范围等。这些数据将被保存 15 年，即在这辆车的生命周期内，所有生产过程的质量控制数据都是可追溯的。另外，汽车电器件的连接、液体的加注量、密封性等都由信息系统记录和控制。

如果某个螺栓不合格，相关设备首先会报警。如果员工没有发现设备报警，不合格品流到下一个工位，在每一线最终质量检测工位上，员工只要用专用的扫描仪扫一下整车的识别号，不合格的部件依然会被检测出来。即便在这一关也被疏忽了，最后系统也不会给这辆整车打印合格证，因为最后系统还要查整车数据库中所有的螺栓是否正确被拧紧，是否按照要求加注了所有的润滑液体。

在全数字化工厂里，质量控制完全是通过信息系统来实施的，人为的疏漏或者遗忘几乎都无隙可钻，影响不到整车的质量。

4.1.3　发展预见

1. 智能设计/制造的出现是技术驱动和需求拉动双重作用的结果

智能设计/制造系统的技术驱动主要表现为：

（1）信息技术是智能设计/制造系统的基础

信息的获取、集成、控制能力对智能制造系统的影响最为关键。物联网等的发展导致"智慧地球"概念和模式的出现。同样，物联网、云制造、Web 2.0、现代通信技术等新一代信息技术的发展将使制造系统的智能化程度显著提高，甚至会产生全新的制造系统模式。

（2）知识工程和人工智能技术是智能设计/制造系统的核心

智能设计/制造系统需要对海量数据进行分析和知识挖掘，需要获得形式化和规范化后的人类知识，需要进行科学和高效的推理。

智能设计/制造系统的需求拉动主要表现为：在个性化、绿色化、高端化和全球化市场压力下，在制造业信息化大潮的推动下，智能设计/制造系统的应用需求越来越广泛和迫切，其智能性越来越高，系统的规模越来越大，从装备、单元、车间制造系统的智能化向供应链和企业间集成的智能化方向发展，从片面强调无人化向人机一体化方向发展，从自上而下、集中式的制造模式向自下而上、分布化的制造模式方向发展。

2. 智能设计/制造系统的发展趋势

① 有害环境中的无人化制造。例如，汽车喷漆、焊接等生产线。

② 人的能力难以满足要求情况下的智能制造。例如，大规模集成电路生产线。

③ 对复杂环境快速反应的智能制造。例如，大型石化企业的智能生产线；又如，国际计划项目"智能制造系统"中研究的"生物型制造"模式。

④ 高效率、高柔性的智能制造。例如，日本正在研究制衣机器人组成的服装智能生产线，希望能够在效率上超过工人；又如，国际计划项目"智能制造系统"中提出的"全息制造"模式。

⑤ 资源最省、成本最低、效率最高的智能制造。例如，美国提出的敏捷制造模式。

⑥ 和谐友好的智能制造。例如，德国德累斯顿市的大众汽车的"透明"工厂以一种完全开放式的姿态面对城市的社会和文化生活，将技术和传统、生活和工作达成一种类似透明的协作关系。客户可以根据自己的个人喜好自由选择各种配置和装饰来定制一辆轿车，并且能够亲眼目睹自己定制的新车一步一步走下生产线。

在智能设计/制造系统研究方面，我国与美日德等发达国家相比差距较大，主要表现为智能设计/制造系统的研究和实现还停留在较低级的阶段，智能化程度较低，关键系统依赖进口。

3. 智慧设计/制造——智能设计/制造的高级阶段

IBM 提出了智慧地球、智慧的电力、智慧的供应链等设想。智能设计/制造系统也将是一种智慧设计/制造系统。

智慧设计/制造的定义：智慧制造是基于泛在网络，在充分发挥人和信息技术作用的基础上，依赖和发挥企业及员工的集体智慧，合理高效利用现有资源，开展技术创新、绿色制造、大规模定制的先进制造技术和系统。智慧设计/制造系统是多粒度的系统：元件、部件、整机、车间、企业、供应链、网络（创新、制造、管理网络），如图 4-1 所示。

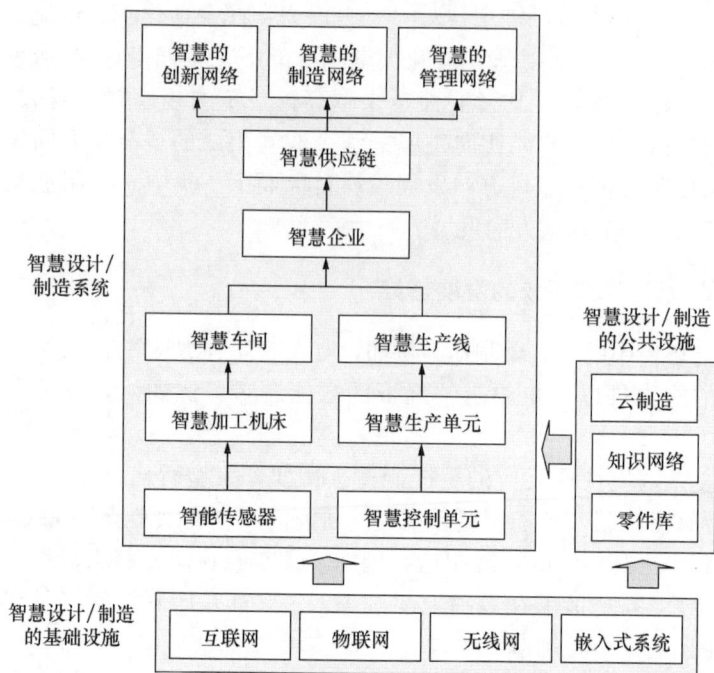

图 4-1　智慧设计/制造的体系结构

　　智慧设计/制造的需求：与构建和谐社会、感知中国、智慧地球、智慧城市、智慧供应链、智慧企业、智慧校园等发展战略相呼应，利用泛在网络带来的历史性机遇，突破中国创新能力薄弱、人均资源贫乏、污染问题日益严重等瓶颈问题，使中国的制造业可持续发展。

　　智慧设计/制造的特点主要是[3]：

　　（1）更透彻的感知

　　① 企业对其内外环境具有十分强大的感知能力，能够通过感知网络快速感知与企业相关的各种信息。感知网络的基础是泛在网络。

　　② 感知网络汇集了来自各企业和用户、各种设备和系统的信息。

　　③ 感知网络为不同企业服务，使企业所感知的信息的范围扩展、深度加深，信息的"搜全率"和"搜准率"有极大的提高。

　　（2）更广泛的互联互通

　　企业能够通过泛在网络（互联网、无线网和物联网），实现企业内外信息互联互通，用户的需求得到精准和及时的满足，资源得到充分利用，工作效率得以实现最大化，各种浪费被控制在最低限度，节能减排取得巨大成功。

（3）更深入的智能化

① 海量数据和信息的知识化；

② 海量知识的价值和关系清晰化；

③ 不同学科的知识融合化；

④ 人机协同的有机化；

⑤ 产品创新和过程创新的高效化；

⑥ 面对复杂环境变化的自组织化；

⑦ 有效利用外部资源的协同化。

4. 智慧设计/制造的共性关键技术

图 4-2 描述了智慧设计/制造的共性关键技术及分类。

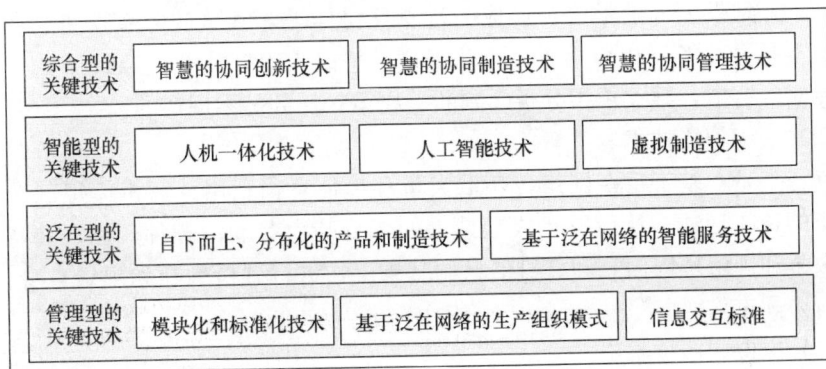

综合型的 关键技术	智慧的协同创新技术	智慧的协同制造技术	智慧的协同管理技术
智能型的 关键技术	人机一体化技术	人工智能技术	虚拟制造技术
泛在型的 关键技术	自下而上、分布化的产品和制造技术		基于泛在网络的智能服务技术
管理型的 关键技术	模块化和标准化技术	基于泛在网络的生产组织模式	信息交互标准

图 4-2　智慧设计/制造的共性关键技术及分类

1）综合型的关键技术

（1）智慧的协同创新技术

其特点是：基于泛在网络，充分依靠广大科技人员和其他员工的聪敏才智进行创新，并且通过知识共享、协同创新，形成合力。所有人在知识共享和创新中的贡献和水平一目了然。

（2）智慧的协同制造技术

其特点是：基于泛在网络，实现制造的高度分工专业化，实现产品和零件的高度模块化和标准化，实现产品和零件信息的充分共享，在此基础上，支持产品的协同设计和制造，降低制造成本，缩短产品制造周期，更好地满足用户的多样化和个性化需求。

（3）智慧的协同管理技术

其特点是：基于泛在网络，对车间层、企业层和供应链层分别进行协同管理，实现用户需求的清晰化，实现制造过程信息的高度透明化，实现产品销售信息和库存信息的高度实时化，实现产品服务、维修和回收处理过程的信息化，实现人力资源管理的信息化和智慧化，实现财务、成本等信息的集成化，在此基础上，支持车间、企业和供应链的高效管理，降低管理成本，防止各种投机取巧现象的发生，更好地满足用户在产品生命周期中不断变化的需求，满足员工自我价值实现的需求。

2）智能型的关键技术

（1）人机一体化技术

其特点是：基于泛在网络，充分发挥人机的各自优势，取长补短，紧密集成，实现人机一体化；突出人在制造系统中的核心地位，同时在智能机器的配合下，更好地发挥人的潜能，形成一种相互协作平等共事的关系，使二者在不同层次上各显其能，相辅相成。目前来说，想以人工智能全面取代制造过程中人类专家的智能，独立承担分析、判断、决策等任务是不现实的。

（2）人工智能技术

其特点是：基于泛在网络，获取大量环境信息，利用计算机模拟制造业人类专家的智能活动，从而取代或延伸人的部分脑力劳动；各种产品、装备、系统在收集和理解环境信息和自身信息的基础上，进行分析判断和规划自身行为，并进行协同工作。

（3）虚拟制造技术

其特点是：基于泛在网络，获取大量环境信息，在产品设计阶段就模拟出该产品的整个生命周期，从而更有效、更经济、更灵活地组织生产，使产品开发周期最短、产品成本最低、产品质量最优、生产效率最高。

3）泛在型的关键技术

（1）自下而上、分布化的产品和制造技术

图 4-3 描述了智慧设计/制造中的自下而上、分布化的产品，以及制造模式和技术。

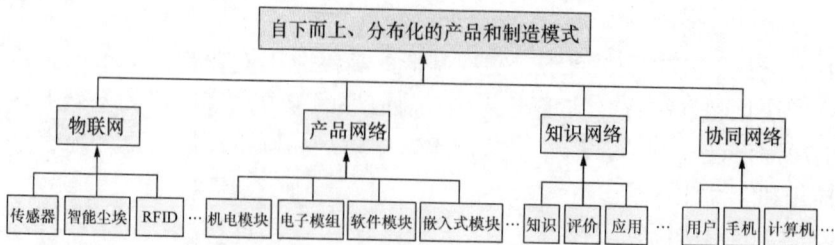

图 4-3 自下而上、分布化的产品和制造模式和技术

其特点是：基于泛在网络，由各种单元、模块、应用、信息、知识、终端、人员自下而上地形成物联网、产品网络、知识网络和协同网络等。

智慧设计/制造中的组成单元具有"自主性"与系统整体的"自组织能力"，其基本格局是分布式多自主体智能系统。智慧设计/制造系统中的各组成单元能够依据工作任务的需要，自行组成一种最佳结构，使其柔性不仅表现在运行方式上，而且表现在结构形式上，所以称这种柔性为超柔性，类似于生物所具有的特征，如同一群人类专家组成的整体。这些单元的特点是：

① 自治性，每个单元可以对其自身的操作行为作出规划，可以对意外事件（如制造资源变化、制造任务要求变化等）作出反应，并且其行为可控；

② 合作性，每个单元可以请求其他单元执行某种操作行为，也可以对其他单元提出的操作申请提供服务；

③ 智能性，单元具有推理、判断等智能，这也是它具有自治性和合作性的内在原因。

（2）基于泛在网络的智能服务技术

其特点是：基于泛在网络，企业能够迅速从海量的数据中找到用户所需信息，为用户提供所需要的智慧设计/制造服务；企业能够为海量的用户提供"一对一"的个性化智慧设计/制造服务；企业能够跟踪产品的全生命周期，为用户提供全程智慧设计/制造服务；使企业能够为用户提供远程智慧设计/制造服务，提高服务的响应能力；让用户参与产品设计、跟踪产品的生产和物流的各个环节。

4）管理型的关键技术

（1）基于泛在网络的生产组织模式

其特点是：基于泛在网络的信息服务主要以人为中心，人对所面对的系统的超系统和子系统的情况有快速而透彻的了解，注重充分发挥人的积极性；强调以过程为中心组织基于泛在网络的信息服务，面向产品、知识、协同等的全生命周期。

（2）产品模块化和标准化技术

智慧设计/制造需要实现信息的互联互通、知识的集成，因此需要对产品和过程进行模块化和标准化，对各种信息和知识的描述进行标准化，以提高系统集成的效率。建立面向智慧设计/制造的统一的产品模型的难点是：涉及的制造企业和产品模型太多、产品模型的用户太多、用户的需求变化太快，传统的产品模型建模技术难以满足要求。

（3）面向智慧设计/制造的统一的信息交互标准

不同行业、不同产品、不同企业、不同过程和环节往往有不同的信息交互标准。在智慧设计/制造中，为了尽可能减少信息交互中标准不一致所带来的问题，需要建立统一的信息交互标准。建立面向智慧设计/制造的统一的信息交互标准的难点是：涉及的行业、产品、企业、过程和环节太多，信息交互的需求变化快。

4.2　先进企业生产组织模式及管理信息化技术

4.2.1　技术概况

1. 发展历程

随着信息技术的不断发展，企业的生产组织模式也在不断发生变革。信息技术在组织经营活动中的应用促进了生产组织模式的发展与变革，导致产生新的生产组织模式，使信息技术的潜在生产力能够得到更好的发挥。不同的生产组织模式对管理信息化技术与系统有不同的要求，在信息技术的支持下，开发与生产组织模式相适应的企业管理信息化技术和系统能够帮助企业提升管理水平，建立竞争优势。

企业生产组织模式的变革与信息技术的发展水平密切相关，图 4-4 给出了信息技术发展与企业生产组织模式变化的关系图。从图中可以看出，随着信息技术从计算机单机到局域网再到互联网的发展与应用，企业生产组织模式经历了从自动化生产、计算机集成制造系统（CIMS）到并行工程、大批量定制和敏捷制造的变革过程；随着工作流和协同技术的发展，出现了供应链管理（SCM）和产品生命周期管理（PLM）的跨企业协作生产组织模式；近些年来，伴随着云计算、无线射频识别（RFID）、无线传感器网络（WSN）和移动技术等信息技术的发展和应用，企业生产组织模式正在向面向服务的企业（SOE）和业务生态系统的模式发展。

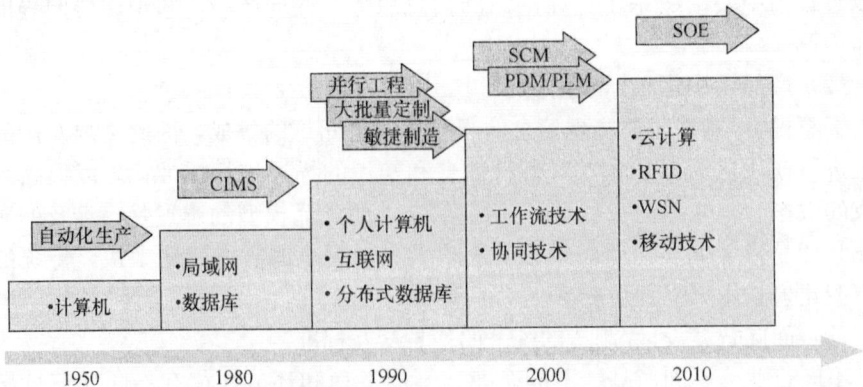

图 4-4　信息技术与生产组织模式的发展历程

与生产组织模式的不同发展阶段相适应，管理信息化技术和系统也从物料需求规划（MRP）发展到制造资源计划（MRP Ⅱ）和企业资源计划（ERP），进一步发展到供应链管理（SCM）和客户关系管理（CRM），目前正在向协同商务和协同服务的方向继续发展，如图 4-5 所示。

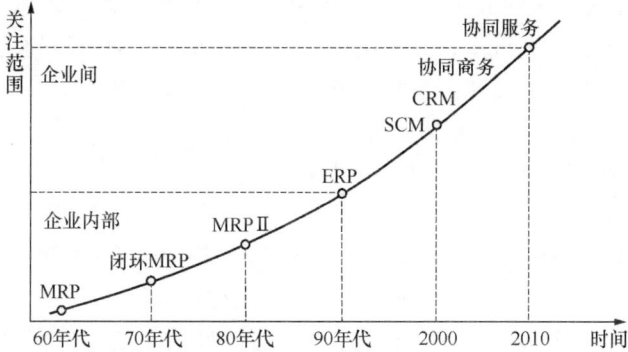

图 4-5　管理信息化技术发展历程及其预见

工业化初期（18 世纪 60 年代以前），产品制造主要是手工单件生产方式，每个制造部门基本上都是一个独立的手工作坊，没有建立专门的组织管理机构。18 世纪 60 年代开始，产生了以机器为基本手段的工厂。进入 20 世纪，制造业成为一个重要的产业，其主要生产模式是"少品种单件小批量生产"。20 世纪 20 年代，亨利·福特开创了机械自动流水线生产，产生了"少品种大批大量生产"的模式，又称为底特律式自动化模式，这种制造模式极大地提高了生产效率和产品产量，成为各国纷纷仿效的制造生产模式，促进了制造业从手工单件生产模式向大批量生产模式的转换[4]。大批量生产模式的主要特征是：少品种大批量生产、一体化的计划管理体系，金字塔式的多层次垂直领导和严格的产品节拍控制，其市场特征与少品种单件小批量生产模式相同，市场工业品匮乏，产品供不应求。

20 世纪 60 年代，随着计算机技术的出现与应用，在制造企业开始进行信息化的单机应用。这一阶段（20 世纪 70 年代中期以前），企业的信息技术应用水平还较低，所开发的信息应用功能也比较简单，主要支持部门内部和个人的事务性工作，如财务记账、生产计划制定、采购物料数量品种计算、库存统计和计算机辅助绘图等。单机应用将人类从烦琐的事务性工作中解放出来，在很大程度上提高了劳动效率。

随着大批量生产模式的发展与普及，企业生产规模不断扩大、专业化程度进一步提高，部门间的协调管理工作日益复杂。单机的应用无法解决部门间的协调问题，因此对跨部门的信息共享和集成提出了新的需求。

　　计算机网络和数据库技术的出现使不同计算机之间的数据通信和数据共享成为可能，为解决部门间的信息沟通提供了技术手段。在计算机网络和数据库技术的支持下，20世纪70~80年代中期，企业信息技术应用进入部门间的集成应用阶段，企业开始应用集成化的制造资源计划（MRPⅡ）系统和CAD/CAPP/CAM集成系统。20世纪70年代中期，计算机技术开始植入机床，形成了计算机数控（CNC）机床，并运用现代信息技术将各种功能的机床联结起来，形成柔性制造系统（FMS）。在此基础上，20世纪80年代初，通过将管理信息系统（MIS）、工程设计集成系统（EDIS）和制造自动化系统（MAS）的集成，产生了计算机集成制造系统（CIMS）的概念和技术[5]。CIMS的理想运行方式是在正确的时间、以正确的方式、将正确的信息传递给正确的人，从而帮助管理者进行正确的决策。计算机集成制造（CIM）、制造资源计划（MRPⅡ）、产品数据管理（PDM）等为代表的企业范围内的集成应用表明，信息技术的应用已经从支持功能事务处理阶段发展到支持流程集成与流程管理的业务处理阶段。

　　20世纪80年代后期，个人计算机和互联网技术飞速发展。个人计算机作为一种信息处理工具在企业界逐渐得到广泛应用，同时分布式数据库技术得到发展并开始在企业界应用。这些技术的发展为实现企业之间的协作提供了技术保障。在这种情况下，企业越来越着眼于横向协作生产，并行工程、大批量定制和敏捷制造等新型制造模式应运而生。并行工程以流程为核心，打破原有职能界限和任务划分，尽可能将由不同职能部门的不同专业人员完成的工作集合起来，合成单一任务。大批量定制旨在根据客户的个性化需求，以大批量生产的低成本、高质量和高效率提供定制产品和服务。敏捷制造强调企业要突出核心能力，并通过动态联盟的方式建立虚拟企业。敏捷制造使企业从"大而全、小而全"的大批量生产组织模式走向分工协作、突出核心竞争力的模式。

　　进入20世纪90年代，随着计算机的普及、网络的延伸，现代企业的信息资源越来越表现出异构、分布、松散耦合的特点。在这样的情况下，工作流技术得到重视并有了很大程度的发展[6]。20世纪90年代后期，在电子商务的环境下，协同作为一种管理理念及技术被提出[7]。在工作流和协同技术的支持下，形成了供应链管理和产品全生命周期管理的生产组织模式。供应链管理模式强调从供应商到最终用户的物流的计划和控制，把不同企业集成起来以增加整个供应链的效率，注重企业之间的合作。产品全生命周期管理模式则把跨越业务流程和不同用户群体的各种单点应用集成起来[8]。

　　自20世纪90年代以来，在信息技术的支持下，各个MRPⅡ软件厂商不断在自己的产品中加入新内容，逐渐演变形成了功能更完善、技术更先进的制造企业计划与控制系统。20世纪90年代初，提出了企业资源计划（Enterprise

Resources Planning，ERP）的概念。ERP 在资源计划和控制功能上的进步主要体现在两方面，其一是计划和控制的范围从制造延伸到整个企业；其二是资源计划的原理和方法应用到非制造业。随后，电子商务、供应链管理（SCM）、客户关系管理（CRM）、产品生命周期管理（PLM）和协同商务系统等信息化技术和信息系统受到企业广泛重视。新型的管理信息系统注重于实现客户与供应商的集成以及企业与企业的集成。

进入 21 世纪以来，企业的业务环境正在经历巨大的变化。创新、柔性、产品上市时间短的需求、企业创造新的利润来源的愿望，促使企业对产业结构进行彻底的思考，越来越关注公司核心能力和核心业务竞争力。因此，在信息技术驱动和市场需求拉动下，企业的生产组织模式必将面临一次变革，同时对管理信息化技术的进一步发展提出了需求。近几年来，随着面向服务的体系结构（Service Oriented Architecture，SOA）技术、网格计算技术（Grid Computing）和云计算（Cloud Computing）模式的发展和应用，无所不在的信息服务环境正在形成，由于服务将给企业带来巨大的价值，对服务运作和服务管理的研究应用日益得到重视，企业间协同运作的观念得到了广泛的认可。在此背景下，面向服务的企业（Service Oriented Enterprise）这种全新的企业组织模式已经出现，并且得到了初步的应用，而不同企业的业务单元（服务）间的动态组合和协作则形成了业务生态系统（Business Ecosystem）。

2. 发展现状

1）现有生产组织模式

生产组织模式的发展历程表明，信息技术的发展驱动了生产组织模式的变革，同时，新的生产组织模式为信息技术的优势发挥提供了空间。在这一部分，将重点介绍如下四种生产组织模式：计算机集成制造系统、并行工程、大批量定制和敏捷制造。

（1）计算机集成制造系统

计算机集成制造（CIM）是信息时代的一种组织和管理企业生产的哲理，CIMS 则是通过计算机硬件、软件，并综合运用现代管理技术、制造技术、信息技术、自动化技术、系统工程技术，将企业生产全过程中有关人、技术和经营管理三要素及其信息流、物料流与资金流有机地集成并优化运行的一个复杂大系统。CIMS 的理想运行方式是"在正确的时间、以正确的方式、将正确的信息传递给正确的人，以期做出正确的决策"。实施 CIMS 的目标是以顾客为核心，在 T（交货期）、Q（产品质量）、C（成本）和 S（服务）等方面全面达到用户要求，以提高企业的市场应变能力和竞争能力。CIMS 具有柔性化、综合化、适时化、智能化等全新特点，适用于多品种小批量生产，综合了组织、人才和技术的全面优势，实现了智能化生产，适应于消费者主权时代的个性化、多元化需求。

（2）并行工程

并行工程是"对产品设计及其相关过程（包括制造过程和支持过程）进行并行、一体化设计的一种系统化工作模式。"并行工程由四个核心要素组成：数字化产品定义、集成化产品开发团队、开发过程改进与重组、协作工具与环境。与传统的组织模式相比，并行工程的集成化产品开发团队更灵活、反应更快，可以快速的组合、重组和解散；与传统的开发过程相比，并行工程以流程为核心，打破原有职能界限和任务划分，尽可能将由不同职能部门的不同专业人员完成的工作集合起来，合成单一任务；并行工程的设计模式运作需要信息技术的支持，要求将相应的工具集成到 PDM 框架中，包括 DFA、DFM、CAPP、CAFD、MPS 等工具的集成[9]。

（3）大批量定制

大批量定制是指以大批量生产的成本和速度，提供定制的个性化产品和服务的生产模式。大批量定制是在相似性、重用性和整体性的基本原理指导下，集企业、客户、供应商和环境等于一体，充分利用企业已有的各种资源，在标准化技术、现代设计方法学、信息技术和先进制造技术等的支持下，根据客户的个性化需求，以大批量生产的低成本、高质量和高效率提供定制产品和服务的生产方式[10]。

（4）敏捷制造

1991 年，美国里海大学的亚柯卡研究所主持了关于 21 世纪先进制造发展战略的研究，形成了一份名为《21 世纪制造企业发展战略》的报告。敏捷制造正是在这份报告中总结经济发展现状、展望未来而提出的一种先进制造发展战略。敏捷制造的核心就是通过提高企业对市场的快速响应能力来提高其市场竞争力。企业快速响应市场的能力将成为未来企业能否赢得市场竞争的最重要的核心能力。在未来的制造业竞争中将不再是"大鱼吃小鱼"的竞争格局，而是"快鱼吃慢鱼"的竞争环境。

敏捷制造强调在集成方法论的指导下，实现人、组织、管理和技术的高度集成。通过培训雇佣具有多技能和必要授权的员工实现企业员工的敏捷性；通过建立动态灵活的虚拟组织（动态联盟）来实现企业管理的敏捷性；通过采用先进的柔性生产技术实现企业生产技术的敏捷性。最终通过以上三个方面的敏捷性来提高企业对市场变化的敏捷性，快速响应市场的变化，最终实现企业的敏捷制造战略[11]。

2）现有管理信息化技术

管理信息化技术是企业生产组织模式在 IT 层面的体现，因此某种先进的生产组织模式被企业采用往往体现为若干管理信息系统在企业的实施。从广义上讲，企业资源计划（ERP），供应链管理（SCM），客户关系管理（CRM），产品生命周期管理（PLM），企业门户、协同、电子商务等都属于管理信息化技术的内容。在本部分，以企业的生产销售为主线重点介绍 ERP、CRM、SCM 和 PLM 几项技术。

（1）ERP

ERP 是由 Garter Group 于 1990 年提出的概念，在 MRPⅡ的基础上，ERP（企业资源计划）将客户需求和企业内部的制造活动以及供应商的制造资源整合在一起。其基本思想是将制造企业的制造流程看作是一个紧密连接的供应链，其中包括供应商、制造工厂、分销网络和客户等；将企业内部划分成几个相互协同作业的支持子系统，如财务、市场营销、生产制造、质量控制、服务维护、工程技术等，还包括对竞争对手的分析。ERP 是一种面向供应链的管理，可对供应链上所有环节进行有效的管理，这些环节包括订单获取、采购、库存、计划、生产制造、质量控制、运输、分销、服务与维护、财务管理、人事管理、项目管理等。从管理功能上看，ERP 除了增加一些功能子系统外，还实现了这些子系统之间相互紧密联系及协调，把企业所有的制造、营销、财务等环节紧密结合在一起，从而实现全球范围内多工厂、多地点的跨国经营运作。其次，传统的 MRPⅡ系统把企业归类为几种典型的生产方式来进行管理，如重复制造、批量生产、按订单生产、按订单装配、按库存生产等，对每一种类型都有一套管理标准，而在 20 世纪 80 年代末到 90 年代初期，企业为了紧跟市场的变化，纷纷从单一的生产方式向混合型生产方式发展，ERP 则能很好地支持和管理混合型制造环境，满足了企业多元化经营的需求。再次，MRPⅡ是通过计划的及时滚动来控制整个生产过程，其实时性较差，一般只能实现事中控制，而 ERP 强调企业的事前控制能力，可以将设计、制造、销售、运输等环节通过集成并行地进行各种相关的作业，为企业提供了对质量、客户满意、效绩等关键问题的实时分析能力。

当然，ERP 本身在应用上也存在一定的不足，一是 ERP 本身注重的是供应链内部的管理和协调，没有考虑供应链以外的客户需求，众多的其他客户或伙伴目前还不能进入供应链内部进行交易；另外，ERP 对于客户关系的管理还比较薄弱，此外，对于网上销售技术，目前的功能也比较简单。因此，Gartner Group 公司于 2000 年提出了面向协同商务的 ERPⅡ概念。

（2）CRM

CRM，客户关系管理。其核心思想是将企业的客户（包括最终客户、分销商和合作伙伴）作为最重要的企业资源，通过完善的客户服务和深入的客户分析来满足客户的需求。本质上 CRM 与电子商务是密不可分的。

在基于 Internet 平台和电子商务战略下，CRM 在功能上扩展成为 eCRM，其关键在于实现灵活性，使得系统能够因市场的变化迅速做出反应，更好地为客户提供需要的服务。eCRM 中工作流管理是不可或缺的一环，只有达到流程的顺畅，才能有效地透过互联网改善与客户、伙伴和供货商的关系，创造更大效益。

（3）供应链管理

所谓供应链管理（SCM），就是企业通过一个完整的、集成的信息系统将自己的供应商、采购活动、库存管理及必要的财务活动统一管理起来，从而大大提高供应商优化选择的效率，提高企业的采购效率和透明度，节约采购费用和采购资金，降低企业库存，提高资金周转率。

在供应链管理方面处于领先地位的 i2 公司定义了供应链计划中的 5 项基本活动：采购、制造、运输、存储和销售。主要涉及四个领域：供应（Supply）、生产计划（Schedule Plan）、物流（Logistics）和需求（Demand）。

要实现供应链管理，企业需要从功能管理的思想向过程管理转变，从利润管理向营利性管理转变，从产品管理向顾客管理转变，从供应链伙伴的交易管理向关系管理转变，从库存管理向信息管理转变。

（4）产品生命周期管理

产品生命周期管理（PLM）在空间上实现企业间的集成，在时间上实现整个产品的全生命周期的管理，在集成深度上将产品规划、产品设计、产品试验和生产准备过程有机地集成起来，支撑企业实现大批量定制，充分满足客户个性化需求。

对于 PLM，一方面是以产品数据为核心的 PDM 系统和工程变更系统，一方面是以项目为核心的项目管理系统。PLM 融入了 IPD 和 PACE 集成产品开发的思想和核心要素，要求实现数字化生命周期管理，实现产品和项目为核心的集成协同，贯穿产品的整个生命周期，进一步加强 PLM 产品研发和 SCM 供应链管理的有效集成和协同，真正将前端的市场和产品规划、组合计划过程和后续的产品研发集成起来。

3. 技术分析

1）信息技术的发展

云计算、RFID、移动通信、协同等使能技术的广泛应用，在改变市场竞争环境和市场需求的同时，也为企业生产组织模式的变革提供了技术上的保障。本部分对云计算、RFID、移动通信技术和协同技术进行重点介绍。

（1）云计算

"云计算"概念由 Google 提出。狭义的云计算是指 IT 基础设施的交付和使用模式，指通过网络以按需、易扩展的方式获得所需的资源（硬件、平台、软件）。提供资源的网络被称为"云"。广义的云计算是指服务的交付和使用模式，即通过网络以按需、易扩展的方式获得所需的服务。云计算的本质在于业务数据托管，它实现了海量数据存储。在各种标准和协议的基础上，将无数的软件和服务置于"云"中；同时云计算能够为服务请求创造虚拟的数据中心，将"云"中的内存、IO 设备、存储和计算能力集中成为一个虚拟的资源池，为企业需求提供强大的服务。云计算技术的应用提高了企业整合资源的能力，将企业信息资源以及服务应用拓展到整个广域网（WAN），为企业信息管理和企业计算提供了很好的信息与服务平台。目前基于云计算方式的应用有 Amazon 的 EC2 云计算服务、Google 的应用引擎平台（GAE）、Microsoft 的 Windows Azure（云中的 Windows）、IBM 的研究计算云（RC2），以及 Salesforce 公司提供的 CRM 服务等。企业数据托管的安全性和可靠性是云计算模式在企业应用中值得重点关注的关键问题。

（2）RFID 技术

RFID（Radio Frequency Identification）即无线射频识别，俗称电子标签。使用 RFID 技术能够实现快速实时的获取标识对象的数据信息。随着全球商业价值网和现代物流的发展，RFID 技术被越来越广泛地用于企业物流与管理的方方面面，成为企业管理信息系统的重要支撑技术。RFID 能够实现实时的数据获取、实时的数据和业务控制响应、自动化的业务流程以及为实时的商务智能与业务决策提供信息，其应用将为实现实时的企业信息化管理提供可能。同时支持 CRM 和 SCM，实现现实物流和信息流之间的无缝集成，是连接现实世界和信息世界的重要桥梁[12]。

（3）移动技术

随着移动技术的发展，实现了移动办公，即允许管理人员在任何时间，任何地点处理与业务相关的任何事情，这种模式允许管理人员通过便携式终端的移动信息化软件，建立与企业中企业级业务和管理系统之间的沟通，为企业和政府的信息化建设提供全新的思路和方向。目前移动技术与信息化软件结合主要有两种方式，一种是在掌上终端安装移动信息化客户，如中国移动的 MAS 产品，数字天堂的 MIP 移动办公产品等。另一种是借助运营商提供的移动化服务，如中国移动的 ADC 移动办公业务等；移动技术进一步发展使得企业管理人员摆脱了时间和空间上的束缚，提高了企业管理的效率，同时也必然对企业管理系统的扩展性、易用性和轻量级提出更多的要求。

（4）协同

协同的概念源自协同商务（Collaborative Commerce，CC）或协同产品商务

(Cooperative Product Commerce，CPC)，它是在 20 世纪 90 年代后期电子商务环境下提出的一种管理理念及技术，其核心思想是在 Internet 环境下，实现相关企业间销售、产品设计、制造等信息的统一管理、控制与共享，进而实现相关过程的协作，包含了供应链协同管理和企业内部协同管理两个层次。在网络化协同制造环境下，跨企业的协同资源管理系统技术将有效地实现供应链中不同核心资源的企业之间的资源整合，使得供应链形成虚拟运作的组织形式。随着协同技术的进一步发展，企业信息化需要在供应链上进一步的延展，形成供应链整体的信息化。在未来的互联网操作下，企业将更多地依靠供应链内部之间的协同，提高整个供应链的竞争力来更多地实现本身的效益。目前协同技术主要应用在 CAD 等协同设计以及 OA 等协同办公系统当中。

上述信息技术的发展和应用对现有企业生产组织模式的变革奠定了技术基础。云计算的应用将企业资源整合能力进一步拓展到整个广域网；RFID 实现了企业信息系统数据的实时获取，实现了信息流和物流的无缝集成；移动技术将企业信息系统用户从时间空间上释放出来；协同技术的应用进一步加强了企业与整个供需链的联系。这些技术的发展和广泛应用必将促进企业的生产组织模式发生新的变革。

2）企业生产组织模式及特点分析

信息技术的发展改变了市场环境和竞争模式，传统的相对稳定的市场逐渐演变成动态多变的、行业内和行业间相互渗透的、竞争全球化的市场，客户需求也向着多样化、个性化、定制生产、快速交货、产品全生命周期管理和服务的方向发展。企业竞争模式的变革向企业运营和管理提出了新的挑战。基于迈克尔·波特提出的价值链模型对产业环境进行分析可以发现，企业的组织模式出现了企业重构和产业解构两种趋势。对前一种趋势而言，要在企业内部打破长久以来支持业务单元的层次化的传统结构，转向业务流的水平集成，重新进行定位，连接更多的用户并及时响应客户的需求。而在后一种趋势中，产业链中的企业根据自己的能力进行业务专业化，专注于反映企业主要的业务专长、发展方向和业务策略的核心业务，以获得更好的市场表现和利润水平。信息技术的发展正在直接地（通过技术的革新而推动）和间接地（或通过市场环境的变化而影响）改变着企业的生产组织模式，具体反映在以下三个方面：

（1）企业生存的市场环境的变化

信息获取的日益方便和快捷促进了生产组织方式的转变。如图 4-6 所示，市场的竞争主体已经由"小而全"或"大而全"的企业，转变为突出核心竞争力的企业群，并正在进一步向以服务为核心的价值网络转变；竞争模式已经由单个企业的竞争向供应链的协作转变，并正在进一步向价值网络间的协同转变。

在这样的市场环境下，企业动态性和网络化的特点进一步凸显。围绕着产业链核心能力建设，企业正在经历新一轮的大规模重组和优化。分解和重组的过程通过业务组件化来实现，每个业务组件是企业的一个组成部分，对应于特定的业务功能，具有独立运作的能力。

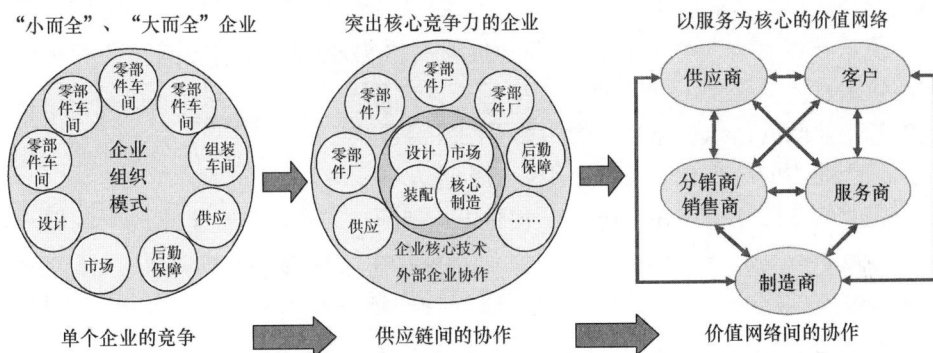

图 4-6　市场环境模式的转变

（2）竞争核心要素的变化

20 世纪后半叶，市场竞争由围绕劳动生产率展开转向围绕产品展开，主要竞争因素包括产品的 T（产品的交货时间或新产品的上市时间）、Q（质量）、C（成本）、S（售前和售后服务）、E（环境友好）等。其中进入 20 世纪 90 年代以后，市场竞争主要围绕着新产品的竞争展开。而在当今的环境下，市场竞争的范式正在进行又一次变革，竞争的核心由产品转向服务。这里"服务"的含义远远超出售前和售后服务的范围，是指将对客户需求的满足作为企业运营和参与竞争的核心，以此为导向开展战略定位、产品结构设计、业务流程运行与优化、营销途径和供应商管理等各项工作。如果说以前客户需要的是"钻头"，那么现在所需要的就是位置、口径和深度等要素都合适的"孔"。如表 4-1 所示，在当前市场环境下，各行业竞争的焦点普遍发生了向服务的转移。

表 4-1　行业竞争焦点的转移举例

行业	传统环境的竞争焦点	当前环境的竞争焦点	企业举例
农产品/食品	产品数量和质量	满足营养和消费需求	各类精、深加工企业
装备制造	提供设备	解决生产需求	陕西鼓风机厂
应用软件	软件质量	企业解决方案	金蝶软件
资产管理	可靠收益	提供现金流匹配	国内某知名信托公司

（3）企业管理方式的变化

信息获取方式的日益方便和快捷也促进了管理方式的转变，而上述市场变化也影响了企业内部的管理方式。具体而言，企业内部运作的基本内容从指令式管理转向服务协调；不同企业的业务或服务通过服务协作形成服务网络，通过整合内外资源实现规模经济和服务网络附加值，帮助企业创造系统经济；管理的基本思路从控制转向了协同；工作地点和企业决策不再是集中的，而是变得比较分散；对企业员工的要求不再是掌握单一技能，而是具备综合能力。

信息技术在支持企业业务转型和价值网络集成中扮演着极其重要的角色，在新技术发展的推动下，企业生产组织模式的新变革已经悄然开始。未来的企业内和企业间的组织形态正呈现出如下的发展趋势。

①企业内的组织模式向面向服务的企业发展。

企业的业务环境正在经历的巨大变化，创新、柔性、产品上市时间的需求，企业创造新的利润来源的愿望，促使企业对产业结构进行彻底的思考，关注公司核心能力和核心业务竞争力的概念得到越来越多的认同。在业务组件化和面向服务思想的基础上，产生了面向服务的企业（Service Oriented Enterprise，SOE）的概念[13]。面向服务的企业是一种以提供服务的方式进行运作的新型企业模式，通过将企业的业务单元组织成为提供各种服务的业务组件，在整个价值网络中，以服务提供和服务消费的方式实现企业内部不同业务单元和企业间的业务协作，并按照事先约定的服务水平协议（Service Level Agreement，SLA）对服务质量进行管理，快速柔性地响应市场需求的变化，实现企业和整个价值网络的利益最大化。

在面向服务的企业内，企业由服务按照一定的结构组织而成，每一个服务具有良好的接口定义，服务包括业务服务和 IT 服务。在云计算等技术的支持下，服务的使用方式将类似于集成电路板上元器件的即插即用模式。服务的消费方式可以是按流量收费或者按时间收费等方式。在这种模式下，企业能够专注于核心能力的建设，非核心能力以服务购买和消费的方式实现。

面向服务的企业发展的四个阶段如图 4-7 所示，从传统企业到 SOE 的发展经历了传统企业、共享服务的组织、面向服务的企业、部分服务外包的面向服务的企业四个阶段，其变化趋势是：企业的层级控制能力由强到弱，市场控制能力则由弱到强，协调成本由低到高，企业资产的专用程度由高到低，产品描述的复杂性由高到低，操作和机会风险由低到高。

在现代信息技术支持下，SOE 的企业形态具有很多优势，但需要指出的是，SOE 也有其局限性，并非所有的企业都适于向 SOE 转型。SOE 是在业务组件化和面向服务的思想下发展起来的，主要意义在于压缩管理层次和降低协调成本，不能一概推而广之。例如，火力发电企业等业务单一、不具有创造服务附加值的企业就不适于推广 SOE 的组织模式。但近年来兴起了大量制造服务类企业，在传统制造业的基础上着眼于经济附加值的创造，这些企业仍然适用，并且应

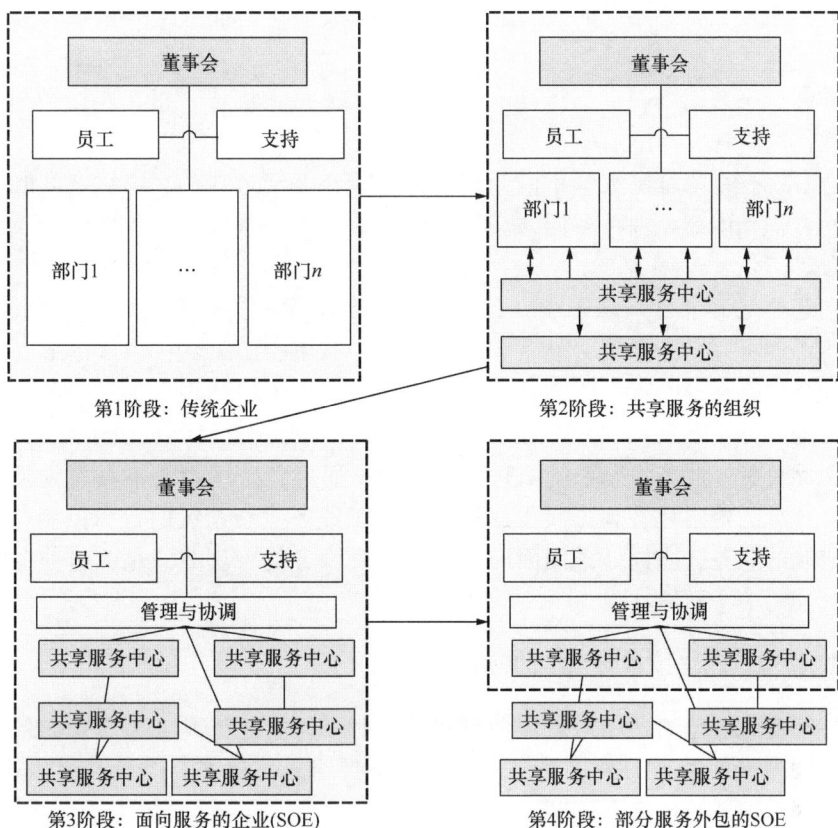

图 4-7　面向服务的企业发展的四个阶段[14]

当采用 SOE 的生产组织方式，以提高竞争能力。

　　②企业间的组织模式向业务生态系统发展。

　　面向服务的企业扮演着双重角色，一方面通过向外界提供服务的方式获取收益，另一方面通过购买并消费其他企业的服务来实现增值。随着服务数量和种类的增加，服务之间的合作关系构成了业务链，服务与服务所处的环境构成了面向服务的业务生态系统（business ecosystem）[15]。

　　面向服务的业务生态系统由服务个体、服务种群、服务群落及其所处的环境构成，每个服务都具有一定的业务功能。该生态系统是一个扩展的系统，它由相互支持的组织机构、客户团体、供应商、占领导地位的生产商和其他利益干系人、金融、商会、标准化组织、工会、政府或准政府机构以及其他利益方共同组成。这些团体的联合可能是有意识行为的结果，也可能是高度自组织的过程，有时甚至是某种偶然结果。对一个业务生态系统，起最重要作用的是占领导地位的公司（leadership companies），即起支柱作用的物种（keystone species），它对业务生态系统的共同进化过程有重要影响。业务生态系统具有以下特性：

业务生态系统是一个描述社会组织群的概念，它将若干相互连接和相互依赖的实体联系在一起形成一个系统。

业务生态系统是由大量不同组织相互连接在一起形成的。组织之间既有竞争又有合作。因此，多种多样的交互作用是业务生态系统行为和发展的重要组成部分。

组织群是一个自组织系统。自组织与分散决策相关，在业务生态系统中，每个组织都可以自己做出决策，尽管这些决策可能受到其他组织的约束。

业务生态系统的行为非常复杂。在业务生态系统中涌现、相互关联和自适应等使得业务生态系统发展行为呈现出非线性、不确定性和不可预知性。

由此可见，业务生态系统不仅行为复杂，而且各个行为主体具有很强的独立性。传统的控制和管理方式无法直接应用于业务生态系统的行为控制，基于信任机制的业务链协同、采用面向动态联盟和服务的管理方式是改进业务生态系统性能的一个新思路。

4. 管理信息化技术与系统的转变

生产组织模式的变化对管理信息化技术和系统产生了新的需求，而信息技术的发展为这种需求的满足提供了条件。管理信息化技术与系统在管理思想、系统特点和体系结构方面将出现如下变化：

1）管理思想的改变

管理信息化技术和系统的覆盖范围和实施思路正在进一步发展变化，经历了由企业内部扩展到企业间，并沿着价值链向客户和供应商两端延伸发展的过程。今后的一段时间内，管理信息化技术和系统的应用面将是企业间协作形成的价值网络和业务生态系统，其目的是为企业内和企业间的业务协作提供高效的信息化服务平台。同时，面向业务生态链的管理模式将逐渐代替现有的供应链管理思想，成为大型协作管理软件定位和发展的重要管理模式。具体而言，在新的市场环境下，知识管理将取代传统的信息管理；任务（目标）管理将代替岗位管理，信息技术辅助企业管理的功能将进一步得到增强；管理软件的主要作用将从资源规划转变为企业内和企业间协同；信息技术和系统的支持范围将从对设计制造过程的管理发展到支持产品全生命周期服务，并对服务的全生命周期进行有效的管理；现有的基于运营进行参数优化的管理软件设计思路将被基于市场机会进行业务结构优化的管理软件设计思路所取代。上述一系列改变对管理信息化是至关重要的，将使管理软件在定位、功能和结构上产生深刻的变化。

2）管理软件的新特点

信息技术的发展和生产组织方式的变革，将使管理软件的形态呈现新的特点。管理软件的应用将不仅作为企业管理的支持方法，也将成为企业运营模式的核心部分。在业务生态系统运作过程中，对企业间协同的柔性和灵活性提出了更高的要求，在此情况下，有可能出现相对统一的协同标准与多样化的各类协同支撑管理软件并存的局面，面向业务或服务网络全局进行管理的软件将得到应用。随着云计算的不断发展和"软件即服务"（Software as a Service，SaaS）思想的出现，管理软件在组件化基础上将呈现网络化和服务化的新趋势，管理软件的应用不仅将实现"即插即用"，还将通过在线购买授权、调用服务和按服务质量收费等方式实现，在此基础上，管理信息系统的灵活性和可配置性将更强。随着移动技术的不断成熟，管理软件将进一步支持终端无关、跨平台、分布式的应用，以满足移动办公和异地集成等实际需求。

3）体系结构的发展变化

随着管理软件的发展，对于软件结构体系提出了新的需求。软件的体系结构的发展经历了从单机、C/S 结构、B/S 结构、面向服务的体系结构（SOA）的发展过程。

（1）单机体系结构

与大型主机相对应。单机体系结构中客户端、数据和应用都集中在一台机器上。通常只有少量的图形化界面，远程数据的访问很困难。随着 PC 和网络技术的广泛应用，单机体系结构不能满足业务应用的要求，在实际应用过程中已经基本被淘汰。

（2）C/S 体系结构

C/S 体系结构是 20 世纪 80 年代伴随网络数据库和图形交互窗口应用及开发技术发展而逐渐形成的客户机/服务器体系结构。C/S 体系结构将业务和数据处理分开，服务器与客户端之间通过消息传递机制进行交互。通过业务和数据处理的分离，提高了用户交互反应速度，降低客户端对 CPU 处理能力的要求。采用 C/S 体系结构的应用软件，由于大量的应用集中在客户端，制约了对业务处理逻辑变化的适应和扩展能力，当访问数据量增大、业务处理复杂时，客户端往往变成性能的瓶颈环节。

（3）B/S 体系结构

B/S 体系结构即浏览器/服务器体系结构。随着 Internet/Intranet/Extranet 技术不断发展，尤其是基于 WEB（HTML、HTTP）的信息发布和检索技术，导致了整个应用系统的体系结构从 C/S 的主从结构逐渐转变成以 Web 服务器为核心的浏览器/服务器（B/S）体系结构。B/S模式大大简化了客户端，客户机成为瘦客户机，而服务器则集中了所有的应用逻辑，开发、维护等几乎所有工作也都集中在服务器端。同时当企业对网络应用进行升级时，只需要更新服务器端的软件，而不必更换客户端软件，减轻了系统维护与升级的成本与工作量，使用户的总体拥有成本大大降低。

而随着管理软件的进一步发展以及企业对于业务逻辑和应用逻辑的进一步分离的需求，产生了SOA体系结构。

（4）SOA体系结构

SOA是1996年Gartner最早提出的。SOA体系结构进一步强调软件组件间的松散耦合及对独立接口的使用，通过标准统一的接口、松散耦合的本质给整个体系带来了复用性和灵活性，能够有效地集成企业现有的资源。同时SOA体系结构更加注重不通过编码而是通过服务的组合来形成新的应用，能够更加有效地整合企业内部的资源、技术和人力来应对市场的变化，提高企业的敏捷性和市场应对能力[16]。

C/S体系结构实现了业务与数据处理的分离，B/S体系结构将业务应用从客户端分离，而SOA体系结构进一步强调了应用与业务之间的松散耦合。这些体系结构的发展不断提高系统的复用性和灵活性，以满足管理信息系统柔性的要求。

4.2.2　应用案例

2002年1月，美国最大连锁大卖场之一的凯马特（Kmart）宣布破产；同一时间，另一个最大的连锁大卖场沃尔玛（Wal-Mart）成为全球最大企业，这也是零售企业首次登上世界最大企业的宝座。沃尔玛与凯马特都是在20世纪60年代初创立的，沃尔玛拥有4382家大卖场，凯马特拥有2105家大卖场。凯马特早期的扩展速度和规模远大于沃尔玛，然而从20世纪80年代中期开始，尤其是在20世纪90年代，沃尔玛的规模迅速超越了凯马特。是哪些主要原因使得两家曾经旗鼓相当的大型零售企业出现如此不同的结局呢？专家们认为除了经营战略和经营模式等原因外，信息技术是一个关键因素，在某种程度上，后者的作用更重要。

在沃尔玛，信息化建设是"一把手工程"，能够得到各级管理层的充分重视。为了支撑大型现代商业企业的成功运作，沃尔玛采用信息技术实现了全球化管理。2002年沃尔玛的零售额是2200亿美元，信息化投资将近40亿美元。创造性地应用信息技术使得沃尔玛能够持续地降低成本，提高效率，不断改进原有的运作模式，提升企业竞争力，在不长的时间里创造了一个零售企业的奇迹。与此相比较,凯马特的管理层在信息技术的应用上不够重视,缺乏企业整体的信息化规划,没有充分应用信息技术来有效地降低库存量和运营成本。

沃尔玛早在 20 世纪 70 年代初就非常重视信息技术的应用,大胆引进当时还很新的信息技术。例如,它最早采用扫描收银机,最早建立与供应商之间的电子供应链系统 (SCM),在 20 世纪 80 年代第一个将刚刚出现的卫星通信技术引入商业流通领域,建立了全美最大的私人卫星通信系统,将其分布全球的 4000 多家分店连在了一起,通过高科技手段,大大加快了基础商业数据的收集和整理加工,提高了决策传达和信息反馈的速度,从而降低了物流费用,极大地提高了企业的运作效率。

为了满足美国国内 3000 多个连锁店的配送需要,沃尔玛公司在美国共有近 3 万个大型集装箱挂车,5500 辆大型货运卡车,24 小时昼夜不停地作业。每年的运输总量达到 77.5 亿吨,总行程 65 亿公里。合理调度如此规模的商品采购、库存、物流和销售管理,离不开信息化的手段。沃尔玛公司建立了专门的信息管理系统、卫星定位系统和可视化调度系统,拥有世界一流的先进信息技术。沃尔玛公司总部只是一座普通的平房,但与其相连的计算机控制中心却是一座外貌形同体育馆的庞然大物,公司的计算机系统规模在美国仅次于五角大楼(美国国防部),甚至超过了联邦航天局。全球 4000 多个店铺的销售、订货、库存情况,可以随时调出查阅。沃尔玛公司同休斯公司合作,发射了两颗企业专用卫星,用于全球店铺的信息传送与运输车辆的定位及联络。公司 5500 辆运输卡车,全部装备了卫星定位系统,每辆车在什么位置、装载什么货物、目的地是什么地方,总部一目了然,可以合理安排运量和路程,最大限度地发挥运输潜力,避免浪费,降低成本,提高效率。

沃尔玛还通过实施供应链管理系统和信息共享,与供应商结成战略联盟。沃尔玛的信息共享为它和供应商都带来了良好效益,供应商每分钟都可以在沃尔玛的电脑系统里查到自己商品的销售、库存情况(对其他供应商保密),该资料细化到每一规格及不同颜色商品的销售状况。根据从沃尔玛获得的产品销售信息,供应商可以合理安排生产和库存,避免浪费。同时供应商合理地安排生产可以保证沃尔玛所需要的产品不脱销,并且供应商承诺给沃尔玛供应的产品价格最低,这样就保证了沃尔玛的产品价格最低,产品脱销率最低。

2003 年 6 月 19 日,在美国芝加哥召开的“零售业系统展览会”上,沃尔玛宣布将采用 RFID 技术,以最终取代目前广泛使用的条形码,成为第一个公布正式采用该技术的企业。

沃尔玛的成功实践说明,在信息时代,信息化是企业发展的重要战略,利用信息技术可以显著提高企业的核心竞争力。借助于新的信息技术,不断改进原有的运作模式,提高生产力,就有可能在未来的竞争中占有一席之地。

4.2.3　发展预见

根据以上分析，可以对企业生产组织模式和管理信息化技术的发展做如下归纳和预见：云计算、RFID、移动技术等使能技术的广泛应用，企业协同技术的进一步发展，显著改变了市场竞争环境和市场需求，对企业形态和管理方式的变革产生了深远影响。在未来的发展中，生产组织方式越来越向着专业化、网络化和动态化的方向发展；企业内的组织模式将向面向服务的企业发展，企业间的组织模式向业务生态系统发展；决定企业竞争力的因素将主要归结为服务提供能力和价值网络协调能力两个方面，大量中小企业将主要以服务提供者的角色出现在业务生态系统中，规模较大的企业将更多地通过影响价值网络的运营态势创造和获取价值，而企业边界将更加模糊。管理信息化的覆盖范围和基本思路将进一步发展，相关技术和产品将在定位、功能和结构上发生深刻变化，网络化和服务化等特点将进一步凸显，管理软件的可获得性、专业化水平、提供和使用方式都将出现新的变化，在体系结构和基础架构方面也将提出新的要求并得到新的发展。

基于以上分析，建议从以下方面着重开展工作：

（1）重视和加强基础性研究

企业生产组织方式和管理信息化正处在深刻的革新当中，这种变革是实质性和根本性的，不能简单地将其视为发展过程中的技术改进。目前，对于这一课题的规律性认识尚存在一定欠缺。立足于学科交叉的视角开展基础性研究，分析信息技术、生产组织方式、管理信息化手段之间的内在联系和发展规律；立足于学科前沿探讨企业生产组织和管理信息化的发展方向，争取形成国际领先的研究成果；立足于我国企业发展与企业生态的现状和前景，探讨符合中国企业的发展方向。

（2）开展业务生态系统关键技术与支撑环境研究

业务生态系统的研究和应用涉及组织变革、信息技术应用、业务协同与管理模式、跨企业业务生态系统行为等多个方面。业务生态系统作为一种未来的企业间协作模式，需要从系统的角度研究服务系统仿真与生态系统管理等方面的关键技术。目前，该领域的相关研究在国内外都处于起步阶段。为实现企业间的协作由传统模式向业务生态系统模式的转变，迫切需要对业务生态系统的关键技术与支撑环境进行探讨与研究。

（3）探索适应于产业集群的中小企业管理信息化方法和技术

在未来的业务生态系统中，大量中小企业将是市场环境中的主体，这些企业将在产业链和服务链中扮演更加专业化的角色，并正在形成产业集群，其数量、规模和运作特点与此前的企业不尽相同，而它们在管理信息化的应用方面有其自身的特点、需求和困难。应当在企业网络的总体环境中，探索符合中小企业特点的管理信息化方法和系统，特别是适应于面向服务的企业环境中参与协作的能力，从而提升整个业务生态系统的效率。

（4）建立符合管理信息化发展需要的基础架构

未来管理软件的结构将不同于传统模式，其发展对系统体系结构和基础设施提出了新的需求。一方面，现有的集成技术和网络技术不能完全满足上述需要；另一方面，在数据管理、集成平台等基础设施方面，国内的技术和产品还不成熟，过于依赖国外产品会带来商业和信息安全方面的隐患。我国应当自主设计、开发和构建满足面向服务的企业和业务生态系统需求的基础架构，为管理信息化的进一步发展提供良好的环境和可靠的保障。

（5）构建支持整个服务网络协同的软件系统

在业务生态系统的环境中，如果仅依靠面向企业个体的生产组织方式和管理信息化的研究与应用，将极易形成小、散、乱、弱的格局，远远不能满足系统整体运行和效率的要求。应当面向业务生态系统运作的需求，制订相应的规范和标准，规划和设计开发适用于系统整体的服务网络协同管理系统（Services Network Collaborative Management System），着重支持企业间业务和服务的发现、匹配、运行、评价和协调等内容，并整合各方资源，发挥体制优势，推动规范标准和相应管理软件的应用。

4.3　企业集成技术及支撑软件平台

4.3.1　技术概况

1. 企业集成技术介绍

企业是一个整体，其各种生产经营活动相互关联。因此，无论对企业进行管理、分析或诊断，都需要统一考虑企业的各个组成部分。企业集成是通过连接企业所有必需的功能和异构功能实体来方便跨越组织界限的信息流、控制流，以及物料流的传递，通过改善企业内的通信、合作与协调，将企业组成一个协调的整体，达到提高生产率、柔性以及应变管理的能力。企业集成系统是在企业单元技术和系统得到广泛应用的基础上，通过集成而形成的、支持企业生产经营全过程的集成化系统。实施企业集成系统的目的是解决企业内各部门之间信息共享不畅、"信息化孤岛"等问题，企业集成的内容包括企业的组织、经营过程、人员、制造资源与信息系统，不同企业的集成方法，都是在不同深度和广度上实现企业内不同实体之间的通信、提供信息技术之间的互操作并协调功能实体之间的执行，使得整个企业协同优化地进行，以完成企业目标[17]。

　　早期的企业应用集成仅指企业内部应用系统之间为交换和共享数据而进行的集成，称为狭义的企业应用集成。随着企业应用集成（Enterprise Application Integration，EAI）技术的不断发展，其内涵也变得越来越丰富。如今的 EAI 已经被扩展到业务整合（Business Integration）的范畴。业务整合不仅要提供底层应用支撑系统之间的互联，同时要实现企业内部应用之间、企业合作伙伴之间端到端的业务流程的整合。

　　产品数据管理（PDM）和产品生命周期管理（PLM）系统是对产品工程数据管理、文档管理、产品信息管理、技术数据管理、技术信息管理、图像管理及其他产品信息管理技术的概括与总称。PDM/PLM 可以覆盖整个企业中从产品的市场需求、研究开发、产品设计、工程制造、销售、服务与维护等产品全生命周期中的信息[18]。

　　PDM 系统可以解决工程设计阶段和生产制造阶段的信息集成问题，而 PLM 则管理产品生命周期各阶段不同的信息，使得产品设计、开发、制造、营销，以及售后服务等信息能快速流动，并且能有效地加以管理，在 PLM 支持下，不但产品开发时间能大幅缩短，而且可以显著提高整个产品生命周期中的质量、制造和服务水平。PDM、PLM 的产业化在目前依然是国外软件品牌占主导地位，但是国产软件也在积极发展，未来会有很好的发展前景。

　　企业集成按照涵盖范围可以分为四个层次：数据集成、功能集成、应用集成、企业间集成。

　　① 数据集成是不同的系统间通过数据库或者文件的形式进行数据共享，不能支持不同应用系统互相调用功能。

　　② 功能集成是不同的系统之间可以通过 RPC（远程过程调用）等方式，通过开发应用程序间接口来实现功能的调用。但是这种集成是紧耦合的点到点的集成方式，每对集成的应用系统之间都需要开发专门的接口，工作繁复而困难。

　　③ 应用集成是将异构的应用程序通过应用平台或者总线的方式集成到一起，这种方式比功能集成应用的范围更广，使得企业中的所有应用程序都能以一种比较容易的方式集成在一起，支持企业的运作。

　　④ 企业间集成是实现价值链的上下游企业业务的集成，企业间集成可以有效加快企业的敏捷性，明显降低企业运作成本。

2. 企业集成技术发展状况及主要技术

　　企业集成从 20 世纪 80 年代到现在已经发展了将近 30 年，从开始的点对点集成、企业应用集成、企业间集成，发展到了现在的面向服务的集成。随着信息技术的不断发展，集成的内涵不断发展，同时也促进了企业经营模式的变革。

下面分企业内部集成、企业间及企业集群间集成、面向服务的集成三个层次介绍企业集成的发展历史及现状。

1）企业内部集成

企业内部集成的发展历程如图 4-8 所示。

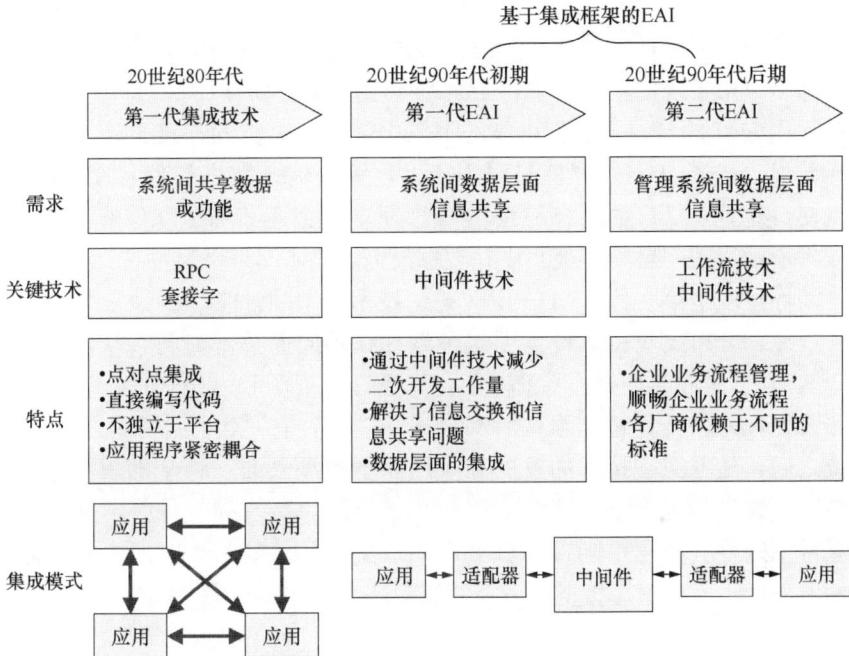

图 4-8　企业内部集成发展历程

（1）第一代集成技术

在工业领域，很早就出现了系统间集成的需求，包括系统间数据交互的需求和功能互操作的需求，但是最初系统集成并没有作为一个专门的研究方向被正式提出来。

在 20 世纪 80 年代，企业中的应用系统比较少，由于业务的需要，首先出现了点对点集成，也就是两个应用程序之间的集成。这种集成一般是实现数据层面的集成或者功能层面的集成，但是这种集成的难度很大，系统维护工作量也很大。

数据层面的集成可以通过文件、公共数据库、套接字的方式进行，但是通过文件或公共数据库的数据集成不能实时共享数据，而且共享数据的两个程序之间紧密耦合。套接字的方式虽然可以直接共享数据，但是处理起来非常复杂，这种集成方式还紧密地依赖于软件开发的平台环境。

功能层面的集成是通过远程过程调用（RPC）的形式来实现的，RPC提供了面向功能的接口，其他的应用程序调用这个接口即可实现功能的集成。但是RPC有很多缺点，如代码几乎不能重用、不独立于程序开发语言、应用程序紧密耦合等。

（2）基于集成框架的企业应用集成（EAI）

a. 第一代企业应用集成（EAI）技术

20世纪80年代末和20世纪90年代初期，点对点集成方式不能满足企业对于越来越多应用系统的集成需求，于是产生了第一代EAI技术。

第一代EAI的特点是利用可靠的消息中间件、丰富的连接与转换技术及全面的元数据（meta data）管理与应用能力，解决信息共享与信息交换的问题，同时也使得企业的IT系统容易维护与管理，为企业节省了IT花费。但这种EAI技术所解决的问题更多地集中在数据层面，而不是业务层面。

中间件技术是第一代EAI采用的关键技术。中间件是一种独立的系统软件或服务程序，分布式应用软件借助这种软件在不同的技术之间共享资源，中间件位于客户机/服务器的操作系统之上，管理计算资源和网络通信。中间件是基于分布式处理的软件，特别强调其网络通信功能，它是继操作系统、数据库管理系统之后，随着网络技术的发展和应用而不断深入的一种基础软件，是位于网络各结点操作系统之上、网络应用系统之下的一层支撑软件。中间件可以划分为基础中间件、应用中间件和领域应用框架三类。其中，应用中间件主要有数据资源集成、应用资源集成、业务流程集成、门户集成等中间件。

b. 第二代EAI技术

20世纪90年代中后期，企业业务的迅速发展，企业业务系统与电子商务的结合对应用集成解决方案提出了更高的要求，局限于信息集成的第一代EAI技术很难实现企业业务流程的自动处理、管理和监控，因此，基于业务流程管理/集成（BPM/BPI）的第二代EAI技术应运而生。

第二代EAI的特点是通过实现对企业业务流程的全面分析管理，满足企业与客户、合作伙伴之间的业务需求，实现端到端的业务流程，顺畅企业内外的数据流、信息流和业务流。

工作流技术是第二代EAI采用的关键技术。工作流技术是通过将工作活动分解成定义良好的任务、角色、规则和过程来进行执行和监控，通过工作流模型进行业务过程与各种信息技术工具及资源的集成，达到提高生产组织水平和工作效率的目的。基于工作流技术的集成旨在实现企业工作流的自动化，特别是业务处理中各项活动的合作、控制和通信的自动化。

2）企业间及企业集群间的集成

为了迎接市场激烈的竞争，企业如何通过协作来增强竞争力愈显重要。企业间集成可以增强企业的竞争力以及快速响应市场的能力，它将跨组织的流程进行整合，并将整合对象延伸至整个供应链。企业集群中的企业个体间的流程整合需要将不同组织间的业务应用程序与业务流程进行有效整合，包括企业集群内交易流程、信息共享流程及合作流程的整合，达到内部系统与外部系统的统一。

企业间集成的特点是进一步扩展企业的 EAI 应用，并通过 Internet 进行网络通信，以 XML 为数据格式标准。支持企业间集成的集成平台应包括以下功能：安全性管理、智能代理、数据映射、应用描述等，通常支持 B2B 与 B2C 等应用。

企业间集成的关键技术包括网格技术和 Agent 技术。

（1）网格技术

在互联网环境下，企业间信息系统的异构、分散和动态性非常大，而企业应用集成和互操作，要求能够根据新的业务需求，快速、灵活地与各贸易伙伴进行集成，并使得它们有机地协同工作。面向服务的系统构架在松散环境中逐步呈现出优越性，如 Web 服务和网格服务，其具有跨越平台，穿越防火墙，实现异构系统互操作等特点。但是 Web 服务和网格服务主要是一种分布式计算技术，而不是一种集成方案，面向服务体系结构的系统将资源的调用和操作抽象为服务，使用统一的标准，有助于实现企业间业务的动态集成[19]。

网格技术在科研领域取得一系列成功后，开始走向商业领域。新的网格技术结合 Web 服务和有状态的资源管理，提高了网格服务（Grid Service）的性能。在商业应用中，很多应用需要调用不同系统的多个服务，这些系统提供的服务质量不同，返回的服务结果各异，企业调用服务的时候需要对这些调用进行有效的管理，因此，无论 Web 服务还是网格服务，要在商业界得到广泛的应用，必须解决商业应用中的复杂集成和管理问题。

（2）Agent 技术

多 Agent 系统是一种典型的大型、粗粒度系统，强调自组织性和多 Agent 彼此之间的协调性。多 Agent 一般工作于开放、强制时间系统之中。它要求系统中的多个 Agent 利用各自有限的资源、能力，以一定的策略模型进行有效的合作，合众之力共同解决在单个 Agent 能力之上的问题。

在网格环境中，简单服务模式和工厂模式可以在一定程度实现特定端对端应用，而实现企业间动态集成需要按照企业需求服务集成。目前对服务集成的研究集中在 Web 服务方面，主要方法有扩展服务接口和基于业务过程的服务组合。但是以过程流为基础的服务组合在服务过程中各服务仍然是单独工作的。由于 Web 服务的无状态性，所以只是在服务结束后，不同服务才可能相互关联，本质上仍然是不同服务独立工作。所以这些服务集成只能被应用于一定的范围。

企业的许多应用需要通过服务集成来实现，因此可以利用 Agent 来实现网格服务集成，Agent 进行网格服务集成不仅可以实现面向过程流的服务组合，还可以调用和管理一组服务按照需求与本地系统交互工作。

3）面向服务的新一代集成技术

面向服务的新一代集成技术是第三代 EAI 技术。1999 年惠普的产品 e-speak 的出现标志着 Web 服务应用阶段的开始，此后由于 IBM 等厂商的极力推广，Web 服务应用发展迅速。而在此时也出现了面向服务的体系结构（SOA）的技术。

第三代 EAI 与第二代 EAI 的主要差别在于它采用了面向服务的体系结构（SOA），并且将 BPM 与 SOA 结合起来，它在实现流程集成同时，以基于服务的架构提供流程重组与发布。通过实现对企业业务流程的一体化与全面分析管理，可以满足企业与客户、合作伙伴间的业务需求，实现端到端电子商务集成。

第三代 EAI 的关键技术是 Web 服务技术和企业服务总线（ESB）技术。

（1）Web 服务技术

Web 服务代表着可以从网络上存取的一个单位的业务、应用或系统的功能。WEB 服务有两个层次的含义，首先是一种技术和标准，然后才是一种软件或者功能。采用这种软件组件技术，可以让企业的系统易于柔性组装，随时通过网络增减组件以调整系统功能，使得应用系统开发及维护更为容易，客户需求亦可快速满足。另外一个方面，WEB 服务也是一种可通过网络存取的软件组件（Software Component），它使得应用程序之间可通过共同的网络标准相互联结使用。

WEB 服务的架构：

WEB 服务＝XML＋SOAP＋WSDL＋UDDI

这里用 XML 语言来描述结构化资料，在各个应用组件中都把 XML 作为标准语言。然后，用 SOAP 作为各应用组件接口之间通信的协议和指令。而 WDSL 则是命令的描述语言，用它来描述服务的细节。UDDI 则是类似于电话号码簿一样的东西，用来作为搜寻 WEB 服务的目录。

WEB 服务是新一代软件与服务整合的基础，其出发点就在于"一切都是服务"（everything is service）。在 Web 服务架构中，每个组件都被视为服务，可以包装行为，并通过网络来跟其他组件协同合作。Web 服务的应用比传统的组件技术（如 DCOM、CORBA 等）更为广泛。目前企业系统集成的趋势，是从以前紧密耦合（tight couple）走向松散耦合（loosly couple）、动态联结的组件，未来应用系统将会是架构在组合而成的服务之上。在这种原则下所构建的系统会有较大的优势，新的服务可以被设计出来，并且动态的被搜寻与联结使用，这也是传统的企业应用系统集成模式所不能比拟的。

Web 服务是模块化、自适应、自我描述的应用程序，可以跨越 Web 进行发布。其他应用程序可以通过 Web 服务查找和绑定功能对其进行定位、调用，从而动态进行应用的组合，动态构成极其复杂和灵活的应用系统。Web 服务为真正跨平台的应用间的互操作提供了基础。目前微软和 IBM 公司均在大力推动有关 Web 服务的研究。这是当前的研究热点和未来的发展趋势。

（2）ESB 技术

ESB 是面向服务的体系结构（SOA）中不可或缺的一部分，它是一种在松散耦合的服务和应用之间标准的集成方式，并且提供了综合、灵活而且一致的集成方法。在 ESB 模式中，服务使用者和服务提供者不直接交互。而是通过总线进行通信的。该总线可提供许多功能，其中包括协议转换、数据转换和基于内容和上下文路由的核心功能。图 4-9 是基于 ESB 的应用集成示意图。

ESB 与 SOA 之间的关系是这样的：ESB 是逻辑上与 SOA 所遵循的基本原则保持一致的服务集成基础架构，它提供了服务管理的方法和在分布式异构环境中进行服务交互的功能，ESB 是实施面向服务的企业应用集成的基础。

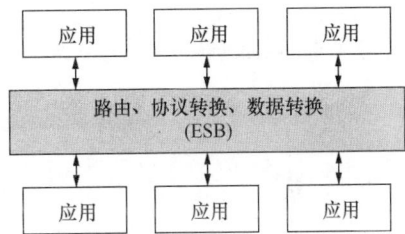

图 4-9　基于 ESB 应用集成示意图

首先，在 ESB 系统中，将被集成的对象明确定义为服务，而不是传统 EAI 中各种各样的中间件平台，这样就极大简化了异构问题给集成带来的许多困难，因为不管有怎样的应用底层实现，只要是 SOA 架构中的服务，它就一定是基于标准的。

其次，ESB 明确强调消息（Message）处理在集成过程中的作用，这里的消息指的是应用环境中被集成对象之间的沟通。以往传统的 EAI 实施中碰到的最大的问题就是被集成者都有自己的"方言"，即各自的消息格式。作为基础架构的 EAI 系统，必须能够对系统范畴内的任何一种消息进行解析。传统的 EAI 系统中的消息处理大多是被动的，消息的处理需要各自中间件的私有方式支持，如 API 的方式。因此尽管消息处理本身很重要，但消息的直接处理不会是传统 EAI 系统的核心。ESB 系统由于集成对象统一到服务，消息在应用服务之间传递时格式是标准的，使直接面向消息的处理方式成为可能。如果 ESB 能够在底层支持现有的各种通信协议，那么对消息的处理就完全不考虑底层的传输细节，而直接通过消息的标准格式定义来进行。这样,在 ESB 中,对消息的处理就会成为 ESB 的核心,因为通过消息处理来集成服务是最简单可行的方式。这也是 ESB 中总线(Bus)功能的体现。其实,总线的概念并不新鲜,传统的 EAI 系统中,也曾经提出过信息总线的概念,通过某种中间件平台,如 CORBA 来连接企业信息孤岛,但是,ESB 的概念不仅仅是提供消息交互的通道,更重要的是提供服务的智能化集成基础架构。

最后,事件驱动成为 ESB 的重要特征。通常服务之间传递的消息有两种形式,一种是调用(Call),即请求/回应方式,这是常见的同步模式。还有一种称之为单路消息(One-way),它的目的往往是触发异步的事件,发送者不需要马上得到回复。考虑到有些应用服务是长时间运行的,因此,这种异步服务之间的消息交互也是 ESB 必须支持的。除此之外,ESB 的很多功能都可以利用这种机制来实现,例如,SOA 中服务的性能监控等基础架构功能,需要通过 ESB 来提供数据,当服务的请求通过 ESB 中转的时候,ESB 很容易通过事件驱动机制向 SOA 的基础架构服务传递信息。

4.3.2　应用案例

1. 神州数码的 IT 系统集成实践

1)背景

神州数码作为国内知名的 IT 公司,一直走在国内信息化建设的前沿。企业内部先后实施了 OA 系统(采用 Lotus Notes)、ERP 系统(SAP R/3)、DSS 系统、立体仓库控制系统、B2B 电子分销系统、SCM 系统(i2)等。这些系统大多由不同厂家提供或自主开发,相对比较独立,短期内还能满足企业的业务需要,但随着业务的发展,这些系统之间的集成就显得越来越重要,特别是以 ERP(SAP R/3)为核心与其他系统的业务集成。经过三年多的实践,神州数码已基本完成了以 ERP(SAP R/3)为核心与其他系统的主要业务流程的集成(图 4-10)。

通过数据复制技术或数据库访问网关技术解决数据的分布性和异构性问题。这种方式往往通过一些数据抽取的技术实现。当两个系统间只是需要数据的同步,并不

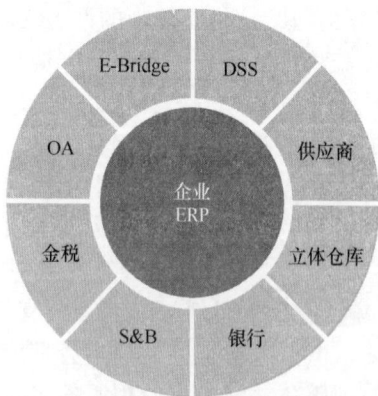

图 4-10　以 ERP 为核心与其他系统的主要业务流程的集成[20]

需要流程的集成，实时性要求也不高时可以采用这种方法。

神州数码的 DSS 与 ERP 系统的集成采用的就是这种方式。由于 DSS 系统主要进行决策分析，对于数据的实时性要求并不高，因此，主要采用后台批量导出的方式。

利用 ETL（Sagent）工具定时从 ERP 系统中取数，并放到 DSS 的后台数据库中，这种方式不需在 ERP 系统中编程，只需在 ETL 工具上设置取数规则和作业计划即可。

2）企业内部业务流程的集成

通过集成中间件平台，将不同系统的业务流程进行整合，使得整个企业内部的业务流程更加完整、流畅。如果业务需求需要不同的业务流程之间实时的无缝连接，可以采用这种方式进行集成。在这个层面上的集成，不仅实现了信息共享，而且可以提高效率。

神州数码的 NOTES 与 ERP（SAP R/3）的集成、电子分销系统（E-BRIDGE）与 ERP（SAP R/3）的集成、立体仓库控制系统与 ERP（SAP R/3）的集成采用的都是这种方式。

3）企业间业务流程的集成

通过集成中间件平台，将不同企业系统的业务流程进行整合，使得整个供应链的业务流程更加完整、流畅。神州数码的 ERP（SAP R/3）系统与供应商 CISCO 公司的 ERP（Oracle）系统的集成采用的就是这种方式。

在神州数码与 CISCO 公司 ERP 系统集成过程中，采用了 RosettaNet 定义的 PIP2A1（产品信息）、PIP3A4（产品采购）、PIP3A6（采购订单状态）三个业务流程标准。

4）评价

利用中间件的形式进行集成是当前比较流行的技术，但是它也存在着一些缺点：

① 可扩展性较差。如果企业引进新的信息系统，需要另行购买或开发新的中间件。

② 系统耦合度高，流程比较固定，降低了企业的敏捷性。

③ 与上下游企业的集成还比较有限，没有实现与供货商以及分销商的全部业务的集成。

2. 宝信系统集成平台在东方钢铁的应用

上海宝信软件股份有限公司（简称宝信软件）成立于 2000 年 4 月。宝信的系统集成平台是建立在业界标准 J2EE 和 XML 基础上的应用系统数据信息集成平台。该平台提供了数据交换服务、工作流引擎、日志管理、应用适配器、Web 服务适配器以及加速应用开发辅助工具。在该平台的基础上架构应用系统可以提高应用系统的开发效率，同时使得应用系统具备很高的灵活性和良好的扩展性。其结构示意如图 4-11 所示①。

图 4-11 所示的系统集成平台中，数据交换处理模块主要是为将来整个系统的扩展而考虑设计的。在这一层定义了应用系统之间进行数据交换的格式标准，该格式标准将遵循通行的工业标准 XML，利用 XML 来定义和描述各应用系统之间以及应用系统和底层架构之间的交互信息。

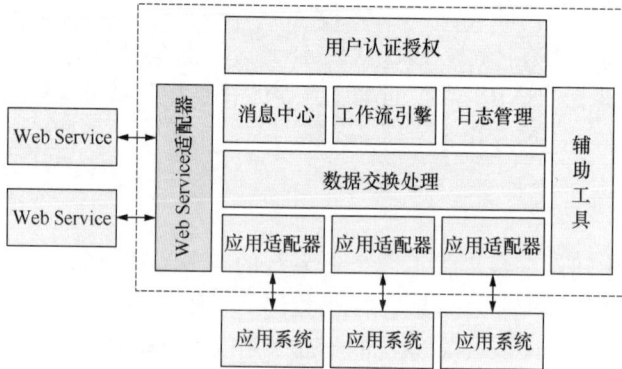

图 4-11　宝信系统集成平台结构示意图

1）关键技术

（1）消息转换技术

可以将消息转换为应用程序所需的新格式。该技术检查每个消息字段，并且允许增加、修改或检查新的消息格式和字段，这些功能并不需要修改相关源程序和目标程序。

（2）基于 XML 的数据交换格式

数据交换的接口和数据描述采用 XML 标准，提高系统平台的扩展性和开放性。平台的统一接入、统一应用、统一管理建立在标准和规范的基础上，只要遵循标准和规范，不同操作系统和数据源之间的数据交换、数据传输就成为可

---

① 宝信软件业务解析，http://www.baosight.com/。

能，并且可以统一管理。

（3）基于标准的数据转换

内置一个 XSL 处理器，它可以利用 XSLT（一种 Web 标准）来转换 XML 文档，于是可以在具有多个方言的 XML 之间翻译数据元素。

2）评价

宝钢的集成平台的可扩展性和灵活性都受限于紧耦合的集成模式，这种集成模式的结果不利于企业业务流程的调整和重组。这种模式通过接口和现有系统遵循的规范来实现各信息系统之间的数据交换，在企业内部交换数据量不大的情况下是完全可靠的。但是这还不是人们真正需要的企业集成：

① 它只是依靠系统设计人员进行的不同平台之间的桥接，数据共享的情况完全由设计人员实现；

② 可复用性差，在企业业务发生改变的时候，系统不能灵活地进行业务流程重组，是紧耦合的集成模式。

3. 结论

案例一的集成模式是以新的 ERP 系统为核心、通过中间件等技术实现不同系统平台的信息整合与集成，适用于原有各系统接口开放性比较匹配的状况。

案例二的集成模式在实际应用角度代表着中国大部分制造企业的信息集成状况。企业原有系统各不相同，要实现系统间的信息交互必须设计专用的适配器，耗时耗力而且通用性和可移植性差。系统接口标准不同，系统间的集成就要相应地针对具体情况定制适配器。

这两种模式当前业界采用较多，在企业业务流程不需要经常变动的情况下是适用的，但是都存在可复用性差、对现有系统依赖性强等特点。当企业需要进行业务流程的调整和重组时，就只能按照业务模型重新构建系统。孤立的数据和信息成为企业全球化运作最大的障碍。企业需要整合信息系统支持全球化业务运作，单纯依靠系统间的接口并不能解决企业原有的数据信息孤立的问题，企业资源使用效率低下的问题仍然存在。系统 IT 资源处于散乱状态，无法实现全局的监管和控制，更无法为企业领导层的业务决策提供及时有效和可靠的信息支撑。未来的企业集成模式势必要致力于解决这些问题。

怎样为上下游企业提供协作平台，以减少外包合作企业为采购安装以及软件和数据中心的维护等花费的时间和成本，保证企业集群经济效益？怎样提升软硬件开发使用效率，尽可能共享软件版权费用？怎样及时地掌握客户容量等信息及时针对客户的变化调整资源调度？怎样监控企业每个受控资源的详细信息并在系统集成中准确及时地传递数据？在有网络问题、性能问题、容量问题时，如何迅速正确排查并提出有效的问题分析和解决方案？

4.3.3　发展预见

1. 企业集成技术未来发展方向

企业有大量信息交换和互操作的需求，这就决定了企业集成具有规模性和动态性，且必须遵守先进性、安全性与可靠性、开放性与可扩充性的原则。理想的 EAI 方案应该在工业标准的基础上，支持松耦合、异步执行方式以及业务流程可重组。在面向服务的企业集成的构架下，企业的所有资源都成为一个松散结构中的组件，系统接口、应用通信、数据转换等建立在开放的、被广泛接受的标准上，并以服务的形式体现。用户在需要访问某信息时或某业务流程在执行过程中，企业的多个服务被同时调用，并协同工作，因此，企业集成将进入面向服务的智能集成阶段。图 4-12 给出了企业智能集成框架图。

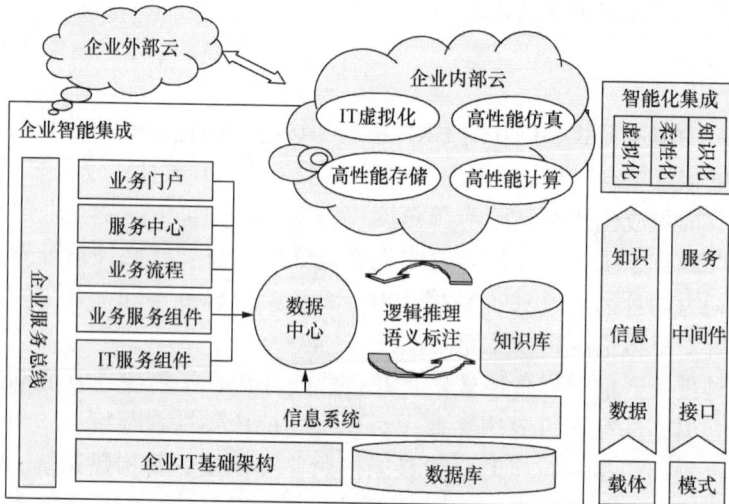

图 4-12　企业智能集成框架图

面向服务的智能集成是新一代企业集成架构，它基于 Web 服务，以企业建模技术和语义技术为支撑，充分利用各种网络环境下跨平台、松散耦合的各种服务，来协同构造一个满足用户需求的增值服务，并构建企业模型数据中心以实现系统内部的知识信息和业务模型的共享。

企业的信息模型、功能模型、过程模型、组织模型和知识模型等信息集成为数据中心的元素，并进一步引入相关的已有标准和本体技术，完善数据中心的模型，使之成为企业的共识和标准。

云计算的应用使面向服务的企业集成扩展至企业所有系统资源的范畴，语义技术是整个框架建成后能够成功运转的重要支撑，保证企业业务过程的柔性、智能整合。

2. 四大支撑技术

在全球网络环境下，从企业集成的框架、元素及其相互间关系三个角度出发，凝练出面向服务的智能集成的四个关键支撑技术：SOA、企业建模理论、云计算和语义技术，即以 SOA 为基本体系结构，依靠建模技术建立企业集成的数据中心，在云计算的基础上整合企业软硬件资源，依靠语义技术实现新的企业信息交互模式。

1）SOA

SOA（Service-Oriented Architecture）基本思想是将系统按照功能设计成一个个独立封装、支持异步处理的服务，这些服务用标准的方式定义接口，并可以通过标准的协议进行调用。重要的一点是，SOA 所定义的接口和调用方式是独立于编程语言和运行平台的。

SOA 是一个划时代的体系思想，它定义一个业界都"认可"、都"遵循"的法则，大家都使用同样的方法来进行互通互联，从而实现无界限的"联通"和最大可能的复用。

具体到企业层面，基于 SOA 架构的产品的出现使企业在需要改变 IT 系统时的灵活性大为增加。面向服务的 SOA 架构定义了搭建企业软件架构的一种新方法，SOA 中增加了消息和代理服务以及共享业务服务，以快速利用任何共享应用和数据服务（它们由消息和代理服务、门户和业务流程所提供），并将它们定制为能满足特定业务需求的复合型应用。这一切都使一些大企业或在地理上分布范围比较广的开发队伍能够更好地合作，因为这些 SOA 架构下的中间件业务模块都能够被重新配置或以新方式优化以满足新的需求。基于 SOA 的应用开发和集成描述了一套完善的开发模式来帮助客户端应用连接到服务上。这些模式定制了系列机制用于描述服务、通知，以及发现服务、与服务进行通信。

SOA 将中间层再进行抽象，通过一个跨技术架构的元数据和业务逻辑，也就是服务，使之成为可跨企业使用、能够长期积累、并不断丰富的企业业务库和信息资产。夸张一点说，如果所有系统开发都遵循 SOA，那么世界信息业将会发生彻底的改变。

但 SOA 思想诞生时，它并不是一个技术标准，也没有相关规范。如何在技术体系上实现 SOA？Web 服务恰好从技术角度提供了一种有效的实现途径。基于 Web 服务的应用集成通过 Internet 分布式服务器或者中心服务器提供访问方法，企业和用户可以通过标准的接口和一些公共服务来发现、描述和使用这些共享的系列服务。Web 服务使业务逻辑能够以标准化的接口（WSDL）提供，并可基于标准化传输方式（HTTP、Message 等）、采用标准化协议（SOAP）进行调用。这为 SOA 的实现提供了可能。

可以充分预见，下一个阶段的系统集成技术，是建立在"面向服务"的理念上的整合体系，将比现在大部分企业的"面向接口"的整合体系又向前迈进了一大步。

然而，SOA 并不会完全取代传统的刚性应用软件，但是将会给它们套上标准化的"外壳"，使其更加易于与别的应用系统实现集成。

这就要求在针对新的用户需求进行服务设计时，一方面要保证服务易被其他服务重用，另一方面要保证可重用已有服务。这些都涉及对服务进行拆分的粒度，即如何建立一种服务流程，既能满足用户需求，又可通过绑定基本服务实现，并易被其他服务重用。研究的主要内容包括：

① 信息服务的统一描述语言；

② 服务的拆分理论与方法；

③ 基于范式的服务流程设计方法；

④ 服务流程的分析及验证；

⑤ 服务流程的优化方法。

服务的拆分和流程设计是基于企业业务活动进行分析的，而基于企业业务系统所建立的各维度的模型又为系统的描述语法和规格提供了统一的标准。因此，建模技术对于面向服务的架构的实现起到了重要的支撑作用。

2）建模技术

在探索面向服务的架构时，Web 服务在解决异构软件的交互和企业系统集成问题上表现出了很大潜力，因此备受学术界和工业界关注。用户可以通过 Internet 上的其他互联应用程序或商务 Web 服务器使用 Web 服务。当前业界的发展趋势就是加速创建并提供这些服务。但是，目前的 Web 服务技术仍然面临着一些困难：就开发方法而言，虽然目前存在支持 Web 服务开发的中间件平台，但 Web 服务开发缺乏坚实的方法学基础；就基础设施而言，由于 Web 服务的技术及平台在不断变化，开发者对新技术新工具的直接使用将导致原有 Web 服务的迅速废弃；就企业业务而言，其流程和具体分工经常需要根据市场情况进行调整，这样快速的实时调整对服务提出了高效、实用、易变的要求。这些问题和要求都促使人们寻找与 Web 服务相结合的、为企业集成提供支持的、具有理论基础和实践可操作的技术。企业模型作为一种表达清晰、可配置的特殊"语言"，具备上述要求的特性。

模型是企业集成的 DNA。通过企业建模活动，确定集成的内容，即明确企业的业务系统包含哪些实体，哪些实体需要集成与协调。因此，企业建模是实现企业集成的基础。企业模型为不同系统之间交换信息提供了公共的语法和语义模型，使完成不同任务的人员和系统对同一问题有相同的理解，并可以设计开发集成接口或共享数据库，实现人员与应用系统的集成。

建模从不同角度考虑企业模型的复用性问题。功能模型通过功能分解树的结构，以功能模型原子级的形式实现，最大限度地支持模型的复用，是集成的基础。组织模型描述静态联系；过程模型则是对企业业务的动态描述，是企业建模的核心部分，过程模型的创建模式将直接影响企业流程再造的灵活性。信息模型和知识模型是表达的部分。

从企业集成的角度看，过程模型描述企业的业务过程，使所有的模型有共同的信息基础。同时，越来越多的模型也使得不同建模方法所建模型的管理和互操作问题日益突出，影响模型知识的提取和利用以及重用等。要实现更高效率和质量的企业集成，必须以企业模型为基础，保证对企业知识和活动的分析和优化。

依靠建模技术实现的模型将纳入企业数据中心的范畴，但是数据中心的作用并不止于此，人们需要的数据中心是企业的资源池，除了企业的业务信息、知识、功能等模型，企业所需的软硬件资源同样是数据中心的一部分。在面向服务的框架下，企业集成又将面临如何整合所有的企业资源才能使企业集成效益最大化的问题。云计算作为新兴的资源整合方法，为企业集成带来全新的视角。

3）云计算

云计算作为一种计算模式和基础构架的管理方法，将数据、应用或 IT 资源以服务的方式通过网络提供给用户使用，大量的企业信息资源组成 IT 资源池并动态创建为高度虚拟化的资源。这些资源对用户是不可见的，用户不必关心如何部署或维护资源，只要连接互联网，借助手机、浏览器等客户端，就可以完成程序开发、科学计算、软件使用及应用托管等任务。

不论对于个人或是企业，都可以通过与云计算中心的合作，托管运行自己的服务，另一方面，利用云计算数据中心开放的接口，使用来自全球企业的服务。

云计算作为下一代企业数据中心，基本形式是大量链接在一起的共享 IT 基础设备，不受本地和远程计算机资源的限制，可以方便地访问云中的虚拟资源，使用户和云计算提供商之间像访问网络一样进行互操作。云计算的需求包含以下几个方面：

① 云计算能够利用现有的 IT 基础设施在极短时间内处理大量的信息以满足动态网络的高性能需求；

② 云计算能将企业资源集中，统一提供可靠服务，并能减少企业成本，提高企业灵活性；

③ 实际的业务需求中，个人用户和企业用户希望能够直接通过购买软件或硬件服务而不是购买实体来简化对资源的利用，希望通过接入网络就可以实现该目标；

④ 在学习场所、工作场所和住所之间建立便利的文件或资源共享纽带，将人们需要的资料、数据、文档和程序等全部放在云端实现同步。

云计算的终极目标是将用户所有的资源都放在云中，通过网络向用户传递软硬件服务，用户只要有一个可以上网的终端就可以享受所有的云计算服务，用户希望能在繁杂的企业信息中方便找到自己需要的信息或服务，并能在不同地方实现项目、文档的协作处理。

云计算资源池的概念使用户实现了按需计算，云计算将各种闲置资源进行整合和管理，按需向用户提供服务。这种服务模式可以让普通用户透明地使用高端计算服务。资源池的使用为云计算服务提供商和用户带来收益，实现了资源的集约利用。

在企业集成过程中，对企业现有基础构架进行整合，通过虚拟化技术和自动化技术，构建企业自己的云计算中心，实现企业硬件资源和软件资源的统一管理、统一分配部署、统一监控和备份，打破应用与资源的紧耦合，实现云计算理念。其中，网络作为传递资源的媒介，要具备良好的通信能力和通信质量。

云计算实现了企业资源的融合。将企业的软件、硬件和服务共同纳入企业内部云，三者紧密结合为不可分割的整体，并通过网络向用户提供恰当的服务。用户在定制一项云计算服务时不必区分定制的是软件、硬件还是服务，云计算模式将硬件以计算能力的形式提供给用户，实现了"网络就是计算机"的理念。同时，云计算透过网络甚至可以将系统后端开发和管理人员的服务提供给用户，当人们在浏览器上运行时不用担心系统崩溃。

云计算的理念为企业提供了资源网络化的可行途径。但是在分析和表达资源之间的联系时，仍然存在语义模糊和语义信息缺乏完整性的问题。语义的不一致性将使"一切皆服务"的设想继续停留在概念层面，无法保证企业面向服务的业务互操作的正确性和可行性。语义异构问题一直是困扰企业集成的关键问题，如何澄清对象之间的联系和属性、解决服务粒度统一以及业务互操作中的理解问题，是实现企业集成智能化的核心技术。

4）语义技术

由于企业模型和信息来源不同，在描述语法、结构等方面也五花八门，为此人们引入语义技术为异构信息源之间的语义互操作提供可能和便捷的途径。利用语义网的层次架构和描述语言，规定数据中心信息的语义，使企业各信息异构的成员在不需要了解服务模型、信息结构和语法的情况下交流业务的语义信息，从而建立包含语义的企业业务集成框架，实现有效、灵活的模型共享、交互和集成。

在企业集成中，利用本体概念来建立和表达企业模型，这种模型表达是对企业组织的一种共同认识。企业本体主要是起到交流和中介作用，尤其是在企业内外部不同的人员之间、人与系统开发工具和环境之间、不同的系统开发工具和环境之间。基于基本概念和语言结构的一致性，本体有助于企业知识的获取、表示和处理，同时，也有利于构造和组织企业知识库。企业本体的另一作用是提高互用性，作为企业有关概念的中间交流格式。

全球网络环境下的服务往往由多个服务聚合而成，因此研究服务及其行为的并发性、一致性、相关性等是实现企业集成和企业间协作的基础。建立面向服务的企业语义集成的第一步就是建立一套机器可用的形式化的分类体系和描述方法。服务的描述是构建信息服务的基石，表达和描述服务提供的功能、服务输入输出以及服务正确执行必须满足的约束等的语义有助于准确快速地发现服务、实现服务间的交互、提高服务匹配的精度和保证匹配的正确性。因此，研究信息服务语义（包括内容、接口、策略等多维语义）模型及相关方法，是实现信息服务智能聚合、协同以及有效使用的基础。主要内容包括：

① 信息服务多维语义描述模型与分析方法；

② 信息服务的多维语义标注方法；

③ 语义匹配的机理及方法；

④ 语义推理方法。

基于语义描述的企业信息数据中心为集成后企业的正常业务运作提供了可靠保证，使企业不必关注业务信息的内部细节而快捷地组织流程，实现语义层面的业务信息交互。

此外，企业集成中仍然面临标准和安全两大问题，需要通过语义技术加以解决。

（1）标准体系与模式问题

发展成熟的语义集成，将改变以往企业集成所面临的改造成本问题，打破行业壁垒，将各种传统资源以新的体系和模式进行集成。科学的标准和交互机制的制定是实施基于语义的企业集成的保证。

（2）安全体系问题

在语义集成下，企业的信息资源以服务的形式被用户发现并使用，而使用过程同样伴随着提供方和使用方双方的信息传输，这就带来了如何保证企业信息的安全的问题。

3. 结论

对于企业集成，通过对已有各信息系统设计阶段的统筹规划或是系统间的信息转换等方式，确实可以在一定范围内解决企业内信息访问和企业间互操作问题，但是从长远发展角度讲，未来企业集成一定是朝着开放灵活的面向服务的智能集成的方向发展。

基于以上分析，建议从以下三个方面着重开展工作。

（1）开展面向服务的企业集成技术研究

制造行业和信息行业正处于信息化建设的革新中，经济全球化也使每个企业认识到必须参与到全球的业务协作网络中，才能在未来的网络化经营模式中占有一席之地。立足于学科前沿，探讨未来面向服务的企业集成模式的发展方向，形成国际领先的研究成果，并依照我国制造企业信息系统的发展状况，探讨未来的企业智能集成模式。

针对我国企业信息化现状，面向未来的全球性企业协作环境，开展企业应用集成中业务建模、服务与语义等先进技术研究，为支持先进有效的新一代集成模式的应用奠定基础。

（2）探讨集成技术中相关标准及其安全规范

业务流程的网络化和新的集成模式带来企业交互规范化与安全性的需求。目前，对于集成技术中相关标准的研究处于各自为政的状态，这一方面造成集成标准及其安全规范的缺失，另一方面造成了科研资源的浪费。集成中的安全规范对集成的成败起着至关重要的作用，没有安全规范的引导，所有的集成模式都是不可靠的，对企业信息化也难以有实质的促进作用。

（3）加强面向服务的智能集成平台开发和应用

我国的企业信息系统已经在大部分企业得到很好的应用，特别是大型骨干企业的信息化工程，已经达到一定的成熟程度，但是，中小企业的信息化水平参差不齐，在参与全球化协作网络中能力明显不足，需要政府部门投入经费，加强面向服务的智能集成平台的开发工作，并将所开发的面向服务的智能集成平台推广应用到广大的企业中，引导企业积极加强信息化的建设工作，构建企业自己的面向服务的智能集成环境，并参与全球网络化业务协作中。

4.4　物联网环境下的现代物流与供需链管理技术

4.4.1　技术概况

1. 现代物流、供需链管理

物流服务是连接供给主体与需求主体，高效和快捷地完成商品流动的经济活动过程。供需链管理的初衷是为了控制物流过程中企业内部及企业间的库存。随着供需链研究和应用的深入，所关心的已经不仅仅是物料实体在供需链中的流动，其管理触角已延伸到企业内外的各个环节、各个角落[21]。

1) 现代物流

现代物流是人类进入信息经济时代的产物，也是现代社会经济正常运行的主动脉。它泛指伴随着从原材料到产成品相关信息有效流动的全过程，包含了产品生命周期的整个物理性位移的全过程。现代物流将运输、包装、仓储、装卸、加工、整理、配送与信息等方面有机地结合起来，为用户提供多功能、一体化的综合性物流服务。随着电子商务、条码、无线射频和 GPS/GIS 等技术与现代物流应用的互动与融合，现代物流正在向信息化、一体化和网络化方向发展。

（1）物流全过程的信息化

信息技术的广泛使用，使信息系统延伸至跨行业乃至跨区域的应用，传统的物流过程发生本质的变化，极大地提高了物流效率，也为现代物流的一体化奠定了坚实的基础。

（2）现代物流的一体化

借助于信息技术和电子商务技术将物流活动联系在一起，完成需求、配送和库存管理的一体化，从供给地向需要地转移货物的运输、储存、保管、搬运、装卸、货物处置、货物检选、包装、流通加工和信息处理等过程的一体化。

同时，信息技术与物流应用的互动与融合，促进了第三方物流的兴起和第四方物流的出现。其中第三方物流实现由供应商和分销商以外的第三方负责对物流中间环节进行有效管理，提供从原材料供应到最终产品销售之间全方位物流服务。随着现代电子技术的进步和电子商务影响力的迅速扩展，社会供需链上各链条（或节点企业）追求对内整合资源，向外拓展业务需求，从而直接导致第四方物流从传统的供需链管理中脱颖而出，并通过对整个供需链提供综合的供需链解决方案为客户带来更大的价值。显然。第四方物流能够更好地整合社会资源，解决物流信息充分共享和社会物流资源充分利用等问题。

2）供需链管理

20 世纪 80 年代以来，随着全球经济一体化深入，产业分工的精细化、模块化趋势愈加明显。整个产业链从研发、设计、制造、营销、物流、服务等不同的环节，划分成一个个标准的模块，产业分工越明细，产业链就会变得越长、越复杂。为了应对市场竞争环境的变化，企业经营模式逐渐从"纵向一体化"转向"横向一体化"。在这种模式下，企业只关注核心业务——产品和市场，生产、物流等，其他非核心业务则利用外部资源来实现。这样，便形成了物流外包和供需链的概念。从物流和信息流的角度，供需链是一个整合的过程，该过程中不同的组织实体，即供应商、制造商、分销商、零售商、物流服务商及最终顾客相互协调，并执行三种活动：物料购买、物料转化以及库存管理和产品运输有关的后勤活动。从买卖关系角度，供需链是组织之间的一系列交易活动构成的交易关系，这种交易关系将最终增加产品和服务的价值[22]。

早期供需链的供应体系、核心企业、分销体系和客户之间相互隔离，节点间的关系相对松散，节点间信息不对称，供需链体系信息共享的能力非常有限。在运作上，整条供需链上各节点相对独立，各自以自身的利益各行其是，无法高效地完成整个供需链体系全过程的协调、控制和管理，严重损害了整条供需链运作的效率。

随着市场竞争的日趋激烈和信息技术的迅猛发展，促使供需链管理的不断演变及供需链管理技术的不断提高。这其中，信息技术对供需链的管理模式和管理理念产生了重要影响，促进了供需链向开放式、一体化的多边互动式的新型供需链转变。在 EDI、互联网、电子商务、面向服务架构等信息技术的支撑下，新型供需链实现了信息流、资金流、物流和业务流准确、快捷和有效的整合，把原材料供应商、批发商、零售商和用户紧密结合在一起，将外协加工和组装、生产制造、销售分销、物流配送及客户服务等业务过程有机集成起来，真正实现从生产领域、流通领域到消费的一体化运作，有效提升了供需链的整体竞争能力[23]。

2. 信息技术与现代物流、供需链管理的互动融合发展

1）现代物流、供需链管理与信息技术的互动发展历程

信息技术与现代物流、供需链管理的互动发展是随着需求的牵引和技术的驱动而逐步实现的，这一过程大致可以分为以下几个阶段。

（1）内部环节信息化和整合阶段

以单个业务环节的信息化和自动化为导向，运用自动化设备技术、数据采

集和自动识别技术以及各种管理信息系统等单元信息技术，实现物流运作中储运、运输、包装和流通加工，以及企业管理中各环节的信息化与自动化。在此基础上，实现企业内部业务流程的自动化和生产经营管理全过程的信息化。在这一阶段，信息技术的应用局限于内部业务管理的信息化，与企业的供需链伙伴之间缺乏必要的数据共享、信息互通和业务互联。

（2）跨企业协作阶段

随着产业分工的精细化，企业从"大而全"、"小而全"转向集中于自己擅长的核心业务，利用外部资源优势处理非核心业务成为企业的主要发展方向。在企业协作初期，加强企业之间的信息共享成为企业协作的首要问题。同时，基于互联网的信息传递服务也使得包括制造商、供应商和供需链上的其他合作伙伴之间能够实现信息的无缝沟通。然而，随着供需链运作的日益复杂，这种只关注数据整合和传输的供需链应用系统，或使用一些商务协同工具进行企业间的业务协同，也只是停留在局部的业务处理上，难以形成全局协同作业。

（3）一体化运作阶段

随着市场竞争从企业之间的竞争向供需链之间的竞争演变，以及互联网技术的发展和广泛应用，低成本的跨企业运作成为可能。在物流领域，表现为物流整体解决方案和一体化运作的第三方物流已成为现代物流的主要形态。一方面是生产控制自动化向两端延伸，覆盖到企业间业务的无缝连接，从而形成了企业间无边界的、开放式的增值链条；另一方面大大拓展了经济活动的范围，使供需链贯穿于整个生产经营活动全过程，实现了供需链中的业务协同运作和联合决策，促使供需链管理向一体化运作方向发展。

2）现代物流和供需链管理中的信息技术应用现状

现代物流、供需链管理概念的产生和发展与信息技术的应用密不可分，比如 EDI 技术的出现，有效解决了供需链中企业间共享信息的问题；GIS/GPS 技术的出现，使得实现物流全程可视化成为可能。同时，随着信息技术的不断发展，产生了一系列新的物流、供需链管理理念和经营方式，推进了物流和供需链管理的变革，促进了现代物流网络和供需链网络的形成。在现代物流、供需链管理中的信息技术主要包括：

（1）跟踪和控制技术

跟踪主要是指对物流的运输载体及物流活动中涉及的物品所在地进行跟踪。物流设备跟踪的手段有多种，可以用传统的通信手段如电话等技术进行被动跟踪，也可以用 RFID 技术进行主动跟踪，但目前应用最多的还是利用 GIS/GPS 技术跟踪和控制，保障整个物流过程的有效监控与快速运转。

（2）全方位接入技术

互联网技术和各种无线接入技术，包括蓝牙技术、802.11 无线局域网、支持语音及数据通信的蜂窝式无线广域网等全方位接入技术，它们的蓬勃发展为供需链成员信息共享和业务互联提供了相对方便、快捷、廉价的方式，很好地满足了现代物流、供需链管理的要求。

（3）动态信息采集技术

在目前流行的动态信息采集技术应用中，一、二维条码技术应用范围最广，其次还有磁条（卡）、语音识别、便携式数据终端、无线射频识别（RFID）等。

（4）数据交换和集成技术

是指企业间为了提高经营活动的效率，在标准化的基础上通过计算机网络进行数据传输和交换的技术。早期供需链伙伴之间进行信息共享主要采用昂贵的 EDI 技术，后来以互联网和 XML 技术为基础的信息交换和集成技术成为主流。

（5）软件基础技术

以 Web 服务为基础的新一代软件基础技术，可以有效地集成现存的应用系统，将多个企业的业务系统和业务流程转换成服务的形式，从而实现在异构系统环境中跨部门、跨企业的业务流程集成和运行，将制造商、供应商、服务商和其他供需链伙伴集成在一起建立起跨企业的流程协作网络，从而大大增强了客户化的能力和智能化水平，有效改善了整个供需链的可控性和整体效能。另外，由于新一代软件基础技术的开放性和可重用性，使得新的供需链执行应用方案具有很强的可扩展性，为构建开放、动态的供需链提供了有效的技术基础。

（6）电子商务技术

支持企业及客户间的交易活动，包括产品销售、服务和支持等，同时电子商务技术帮助企业拓展市场，拉近企业与客户之间的距离，促进了企业从生产控制自动化向两端延伸，形成了企业间无边界的、开放式的增值链条，大大拓展了经济活动的范围，使供需链贯穿于整个生产经营活动全过程，最终达到生产、采购、库存、销售以及财务和人力资源管理的全面集成，使物流、信息流、资流发挥最大效能，把理想的供需链运作变为现实。

（7）业务管理软件技术

业务管理软件技术形成了整个企业生产经营活动管理全过程的一个复杂的体系，比如 ERP、SRM、CRM、商务智能等软件技术，它们实现了生产过程的自动化、管理过程的电子化、决策过程的智能化和营销过程的网络化。

3. 物联网环境下的现代物流、供需链管理

1）物联网及其特征

物联网是通过射频识别、传感器网络、全球定位系统等信息传感设备，按约定的协议把任何物品与互联网连接起来，进行信息交换和通讯，以实现智能化感知、监控和管理的一种网络。物联网是在互联网基础上延伸和扩展的网络，其用户端延伸和扩展到了任何物品与物品之间进行信息交换和通信。物联网的特征有三点[24]：

① 接入对象更为广泛，获取信息更加丰富。所获取的信息不仅包括人类社会的信息，也包括更为丰富的物理世界信息，包括压力、温度、湿度、体积、重量、密度等。

② 网络可获得性更高，互联互通更为广泛。未来的物联网，不仅基础设施非常完善，网络的随时、随地可获得性大为增强，并且人与物、物与物的信息系统也达到了广泛的互联互通，信息共享和互操作性达到了很高的水平。

③ 信息处理能力更强大，人类与周围世界的相处更为智慧。

2）物联网对物流、供需链管理的影响

物联网对物流、供需链的近期影响体现在以下几个方面[25]：

（1）提高物流基础设施的信息化和自动化水平

利用物联网技术能够实现自动化的入库、出库、盘点，以及物流交接环节中的物联网信息采集，实现物品库存的透明化管理。通过物联网技术与物流运输设备、设施的结合，可进行物流基础设施信息化的升级，提高信息化和自动化水平。

（2）物流的各要素环节更加高效便捷

通过物联网技术整合物流系统的功能，实现管理自动化，使物流的各大要素如：配送、运输、仓储等各环节更加高效便捷，极大的提升物流效率。

（3）供应链环节整合更加紧密

通过物联网技术实现相关企业在供应、生产、物流、需求等流程上的协作与同步，以控制原材料、在制品、产成品在供应链各环节的库存数量，以缓解供需中的不确定性，有效降低供应链上下游合作企业之间的库存和资金占用。

从长远来看，物联网将对物流和供需链管理产生深刻的影响。以泛在技术为基础的计算模式将具有环境感知能力的各种类型终端、移动通信、信息获取、上下文感知、智能软件与人机交互等技术如同空气和水一样，自然而深刻地融入了物流、供需链所能触及的各个角落，成为促进物流、供需链管理理论与技

术发展的新驱动力，使得人们由现在对物流、供需链过程的"了解不足"，向三维空间加时间的多维度泛在感知和透明化发展。它与传统物流、供需链管理的根本区别在于，对物理世界的感知能力得到根本性的提升，同时沿着向下的感知延伸和向上的信息传播延伸两个方向展开，在宏观层面上的组织和流程、运作模式方面必将发生一些深刻的变化。未来的物流、供需链管理将以泛在网络为基础、以泛在感知为核心、以泛在服务为目的、以泛在智能拓展和提升为目标[26]。

4.4.2　应用案例

1. 沃尔玛的物流和供需链管理[27]

沃尔玛是全球最大的商业零售企业，已连续多年位居世界 500 强企业之首。研究表明，它的成功是其供需链的成功，是信息流、物流以及薄利多销式的快速现金流的完美的"三流合一"。借助信息技术，沃尔玛实现了运作模式、盈利模式和客户关系的创新。

表 4-2 描述了信息技术在沃尔玛的应用及作用。

表 4-2　信息技术在沃尔玛的应用及作用

年份	信息技术实现	作　用
1969	开始使用计算机跟踪存货	
1974	开始在分销中心和各家商店运用计算机进行库存控制	全面实现 S. K. U 单品级库存控制
1979	投资商店与总部之间相连接的卫星网络	该系统的应用使总部、分销中心和各商店之间可以实现双向的声音和数据传输，全球 4000 家沃尔玛分店都能够通过自己的终端与总部进行实时联系
1983	整个连锁商店系统都使用了条码扫描系统	代替大量手工劳动、缩短了顾客结账时间、便于利用计算机跟踪商品从进货到库存、配送、送货、商家、售出的全过程
1984	市场营销管理软件系统开始应用	使每一家商店按照自身的市场环境和销售类型制定出相应的营销产品组合
1985	开始利用电子数据交换（EDI）系统与供应商建立自动订货系统	通过联网，向供应商提供商业文件，发出采购指令，获取数据和装运清单等，使得数据传输的准确性和速度大幅度提高，同时也使供应商及时精确地把握其产品销售情况
1995	进行联合计划预测补货系统（CPFR）的研究和应用	提高了采购订单的计划性、市场预测的准确度、供需链运作的效率和存货周转率，并最终控制了物流成本

年份	信息技术实现	作 用
1999	向消费用户提供低成本的互联网接入服务	将业务延伸至 Web 领域,从而推动了公司在线业务的发展,扩大了用户群体
2005	实施 RFID 计划	标签信息内容量大、一次读取数量多、读取距离远、读写能力更快、读取的方便性和适应性更好,更适应供需链的管理

(1) 沃尔玛信息化过程

沃尔玛之所以领先于竞争对手,是由于其领先的信息技术。信息技术是沃尔玛供需链中非常重要的环节,是沃尔玛物流配送的基础。沃尔玛通过信息系统与供应商建立了紧密的联系。虽然沃尔玛的竞争对手也有互联网站,也配有 ERP 系统,但是其市场竞争力明显不如沃尔玛,主要原因是其没有与供需链的其他企业进行有效的信息实时共享,供需链上的信息流并没有被有效地整合,从而使其在竞争中处于弱势的地位。

(2) 信息技术支持下的运作模式创新

在沃尔玛供需链运作的整个过程中,协同计划预测和补货(CPFR)系统起到非常重要的作用。CPFR 是应用一系列技术模型,对供需链上不同客户、不同节点的执行效率进行信息交互式管理和监控,对商品供应商、生产厂商和配送中心进行集中管理和控制。沃尔玛通过 CPFR 来共同管理业务过程和共享信息,同时改善零售商和供应商的伙伴关系,提高了采购订单的计划性、市场预测的准确性,同时提高了供需链运作效率和存货周转率,并最终控制了物流成本。

(3) 信息技术支持下的盈利模式创新

沃尔玛低成本、高效率的盈利模式在很大程度上依赖于领先的现代信息技术。沃尔玛的自动补货系统(AR)能够有效地减少商店的库存量,并提高商店的服务质量,降低物流成本,加快存货的流通速度,大大提高了沃尔玛供需链的经济效益和作业效率。信息技术的应用,还使沃尔玛与供应商的关系更加密切,这种合作伙伴关系使供应商可以进入沃尔玛的数据交换系统,了解自己的产品销售情况,从而有计划地组织生产,大大降低了因盲目生产导致产品积压而带来的库存机会成本。由于及时的市场信息的反馈,保证了产品供应速度和质量,实现减轻生产波动,从而避免无谓的损失。

(4) 信息技术支持下的客户关系创新

沃尔玛建立的有效客户反应系统,把生产厂商的生产线和零售商连接起来,信息流在供需链的节点上都是双向的,这种客户信息的联动,提高了沃尔玛供需链的作业质量与效率,并且能够及时地满足客户的需求。客户关系管理系统也能够增加商品价值量、减少供需链库存、降低各种作业成本，缩短交货的周期，可以为新产品的开发提供很重要的参考，同时也为沃尔玛的供应商创造了丰厚的利润。

先进的商业管理思想和信息技术的结合，使沃尔玛摆脱了传统零售业分散、弱小的形象，并创造了零售业工业化经营的新时代。

2. 物联网技术在轮胎全生命周期管理中的应用[28]

米其林轮胎北美公司为适应公司内部未来发展和外部环境强制要求的双重需要，改产基于 RFID 技术的智能轮胎。生产过程是，工作人员在轮胎成型工序嵌入具有压力和温度感应功能的特制 RFID 标签，嵌入位置是胎体帘布层与胎侧胶之间，胎胚经硫化工序后，标签就被固定并封存在轮胎内，这种智能轮胎从出厂、使用期间的维修及翻新、直至报废的整个生命周期内，所有诸如生产序号、生产日期、生产厂代号、汽车制造厂的标识码等重要数据均完整地保存在标签的芯片中。

基于 RFID 技术的智能轮胎从多方面提高了轮胎供应链的运行效率与效益：用 RFID 读写器识读标签信息，工作人员可无一遗漏地快速统计轮胎数量，保证了输入数据的正确性；由于每个轮胎均拥有唯一的识别码，当轮胎出现早期失效时就可通过识读标签确认该轮胎是否为本厂产品，继而可自上而下追溯到成型、硫化、质检、包装、仓储、发运等各环节，以确定导致轮胎失效的关键环节并查找真实原因，从而逐步提高产品质量；嵌入轮胎内的特制标签可与TPMS（Tire Pressure Monitoring System，胎压监测系统，该系统也具有轮胎温度检测功能）结合，以便及时监测胎压及轮胎温度，从而可随时向驾驶员提供实时数据。如胎压过低时，TPMS 将警告驾驶员，不要在低胎压的危险状况下行驶，由此提高了驾驶安全性。

4.4.3　发展预见

在宏观层面，伴随着信息时代新科技革命的步伐和企业跨行业、跨地区的兼并重组活动，产业的边界逐步趋于模糊化，产业融合冲击并变更着传统的产业结构，影响到企业、产业以至国家各个层面，并成为经济增长的新动力。产业融合体现在服务业向制造业和农业的渗透，促进了现代服务业和服务型制造的兴起。同时，在注重发展商业活动过程中，众多的企业也越来越注重环境问题，将环境改善目标集成到其战略计划与日常运营中。

在现代物流、供需链运作层面，为了应对市场环境动态变化以及企业高度协作的要求，要求在对供需链的采购、生产、流通、服务等环节能够对时空、生产、物流、服务等信息进行全面采集的基础上，对信息进行共享、处理和优化，提高供需链的反应能力、优化能力和协作效率。而随着现代信息技术，包括最新的红外、激光、无线、编码、认址、识别、定位、3G、光纤、数据库、传感器、RFID 和 GPS 等高新技术的快速发展，为实现互联网从人机终端向物质终端延伸打下了技术基础。这种集光、机、电、信息等技术为一体的信息采集、传输和处理技术在供需链系统中的应用，使构建感知、互联和智能的智慧供需链已成为全球供需链发展的必然。

在消费需求层面，新时代消费文化发生了极大的变化，消费需求从简单产品功能需求向个性化、差异化和整体化转变。在上述背景下，随着新型经济时代信息化的不断深入，必然导致工业社会的结束和新型信息社会的诞生，对现代物流和供需链管理必将产生广泛而深远的影响。

1）信息技术将在现代物流、供需链管理中发挥主导作用[29]

由于信息的适用性、精确性、时效性、完整性和可获得性等得以充分发挥，大大提高了其使用价值。在经济关系日益复杂、风险与机会高度不确定的情况下，信息能够有效减少不确定性，日益成为比物资、能源更重要的战略资源，信息流也因此与物质流与资金流一起成为产业之间联系的主导方式。同时，利用信息技术融合相关领域的技术产生新型的服务模式和技术，并通过信息网络平台实现业务相关方的物流、信息流、资金流交换，为产品及服务过程提供强有力的技术保证，从而成为现代物流、供需链管理中的主导性技术。

2）物流运作、供需链管理呈现网络化形态

全球制造业领域的产业分工正在从传统的产业间分工，向以产品专业化为基础的更精细的专业化分工转变，并形成国际分工协作网络，使生产要素达到更高层次的合理配置。在这种背景下，传统的供需链、价值链受到了挑战，而边界模糊化、结构柔性化的价值链网络在世界范围内受到广泛关注。价值链网络的发展实际上就是不断地创造更多的价值，通过重塑企业间的关系模式改变了企业的资源配置方式和不同价值主体的价值整合模式，形成以协作、数字化方式连接在一起的网状组织系统。

3）物流、供需链网络出现虚拟化、电子化趋势

电子信息网络的发展将促使物理网络和数字网络的融合，将先进的传感器、软件及相关知识整合到系统中，使得任何人、任何物，在任何时候、任何地点进行顺畅无缝的通信，在内容上实现无所不包，在通信主体上实现无所不能。现代物流、供需链中的主要角色依靠专业化信息平台，通过智能数字化终端可

以完成所有商业活动。企业的生存空间也从物理的市场地域拓展到虚拟市场空间。虚拟市场空间的出现改变了消费者必须通过市场地域使用或享受产品和服务的状况，同时弱化了生产者必须通过市场地域获得资源、进行生产的限制。伴随这种转变，供需链中任何一个企业赖以生存的物理价值链也虚拟化和信息化。企业可以凭借聚合、组织、选择、综合和发布等信息处理手段寻求新的价值创造点，进一步拓展了企业的生存空间。

4）闭环供需链与逆向物流将越来越受到重视[30]

早期的供需链是以降低成本、提高竞争力为目的，缺乏对可持续发展的必要认识，是一种物质单向流动的线性结构，在生产中需要消耗大量的资源求得增长，消费后系统的废弃物又使生态环境恶化。面对环境的持续恶化、资源短缺和法律法规的限制等多重压力，供需链急需进行变革，在传统供需链的基础上新增回收、检测/筛选、再处理、再配送或报废处理等一系列包括逆向物流在内的作业环节和相关网络，将各个逆向活动置身于传统供需链框架下，并对原来框架流程进行重组，形成一个新的闭环结构，使所有物料都在其中循环流动，实现对产品全生命周期的有效管理，减少供需链活动对环境的不利影响，即为闭环供需链。

闭环供需链所面向的系统无论从其深度还是广度都大大超越了传统供需链，它不是简单的"正向＋逆向"，而是涉及从战略层到运作层的一系列变化。闭环供需链管理的目的是为了实现"经济与环境"的综合效益，该理念不仅有助于企业的可持续发展，也有助于整个国际社会的可持续发展，已经成为供需链未来发展的必然趋势。

5）服务供需链管理[31]

传统的物流供需链，是以供货商、厂商和客户为轴线形成的单一的物料流通体系，其核心在于通过信息的沟通，利用空间效应、时间效应和价值效应实现供需链上的价值增值。随着制造模式的不断演变，服务业与制造业的联系越来越紧密，服务业向制造业的渗透和制造业向服务领域的拓展日益明显。在这种背景下，服务型制造网络是对传统供需链体系革命性的变革。与传统供需链相比，在盈利模式、关注对象、组织形式、利益诉求和汲取机制以及流动对象等都发生了重大的变化：

① 盈利模式不同。由以产品为利润来源转为以附着在产品上的服务为主要利润来源。

② 用户关注对象不同。由关注产品到关注服务。

③ 组织形式发生变化。传统物流供需链体系主要关注系统的稳定性，围绕

联盟内核心企业形成稳定的供应关系，即便是发生动态的调整和变化，也是缓慢并且是可控的。服务型制造网络产生了根本的变革，真正使得链状模式变成了复杂的网络模式。

④ 服务型制造网络与传统物流供需链体系内流动对象发生变化。传统的物流供需链体系追求的是信息流、资金流、物流的三流合一，服务型制造网络在其基础上增加了服务流和价值流，实现了五流合一。

6）物联网促进物流和供需链管理的智慧化[32,33]

未来，采用具有多维感知和互联特点的物联网技术，比如 RFID、传感器网络、GPS 等技术，来构筑一个先进的、能够及时收集信息的，并及时把信息回馈到供需链的感知网络；同时，还实现全面、深度的互联互通——整个供需链将连为一体，不仅是普通的客户、供应商和 IT 系统，还包括各个部件、产品和其他用于监控供需链的智能工具。在此基础上，在供需链上分享多维度的感知数据，并进行海量感知数据分析和处理，实现智能化的物流和供需链决策。从而实现物流、供需链物理网络和数字网络的融合，将先进的传感器、软件及相关知识整合到物流、供需链系统中，实现物流、供需链运作全过程的感知、互连、展现、分析和优化，实现智慧化的物流和供需链管理，创新性地解决物流和供需链管理所面临的挑战。

4.5　全程电子商务

4.5.1　技术概况

21 世纪全球进入新经济时代，以电子商务（electronic commerce，EC）为主要特征的新经济得到了迅猛发展，实现了在线商品交易、在线广告、服务与信息咨询、金融汇兑、在线电子支付等一系列网络环境下的数字商务技术，使得产品和服务可瞬时在全球各地交易。目前电子商务已成为国际上各个国家制定经济政策的主要依据之一。发达国家已纷纷制定政策，发展中国家正在加紧制定总体发展战略，大力促进电子商务在国民经济各个领域的应用，力争在新一轮国际分工中占领制高点，赢得新的竞争优势[①]。

在贸易全球化的大背景之下，众多中小企业的竞争越发激烈，迫切需要整合企业的内部流程和外部流程，加强与上游供应商、下游分销商或客户之间的沟通与协同，以提高各项商业活动的效率，从而让自己在获得规模优势的同时

---

① 国家发改委，《电子商务发展"十一五"规划》，2007 年 6 月。

还能够获得速度优势。但是，现有的电子商务系统与企业内部管理软件是相互分离的，两者之间的信息也是相互孤立的，无法满足企业当前的应用需求。传统管理软件只关注企业内部信息的管理，无法实现与外部合作伙伴的链接和协同；而第一代电子商务实现了信息发布、搜索等功能，但是无法将外部信息与内部管理进行直接的关联。要实现内部管理与外部商业活动的互动和集成，需要大量的手工操作和人为的协调，这样大大降低了使用的效率，同时也增加了管理成本。在此背景下，为了更加突出电子商务的地位和作用。一种新的电子商务模式，即全程电子商务（Integrated E-Commerce，IEC）在业界应运而生，它将传统的电子商务与供应链管理有机地进行融合，将企业、供应商、分销商与客户紧密结合在一起，特别强调电子商务在企业中的地位和作用。其主要思想是以信息技术和网络技术为基础，面向全球化供应链网络，将电子商务、企业管理与供应链协同融为一体，实现企业贸易活动、内部运营管理及供应链上下游商务伙伴间协同等所有业务过程的数字化、电子化。全程电子商务融合了最具时代魅力，最具挑战性的 IT、管理、商务等综合领域的特征。开创了一种全新的企业管理和经营理念。全程电子商务的核心是商务，主体是企业，重点是全程①。

1）全程电子商务的管理视野

从管理的角度看，全程电子商务是以全球化供应链网络管理为基础，将企业的内部与外部业务，通过电子商务、供应链管理、ERP 技术进行融合，并与上游供应商、下游分销商和客户实现业务协同与信息共享。同时将各种商业活动与企业的品牌传播和产品推广紧密联系在一起，让企业的传统商业活动与电子商务、企业自身与外部合作伙伴、产品销售与品牌推广成为一个整体，构建全球化的供应链协同平台。如此，不仅可以满足企业现有业务的需求，而且可以在全球范围内寻找新的商业机会和商务伙伴，参与全球贸易，促进企业高速发展。

2）全程电子商务的技术视野

从技术及信息化角度看，全程电子商务平台是为企业提供综合性信息化服务，包括网络推广、商务沟通、电子商务交易、移动商务、商务社区管理、伙伴关系管理、内部业务管理（财务、采购、销售、生产、仓储、运输等）、企业间信息共享、跨企业的业务协同等，其具体的形式是通过 ERP 系统和 B2B 电子商务网站组成，包括[34]：

---

① 中华人民共和国商务部，《中国电子商务主报告（2006—2007 年)》，2008 年 10 月。

（1）全程电子商务门户（iePortal）

iePortal 是企业进行网上贸易、网络营销、获取商业资讯的网络门户，它将企业使用的全程电子商务平台的各种服务和由此产生的内外部信息整合在一起，为企业内部管理、网上贸易、供应链协同等提供统一的应用入口。iePortal 既是企业通过网络进行形象宣传和产品推广的窗口，又是企业管理者、职员、供应商、分销商、客户、物流服务商等协同工作的接入点。

（2）全程电子商务业务协同平台（ieBIP）

ieBIP 是由业务流程管理（BPM）、商用即时通信（BIM）、数据交换中心、电子支付、信用认证等一系列系统组成的业务协同平台，不仅可以实现用户与商业伙伴之间的业务协同，而且负责企业内外部系统的协同，并实现全商务流程的电子化。业务流程管理以工作流引擎和商务规则引擎为基础，快速适应企业业务流程改进；数据交换中心基于 XML、SOAP 技术构架的数据同步中心，通过数据总线（data bus）完成数据的路由（routing）、传输（transport）、格式转换（Transformation），实现企业间业务数据交换；商用即时通讯基于 P2P 技术实现即时通讯平台，实现文字、语音、视频、文件的高速传输和高质量语音视频通讯；电子支付和信用认证为企业提供安全快捷的网上贸易基础服务。

（3）全程电子商务企业管理系统（ieERP）

ieERP 是一个扩展的、支持电子商务的 ERP 系统，是构建全程电子商务最核心和最基础的组成部分。它不仅继承了传统 ERP 的所有功能和特点，帮助用户实现企业管理信息化，并将管理范围延伸到上游供应商、下游客户（分销商），实现全球化供应链管理。系统将全面采用 SOA 架构，体现高度的灵活性、松耦合性、可扩展性和可维护性，并利用 SOA 技术构建企业服务总线（ESB），为企业提供开放的供应链协同服务标准接口，消除供应链企业之间的信息孤岛，可跨越局域网、互联网、移动通信网、数字广电网为企业提供信息化服务。

4.5.2　应用案例

传统的电子商务按照参与交易实体和交易类型的不同，主要分为三种应用方式：一是企业与个人之间的交易（business to customer，B2C），如虚拟商店、网络拍卖网站、电子交易所等；二是企业之间的交易（business to business，B2B），例如：订单处理、供应链采购、制造、配送和库存等；三是个人之间的交易（customer to customer，C2C），如拍卖、中介服务和社交网站等。由于现有的电子商务应用模式是孤立的，与企业内部管理软件是相互分离的，无法实现与外部合作伙伴的链接和协同，并且不同应用模式之间的信息也是相互孤立的，无法将外部信息与内部管理进行直接的关联，无法满足企业当前的应用需求。在此背景下产生了以全程电子商务平台为核心的新一代的电子商务应用模式，它是电子商务应用技术的一种创新性应用，如图 4-13 所示。全程电子商务平台不仅支持企业与企业之间 B2B 业务，而且支持小型集团企业分布式的业务应用和连锁企业的门店管理业务，同时支持以网络直销的 B2C 电子商务应用，从而实现了网络直销、零售、集团业务等整条供应链的一体化应用。

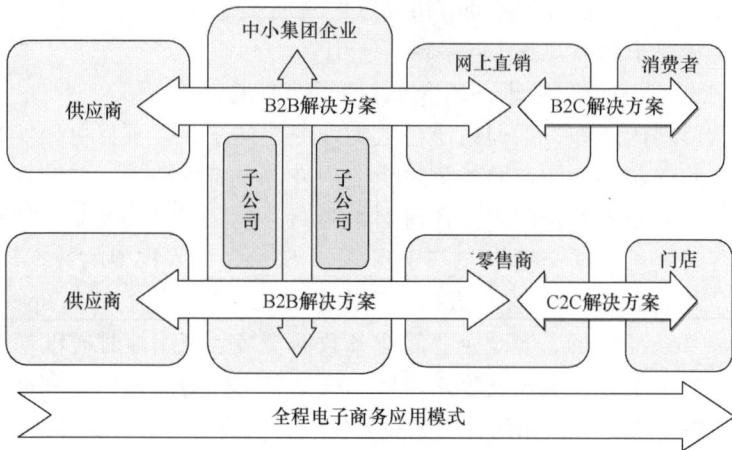

图 4-13　全程电子商务服务平台应用模式

目前包括用友、金蝶、金算盘等在内的我国传统管理软件领导厂商纷纷进入了全程电子商务这一领域。事实上，介入全程电子商务领域的厂商并不局限于传统的管理软件厂商，另一个非常值得注意的阵营是以阿里巴巴（B2B）、京东商城（B2C）、淘宝网（C2C）为代表的传统电子商务平台供应商。这些供应商最大的优势是对电子商务的理解，已经拥有数量庞大的客户群，它们可以很容易在全程电子商务找客户这一环节做得很好。虽然这些供应商并没有明确提出全程电子商务这个概念，但事实上它们的业务已经属于这个范畴。下面分别对传统电子商务案例和全程电子商务案例进行分析[35]：

1. B2B、B2C、C2C 电子商务案例

1）B2B 电子商务案例

即企业与企业之间通过互联网或各种商务网络平台，进行产品、服务及信息的交换，完成商务交易的过程，这些过程包括：发布供求信息，订货及确认订货，支付过程及票据的签发、传送和接收，确定配送方案并监控配送过程等。B2B 按服务对象可分为外贸 B2B 及内贸 B2B，按行业性质可分为综合 B2B 和垂直 B2B。典型的 B2B 模式企业有青岛海尔、美的集团和春兰集团等。

（1）青岛海尔

2000 年 3 月 9 日海尔利用已有的配送、支付网络的优势，合资成立海尔电子商务有限公司，海尔将开展电子商务的优势概括为"一名两网"，即名牌优势、配送（服务）网络和支付网络。其中的名牌优势和配送网络在以往的市场中已经形成，资金的支付网络可与银行合作完成。

（2）美的集团

2000 年美的集团宣布组建信息产业事业部，投资 5～10 亿元拓展信息技术及互联网业务的发展。美的集团已累计投入 1 亿元进行网络基础设施建设。

（3）春兰集团

2000 年春兰集团大幅调低空调价格，并宣布进军电子商务。春兰集团已经陆续投资 6 亿多元，进行网络信息的基础建设，实现了"制造的春兰"向"技术的春兰"的转变。

从这 3 家公司目前的计划来看，它们发展电子商务的首要目的基本相同，即为建立企业上下游供应链（B2B），并为最终用户提供个性化的直销服务（B2C）。然而它们的侧重点有所不同：海尔的目标是"将海尔网站建设成为国际一流的电子商务平台，并最终使海尔成为真正的世界品牌"；而美的将与国际 IT 公司合作，组建电子商务公司，形成以软件开发、硬件代理销售、网络工程服务和网络业务咨询等业务为主体的产业群，并组建网络投资公司，专业投资国内外具有广阔前景的互联网产业项目；春兰则集中力量建设"网上春兰星威连锁店"，力争在国内率先实现 B2C 电子商务。

2）B2C 电子商务案例

网站推广和网络营销是 B2C 主要关注的问题，如果企业网站上的产品价格实惠，就会吸引更多的消费者来直接选择在企业网站上交易，从而大大节约了由于中间储运环节所带来的成本增加，如亚马逊书店、DELL 的直销模式等。

3）C2C 电子商务案例

C2C 是用户对用户的模式，通过为买卖双方提供在线交易平台，使卖方可以主动提供商品上网拍卖，而买方可以自行选择商品进行竞价。国内最具市场影响力的 C2C 网站有淘宝网和 ebay 中国。

1999 年 8 月 ebay 中国在上海开通，作为最早的 C2C 网站原封不动地引入了 ebay 的海外盈利模式（开店费、商品登记费、交易手续费等），但至今未见成功。

2003 年 7 月阿里巴巴建立了 C2C 网站——淘宝网，其基本架构与美国的 ebay 和日本的乐天市场相同，是虚拟商店街（固定价格商品、砍价商品、商品信息提供等）和商品拍卖的业务组合。早期会员的大多数为上海、北京等沿海地区的城市青年，但发展至今，北京、上海、广州等一线城市以其良好的资源环境和用户基础，已成为网络购物中心，网购发展逐渐趋于成熟和饱和。目前超过 70％的会员集中在二三线区域。淘宝网在建立不到 3 年的时间里，即成为亚洲最大的 C2C 网站。截止到 2008 年末，淘宝网注册会员达 9800 万人，2008年交易额为 999.6 亿元，占 C2C 市场份额的 80％。销售额已远高于家乐福、物美、华润万家、大商集团等零售商。

2. 全程电子商务案例

2006 年 1 月，金银岛（北京网信在线网络科技有限公司）首次公开提出要打造"全程电子商务平台"。7 月，重庆金算盘软件有限公司也提出向"全程电子商务"转型的战略，作为全程电子商务概念的倡导者，发布了国内第一个面向中小企业用户、融合 ERP 软件和电子商务应用的全程电子商务平台，并率先通过 SaaS 模式向用户提供包括金算盘 eERP 软件、供应链协同、网上贸易、网络营销在内的一站式服务。与此同时，2007 年，金蝶成立友商网进军全程电子商务领域。用友软件公司正式发布"伟库网"，提出了"全程电子商务"的服务战略，为中小企业提供从前端营销到后端管理，从企业内部管理到外部业务协同，贯穿整个商务流程的"一站式"全程化的电子商务服务，从而使得中小企业电子商务应用获得突破。从目前全程电子商务案例可以看出，其优势表现为以下方面[36]：

（1）全程一体化服务

全程电子商务为企业提供了从业务前端到后端的一体化服务。不仅通过建立网店，为企业提供在线业务洽谈、销售的平台，还集成了现在主流的营销推广工具，包括搜索引擎的推广、数据库营销的推广、联盟推广、各种商机的发布、搜索引擎的优化等。同时，一些全程电子商务网站还提供网店、订货平台、在线进销存管理、在线记账、现金管理等，支持企业在线交易和在线订货的服务。

（2）产业链商机服务

在互联网上电子商务平台最重要的是供求商机，很多互联网平台都以提供大量的商机匹配和商机撮合作为核心价值。有别于传统的电子商务门户，全程电子商务不仅提供显性商机的匹配和撮合，还针对产业链潜在商机服务为企业提供商圈和社交网络，使得企业在这个网络中发现更多的商机，获得更多的机会。

（3）支持双模接入模式

三网融合是产业发展的大趋势，全程电子商务平台同时支持手机和电脑的双模访问，在一些网站门户、产业集群子站，以及企业 B2C 网店和交易都可以通过互联网、移动互联网随时访问。同时移动业务还支持客户关系管理，手机互动交流，以及营销数据采集，可以通过短信、彩信和 WAP 的方式为企业进行推广。

（4）平台的开放性

全程电子商务平台是一个开放集成的平台，在整个核心平台上集成了很多第三方的服务，如网店、网络营销推广服务、支付服务、其他平台接入等服务，还可以整合银行、银联、支付宝等第三方增值服务。通过这些增值服务的整合，可以为客户提供"一站式"的服务。例如，伟库网整合业内知名的 ShopEx 独立网店系统结合伟库电子商务技术优势，为商家提供更强大的集成网店服务。这样，商家可将 ShopEx 与伟库网双模建站产品"旺铺"互通，即可同时拥有基于伟库网平台的双模"旺铺"和自己的独立网店，来拓展更广的营销渠道。

4.5.3　发展预见

可以预见，电子商务与供应链管理之间的融合是未来电子商务的必然趋势，从而形成能够将企业、供应商、分销商与客户紧密结合在一起的全程电子商务系统。全程电子商务已经成为传统 ERP 向外部延伸的一个必然途径，也是传统 ERP 适应新的商业环境进行发展的一个必然趋势。随着互联网技术发展成熟，安全、支付、诚信等原先困扰电子商务开展的一些关键问题逐步得以改善，基础电信运营商和软件供应商的电子商务服务平台将更为完善，电子认证、电子支付、现代物流、信用等电子商务支撑体系建设将更全面展开，新型的业务模式和数字化产品的不断涌现，使行业、区域及中小企业服务的第三方电子商务交易平台有望获得快速发展，已经有越来越多的企业，尤其是中小企业开始采用电子商务作为企业经营的一个必要补充和延伸。未来全程电子商务将在以下三个方面得以快速发展[37]：

1）全程电子商务服务技术

全程电子商务的主要服务技术包括：商机发布与信息咨询、虚拟推广、全程商务协同及虚拟商务社区和在线交易等。

（1）商机发布与信息咨询技术

将实现一个统一的发布和搜索的平台，为用户提供行业相关信息（行情信息、市场监测信息、展会信息、考察信息等）、政策法规以及信息定制，用户可以快捷的发布自己的供应和需求信息，并及时了解客户的需求情况和供应商的供应情况，其主要包括求购信息、供应信息、租赁信息、招商信息、招标信息、招牌信息等。

（2）虚拟推广技术

这是以虚拟网上商城、网上商铺、网上展会、个性化推荐、竞价排名、广告服务等内容的综合性企业推广技术。企业可以通过开展网上商城、发布广告等方式，提高知名度，改善客户购物体验。同时，企业推广平台也为企业提供了提升销售力的有效渠道，企业可以通过广告服务、产品推荐、店铺推荐等方式，扩大销售范围和客户群，提高销售量。

（3）全程商务协同及虚拟商务社区技术

采用网上采购、网上销售、网上物流和商用即时通技术帮助客户，企业，物流公司实现方便、快捷的业务协同，并提供了多种商务沟通手段，包括短信、即时通讯、视频等，提高了各方商务协同效率，增强了信息传输的准确性，同时以博客、论坛的形式，为企业与企业之间、企业与政府职能部门之间提供一个相互沟通交流的平台。

（4）在线交易技术

为所有企业提供了一个在线交易支持平台，主要以询价、报价和订单为主，后续的业务可以通过供应链管理系统的集成来完成，并通过数据传输与交换功能进行业务处理状态的消息传递，实现线上、线下业务全过程的自动处理。

（5）个性化智能推荐技术

个性化智能推荐系统直接与用户交互，模拟商店销售人员向用户提供商品推荐，帮助用户找到所需商品，有效保留用户，防止用户流失，提高电子商务系统的销售。推荐系统在电子商务系统中具有良好的发展和应用前景，逐渐成为全程电子商务技术的一个重要研究内容，得到了越来越多研究者的关注。但是随着电子商务系统规模的进一步扩大，智能推荐系统逐渐向个性化、智能化方向发展，其技术发展也面临一系列挑战。例如，如何根据个人的喜好进行商品推荐、基于 Web 挖掘与个性化推荐等。

（6）电子谈判技术

这是未来全程电子商务必要的组成部分，全程电子商务中不论是消费者与企业，还是企业与企业之间的商务活动都要求谈判处理的自动化，当需要人参与交互时，也至少是半自动的。电子谈判的目标就是要用电子谈判系统代替人或帮助人自动进行谈判处理，迅速、高效地达成商务协议，签订电子合同，达到双方的目标。

（7）商品虚拟展示技术

在全程电子商务中，通过引入商品的三维几何模型和实际图像进行虚拟展示，为用户提供多种角度的视觉效果，方便消费者在网上与产品进行直接的交互，并且用户可以交互式地观察商品，从而使得交易过程更加直观，结合虚拟现实技术动态和逼真地展示商品，使消费者能面对三维真实场景，全方位观察商品，进行购物过程的动态交互和定制。该技术可广泛应用于各网上商场，不仅技术自身能创造巨大经济社会效益，更主要的是能为各网站提供吸引顾客和发展电子商务应用的技术支持。

2）全程电子商务企业资源管理平台技术

全程电子商务企业资源管理平台技术包括：供应商管理系统、供应链管理系统、客户关系管理系统、移动商务管理系统等。

（1）供应商管理系统

为企业提供一个全方位管理供应商的系统，企业与供应商可以通过供应商全程电子商务门户提供的虚拟协同环境（如网络会议等），实现采购谈判、进度协调、价格协商等，丰富了传统的面对面协同方式，能帮助供应双方同时提高效率与降低成本，实现与供应商采购业务流程集成，扩展了企业应用边界和范围。具体包括：采购流程、供应商信息库、管理供应商、商务智能（BI）、采购需求、预算管理、采购申请、生命周期管理、采购协同等。

（2）供应链管理系统

全程电子商务的供应链管理系统将以简化业务流程、提高业务效率为核心，在订单流程、收款流程、采购流程、库存管理等流程方面，加强商务与业务的高度集成，帮助企业提高效率，实现可视化管理、敏捷响应和业务协同。供应链管理将支持关键伙伴的商务集成，为这些客户提供比传统更有效率的服务手段：如电子化的订单传递、在线订单确认、计划与需求的交流和协商等。

（3）客户关系管理系统

全程电子商务的客户关系管理必须实现与 ERP 集成、与办公系统的集成，与电子商务系统集成，并且加强销售机会与过程管理和客户服务管理。具体包括商机管理、商业活动管理、询价报价管理、合同管理、订单处理等功能。为销售人员和管理人员提供强大易用的销售管理及协作沟通工具，提高销售人员工作效率，方便从网上获取和发布客户、产品、商机等信息，作为电子商务网站在线业务的线下业务管理的功能补充和企业内部管理功能的前端功能补充。

（4）移动商务管理系统

移动商务全面支持手机办公、无线移动办公等业务，实现手机与企业内部管理业务的集成，实现移动的企业流程控制和内部数据查询。在开通移动商务的功能后，用户即可通过手机短信或手机上网实现以下功能：短信交易、提醒交易、查询业务、流程处理等。通过移动电子商务，用户可以随时随地通过移动网络进行商务活动，并根据自己的需求和喜好来定制移动电子商务的子类服务和信息，在此基础上提供的个人信息服务、银行业务、交易、购物、娱乐等移动服务。

3）全程电子商务个性化工具

全程电子商务个性化工具包括：在线支付工具、诚信认证工具、搜索引擎工具、即时通信工具和邮件管理工具等。

（1）在线支付工具

目前 B2C 业务支持的在线支付包括：银联、快钱、支付宝、易宝和网汇通等，并支持国内第三方支付平台；B2B 业务由于支付额度较大，存在较大风险，尚未实现在线支付功能。随着全程电子商务的发展，企业和个人的支付越来越趋于便捷，在线支付工具对于新的应用模式应该发展新的功能满足用户需求。

（2）诚信认证工具

诚信的目标是建立起一套企业信用体系，减少和防止交易欺诈，减少企业的交易风险。信用服务的具体操作模式是在电子商务平台建立专门的第三方认证机构，通过对店铺资格认证，保证网上店铺的合法性和真实性。另外，诚信认证平台还提供业务伙伴认证管理，减低整个交易市场的风险，提升交易市场整体信用水平。诚信认证服务通过数据接口从企业征信管理中获取数据，从注册法人、注册资金、纳税情况等进行全方位的企业信用综合评价。

（3）搜索引擎工具

需要提供全方位的电子商务站点及其企业管理系统的搜索引擎、实现分行业、分地区信息的分类搜索，并且在此基础上提供二次检索，可以帮助企业及个人快速、准确地找到所需要的信息，及时把握商机。同时，随着虚拟 3D 技术的发展，以图片、声音、图像为基础的搜索成为了未来的发展趋势，企业和个人可以获得更好的用户体验。

（4）即时通信工具

用于满足企业组织用户间、个人用户间的单纯信息沟通，以及提供商务谈判，信息发布、信息反馈等沟通功能。同时将企业应用中的一些系统消息在企业内部及企业间进行通讯和交流，也可以通过信息沟通来完成各种业务流程的要求，全面满足企业内部或企业间的协同交流。

（5）邮件管理工具

集成与电子商务网站的邮件管理系统，对用户的往来邮件进行统一管理。它不再只是简单管理用户邮件，而是基于流程、业务管理理念的邮件管理系统。在网站的整个业务流程中，可自动生成提醒邮件，提醒对方进行相应的操作处理。

目前，越来越多的企业开始使用管理软件和电子商务来改善企业的管理和商业活动。但是现有的电子商务系统与企业内部管理软件是相互分离的，两者之间的信息也是相互孤立的，在一定程度上阻碍了电子商务的发展。新一代的全程电子商务以全球化供应链网络管理为基础，将企业的内部与外部业务，通过电子商务、供应链管理、ERP 技术进行融合，并与上游供应、下游分销商和客户实现业务协同与信息共享，实现内部管理与外部商业活动的互动和集成，不仅可以满足企业现有业务的需求，而且可以在全球范围内寻找新的商业机会和商务伙伴，参与全球贸易，降低企业管理成本，提高生产效率，促进企业高速发展。因此，在推进全程电子商务发展的过程中，必须认真研究全程电子商务的策略定位和发展战略，采用应用工程与技术研究两维驱动的方法，以应用工程带动项目的推进。

4.6　3G/4G 等无线技术工业应用

4.6.1　技术概况

未来各种通信技术将从平行、独立地发展，逐步走向融合，如无线移动通信技术与 IP 网络的融合，电信网、电视网、计算机网、卫星通信网络走向融合，这将为实现人与人（Man to Man）、人与机器（Man to Machine）、机器与机器（Machine to Machine）之间畅通无阻、随时随地地通信推动工业应用提供了统一的网络平台。

无线通信技术给人们工作和生活带来的影响是空前的，目前全球范围内第三代蜂窝移动通信网路正在快速向 LTE（Long Term Evolution）阶段甚至 4G 演变。移动通信正在向提供数据、语音、视频等多种全面服务转变。一方面，网络技术的新发展表现为更快的速度、更好的互操作性以及安全性。另一方面，无线局域网具有的高灵活性和可靠性，可以在各行各业的广泛应用中取得引人瞩目的成果，展示了极为广阔的市场前景，它将创造崭新的生活和工作模式。长期以来，人们致力于发展 PC、PDA 等"IT 设备"的智能和连接，一定程度上忽略了数量巨大的普通机器的通信联网能力。而 M2M 技术和物联网理念综合了通信和网络技术的最新进展，将遍布在人们日常生活中间的机器设备相互连接，并使这些设备变得更加"智能"，从而可以创造出丰富的产业应用，这种"无线宽带化，宽带无线化"的趋势将给未来的工业生产方式带来新一轮的革命性变化。

（1）M2M：实现机器与机器之间的通信

M2M 技术的发展是"两化融合"的一个战略性推动力。由于 M2M 致力于机器与机器之间的通信，其理念、技术和应用的发展深刻诠释了"两化融合"

的理念。新一代无线网络技术是 M2M 技术的核心和基础，未来 IPv6 提供了海量的地址空间，地球上每台机器都可以拥有一个自己的 IP。后 3G 的移动通信网络提供了全球覆盖的通信能力、更快的通信速率、更可靠的安全性、更高的网络容量，更好的服务质量，为打造一个 M2M 时代提供了强有力的支持。

M2M 涵盖了所有实现在人、机器、系统之间建立通信连接的技术和手段。从广义上说，M2M 这个缩写代表以下含义：

① 机器对机器（Machine to Machine）；

② 人对机器（Man to Machine）；

③ 机器对人（Machine to Man）；

④ 移动网络对机器（Mobile to Machine）。

从狭义上说，M2M 只代表机器对机器（M2M）通信，目前更多的时候是指非 IT 机器设备通过无线移动通信网络与各种 IT 系统的通信。任何一个 M2M 必然要涉及三个关键点：第一个关键点是 M2M 的终端，跟我们的物品、设备结合在一起的终端；第二个关键点是为这个终端提供服务的 M2M 的平台，它实际上提供了 M2M 终端故障的管理、监控、计费等等功能；第三个关键点是 M2M 的应用，M2M 终端把收集到的社会物品信息集中到应用平台来，在应用平台形成一个业务逻辑。通过这三个关键点的标准化和产业整合，人们可以实现 M2M 规模化的发展，使 M2M 融入到工业生产和人们生活的方方面面去。本文讨论的是 M2M 的狭义概念，这也是以往被人们忽略的一个领域。

（2）在工业信息化中的主要应用

运用 M2M 技术，可以实现两种基本功能应用，如：远程监视、控制、诊断；资产跟踪/供应链管理。M2M 技术目前在工业信息化中的主要应用表现在工厂监控和供应链自动化方面。工厂监控主要包括：环境与防灾监控；工程安全监控；大楼/物业监控；公共事业监控（水/电/油/气）等。供应链自动化主要包括：订单数据传送、货物跟踪、定位、货品识别、系统集成、库存优化、供应链自动化等[①]。

（3）面向 4G 的应用

具有更高带宽的 4G 意味着更多的参与方，更多技术、行业、应用的融合，不再局限于电信行业，还可以应用于金融、医疗、教育、交通等行业，而 LTE 技术将在向 4G 演进过程中扮演重要角色。LTE 是在 WCDMA、HSPA 等一系列技术的基础上，通过近十年的演进所开发出的技术。由于大量采用 4G 的技术和已接近 4G 技术的性能指标，因此也被称为 3.9G 技术。这种由 3GPP 国际标准组织制定的技术标准已基本确定。LTE 的特点是具有很高的传输速度和很低

---

① 武佳，崔婷婷，《M2M 启动智能时代》，互联网周刊，2009 年第 15 期。

的延迟及高频谱效率。LTE 使用了高阶数据调制技术和多天线 MIMO 技术，可使用多个天线收发信息，因而其通信速度快而且频谱利用率高。过去只能由终端实现的功能和存放在手机中的数据就可以移到网上，这大大拓宽了海量数据支持的应用场景。

下一代通信终端能做更多的事情，例如除语音通信之外的多媒体通信、远端控制等；未来局域网、互联网、电信网、广播网、卫星网等有望能够融为一体组成一个广域的通播网，无论使用什么终端，都可以享受高品质的信息服务，向宽带无线化和无线宽带化演进。

无线互联网技术对 M2M 的发展有很大影响。用户的移动设备只要可以访问 Internet，就可以在更大的范围内检索更加丰富的信息，也可以以更加灵活多样的方式与设备交互。多种不同的网络，如有线电视、有线通信、无线通信、互联网等等，整合在一个架构下，将可能会给现有的工业应用带来重大变革。

（4）从 M2M 到物联网

2005 年 11 月在突尼斯举行的信息社会世界峰会（WSIS）上，国际电信联盟（ITU）发布了《ITU 互联网报告 2005：物联网》。报告指出，无所不在的"物联网"（Internet of Things）通信时代即将来临，世界上所有的物体从轮胎到牙刷、从房屋到纸巾都可以通过因特网主动进行交换。无线射频识别（RFID）技术、传感器技术、纳米技术、智能嵌入技术将得到更加广泛的应用。物联网的实施步骤包括：对物体属性进行标识，静态属性可以直接存储在标签中，动态属性需要先由传感器实时探测；需要识别设备完成对物体属性的读取，并将信息转换为适合网络传输的数据格式；将物体的信息通过网络传输到信息处理中心，由处理中心完成物体通信的相关计算。

（5）我国的相关进展

按照国家中长期科技规划，国家启动了"新一代宽带无线移动通信网重大专项"，其重点实施的内容和目标是："研制具有海量通信能力的新一代宽带蜂窝移动通信系统、低成本广泛覆盖的宽带无线通信接入系统、近短距离无线互联系统与传感器网络"。

经过二十年的建设，我国的无线通信网络已经覆盖了城乡，从繁华的城市到偏僻的农村，从海岛到珠穆朗玛峰，到处都有无线网络的覆盖。中国移动、中国联通、中国电信等移动营运商是 M2M 的主要推动者之一。中国电信的 M2M 平台从 2007 年就开始搭建，现在已经基本收尾；中国移动搭建了 M2M 营运平台，要求所有与设备相关的 GPRS 数据流量都通过 M2M 平台。

2006 年中国移动联合英国 Vodafone 和 Orange 以及日本 NTTDoCoMo、德国 T-Mobile、荷兰 KPN、美国 Sprint 等全球六大电信运营商，共同成立了旨在推动下一代移动网络技术发展的 NGMN 组织。该组织是以运营商为主导的移动通信标准组织，将研究可在 2010～2020 年商用的下一代移动网络的需求，制定未来宽带移动网络的系统性能目标、功能要求和演进方式，为相关标准化组织、设备制造商开展下一代移动网络的标准化和产品开发提供明确指导。中国移动表示，将以 NGMN 组织为平台，积极引导行业技术标准的发展，增强中国企业在国际无线通信领域的话语权①。

2009 年 1 月，我国正式颁发 3 张 3G 牌照。可以看出我国将主要以新一代宽带蜂窝移动通信网技术为主，同时也辅以宽带无线接入系统、短距离互联系统以及自组织无线网络技术，共同组成融合的、泛在的新一代宽带无线移动通信系统。针对 4G 网络的演进，需要重点关注关键技术测试验证、中继技术、分布式组网技术以及频谱共享技术等的研发。

作为"感知中国"的发起和积极行动城市，无锡市 2009 年 9 月与北京邮电大学就传感网技术研究和产业发展签署合作协议，标志中国"物联网"进入实际建设阶段。现阶段，中国移动认为其主推的 M2M 是物联网的最普遍应用形式，"感知层"、"网络层"、"应用层"是中国移动对物联网的结构划分。物联网需要建设新的产业链。其实物联网所需要的自动控制、信息传感、射频识别等上游技术和产业已经成熟或基本成熟，而下游的应用也已以单体形式存在。而在物联网中，电信运营商的作用不仅是联系上下游，实现上下游产业的联动，还要横向联系，实现跨专业的联动。

无线通信网络是实现"物联网"必不可少的基础设施，安置在动物、植物、机器和物品上的电子介质产生的数字信号可随时随地通过无处不在的无线网络传送出去。"云计算"技术的运用，使数以亿计的各类物品的实时动态管理变得可能。另外，无线传感器网络作为计算、通信和传感器三项技术相结合的产物，是一种全新的信息获取和处理技术。"物联网"在石化、冶金等流程工业的生产监测方面正在发挥巨大作用。

4.6.2 应用案例

面向 4G 工业无线技术在智能电网生产中的具体应用举例如下[38]：

1）网视频监控

随着电力系统保护技术及自控技术的提高，无人值班变电站已成为电力系统的主流，实现调度中心对变电站的远程控制与调节，而这些对通信传输通道

---

① 邵素宏，《中国移动等七大运营商成立 NGMN 组织》，人民邮电报，http://www.mscbsc.com/viewnews-117.html，2006 年 8 月 1 日。

的可靠性和带宽提出更高的要求。采用固定宽带与移动 3G 通信技术相结合，可实时传送清晰的动态视频信息，满足电力网络利用视频进行实时监测的要求。可提高变电站运行和维护的安全性和可靠性，并可逐步实现电网的可视化监控和调度。

2）线路巡检

随着国家电力输送网络迅速扩大，电力部门对电力系统的安全稳定运行、监控及保护提出了更高的要求。基于 3G 的输电线路故障定位及维修系统可使电力部门调度人员实时获得输电线路故障信息，提高了故障处理的科学性和可靠性，对电网的稳定运行起到了重要的促进作用。同时，抢修人员通过 GIS 与 GPS 可以迅速找到故障地点，通过应用正确的处理手段快速恢复输电线路供电，对减小因输电线路故障引起的经济损失和所造成社会影响将起到重要的作用。

3）应急抢险

在电力应急抢修车中加装 3G 移动通信终端，通过音频和视频传输远程现场信息，将抢修现场情况与电网运行情况等系统互联。以保证各部分信息迅速流通、互动，使远端指挥人员实时了解电网的现场状况，做出正确判断和指挥。这对提高现场的指挥调度能力，缩短抢险时间，提高应急能力，减少灾害造成的影响有非常重要的作用。

4.6.3　发展预见

随着具有海量通信能力的新一代宽带蜂窝移动通信系统、低成本广泛覆盖的宽带无线通信接入系统、近短距离无线互联系统与传感器网络的建成，下一代的通信终端能提供强大的信息传递功能，例如除语音通信之外的多媒体通信、远端控制等；未来局域网、互联网、电信网、广播网、卫星网等有望能够融为一体组成一个广域的通播网，无论使用什么终端，都可以享受高品质的信息服务和业务支持，将向宽带无线化和无线宽带化演进。

无线互联网技术将对 M2M 的发展有很大影响。用户的移动设备只要可以访问 Internet，就可以在更大的范围内检索更加丰富的信息，也可以以更加灵活多样的方式与设备交互。多种不同的网络，如有线电视、有线通信、无线通信、互联网等，整合在一个架构下，将可能会给现有的工业应用带来重大变革。

4.7　嵌入式系统

4.7.1　技术概况

根据 IEEE 的定义，嵌入式系统是"控制、监视或者辅助装置、机器和设备运行的装置"。国内更为通用的定义是"以应用为中心、以电脑技术为基础、软件硬件可裁剪、适应应用系统对功能、可靠性、成本、体积、功耗严格要求的专用电脑系统。"按照历史性、本质性、普遍性要求，嵌入式系统应定义为："嵌入到对象体系中的专用计算机系统"。"嵌入性"、"专用性"与"计算机系统"是嵌入式系统的三个基本要素[39]。对象系统则是指嵌入式系统所嵌入的宿主系统。

嵌入式系统一般由嵌入式微处理器、外围硬件设备、嵌入式操作系统以及应用程序四个部分组成，用于实现对其他设备的控制、监视或管理等功能。嵌入式系统可分为硬件和软件两部分。嵌入式系统硬件包括微处理器、存储器及外设器件和 I/O 端口、图形控制器等；软件部分包括操作系统（通常是 RTOS，也可以是 WINCE 等实时性不强的系统，以需求而定）和应用程序。应用程序实现系统的功能，操作系统侧重应用程序与硬件资源的管理与交互。

1. 嵌入式系统的发展历程[40]

嵌入式系统的出现至今已经有三十多年的历史，近几年来，计算机、通信和消费电子的一体化趋势日益明显，嵌入式技术已成为一个研究热点。纵观嵌入式技术的发展过程，大致经历四个阶段。

第一阶段：以单芯片为核心的可编程控制器形式的系统，具有与监测、伺服、指示设备相配合的功能。其应用于一些专业性强的工控系统中，一般没有操作系统的支持，通过汇编语言编程对系统进行直接控制。主要特点是：系统结构和功能单一，处理效率较低，存储容量较小，几乎没有用户接口。以前在国内工业领域应用较为普遍。

第二阶段：以嵌入式 CPU 为基础、以简单操作系统为核心的嵌入式系统。其主要特点是：CPU 种类繁多，通用性比较弱；系统开销小，效率高；操作系统达到一定的兼容性和扩展性；应用软件较专业化，用户界面不够友好。

第三阶段：以嵌入式操作系统为标志的嵌入式系统。其主要特点是：嵌入式操作系统能运行于各种不同类型的微处理器上，兼容性好；操作系统内核小、效率高，并且具有高度的模块化和扩展性；具备文件和目录管理、多任务、网络支持、图形窗口以及用户界面等功能；具有大量的应用程序接口 API，开发应用程序较简单；嵌入式应用软件丰富。

第四阶段：以 Internet 为标志的嵌入式系统。这是一个正在迅速发展的阶段。目前大多数嵌入式系统还孤立于 Internet 之外，但随着 Internet 的发展以及 Internet 技术与信息家电、工业控制技术结合日益密切，嵌入式设备与 Internet 的结合将代表嵌入式系统的未来。

2. 嵌入式系统的分类

由于嵌入式系统由硬件和软件两大部分组成，所以其分类可以从硬件和软件进行划分。

1）基于硬件角度的分类

各式各样的嵌入式处理器是嵌入式系统硬件中的核心部分，而目前世界上具有嵌入式功能特点的处理器已经超过 1000 种，流行体系结构包括 MCU，MPU 等 30 多个系列。鉴于嵌入式系统广阔的发展前景，很多半导体制造商都大规模生产嵌入式处理器，同时，自主设计处理器也已经成为了未来嵌入式领域的一大趋势，其中从单片机、DSP 到 FPGA 有着各式各样的品种，速度越来越快，性能越来越强，价格也越来越低。

目前嵌入式处理器的寻址空间可以从 64kB 到 32MB，处理速度最快可以达到 2000MIPS，封装从 8 个引脚到 144 个引脚不等。嵌入式系统的核心是嵌入式微处理器。嵌入式微处理器一般具备以下四个特点：

① 对实时多任务有很强的支持能力，能完成多任务并且有较短的中断响应时间，从而使内部的代码和实时内核的执行时间减少到最低限度。

② 具有功能很强的存储区保护功能。这是由于嵌入式系统的软件结构已模块化，而为了避免在软件模块之间出现错误的交叉作用，需要设计强大的存储区保护功能，同时也有利于软件诊断。

③ 可扩展的处理器结构，以能迅速开发出满足应用的最高性能的嵌入式微处理器。

④ 嵌入式微处理器必须功耗很低，尤其是用于便携式的无线及移动终端设备，功耗仅为 mW（毫瓦）甚至 μW（微瓦）级。

嵌入式系统设计模式可以分成下面几类：

（1）嵌入式微处理器系统（Micro Processor Unit，MPU）

嵌入式微处理器是由通用计算机中的 CPU 演变而来的，它的特征是具有 32 位以上的处理器，具有较高的性能。与计算机处理器不同的是，在实际嵌入式应用中，只保留和嵌入式应用紧密相关的功能硬件，去除其他的冗余功能部分，这样就以最低的功耗和资源实现嵌入式应用的特殊要求。与工业控制计算机相比，嵌入式微处理器具有体积小、重量轻、成本低、可靠性高的优点。目前主要的嵌入式处理器类型有 Amd186/88.386EX 系列等。

（2）嵌入式微控制器系统（Micro Controller Unit，MCU）

嵌入式微控制器的典型代表是单片机，从 20 世纪 70 年代末单片机出现到今天，虽然已经经过了三十多年的发展历史，但这种 8 位的电子器件目前在嵌入式设备中仍然有着极其广泛的应用。单片机芯片内部集成 ROM/EPROM、RAM、总线、总线逻辑、定时/计数器、看门狗、I/O、串行口、脉宽调制输出、A/D、D/A、FlashRAM、EEPROM 等各种必要功能和外设。与嵌入式微处理器相比，微控制器的最大特点是单片化，体积大大减小，从而使功耗和成本下降、可靠性提高。微控制器是目前嵌入式系统工业的主流，如 Philips 的 LPC229X 系列 MCU，其内核是基于 ARM7TDMI 的，但是包含 I2C、USB、SPI、UART、CAN 等外围接口；ATMEL 的 ARM9MCURM9200 包含 MAC、USB、I2C、SPI、IDE 等丰富的外围接口，为嵌入式系统的开发提供了很大的便利。

（3）嵌入式 DSP 处理器系统（Embedded Digital Signal Processor，EDSP）

DSP 处理器是专门用于信号处理方面的处理器，其在系统结构和指令算法方面进行了特殊设计，具有很高的编译效率和指令的执行速度。在数字滤波、FFT、谱分析等各种仪器上 DSP 获得了大规模的应用。

目前最为广泛应用的是 TI 的 TMS320C2000/C5000 系列，另外如 Intel 的 MCS-296 和 Siemens 的 TriCore 也有各自的应用范围。

（4）嵌入式片上系统（System On Chip，SOC）

SOC 追求产品系统最大包容的集成器件，是目前嵌入式应用领域的热门话题之一。SOC 最大的特点是成功实现了软硬件无缝结合，直接在处理器片内嵌入操作系统的代码模块，而且 SOC 具有极高的综合性，在一个硅片内部运用 VHDL 等硬件描述语言，实现一个复杂的系统，用户不需要再像传统的系统设计一样，绘制庞大复杂的电路板，一点点的连接焊制。只需要使用精确的语言，综合时序设计直接在器件库中调用各种通用处理器的标准，然后通过仿真之后就可以直接交付芯片厂商进行生产。由于绝大部分系统构件都是在系统内部，整个系统特别简洁，不仅减小了系统的体积和功耗，而且提高了系统的可靠性和设计生产效率。

预计不久的将来，一些大的芯片公司将通过推出成熟的、能占领多数市场的 SOC 芯片，一举击退竞争者。SOC 芯片也将在声音、图像、影视、网络及系统逻辑等应用领域中发挥重要作用。

（5）嵌入式 SOPC（System on Programmable Chip）系统

可编程片上系统（SOPC）是一种特殊的嵌入式系统，首先它是片上系统

SOC，即由单个芯片完成整个系统的主要逻辑功能；其次，它是可编程系统，具有灵活的设计方式，可裁减、可扩充、可升级，并具备软硬件在系统可编程的功能。SOPC 结合了 SOC 和 FPGA 各自的优点。SOPC 设计技术实际上涵盖了嵌入式系统设计技术的全部内容，除了以处理器和实时多任务操作系统（RTOS）为中心的软件设计技术、以 PCB 和信号完整性分析为基础的高速电路设计技术以外，SOPC 还涉及目前已引起普遍关注的软硬件协同设计技术。

2）基于软件角度的分类

目前嵌入式系统的软件主要有两大类：实时系统和分时系统。其中实时系统又分为两类：硬实时系统和软实时系统。

实时嵌入系统是为执行特定功能而设计的，可以严格地按时序执行功能。其最大的特征就是程序的执行具有确定性。在实时系统中，如果系统在指定的时间内未能实现某个确定的任务，会导致系统的全面失败，则系统被称为硬实时系统。而在软实时系统中，虽然响应时间同样重要，但是超时却不会导致致命错误。一个硬实时系统往往在硬件上需要添加专门用于时间和优先级管理的控制芯片，而软实时系统则主要在软件方面通过编程实现时限的管理。例如，Windows CE 就是一个多任务分时系统，而 Ucos-II 则是典型的实时操作系统。

4.7.2　应用案例

嵌入式系统在关乎国计民生的各个领域应用广泛，主要应用领域有工控领域、通信领域、航天航空领域、武器装备、轨道交通领域、汽车电子、家电、消费电子等。

工控领域的嵌入式系统包括智能仪表，如 HART 表、FFH1 智能仪表、Profibus 等，其内部一般都由 CPU、操作系统、专用接口芯片或者 ASIC 如 FFH1 接口芯片和 HART 接口芯片。现场仪表也经常使用 ARM、AVR 等，一般使用轻量级的 RTOS（有些非智能仪表可能没有操作系统），如 NucleusPlus、UCOS-II 等。目前工控领域的嵌入式系统呈现出处理能力增强、功能趋向复杂、解决方案同质化等特点。

通信领域的嵌入式应用广泛使用 ARM 架构，无线通讯领域目前已有超过 85% 的无线通讯设备采用了 ARM 技术[41]，ARM 以其高性能和低成本，在该领域的地位日益巩固。而像以太网交换机、ADSL 等也越来越多地采用 ARM 架构，也有一些公司采用 PowerPC 和其他的解决方案。

航天航空领域大规模应用嵌入式系统，其特点是要求高或者有特殊需要，成本敏感度较低。航天领域所使用的微处理器不只要考虑性能、功耗的问题，还有诸如抗辐照性能、抗极端温度性能等等。而操作系统一般都要求使用经过专门机构认证的能满足航天要求的 RTOS，最典型的如 VXworks。

消费电子设备多数是基于嵌入式系统的，消费电子领域的嵌入式系统的特点是实时性要求不高，产品升级换代迅速，需要强大的处理能力，开发周期短。典型案例是 MTK 解决方案对国产手机业的影响。MTK 是台湾的一家高技术公司，中文名称是联发科，以提供一揽子手机解决方案和"一站式服务"、"保姆式服务"为特征，极大地降低了手机产品研发的难度：没有太多开发经验的人也可以轻易地使用 MTK 解决方案设计出支持包括 MP3、MP4、照相摄像、全屏手写等等复杂功能的手机。该公司直接导致国产品牌手机全线崩溃，刺激了山寨机的昙花一现。

从此案例至少可以得出两方面教训：一方面作为产业链的上游，做芯片解决方案的单位，可以做到也应该做到 MTK 的程度，只有这样，才能保证国内嵌入式市场和关乎国计民生的嵌入式应用领域不完全被国外所垄断；另一方面，其他从事嵌入式系统应用的单位应该清醒地认识到，MTK 式的风暴，有可能在嵌入式平台的其他领域再现，如不积极应对，到时势必狼狈不堪。国家应该加大对嵌入式基础平台如芯片等方面的研发投入，以期在未来不再出现国产手机产业的悲剧。

4.7.3　发展预见

21 世纪无疑将是一个网络的时代，将嵌入式系统应用到各种网络环境中去的呼声越来越高。目前大多数嵌入式系统还孤立于 Internet 之外，随着 Internet 的进一步发展，以及 Internet 技术与信息家电、工业控制技术等的结合日益紧密，嵌入式设备与 Internet 的结合将是嵌入式技术的真正未来。

由此，未来嵌入式技术呈现出如下技术发展趋势：

1）功能融合、软硬融合、三网融合是嵌入式技术发展的主要方向

消费电子现在是，将来依然是拥有最大规模用户的嵌入式系统市场。用户对电子产品的智能性和易用性越来越高的要求，推动着细分市场出现了新的增长点，这就要求嵌入式系统在功能融合、软硬融合和三网技术融合方面取得突破，具体而言：

（1）软功能融合

随着 3G 和移动计算的推广，城市移动信息化、移动商务和移动娱乐等应用模式将逐步普及，使得软功能的融合日益明显，手机这种使用最广的嵌入式设备将成为功能融合的最好载体。事实上，功能融合的趋势还远不止体现在手机

类产品上，其他如移动多媒体、数字娱乐、汽车电子也必将成为这个趋势的有力的例证。

（2）软硬融合

就本质上来说，嵌入式系统本身就是一个软硬件融合的产物，硬件是载体，软件是灵魂。所谓的软硬件之分，也只是行业内分工的不同而已。但是，近年来硬件软化、软件硬化的现象日趋明显，原本清晰的行业分工也变得日益模糊。最为典型的当属 SOC（片上系统）的发展，原本偏硬的芯片设计，现在倾向于提供一种融合软件系统的集成解决方案。此外，一些面向医疗、金融、交通、军事等行业的特殊应用越来越明显地呈现出这种软硬融合趋势。

（3）3C 融合

计算机（Computer）、通信（Communication）和消费电子产品（Consumer Electronic）的融合是嵌入式终端市场的制高点，也是嵌入式系统产业发展的加速器。从国内外厂商（如联想、TCL、Intel 和微软）在 3C 融合技术和产品方面取得的突破性进展，以及中国经济持续增长带来的消费者向享受型消费的转变，已然能够窥见 3C 融合产品所能拥有的巨大市场空间。

2）嵌入式技术与网络互联技术进一步融合

网络互联是嵌入式系统发展的必然趋势。Internet 无孔不入的渗透力度以及人们对各种电子设备数字化、网络化、智能化的无止境追求，而 IPv6 又以近乎无限的 IP 地址空间为移动通信、移动计算、数字家庭、汽车电子等嵌入式设备提供了网络互联的技术可能性。

此外，嵌入式系统也在向无线网络 WLAN 发展。ZigBee 联盟正在制定的新标准，其关注对象就是瞄准了照明、供暖、冷却控制、工业建筑、自动化以及医疗设备监测等方方面面的嵌入式应用，而其长期目标则是在各种住宅及商用建筑自动化、工业设备监测以及其他无线传感和控制应用中都能部署无线网络。

3）支持跨领域应用的嵌入式软件平台技术

嵌入式软件原本是面向特定领域的专用软件系统。但随着各种电子设备网络化、智能化的趋同性，以及受前述功能融合、软硬融合、三网融合趋势的推动，使得开发跨越设备类型的通用嵌入式软件成为必然。

除此之外，以人为中心的普适计算技术所带来的计算挑战，推动着嵌入式软件技术向纵深发展。为适应此发展要求，嵌入式软件也会逐渐告别以往的单机、单工、专属专用的孤岛模型，而走向能够跨越不同领域、不同设备的、可以提供多元服务的新型模型，J2ME 技术的深入发展，已成为这一趋势的明证。

4.8 数 控 系 统

4.8.1 技术概况

数控技术是一种用数字化信息对加工工艺与机械运动过程进行控制的技术。如果一种设备的控制过程以数字形式描述，工作过程可编程，并能在程序的控制下自动运行，则控制这种设备的系统为数控系统。

以现代数控系统控制的机床简称为数控机床。应用于机床的数控系统为机床数控系统。数控技术和数控系统并不局限于机床，但是其始于机床，而且到现在为止，人们讨论数控技术和数控系统时，关注的主要是机床数控系统。

机床数控系统由数控装置、电机与驱动装置（包括进给电机、主轴电机和驱动装置）及机床电气三部分组成。

1. 数控技术的发展历程

1952 年美国麻省理工学院研制出世界上第一台数控（NC）机床。这个划时代的技术进步，结束了工业革命以来长达 200 年之久的加工控制方式，开创了数字电气式控制的新纪元，标志着制造领域计算机时代的开始。随着信息技术的不断发展，数控技术和数控系统发展大致经历了三个阶段。

1) 硬连接阶段（Hard-wired NC）

这是数控系统的早期发展阶段。其中第一代采用电子管、继电器和模拟电路，第二代晶体管取代电子管，第三代集成电路取代晶体管。这一阶段，数控系统的体积和功耗不断缩小，实现成本不断降低，可靠性不断提高，使数控系统的大规模应用成为可能。但装置功能简单，主要处理加工过程的自动控制。

2) 专用计算机系统（计算机数控）阶段

在 1970 年的美国芝加哥国际机床展览会上，第一次展出了以中大规模集成电路为基础，基于小型计算机的数控系统。1974 年，出现了基于微型计算机的数控系统。这种应用一个或多个计算机作为数控系统的核心部件的数控装置系统被称为计算机数控（CNC）系统。CNC 的出现进一步提高了数控装置的性能价格比，并简化了数控加工的编程和操作，大大提高了系统的易用性。

20 世纪 80 年代初，数控系统进一步集成更多的计算机系统特征。数控系统逐渐发展成为典型的专用计算机系统，但数控技术仍以加工过程的自动控制为主，控制精度与速度有了很大的提高。

3）高档数控技术与系统的发展阶段

从 80 年后期开始，随着微处理机性能价格比的提高，计算机系统技术的进一步成熟，PC 机进入了数控系统。PC 机及其迅速发展起来的强大功能，支持了数控技术的发展；同时 CAD/CAM 等相关制造技术的发展，以及现代小批量、多品种、强调生产和制造的柔性化和数字化的市场需求，使数控技术和数控系统发展迅速，系统的加工能力、速度、精度不断提升，进入了数控系统发展的新阶段。

就世界范围来看，当今数控机床向精密、高速、复合、智能方向发展。在精度方面，数控机床的加工精度已提升到目前的微米级，进而进入亚微米、纳米级超精加工时代。加工精度的提高要求数控系统采用纳米级或皮米插补技术，如目前 FANUC 与三菱的高档系统，其系统的最小分辨率均达到了 1 纳米。在速度方面，随着汽车制造业对生产效率的要求以及航空航天行业对材料切除率的要求，国际上金切数控机床的主轴转速普遍已达 20000 转/分，快速进给速度可达 100 米/分，加速度 1g 以上。速度的提升要求数控系统采用相应的预处理技术，如 SIEMENS 与 FANUC 的高档系统，其系统的程序段处理速度达 7200 段/秒，前瞻段数为 2000 段。复合加工技术发展要求数控系统采用多通道复合加工控制以及多通道多轴联动控制技术，如 SIEMENS 与 FANUC 的高档系统支持 8 通道 64 轴控制，每个通道最大联动轴数为 8 轴。而智能化控制要求数控系统可实现多信息融合下的智能决策、过程适应控制、误差补偿智能控制等。如马扎克的系统具有主轴振动控制、智能热屏障及智能防碰撞等功能。

世界上主要的数控系统公司有日本 FANUC、三菱、德国 SIEMENS、美国 HASS（哈斯）、瑞典瑞士联营 ABB 等，其中 FANUC 和 SIEMENS 两家公司占据了全球市场份额的大约四分之三。FANUC 公司现已成为世界上最大的数控系统供应商，其生产的数控系统占日本市场份额的 80％以上，约占世界市场销售额的 49％。

2. 我国现状

1）数控机床分类

在国内的讨论中，通常将数控系统分为经济型、中档（普及型、紧凑型、标准型）和高档（高级型）数控系统三个层次来讨论。经济型数控系统主要指与精度中等、价格低廉的数控车床、数控铣床配套的数控系统，主要支持加工形状比较简单的直线、圆弧及螺纹类等零件；中档数控系统是指与数控铣床、车削中心、立/卧式铣削中心配套，主要用于支持加工形状比较复杂的曲线及曲面类零件的数控系统（一般联动轴为 4 个或以下）；高档数控系统是指可与多轴、多通道、高速、高精、柔性、复合加工的高档、大/重型数控机床和数控成套设备配套的数控系统（一般联动轴为 5 个或以上），主要满足航空航天、军工、汽车、船舶等关键零件的加工。

2）市场占有形势

目前我国数控技术与产业的发展已具备一定的基础。在产品生产方面，行业骨干生产企业有 20 余家，并形成了相应的产业布局。在工程化应用方面，启动国产数控机床应用国产数控系统应用示范工程，开展了高档数控系统的配套应用。具体情况如下：

（1）国产经济型数控系统主导中国市场

国产经济型数控系统由于适应中国用户的实际使用水平和机床制造企业数控技术配套要求，得到了用户的认同，与国外产品相比，已形成了规模优势。2006 年 8 万套，2007 年 10.4 万套，2008 年 8.1 万套，市场占有率始终稳定在 95％以上。外国公司也向我国推出了几款经济型数控系统，但在性价比和市场服务方面均无优势。

（2）国产中档型数控系统市场占有率不断提高，但外国产品依然占据主导位置

在国家的支持下，中档数控系统产品的开发和市场开拓取得了一定成效，行业主导企业已实现批量生产，并初步具备了交流伺服驱动系统和主轴伺服驱动系统的配套能力，可为用户提供数控系统全套解决方案。2006 年销售 1.23 万套、2007 年 2.32 万套、2008 年 3.1 万套，市场占有率分别为 20％、25％、30％，呈稳步上升之势。

（3）国产高档数控系统技术有了突破，但尚未形成规模产业化

在高档数控系统领域，国产数控系统与国外相比，还存在较大差距。虽然国产 5 轴联动数控系统技术上已经取得了一定突破，但系统功能还不够完善，实际应用中的验证还不全面。高档数控系统 95％以上还要依靠进口。

总体上我国数控系统市场基本上处于低档自给自足，中档受制于人，高档依赖进口的局面。国产数控系统近几年虽有很大发展，但仍然没有打破中高端数控系统被国外产品垄断的局面。

3）与先进水平比较，存在差距

据中国机床工具工业协会数控系统分会的研究报告"国产数控系统产业发展政策研究"，国产数控系统在产业化过程中存在的主要问题表现在以下几方面：

首先是技术上存在差距。即使中档数控系统与国外相比也还存在一定的技术差距，如国外数控系统普遍具有的编程专家系统、故障诊断专家系统、参数

自动设定、语言提示、无碰撞技术、振动补偿、温度补偿、超前处理、加减速控制、连续小线段高速加工、伺服 HRV 控制等功能,国产中档数控系统也还存在明显差距。

开发仪器设备不全、生产检测手段、可靠性考核手段落后,而且生产工艺管理、质量控制等规模化生产技术落后,现有装备手段有时还没能最大限度地发挥作用,导致国产数控系统性能达不到设计要求,可靠性以及质量的稳定性也相对不高,表现为前期故障率较高,磨合周期较长。

伺服电机、伺服驱动、主轴及主轴驱动型号规格有限,产品的系列化不全,致使数控装置与驱动、电机的配套脱节,也限制了产品质量和性能的进一步提高。

4) 市场潜力巨大

国内市场对于数控机床的需求是巨大的。从图 4-14 和表 4-3 可以看出,虽然国产数控金属切削机床的产量每年以平均 30% 以上的速度增长,但还是远远不能满足国内需求,30% 以上依赖进口。据专家调查,进口的机床绝大部分属于中档、高档数控机床。同时,在国产高档、中档数控机床中,75% 以上的数控系统采用的是进口或合资产品。

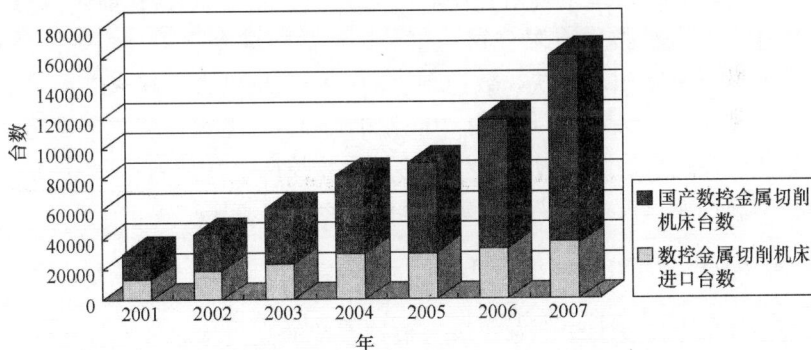

图 4-14　2001～2007 年中国生产和进口的数控金属切削机床台数

表 4-3　2015 年中国数控系统市场态势预测

序号	产品类别	2007 年市场需求		2015 年市场需求	
		数量	比例/%	数量	比例/%
1	高档	3000	2	25000	10
2	中档	63200	38	125000	50
3	经济型	108000	60	100000	40
		合计:174200		合计:250000	

专家预测，随着国民经济快速的发展，汽车、船舶、工程机械、航空航天等行业将为我国机床行业提供巨大的需求，预计到 2015 年我国各类数控机床及数字化机械所需的数控系统需求将达到 25 万台套以上，产品结构也逐渐向中、高端转化。总之，国产中、高档数控系统的市场容量和市场潜力非常巨大。

4.8.2　应用案例

1. 高技术公司的产品及其应用

国内已形成一批开发数控系统的高技术公司，生产出了不同型号的数控产品，并取得了应用。

目前，我国数控系统主要生产企业有 20 家，形成了东（上海开通数控有限责任公司、南京华兴数控设备有限责任公司、南京新方达数控有限公司、江苏仁和新技术产业有限公司等）、南（广州数控设备有限公司、深圳珊星电脑有限公司）、西（成都广泰实业有限公司、绵阳圣维数控有限责任公司、武汉华中数控股份有限公司）、北（沈阳高精数控技术有限公司、北京凯恩帝数控技术有限公司、大连光洋数控系统工程研究中心有限公司、北京航天机床数控系统有限公司、大连大森数控技术有限公司、北京凯奇数控成套有限公司等）的布局。这些企业的发展速度相对较快，数控系统的产销量也较大，其中广州数控经济型数控装置 2007 年产销近 5 万台套，北京凯恩帝经济型数控装置产量超过 3 万台套，以中、高档数控装置为主导产品的华中数控产销量达到 7520 台套，沈阳高精数控的高性能数控系统"蓝天数控"销量达 1 万余套。

1）武汉华中数控股份有限公司

这是依托华中科技大学，专业研发数控系统的高技术企业。据华中数控自己的调查，其产品与国内外产品比较的优势和劣势如表 4-4 所示。

表 4-4　华中数控主要产品的性能、价格、用途等与国内外产品比较

序号	产品类别	公司主要产品性能、价格、用途与国内外同类产品优劣势比较	
		公司优势	公司劣势
1	中档数控装置（3-4 轴联动数控装置）	具有高性能、配置灵活、结构紧凑、易于使用、可靠性高、应用领域宽等特点。与国外同档次产品相比价格低，售后服务及时，二次开发功能强大，价格合适	与国外领先水平相比，产品可靠性、外观及工艺水平有待进一步提高

续表

序号	产品类别	公司主要产品性能、价格、用途与国内外同类产品优劣势比较	
		公司优势	公司劣势
2	高档数控装置（5轴以上联动数控装置）	具有硬件高处理速度与软件开放灵活的优势，可以实现多轴、多通道高速、高精运动控制，具备 RTCP 实时刀补功能。打破国外技术封锁，具有较好市场声誉，已经在重要行业得到批量应用，受到用户认可。与国外同档次产品相比价格低，售后服务及时	与国外领先水平相比，系统功能的完善、现场总线技术的应用、高速高精多通道加工功能有待进一步提高
3	经济型数控装置	具有低价格、高性能、结构紧凑、易于使用、可靠性高的优势。与国外同档次产品相比价格低，售后服务及时	与国内市场领先产品相比，市场知名度有待进一步提高
4	交流伺服和主轴驱动系统	规格齐全，成套性好。具备极佳的动、静态特性，操作简单、可靠性高、体积小巧，具有多种自诊断保护功能。与国外同档次产品相比价格低，售后服务及时	与国外领先水平相比，产品系列化程度、现场总线技术应用有待进一步提高

　　HNC-28 总线式数控系统是华中数控系统中的高端产品，采用高可靠性工控机为硬件平台，支持高速以太网、MACRO 光纤总线、高速 I/O、多路 A/D 转换。系统最多可控制 32 轴，目前主要广泛用于车铣复合加工中心，大型车、铣复合加工中心，双通道、双刀架车，双电机驱动龙门加工中心等，如图 4-15、图 4-16 所示。该系统具有精密铣削、车削加工中心的功能和加工重叠部分的功能，可以实现大型工件的一次装夹后多表面加工，使零件的型面加工精度、各加工表面的相互位置精度得到保证。

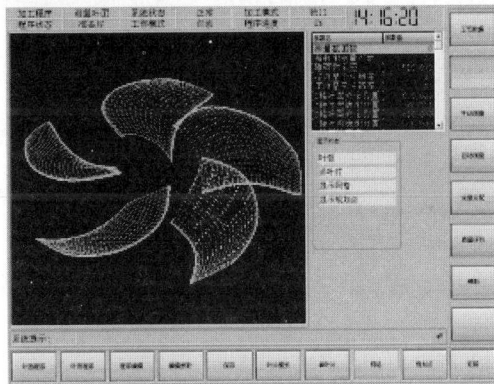

图 4-15　HNC-28 总线式数控系统

图 4-16　HNC-28 数控系统配套的七轴五联动车铣复合机床

2）沈阳高精数控技术有限公司

这是在辽宁省和沈阳市政府的大力推动以及中科院的积极支持下，由中科院沈阳计算技术研究所联合社会优势资源，共同投资组建的数控专业化公司，技术依托于高档数控国家工程研究中心。公司将产品市场定位在高性能数控系统，同时兼顾普及型数控的需求，形成了覆盖高档、中档、普及型及专用型等多个系列十余种型号的数控系统和配套伺服产品，并通过配套应用在国内树立了以高性能为特色的"蓝天数控"品牌。公司的主要产品如表 4-5 所示。

表 4-5　"蓝天数控"系列化产品

类别	主要产品	应用对象	主要技术指标
高档系列	NC-100、NC-110、NC-300、NC-310	大型、多功能复合加工中心，支持叶轮、叶片、复杂模具加工	5 过程、6 轴联动、16 轴控制、总线接口，支持 FMS 应用
中档系列	NC-210、NC-220、NC-230	加工中心、铣床	4 轴联动、总线接口
普及系列	NC-201T、 NC-201M、GJ-20T、GJ-21T	车床、铣床	2、3 轴联动控制
专用系统	GJ-30M	雕铣机床	高速程序段处理
伺服产品	GJS 系列	车床、铣床、加工中心	转矩、转速和位置三种控制方式，总线接口

"蓝天数控"在国内的数控机床行业，特别是高档数控机床得到了成功的应用，完成了多种典型配套应用。在改造国外机床方面，如沈阳黎明航空发动机有限公司从日本引进的东芝 5 轴联动加工中心，采用蓝天数控系统进行改造，

利用系统的 5 轴联动、自动换刀（ATC）与托盘自动交换（APC）控制技术，解决了飞机发动机机匣的加工问题；沈阳黎明航空发动机有限公司从美国引进的 5 轴联动水切割加工机，采用蓝天数控系统进行改造，利用系统的 5 轴联动与刀轴矢量控制技术，解决了飞机发动机散热装置的加工问题。在与国产机床配套方面，如天津第一机床总厂 XH715GY 型 5 轴联动高档叶轮加工中心，采用蓝天数控系统加工出具有复杂曲面的叶轮；沈阳机床集团针对汽车行业轮毂的加工工艺特点而设计的专用机床双过程倒立车床 CY-SUC4535vit，利用蓝天数控的多通道多轴联动控制实现高效自动化流水线控制，可一次上料自动完成轮毂加工，如图 4-17、图 4-18 所示。

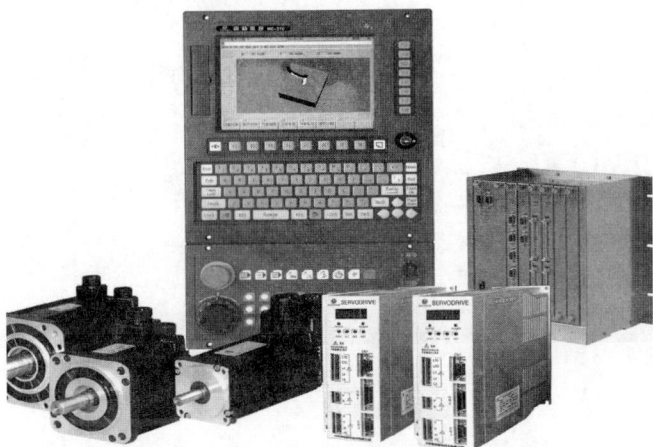

图 4-17   沈阳高精数控技术有限公司的产品

图 4-18   沈阳高精数控技术有限公司的生产车间

3）广州数控设备有限公司

广州数控可为用户提供机床控制系统、进给伺服驱动装置和伺服电机、大功率主轴伺服驱动装置和主轴伺服电机等数控系统的集成解决方案，积极推广机床数控化改造服务，开展数控机床贸易。广州数控产品批量配套全国五十多家机床生产企业，如图 4-19 所示。

图 4-19　广州数控生产的数控生产设备

2. 示范工程

国家一直很重视数控技术的发展，为此采取很多具体措施，为了推广应用，开展了示范工程，取得了很好效果。

1）鲁南机床与华中数控实施的应用示范工程

2007 年下半年，山东鲁南机床集团与武汉华中数控股份有限公司启动"国产数控机床应用国产数控系统示范工程"项目，以此推动国产中、高档数控系统的推广应用，已经收到了良好的效果，实现了主机厂、系统厂的合作共赢。

鲁南机床和华中数控实施的"国产数控系统应用示范工程"机床共 69 台。其中，五轴联动加工中心 2 台，龙门加工中心 8 台，卧式加工中心 10 台，立式加工中心 12 台，数控铣床 7 台，全功能数控车床 30 台。第一期安排 30 台，2007 年 12 月初机床全部安装调试完毕，2007 年 12 月份全部投入正常使用。

2007 年 12 月，示范工程项目第一期已如期完成，鲁南机床 30 台中、高档数控机床批量配套华中数控中、高档数控系统，成功自产自用，形成了一定规模的联网应用示范车间，技术先进。用于企业关键零部件的加工，工艺路线合理，运行稳定可靠，加工的零件达到设计要求，证明配套国产数控系统的国产数控机床及国产中、高档数控系统可以替代进口。

2）国产数控机床应用国产数控系统示范工程

2007 年 4 月 2 日，在辽宁省和沈阳市政府的大力推动下，沈阳机床集团与中科院沈阳计算所、沈阳高精数控技术有限公司联合攻关的"国产数控机床应用国产数控系统示范工程"正式实施，迈出了国产中高档数控系统产业化的关键一步。

该示范工程由沈阳机床集团提供 6 大类 11 个型号 30 台套的数控机床，配套使用沈阳高精数控公司研制开发的 3 种型号的数控系统，在两个月的时间内完成了具有自主知识产权的 30 台套国产数控机床的配套调试、机床检测及样件试切加工等工作。

经过双方的联合攻关，在五轴联动高速加工中心产品上，"蓝天数控"系统替代了原意大利菲迪亚 C1 数控系统，可实现高速加工、五轴联动加工功能；在五轴联动车铣复合加工中心产品上，"蓝天数控"系统替代原 SIEMENS 840D 数控系统，可实现车、铣复合加工、五轴联动加工功能；在双过程数控轮毂车床产品上，"蓝天数控"系统替代原使用的日本 FANUC 18i 数控系统；在立式加工中心和普及型数控车床产品上，使用"蓝天数控"系统替代原使用的日本 FANUC 系列数控系统进行配套控制……尤其是配套国产数控系统的五轴联动高速加工中心，能够加工具有复杂型面的高档叶轮、人像雕塑等工件并完全符合各种检测指标要求，成功替代了原配的国外同类数控系统产品，证明了具有自主知识产权的国产高档数控系统和数控机床已达到了国际先进水平。

此次示范工程实现了国产中高档数控系统在国产数控机床上的批量应用。

4.8.3　发展预见

数控技术是信息技术和制造技术相结合的典型，信息技术的进步支持着数控技术的发展。同时，机床的发展不断对数控系统提出新的要求。

1）数控技术的新需求

进入 21 世纪，随着信息技术和制造技术的不断发展和日趋融合，数控技术又面临着新一轮的发展阶段。从需求的角度，全球一体化经济的到来导致生产、产品、服务的重新分配，使产品的竞争由降低成本到为用户提供高附加值的产品与服务；从技术的角度，信息技术向各个领域的渗透，使信息与知识的内容融合到制造的各个层面，从而促使制造从基础自动化向数字化制造与智能化制造方向发展。

制造模式的变化使制造中与基础制造单元数控机床配套的数控系统的应用环境发生了相应的变化。数控系统在确保系统加工控制指标的同时，应支持网络化管理模式、柔性化组织机构和制造设备、快速响应市场需求和个性化客户服务，并由此而带来新的需求。

（1）高速、高精

高速、高精加工技术可提高加工效率，提高产品的质量和档次，缩短生产周期和提高市场竞争能力。为此日本先端技术研究会将其列为5大现代制造技术之一，国际生产工程学会（CIRP）将其确定为21世纪的中心研究方向之一。

（2）复合化

复合加工把以往需要通过多台机床和多道工序的加工集成于一台具备对应的多道工序能力的机床，进行连续加工并完成全部工序，提高加工效率，以快速响应市场需求。

（3）网络化

在新的制造模式下，数控系统已不再是孤立的结点，而是整个制造系统中的中间环节。网络技术的采用将使数控机床成为具有完整传输功能的网络服务器，既方便制造系统与上层设计与管理系统的交互，也便于远程诊断及监测功能的实施。

（4）集成化

在新的制造模式下，设计与制造的日趋融合要求建立基于STEP标准的数控系统数据模型，定义独立于任何CAX系统、描述产品数据与加工工艺的中性加工语言，以实现CAD、CAM与数控系统间的互操作。

（5）高可靠性

高可靠性对于高效低成本生产至关重要。提高系统的可靠性一方面通过设计提高系统的平均无故障时间，同时也可利用状态监测，动态检测设备的当前状况，并预测其健康状态，确保设备在要求的性能范围内更长时间的运行。

（6）智能化与知识化

在新的制造模式下，知识和信息已成为重要的生产要素，物质流与能源流在信息流与知识指挥下运动，制造也已经成为同时对物质和信息与知识进行处理的产业，并渗入到制造设备中的各个环节。

（7）可重构

在新的制造模式下，数控系统已不再局限于加工过程的控制，面向用户的个性化功能已成为影响系统的重要因素。因此，要求系统提供可重构平台以方便最终用户的特殊应用的集成，快速实现不同品种、不同档次、具有鲜明个性的产品。

数控系统的发展，与其他技术一样，受应用和技术进步两个方面的推动。而在技术推动方面，主要是信息技术——计算机、网络和通信进步的推动。将来数控系统的技术进步也将与信息技术的进步密切相关。

2）重大专项的推动

"高档数控机床与基础制造装备"科技重大专项到 2020 年的目标是：形成高档数控机床与基础制造装备主要产品的自主开发能力，总体技术水平进入国际先进行列，部分产品国际领先。"高档数控机床与基础制造装备"国家科技重大专项明确提出，到 2020 年，我国要实现高档数控机床主要品种立足于国内，航空航天、船舶、汽车、发电设备制造所需要的高档数控机床与基础制造装备 80％立足国内；国产中高档数控机床用的国产数控系统市场占有率达到 60％以上；高档数控系统市场占有率将从现在的 1％提高到 20％。

相关于数控系统的要求是开发出用国产数控系统的五轴联动高精度数控机床，实现或超过当前国际先进指标，如最小差补周期 0.125 毫秒、位置分辨率 1 纳米、纳米级高精度差补、8 通道、可控制 64 轴，MTBF 达 3 万小时等，以满足航空航天、船舶、发电设备、汽车等行业的需求。

专项将使数控系统在多方面的技术取得突破：

① 开发支持多通道、高速、高精加工的数控系统现场总线，并形成国家标准；研制出采用 64 位 CPU 的高档数控装置硬件平台与具有 64 位处理能力的多任务实时操作系统，以支持国产高档数控装置技术指标的提升。

② 解决高速超前预处理方法，多通道及复合加工控制技术，样条插补、曲面差补、空间刀补、几何空间误差、热变形等误差补偿、加工保护及故障诊断、远程监控与诊断等关键技术，使国产高档数控装置的技术指标赶上国外产品水平。

③ 开发出高速高精度伺服系统；高扭矩、高转速交流永磁同步伺服电机与大功率和高转速主轴电机；研制出高速高刚度大功率电主轴及驱动装置、大扭矩力矩电机及驱动装置与大推力直线电机及驱动装置，使数控机床的响应特性得以提高。

这是我国数控技术发展的至关重要的阶段，在管理工作中，确保目标的实现是必须从开始就重视的。相应的管理工作必须加强。

3）数控技术发展展望

在数控系统中，当用户需要实现某一控制目标时，通常由外部系统或操作者根据控制目标编写控制程序（在机床中为工件程序），控制程序输入到系统中后经处理和计算后发出各种控制信号，控制信号通过执行单元与驱动装置实现各种控制动作，从而完成相应的控制目标。基于上述处理流程，数控系统涉及如下关键技术（图 4-20）：

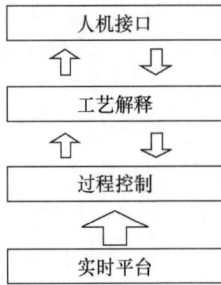

人机接口

⇧ ⇩

工艺解释

⇧ ⇩

过程控制

⇧

实时平台

图 4-20　数控系统结构

① 实时平台。作为数控系统的基础支撑平台，为系统提供实时的、网络化计算平台。

② 人机接口。系统的人机交互接口，实现用户、编程系统及上层管理系统与数控系统间的交互。

③ 工艺解释。根据用户的工艺要求，实现用户控制程序（加工语言）的解析、控制命令的协调控制。

④ 过程控制。根据控制命令的要求，通过运动规划、插补与控制，驱动电机与机床电器，实现加工过程的控制。

这里按上述四个部分来讨论数控技术的发展：

（1）实时平台技术

近期通过研制 64 位的高档数控系统硬件平台和多任务实时操作系统与实时以太网，以支持国产高档数控功能的完善与性能的提高。2030 年前开展多核处理器技术、软件体系结构技术、传感器网络与无线总线技术的研究，以确保国产数控系统实现技术突破。

（2）人机接口技术

近期通过开展多媒体多通道人机交互技术的开发，将实现国产高档数控系统人机接口的升级与换代；2030 年前通过开展智能交互技术的研究，支持智能化制造的发展。

（3）工艺解释技术

近期在现有技术的基础上，通过开展加工工艺复合技术与基于特征工艺规划技术的开发，提高现有系统加工工艺处理能力；2030 年前，通过开展 STEP-NC 技术的研究，实现系统工艺处理方法的变革。

（4）过程控制技术

近期开展面向制造特征的运动规划与插补技术的开发，以提高现有国产数控系统速度与精度；2030 年前开展基于多传感器融合的高速、高精、智能控制技术与监测、诊断和预测技术的研究，以提高数控系统的智能化程度。

4）数控产品发展

基于不同阶段的技术突破，未来将会产生三种类型的数控产品：

（1）2020 年前成功应用全数字高档数控系统

数控装置与驱动装置间采用实时以太网，并与直线电机、力矩电机与电主轴等直接驱动单元配套应用，通过工艺复合技术、基于特征的规划与插补技术，满足航空航天、船舶、发电设备、汽车制造等行业对高速、高精、复合加工的需求。

（2）2030年前实现面向数字化制造的数控系统

基于实时平台性能的提高，通过采用基于多传感器融合的高速、高精、智能控制技术与监测、诊断和预测技术，进一步提高系统的速度、精度、可靠性与智能化程度，同时利用STEP-NC技术的完善与成熟，以支持数字化制造。

（3）基于知识的智能化数控系统将是较长远的方向

基于可重构多核技术、主体技术与实时异构网络技术发展所引起的技术变革，通过虚拟现实技术、网络化设计/制造集成技术与可重构控制技术等，实现数控系统与管理、设计、工艺、调度、检测等系统的集成，以支持基于知识的、面向用户个性化要求的制造。

数控系统作为信息技术与制造技术融合的产物，一直伴随着信息技术的发展而不断进步。未来随着硬件平台与软件平台处理能力的进一步提高，数控系统加工速度与加工精度也将进一步提高，从而达到超高速与超精密加工；同时基于网络与通信技术的发展，数控系统在工艺上将实现与管理、设计、工艺、调度、检测、服务等功能的融合，以满足知识化与智能化制造发展的需要。

数控机床从本质上来看是用数字控制代替凸轮行程控制，实现运动的数字化，凡是涉及运动控制的装置或设备均可采用数控技术。因此，当代数控系统技术的应用领域不断拓宽。数控系统除了在数控机床上可以大量使用，还广泛应用于非数控机床领域，如玻璃刻花、注塑机、PCB电路板快速制版、纺织、印染、测量机（CMM）、生物医疗装备、液晶加工、食品包装、贴片机、自动焊接机、清洗机，以及科学仪器等各行各业。

机床数控系统是装备制造业中设备层信息化的重要内容，但不是全部。用数字技术改善和改造其他制造设备，是必须予以重视的领域。

我国一直重视数控技术的发展，已经在几个五年计划的科技攻关项目之中列有相关计划内容。现在仍有：《国家中长期科学和技术发展规划纲要2006—2020》、《国民经济和社会发展第十一个五年规划纲要》、《国务院关于加快振兴装备制造业的若干意见》、《促进产业结构调整暂行规定》、《高档数控机床与基础制造装备国家科技重大专项和装备制造业调整和振兴规划（2009～2011年）》等政策与项目支持着数控机床和数控技术的发展。

我国数控系统处于后发追赶的状态，技术研发固然仍需国家支持，但是最主要的问题是对应用的支持，只有大量应用，才能不断改进，发现影响可靠性的问题，并加以解决。所以国家应重点加大对数控系统的应用支持。

应该重视和开展应用示范工程，加大国家对其中的风险投入，鼓励用户积极参加，并完成应用→发现问题→解决问题→再应用的过程。不要浅尝辄止，半途而废。

4.9　高端工业控制技术及智能系统

4.9.1　技术概况

1. 企业对高端工业控制技术及智能系统的需求

（1）工业控制技术与智能系统是现代流程工业企业实现大生产的技术保证

高端工业控制技术及智能系统是工业大生产的"神经"和"心脏"，是重大流程工业生产装备的重要组成部分，是确保重大工程安全可靠运行的神经中枢、运行中心和安全屏障。据 ARC 统计，自动化系统投入在工业项目投资中的比例一般不会超过 6%，但其对生产运营收益的影响最高可达到 30%，被视为工业企业中回报弹性最高的风险管理机会。炼油、化工、电力、冶金、制药、造纸、食品等流程工业的特点是工艺复杂、企业规模大，必须利用先进工业控制技术及智能系统进行实时控制和生产管理。我国目前流程工业面临的突出问题是如何提高生产规模、提高生产效率、降低能耗消耗、提高产品质量等，以适应节能减排、安全生产和参与国际竞争的总体要求。没有高端工业控制技术及智能系统，大型生产工艺装备就没有"大脑"，重大工程的建设和安全稳定运行就缺乏技术保障。高端工业控制技术及智能系统是综合运用电子信息技术、网络通信技术、人工智能技术、计算机技术、先进制造技术、自动控制技术和相关工艺技术，具有产业关联程度高、对经济增长带动作用强、科技含量高、技术难度大等特点，是为其他产业（包括现代农业在内的各产业）的发展提供物质基础的战略性产业，它对国民经济安全和国防建设、对促进国民经济可持续发展、对产业结构调整和产业升级都具有重大意义。

（2）自主创新推进先进工业控制技术积累及智能系统研制

改革开放初期，由于缺乏先进工业控制技术及集散控制系统（Distributed Control System）自主研发和生产的能力，我国工业企业通过引进国外的生产线、工艺生产技术以及捆绑的工业控制技术，如美国 Honeywell 的 TDC2000、TDC3000 等，日本 Yokogawa 的 Centum CS、CS1000、CS3000 等，德国 Siemens 的 S5、S7 等主控智能系统，并将这些技术和装备广泛应用于大型炼油、化工、冶金、电力等领域，推进了工业控制技术的工程化，同时也培养了大批仪器仪表和工业控制技术工程师。

我国进入 WTO 后，国外控制与自动化系统装备企业大举进军国内市场，目前国内石化、化工、电力、冶金等重大工程的自动化控制系统和控制装备，高端技术市场基本上为进口产品所垄断，增加了我国流程工业长期健康发展的不稳定因素，甚至可能影响能源、基础工业的产业安全。

从 20 世纪 90 年代初开始，在国家相关部委项目支持下，我国自动化控制系统和控制装备取得了长足进步，通过若干年的技术积累和自主创新推进工业控制技术及智能系统研制和发展，中小工程、中低端智能控制系统与装备实现了国产化，并成功在 500 万吨/年大型炼油工程、3052 大型合成氨化肥联合装置控制项目、60 万千瓦的火电等装置上实施应用。但是在大型关键生产工艺与装置上，如百万千瓦核电、千万吨级炼油、百万吨级乙烯等重大工程的建设，核心控制系统和安全设计技术仍然由国外公司垄断。当前仍需发展重大工程高端控制系统和关键高精度仪器仪表，以满足重点建设工程及其他重大（成套）技术装备的需要。

（3）提升流程工业产品质量和企业竞争力

石油、化工行业具有生产过程连续、规模大、流程复杂等特点，能源、资源消耗巨大，生产现场易燃易爆，只有采用高可靠性、高稳定性的工业控制技术与自动控制系统，才能确保大规模石化流程工业生产过程安全、稳定、长周期、满负荷地优化运行。当前我国正处在能源和重化工业的高速增长阶段，石油、化工等基础工业增长十分迅速，为保证产业的安全、稳定、持续发展，对具有自主知识产权的面向石化工程的关键高端自动化控制系统的需求日益迫切。自动化成套控制系统不仅是确保重大工程安全可靠运行的神经中枢、运行中心和安全屏障，也是解决我国流程工业"高能耗、高消耗、高污染"等问题的重要手段。我国流程工业与国际先进水平的主要差距，除了产品、工艺外，主要在于生产控制自动化、优化、调度、管理以及信息化的技术落后。因此，迫切需要围绕资源、能源的高效利用目标，集成采用生产工艺技术、自动化技术、信息技术、优化技术等先进技术，达到提高产品质量和产量、降低物耗与能耗、减少环境污染的目的，实现企业综合经济技术指标的最优化，确保可持续发展。

（4）提高全流程设备管理与维护的效能

工业控制技术与控制系统在实现对工业过程的控制、监视、生产管理的基础上，随着制造系统规模的扩大，对制造系统全流程生产设备与控制装备的管理越来越困难。为了更好地提升对不同现场总线智能设备的诊断、设备管理、预维护等功能，需要实现基于现场总线、工业通信、故障诊断等技术的设备管理系统。在可视化环境下，实现设备组态、诊断、报警、校准、工厂视图管理、记录跟踪、权限管理以及特殊设备诊断等功能，提高维护效能和生产安全性。根据用户对现场设备的管理要求对管理设备的方式进行分类，分为智能设备管理、机械设备状态管理、设备性能监测管理和实时优化管理四个方面，并且将这四个方面的信息集成在一个统一的系统——仪表设备管理系统 AMS（Asset Management System）中。AMS 设备管理的基础是工厂设备数据库，因此如何实时获得现场设备中的有效的设备模型参数和设备当前在线工作状态，是设备管理必须解决的问题。

2. 高端工业控制技术及智能系统的结构与组成

我国控制技术与系统已经有了一定的基础，大型工艺装备自动化成套系统已经在几个领域崭露头角，纵观世界各工业发达国家重大自动化装备与主控系统的发展趋势，系统结构和组成基本一致。

配备的自动化成套系统是高端工业控制技术的综合集成。首先是高可靠性的主控 DCS 系统；其次是切实反映相关工艺过程特点的各种控制装备、先进控制软件、装备优化软件、软测量软件、故障诊断软件等的软件技术。在各种集成支撑技术的支持下，炼油、石化、电力、冶金等重大工程，要求自动化控制系统高度集成，将检测、控制、调度、优化、管理、决策等功能形成一个综合自动化系统，充分发挥各自的作用，并达到全局优化的目的。特别要求异构系统的综合集成，以满足用户的各种特殊需求。

广泛应用于工业领域的智能系统主要包括：集散控制系统（DCS）、现场总线控制系统（FCS）、安全仪表系统（SIS）、火灾及气体检测系统（FGS）、仪表设备管理系统（AMS）、工业局域控制网络（LCN）、操作员培训仿真系统（OTS）、操作数据管理系统（ODS）、输送自动化系统（MAS）、先进过程控制（APC）、在线实时优化（OPT）、转动设备数据采集系统（RDAS）、分析仪管理和数据采集系统（AMADAS）、储罐数据采集系统（TDAS）、现场仪表（智能变送器、智能阀门定位器等）、开发通信与接口等。

以大型炼油过程为例，要求以通信技术、数据库技术、软件技术为基础，实现 DCS、PLC、SIS、MCS、FGS、CCTV、LCN、OTS、AMS、APC 站的一体化解决方案，要求系统具备多种现场总线、无线、异构系统集成和接入的能力，实现异构系统互联，使用共享的实时数据库，为企业提供操作、控制和信息管理、面向行业的增值服务等整体生产管理操作平台。

（1）集散控制系统（DCS，Distributed Control System）

DCS 是集散控制系统（Distributed Control System）的简称，在国内也称为分散控制系统。它是一个由过程控制级和过程监控级组成的以通信网络为纽带的多级计算机系统，综合了计算机（Computer）、通信（Communication）、显示（CRT）和控制（Control）等技术，其基本思想是分散控制、集中操作、分级管理、配置灵活、组态方便。

DCS 是过程生产装备的主控系统，具有高可靠性、开放性、灵活性、协调性、易于维护、控制功能齐全等特点，是流程工业企业正常生产控制、操作与管理的核心主控装备。

（2）可编程逻辑控制器（PLC，Programmable Logic Controller）

可编程逻辑控制器是一种数字运算操作的电子系统，专为在工业环境应用而设计。它采用一类可编程的存储器，用于其内部存储程序，执行逻辑运算、顺序控制、定时、计数与算术操作等面向用户的指令，并通过数字或模拟式输入/输出执行各种类型的机械或生产逻辑控制功能。可编程逻辑控制器及其有关外部设备，往往在机组控制、单元控制方面起到重要的单元级智能控制功能，并按易于扩充其功能、易于与工业控制系统联成一个整体的原则进行设计。

（3）现场总线控制系统（FCS, Fieldbus Control System）

依据国际电工委员会 IEC 标准和现场总线基金会 FF 的定义，现场总线是连接智能现场设备（变送器、阀门等）和自动化系统的数字式、双向传输、多分支结构的通信网络，典型特点是数字式通信方式取代设备级的模拟量（如 4～20mA，0～5V 等信号）和开关量信号，具有抗干扰能力强、精度高、智能管理等特点。现场总线控制系统（FCS）基于现场总线网络和现场总线设备（检测仪表、执行机构）实现更加分散的过程控制与检测，是继集散控制系统（DCS）之后的新一代控制系统，是过程控制系统发展的新方向。但 FCS 对 DCS 不是简单的取代，而是呈现出现场总线技术与 DCS 相互融合的趋势，因此从长远的产品发展来看，FCS 与 DCS 将逐步技术融合并相互补充。

FCS 具有下列显著特点：开放性、互操作性和互用性；现场设备智能化和功能自治化；功能高度分散化；高准确性和高可靠性；可节省安装材料和减少调试工作量；可节省维护费用，使系统生命周期成本降低。

（4）安全仪表系统（SIS, Safety Instrumented System）

安全仪表系统是一种可对石油化工等生产装置可能发生的危险或不采取措施将继续恶化的状态进行及时响应和保护的可编程控制系统，它可使生产装置进入一个预定义的安全停车工况，从而使危险降低到可以接受的最低程度，保证人员、设备处于安全的状态。根据 IEC61508[42]，一套完整的安全仪表系统由传感变送器、逻辑运算器和最终执行元件构成，逻辑运算器作为核心部件，负责按照设定的逻辑进行控制。常规定义 SIS，指的都是其中的逻辑运算器[43]。

安全仪表系统安装在中央控制室（CCR）和现场机柜室（FAR）里，其设计必须满足根据 IEC61508/IEC61511[44] 所定义的安全度等级（SIL）。安全仪表系统独立于 DCS 系统和其他子系统单独设置，采用故障安全型设计，确保装置的生产安全性和可靠性。

安全仪表系统采用经 TUV/IEC 安全认证的双重化、三重化（TMR）或四重化（QMR）可编程逻辑控制器（PLC），完成各工艺装置的紧急停车、紧急泄压等保护动作，因此有些应用场合也称之为紧急停车系统（ESD, Emergency Shutdown Device）。安全仪表系统同时应具有事件顺序记录（SOE, Sequence of Event）功能，对事故发生的触发信号顺序进行毫秒级别的记录，便于联锁保护事件的追忆分析。安全仪表系统一般通过冗余 MODBUS-RTU 通信接口连接到

DCS。所有的过程报警、旁路、复位等信号能在 DCS 操作站上显示。

(5) 火灾及气体检测系统（FGS，Fire & Gas Detection System）

火灾和气体检测系统（FGS）独立于 DCS 系统、SIS 系统和其他子系统单独设置，采用符合消防论证要求的专用控制器或者可编程逻辑控制器（PLC），接受来自现场（包括装置区、罐区等场所）的火灾、可燃气体、有毒气体探测器的信号及手动报警信号，启动警报系统并产生消防联动和装置的紧急停车，同时将经过确认的火警信号传送到全厂消防控制中心。FGS 应具有事件顺序记录（SOE）功能。FGS 系统与 DCS 系统可实现实时数据通信，在 DCS 系统操作站上显示报警及打印。

(6) 仪表设备管理系统（AMS，Asset Management System）

仪表设备管理系统主要是依托自动控制系统和现场总线技术，负责和不同的现场总线智能设备进行通讯，具有参数配置、设备校正、故障诊断等功能，同时实现对设备的统一管理。设备管理系统具有以下主要功能：

① 设备组态功能：智能设备的参数修改、控制方案组态等；

② 设备诊断和报警功能：及时反映设备的状态，为工厂维修做预先计划；

③ 校准功能：支持设备定义所有类型的校准，方便用户对仪表的调试；

④ 预测维护：支持定期地对设备进行标定测试，判断是否需要在维护期间对其进行校准或更换等；

⑤ 工厂视图管理：支持按用户工厂自定义管理层级，把设备分配到对应的层级，大大方便用户对设备的定位，便于管理；

⑥ 记录跟踪：支持用户对设备的操作进行记录，对已发生的设备报警进行记录，支持大容量的数据库，提供用户对故障的分析和追踪功能；

⑦ 权限管理：支持为不同的用户分配不同的权限，增加设备操作的安全性；

⑧ 非智能设备管理：支持在同一个系统中对工厂中的非智能设备进行方便的管理；

⑨ 特殊设备诊断功能：针对一些特殊设备，比如智能阀门定位器、分析仪器等，提供独立诊断软件的连接功能，使得用户可以完整利用先进设备的所有管理功能。

(7) 操作数据管理系统（ODS，Operational Data Supervision System）

操作数据管理系统以数据库系统为基础，从工艺角度对数据进行存储、分析和处理，从而提高工业企业的生产操作管理水平。操作数据管理系统从 DCS、PLC 等控制设备和其他工厂系统采集实时数据，以多种方式对数据进行处理和计算，例如对所选定的工艺变量在一段时间内的平均值、标准偏差值等进行计算，并向生产管理层提供流程图、趋势画面、报表等丰富多样的数据展示形式，使用户直观、方便地获取到分析处理后的结果，从而达到生产操作绩效分析与考核、提升的目的。

结合数据挖掘等技术，操作数据管理系统还可以提供操作班组考核管理、系统与设备的在线自诊断等基于数据平台的多类扩展应用，最大化地利用所存储数据的价值。

（8）操作员培训仿真系统（OTS，Operator Training Simulator）

操作员培训仿真系统可逼真地模拟工厂的开车、停车、正常运行和各种事故过程的现象和操作，是大型工业生产装置操作员培训的高效手段。在石化企业中，应用主要涉及：新建或改造生产装置开工前操作员的培训、装置停产期间操作员的培训、转岗人员的培训、新进公司大中专毕业生的培训、一人多岗系统操作员的培训、技能鉴定、技能竞赛等。大型石化企业一般都设置了自己的培训中心或培训学校，实施操作员仿真培训，在生产装置投运前都要求操作和维护人员在仿真培训系统上经过严格的培训和考核之后才能上岗。

石化仿真系统作为操作员培训仿真系统在石化企业中的应用，是以计算机软硬件技术为基础，在深入了解石油化工各种工艺过程、设备、控制系统及其生产操作的条件下，开发出石油化工各种工艺过程与设备的动态数学模型，并将其软件化，同时设计各种培训功能，创造出与现实生产操作十分相似的培训环境，从而让从事石油化工生产过程操作的各类人员在这样的仿真系统上操作与试验。仿真系统可逼真地模拟工厂的现象和操作，无须投料，没有危险性。石化生产企业非常注重培养生产装置第一线实际操作的工人、技术人员。石化仿真系统就是以提高操作工人与技术人员的技术素质、实际操作经验、处理各种随时可能出现的问题为目的。据国外资料统计，在仿真系统上训练，可以使操作工人在数周之内取得现场 2～5 年才能取得的经验。

3. 先进工业控制技术

先进工业控制技术与系统，采用平台化设计理念，基于硬件平台和通信规约，利用软件技术实现先进控制与优化，并对大规模生产实施控制和数字化、智能化生产管理。在现代大生产背景下，生产规模不断扩大，越来越依赖高可靠的工业控制系统，根据重大工程工艺特点来构架多样化的控制系统。

（1）先进自动化控制装备硬件技术

先进自动化控制装备硬件技术包括 DCS、FCS、PLC 等自动化控制装备体系架构、自动化控制装备核心嵌入式平台技术、产品标准、应用软件的工程化标准化技术、基础工业网络技术和标准等，是满足平台的高可靠性、高稳定性、高环境适应性、高智能化需求的技术。以大型炼油的联合装置为例，特别是新建的大型石化企业，从原油的储罐管理，到炼油工艺控制，是一个有机的整体和物料链。基于统一的网络协议和工业通信技术的分布式控制系统，不仅需要实现单元控制和大规模组网，更需要系统内部协调控制和安全管理，构成一个整体自动化的平台，服务于炼油过程现代化大生产的应用要求。目前总体设计技术从金字塔式多层结构走向扁平式结构——国际先进的自动控制系统大多采用多域网络和多控制单元协同等技术。

（2）大型系统实时性工业网络与数据库技术

随着生产与控制系统规模的扩大，生产全流程联合工程的要求，需要系统构架企业一体化整体自动化解决方案：采用工业通讯高速网络和分布式集群数据库平台、适合流程工业要求的单元化分区控制和集群分布式服务器，提高系统的数据管理安全性和可用性；融合现场总线、工业以太网、工业无线等技术，实现工业控制技术的全局数字化和系统过程数据的全局化；从新型检测技术、数字化传感器技术、高可靠控制器及工业数字通信网络实现控制的数字过程信息的可靠性传输和控制；数据和过程变量实现一次定义，全局共享使用，横向强调上下游生产装置间的关键生产信息的交互，通过协调控制，提高自动化程度；为满足现场控制间（FCR）和中央控制间（CCR）灵活而可靠性的系统结构，控制系统采用三层的分散、分域网络结构，以及在单元保持独立性的基础上具有全局访问管理的功能。

（3）多样化控制软件技术

多样化控制系统软件体系也是统一的平台和多层次功能组件，系统是一个地理上分散的大型网络系统，多样性的软件支撑整个系统各个层次的功能。从软件角度看，大型控制系统软件体系是具有模块化结构、数据驱动的多层平台结构。这种结构的每一层都具有设计独立性、逻辑相关性以及良好的扩展性，如图 4-21 所示。

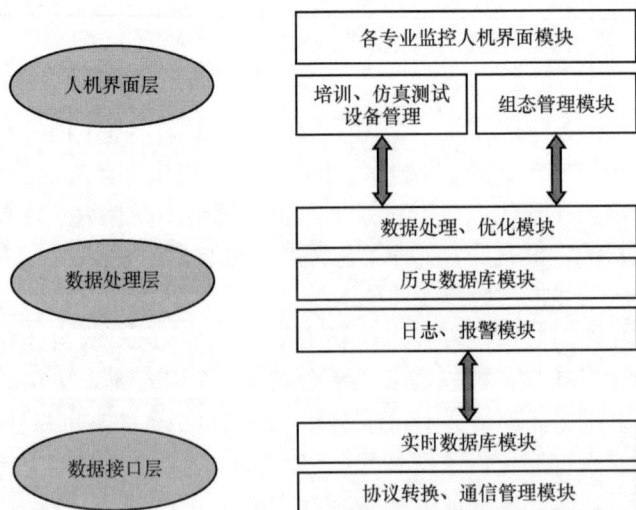

图 4-21　多样化控制系统软件体系

（4）先进工业控制技术

在应用多样化和操作智能化的工业应用背景下，高端自动化控制装备控制技术外延突破了传统的控制技术的范畴，从传感与检测技术、网络技术、数据库技术、计算机实时控制与远程监视等技术出发，通过知识融合，将电气传动控制技术、机器视觉、导航技术、控制技术及环境建模与仿真技术融会贯通，并通过软件技术实现了变结构控制、多模型鲁棒镇定、大时滞系统控制、自适应控制、预测控制、智能控制等先进控制技术，以及复杂系统的建模和仿真。

（5）控制装备可靠性技术

为保证全流程连续生产，控制系统需要进行高可靠性和长寿命的设计，保证系统寿命达到 15 年以上。采用系统可靠性架构和可靠性设计技术，包括硬件可靠性、软件可靠性、通讯可靠性技术；采用冗余和表决技术，提高系统可用性和可维护性；采用软件和硬件容错设计，降低系统单器件、单部件等局部失效造成全局故障的风险；采用容差分析、信号完整性分析、热设计、降额设计、防护加固设计、仿真等方法，提高系统单体的鲁棒性；采用可靠性工程应用设计，通过科学电缆布线技术和接地方法，提高系统抗干扰应用能力；采用防震、防腐、防潮等设计，提高系统的环境适应性；采用可靠性验证与测试技术，对控制系统高可靠性进行全面实验验证其能否适应复杂的工业应用环境，使其具有长期可靠、安全的功能和性能；利用可靠性综合分析设计技术，建立自动化控制装备可靠性模型，采用故障诊断、寿命预测和评估技术，以及预测故障发生位置、时间、程度和故障修复技术，实现对流程工业生产的保驾护航。

（6）控制安全性技术

控制系统是机器的中枢，通过控制和检测整个机器设备的所有输入、输出，确保系统正常运转，实现既定的任务。控制系统作为工厂机器设备的重要组成部分，在确保机器安全运行的过程中起着非常重要的作用。某些关键控制系统对安全要求很高，例如需要适应高温、高压、有害物质等生产过程，这些控制系统的共同特点就是对于安全性要求极高，一旦控制系统出错将可能导致严重后果。从安全控制系统的功能上看，一个完整的设备或系统其安全控制技术的水平会根据具体的应用不同而不同，但安全控制系统总是由一系列传感器、安全控制单元和用于安全作用的执行器构成。依据 IEC61508 国际标准，业界流行使用将标准控制和安全防护系统相分离的运行机制，不同的层次系统使用不同的工程技术和工具，这种方法提供了可靠的外部防护方法，如安全互锁机制（Safety Interlocking）和紧急停车系统（ESD）等，通过在工业过程的安全控制逻辑中加入额外的互锁保护机制保证系统运行的安全，一旦系统出现问题，保护系统将转入到安全模式。

4.9.2　应用案例

1. 面向大型炼油主装置的分布式控制系统

适用于大型炼油（如千万吨炼油工程）和大型化工（如百万吨乙烯工程）的大规模分布式控制系统综合运用了电子信息技术、网络通信技术、人工智能技术、计算机技术、先进制造技术、自动控制技术和相关工艺技术，拥有技术含量高、成套性强、关联度大等特点，满足石化企业全厂综合控制需求，实现流程工业过程信息的共享和综合集成，具有很大的开放性和扩展性。主要研究内容有：

（1）公共信息交互协议与规约

形成对组态、实时趋势、报警、诊断、管理数据等信息的统一描述，构建大规模综合自动化公共信息平台，保证自动化系统内信息的实时性。

（2）开放式的系统组态与工程管理平台

包括系统结构组态软件、组态管理软件、硬件组态软件、位号组态软件、系统组态转换软件等部件，实现多种异构设备的统一组态。

（3）大规模的网络平台

研究面向数据采集、实时控制和系统组态目标的基于统一架构的工业通信体系结构，保证通信的确定性和可重复性，并实现信息的分优先级传送。

（4）高可靠性控制平台

依据 IEC61131-3 国际标准，开发高效的图形编程环境，包括功能块图（FBD）编辑器、梯形图（LD）编辑器、顺序控制图（SFC）编辑器、ST 语言编辑器等组态工具，并按照 IEC61499 设计系统功能块。

（5）基于分域处理的大规模高可靠性可视化平台

可视化平台包括实时数据库、历史数据库、流程图、调度、报警、趋势等软件，提供 ODBC（Open DataBase Connectivity）、OPC（OLE for Process Control）、系统驱动等多种手段来保证数据共享的方便性、有效性，为生产管理信息系统（MIS）、先进控制、专家系统等提供底层数据。

（6）基于专家规则的统一维护平台

基于专家规则的智能诊断，能实时在线分析系统的隐性故障，通过计算系统异常的网络流量和指令访问，分析故障可能性，并指出潜在的故障源。

（7）符合 IEC61508 的安全系统

包括各类装置的安全系统设计方案、系统设计、工程设计和工程实施，研究石油、化工行业主要装置和设备的安全系统解决方案。

2. 百万千瓦级核电机组数字化控制系统

核电站自动化成套控制系统是确保核电机组安全可靠运行的神经中枢、运行中心和安全屏障，是整个核电站最关键、最核心技术的集中体现，也是大型核电装备现代化程度的重要标志。作为核电机组这样一个以核反应堆作为一次能源的高科技重大装备，其控制系统与核反应过程密切相关，控制系统的安全性、可靠性、精确度和完整性等各方面的功能和性能都直接影响到整个核电站运行的安全性和经济性。

采用全数字化仪表控制系统，包括常规电站集散控制系统（DCS）和安全保护系统（核电站专用的安全仪表系统），并全面应用在核岛、常规岛、辅助厂房部分，构成核电站全新的成套数字化控制系统。应用比较典型的全数字化控制系统有：法国 AREVA 公司的 Teleperm XP＋XS 控制系统、美国西屋公司在 AP1000 上采用的 Ovation＋Common Q 系统等。我国的田湾核电站、在建的岭澳二期核电站和法国在 EPR（欧洲压水堆）上采用的是 Teleperm XP＋XS 控制系统。第三代控制系统实现了全厂各个部分的一体化控制，彻底打破了分岛控制的局限性，同时简单而高效的主控制室设计最大限度地减少了人因故障的风险。数字系统强大的网络通信能力实现了全厂的协调控制与监视，更加完善的自诊断功能和冗余功能使系统的可靠性大大提高。

在全数字化控制系统的具体构成上，各个公司的方案略有不同。AREVA 公司将系统分为安全级、安全相关级和非安全级三个级别，而西屋等美日公司则简单地将系统分为安全级和非安全级两个级别。但不管怎么划分，核电站的控制系统都可以由两个部分组成，一部分是直接使用在常规火电厂已广泛应用的成熟的集散控制系统 DCS，如 Teleperm XP、Ovation 等，这部分系统用于监视和控制核电站的常规岛及辅助厂房等；另一部分是在已有 DCS 上加以改造或重新设计，实现安全控制的要求，如 Teleperm XS、Common Q 等，这部分系统主要提供核岛控制和安全保护功能。

第三代核电机组的仪控系统的技术特点如下：

① 系统规模大，以高速实时工业级的厂域网为核心，将各岛的控制系统连接成为一个整体；

② 系统安全性更高，普遍采用多重冗余和表决技术，确保控制动作的正确性；

③ 系统构成的多样性，特别是安全级控制，一般采用多列并行、物理分隔等技术，减少共因故障；

④ 全新的主控制室设计，强调人因工程学的人机界面，减少人因故障；

⑤ 系统的智能化程度不断提高，辅助在线状态分析、辅助操作指导等工具

逐步实用化；

⑥ 系统处理能力大大加强，可对全厂各个部分进行实时监视与控制；

⑦ 系统的开放性不断提高，厂级运行管理层可以直接得到各个生产运行环节的实时数据。

由于核电站控制系统是一个应用项目数量很少、门槛很高的技术领域，因此系统中所包含的技术主要体现在各个相关公司的自有技术产权上，而极少有相关的专利发表。

4.9.3　发展预见

工业控制技术与系统在高可靠性、高稳定性、高环境适应性，以及数字化、智能化、集成化等方面不断提升，同时随着全球对节能减排、安全、生产效能等要求进一步提高，对高端工业控制技术及智能系统提出新的发展要求。以构架智能工厂（Intelligent Plant）作为工业自动化总体发展趋势，工业控制智能化的本质是对生产中各工艺对象进行智能监控、智能调度，并将各生产环节进行智能集成，提高全领域生产的协作性和效率，如某个局部电厂智能生产与智能电网大系统的集成。在大规模生产领域，传统的自动控制系统向具有全局调度、专家规则、人工智能、更少需要人参与的自治系统方向发展。工业控制智能化将首先体现在智能现场控制设备及通过通信网络接入自动化系统的各类智能传感器的广泛应用。其次智能化将体现在各类控制系统的自诊断、自纠错及统计分析能力的提升。发展到高级阶段，专家规则系统将基于分布式知识库自主地做出决策，极大地减少人工操作，提升系统运行效率。

在人力成本上升、能源稀缺、产业转型、经济全球化和结构升级的背景下，智能化起着越来越重要的角色。智能化和信息化将推动经济中各个环节的产业升级，推进整个基础工业之间的协同性，推动这些产业效率的提升、成本的降低和安全的保障。

（1）高度标准化和集成化

现今企业过程管理与控制系统体系结构已发生了本质性的变化：要求自动化技术能够提供一揽子解决自动化控制，包括过程控制、电气控制、传动控制及安全防护，以及整个企业的生产管理、执行等信息系统的全集成解决方案。强调企业信息和自动化的集成，主要目的在于为工程设计、调试投运、运行操作、资产管理和优化、维护等各环节提供统一平台。为了实现各个功能模块能够以类似插件的形式相互通讯，需要在功能组件协议和表现形式方面进行标准化接口和功能设计。标准化已经成为工业控制技术和系统发展的必然趋势。在高度集成化背景下，现代化流程工业自动化工程管理也从传统的管理模式转变为主自动化承包商（MAC，Main Automation Contractor）模式，例如，构架大型炼油的智能工厂，将全厂自动化、安全生产的装备（如 DCS、SIS、OTS、AMS、ODS 等）整合为一个体系。MAC 类似于自动化和工业控制领域的 EPC（Engineer，Procure，Construct，对一个工程负责进行设计、采购、施工）和 PMC（Project Management Contract，项目管理承包合同）的结合，负责管理和协调以保证项目实施中自动化领域所有功能的正常交付和使用。MAC 一般由大型的自动化产品和解决方案供应商承担。流程工业 MAC 负责管理和提供的产品和服务如表 4-6 所示。

表 4-6　流程工业 MAC 负责管理和提供的产品和服务

产　　品	服　　务
集散控制系统（DCS）	项目管理与设计
单元设备控制	前期工程设计（FEED）和详细设计
紧急停车系统（ESD）	采购管理和支持
火气系统（F&G）	系统集成、编程及测试
现场仪表系统	系统对外接口支持
分析仪器	ERP 系统集成支持
生产管理信息系统（PMIS）	培训与支持
工业网络	安装调试
资产/维护管理系统（AMS/CMMS）	系统试运行
操作员培训仿真系统（OTS）	生产运营管理支持

MAC 业务模式通过用户与 MAC 供应商的单点联系，由 MAC 提供设计、项目管理、工程实施和维护上的统一协调，实现了设计风格和标准上的一致，快速的服务响应和维护时对问题的准确判断，可以最大程度降低自动化系统的运营和维护开支，为项目带来更高的收益。

（2）综合自动化和信息化

综合自动化就是通过自动化技术将生产工艺技术、设备运行技术和生产管理技术相集成，从而提高产品的质量、效率，降低能耗、减少环境污染和资源消耗，提高企业整体效益。从发展历程来看，过去的自动化所针对的研究对象是检测装置、执行机构、控制系统等。而今天自动化技术的内涵已经发生了变化，面向的对象不完全停留在装备上，而是延伸到生产管理和企业管理中。如果底层自动化与上层信息化不能很好集成，两者之间的信息传递就需要由人工完成，其行为与执行的质量对系统的准确性会有很大的影响，同时也会造成效率的下降。因此自动化必须与信息化结合才能够发挥最大功效。

（3）安全技术的大规模应用

随着全社会对工业安全生产的重视，对环境保护和人身安全的关注，安全控制技术将加速在各行业的推广。安全控制技术呈现下列发展趋势：

① 安全性与可用性的共存。安全仪表系统将不仅仅关注安全性，而是在更好地实现安全功能的同时，保证自身的可用性，防止无故障时的误操作。

② 关注全工艺流程的安全性。安全系统设计将不再只考虑安全控制系统本身的安全性，而越来越关注整个工艺流程——包括执行机构和检测机构的安全性。

③ 工业信息安全。工业生产的安全性将不仅考虑设备的安全，在信息的安全方面也将给予更多的关注——有线、无线网络在工业领域渗透，工业控制系统与控制技术不断开放，某些大型工业控制系统甚至直接连接到互联网，不免发生黑客、网络攻击等非正常行为，对工业生产、能源调度等造成局部甚至全局性风险。美国已经出台相关的工业信息安全标准，如 NIST SP 800-82。

（4）各类通信技术融合，推进控制系统开放性

工业以太网、无线网络应用在各领域的迅猛发展，加速了与工业控制现场总线的融合，促使各类系统的开放性有极大的提高。

公用网络会在更大程度上应用于大型和超大型控制系统。随着信息安全技术的发展，电信、移动的公网将用来传输远距离的控制信息，未来的控制系统可以互联构成更大的控制网络，大型自动化系统的协同工作能力将得到大幅提升。

（5）数据挖掘（DM）和信息深层次应用

企业规模扩大和生产工艺复杂化，利用常规控制技术按机理建立精确数学模型进行生产控制与管理越来越困难，基于数据的方法进行建模和分析正在被广为接受。同时，存储技术和企业信息化，使企业存储了大量生产、调度、供应链等各层面的数据，也为基于数据方法的应用创造了条件，尤其是在数据挖掘研究兴起之后，传统的和新的处理方法又相互组合和渗透，其理论体系已相对成熟。目前，数据挖掘在工业应用的主要方向是产品和设备设计、生产和控制（控制器设计、质量预测和质量控制、软测量传感器）、监控和调度（过程监控与故障诊断、生产模式匹配、优化操作条件）、供应链决策辅助等。

（6）无线传感器与无边界工厂

随着工业无线、无线传感器、3G 网络、Wifi 无线以太网（支持全厂范围内的无线漫游）、物联网等移动终端、远程安全访问、安全网关（VPN、3G 防火墙）等技术的发展，基于全厂数据中心和管理体系，利用运行在无线传感器、

手持式移动智能终端上的软件，通过远程计算机登录软件智能感知设备，实现工厂装备移动监控、远程操作的智能化。在这种工厂中，随时可以通过移动终端查阅现场作业程序和作业指导、设备历时信息检索和维护指导、生产过程分析报告。可以通过基于移动终端的手持式设备进行现场调校和维护。工程师在家中也可以基于移动终端进行视频监控、远程控制、远程诊断和维护。

4.10　现代工业传感器及仪表

4.10.1　技术概况

在社会经济、科学技术不断发展的 21 世纪，信息技术已成为推动科学技术和国民经济高速发展的关键技术。工业传感器和仪表是对物质世界的信息进行测量与控制的基础手段和设备，是信息产业的源头和基础，该技术的信息工业化对我国经济发展和科技进步具有深远意义和影响[45]。

1. 工业传感器

作为现代科技的前沿技术，传感器被认为是现代信息技术的三大支柱之一，是公认的最具有发展前途的高技术产业。传感器是测量系统中的一种前置部件，它能感受规定的被测量，并按照一定的规律转换成可用信号的器件或装置，通常由敏感元件和转换元件组成。由此可知传感器是仪器仪表的关键部件，其技术发展水平直接关系到自动化和信息系统的水平。作为获取外界信息的传感器，决定了仪表许多性能指标，因此大力发展传感器技术及其相关领域具有重大的战略意义。

传感器产品的门类品种繁多，按传感器的工作机理，可分为物理型、化学型和生物型等；按照物理原理分类，可分为电参量式传感器、磁电式传感器、压电式传感器、光电式传感器、热电式传感器、射线式传感器和其他原理传感器等；按照传感器的用途分类，可分为位移传感器、压力传感器、振动传感器和温度传感器等；根据传感器输出是模拟信号还是数字信号，可分为模拟传感器和数字传感器；根据转换过程可逆与否，可分为双向传感器和单向传感器等。目前国内传感器种类分为 10 大类、24 小类、6000 个品种。而国外，如美国约有 17000 种传感器，所以我国发展传感器的领域很宽[46]。

但由于传感器产品品种繁多，基于科学原理多，技术密集，具有多样性、边缘性、综合性和技艺性等特点[46]，涉及多学科、多种高新技术领域，因此，传感器技术的研制、开发和制造具有很大难度。

近些年来，传感器正处于传统型向新型传感器转型的发展阶段，国外在传感器的研制、开发、生产和应用等方面，发展十分迅猛，这与国外研究机构和生产厂商对传感器技术的开发、制作工艺的提高和传感器的质量管理以及市场分析的高度重视有着密切的关系。目前，全球的传感器市场在创新之中呈现出快速增长的趋势。传感器领域的主要技术在现有基础上延伸和提高，各国将竞相加速新一代传感器的开发和产业化，如无线传感器、智能传感器、MEMS 传感器和生物传感器等新型传感器。

现阶段，国外传感器研究现状主要表现为[46~50]：

（1）新材料和新传感机理

新型敏感材料、敏感元件和新型传感机理的发展是传感器技术发展的重要方面，也是国内外学者研究的重要内容之一。半导体材料仍然在传感器技术的应用中占有主导地位，另外陶瓷、高分子、生物和智能材料等新型材料不断的开发和应用，拓展了传感器的种类和应用领域，在传感器技术中越来越受到重视。

对自然界物理、化学和生物效应认识的不断深入，必将对原有的传感机理的认识更加深入，并应用新的传感机理进行传感器的设计开发，如光纤传感器、超导传感器、生物传感器、纳米传感器、量子传感器、微型陀螺等。

（2）微型化

微型化是建立在微机电系统（MEMS）技术基础上的，MEMS 的研究工作始于 20 世纪 60 年代，其研究范畴涉及材料科学、机械控制、加工与封装工艺、电子技术以及传感器和执行器等多种学科，是一个极具前景的新兴研究领域。MEMS 的核心技术是研究微电子与微机械加工与封装技术的巧妙结合，期望能够由此而制造出体积小巧，但功能强大的新型系统。MEMS 包括微机械加工技术、体硅微制造技术，面硅微制造技术、LIGA 工艺（LIGA 是德语平版印刷 Lithographie、电镀 Galvanoformung 和压模 Abformung 的简称）、激光微加工技术和微型封装技术等。经过几十年的发展，尤其最近十多年的研究与发展，MEMS 技术已经显示出了巨大的生命力。此项技术的有效采用使得传感器以及由传感器构成的仪表系统的各项性能指标都有了极大的提高，而且进一步促进了传感器的集成化、智能化和多功能化发展趋势。

（3）智能化

智能化传感器本身带有微处理器，实现数据的采集、存储、分析处理功能，并结合现代的智能化方法，如神经网络、模糊推理、专家系统等技术，进行逻辑思考和结论判断。这一类传感器就相当于是微型机与传感器的综合体，如智能化压力传感器，利用压力传感器，进行压力参数测量，利用温度传感器和环境压力传感器来感知温度和环境压力，这样可以方便地调节和校正由于温度的变化而导致的测量误差，而环境压力传感器测量工作环境的压力变化并对测定结果进行校正。其中的硬件系统除了能够对传感器的弱输出信号进行放大、处理和存储外，还执行与计算机之间的通信联络。

智能化传感器技术正处于蓬勃发展时期，具有代表意义的典型产品是美国霍尼韦尔公司的 ST-3000 系列智能变送器和德国斯特曼公司的二维加速度传感器，以及另外一些含有微处理器（MCU）的单片集成压力传感器、具有多维检测能力的智能传感器和固体图像传感器（SSIS）等。与此同时，基于模糊理论的新型智能传感器和神经网络技术在智能化传感器系统的研究和发展中的重要作用也受到了极大重视。

目前，智能化传感器大多用于压力、力、振动冲击加速度、流量、温湿度的测量。智能化传感器在空间技术研究领域亦有比较成功的应用实例。智能化传感器无疑将会进一步扩展到化学、电磁、光学和核物理等研究领域。

（4）多功能化

将若干种敏感元件封装在同一种材料或单独一块芯片上构成了一体化多功能传感器，它可以借助于敏感元件中不同的物理结构或化学物质及其各不相同的表征方式，用单独一个传感器系统来同时实现多种传感器的功能。

多功能传感器是当前传感器技术发展中一个新的研究方向，日前有许多学者正在积极从事于该领域的研究工作。从目前的发展现状来看，最热门的研究领域也许是各种类型的仿生传感器了，而且在感触、刺激以及视听辨别等方面已有最新研究成果问世。从实用的角度考虑，多功能传感器中应用较多的是各种类型的多功能触觉传感器。譬如人造皮肤触觉传感器就是其中之一，这种传感器系统由 PVDF 材料、无触点皮肤敏感系统以及具有压力敏感传导功能的橡胶触觉传感器等组成。据悉，美国 MERRITT 公司研制开发的无触点皮肤敏感系统获得了较大的成功，其无触点超声波传感器、红外辐射引导传感器、薄膜式电容传感器，以及温度、气体传感器等在美国本土应用甚广。

（5）集成化

集成化技术可以使相同或不同的传感器以及后续的处理单元集成在一起，使得传感器的测量由一维的"点"变成二维或三维的"面"或"体"的空间参数的测量，而且在减少干扰，提高灵敏度等多方面具有巨大优势。

（6）网络化

现在的世界处于网络化时代，将工业中应用的各种网络技术集成到传感器中，实现传感器的网络化具有现实意义。目前所采用的网络主要是指多种现场总线、工业以太网以及无线网络技术，特别是无线传感器网络技术的发展和应用已经成为传感器技术发展的热点内容之一。

传感器网络是当前国际上备受关注的、由多学科高度交叉的新兴前沿研究热点领域。传感器网络综合了传感器技术、嵌入式计算技术、现代网络及无线通信技术、分布式信息处理技术等，能够通过各类集成化的微型传感器协作地实时监测、感知和采集各种环境或监测对象的信息，通过嵌入式系统对信息进行处理，并通过随机自组织无线通信网络以多跳中继方式将所感知信息传送到用户终端，从而真正实现"无处不在的计算"理念。

传感器网络结合现代的微电子、微机电系统、SOC 芯片设计、纳米材料与技术、现代信息通讯、计算机网络等技术，是微型化、集成化、多功能化、网络化、超低功耗等传感器现阶段发展的集中体现。传感器网络具有十分广阔的应用前景，在军事国防、工农业、城市管理、生物医疗、环境监测、抢险救灾、防恐反恐、危险区域远程控制等许多领域都有重要的科研价值和巨大实用价值，已经引起了世界许多国家军界、学术界和工业界的高度重视，并成为进入 21 世纪以来公认的新兴前沿热点研究领域，被认为是将对 21 世纪产生巨大影响力的技术之一。

我国在 20 世纪 80 年代末将传感器列入国家高新技术发展的重点，经过二十年的攻关和产业化建设，目前全国已有 2000 多家企事业单位从事传感器的研制、生产和应用。传感器行业已取得了长足进步，建立了传感技术国家重点实验室、微米/纳米国家重点实验室、国家传感技术工程中心等研究开发基地；MEMS、MOEMS（微光机电系统）等研究项目列入了国家高新技术发展重点；建立起敏感元件与传感器产业。但由于经济发展水平和生产研发资金的限制，我国传感器行业总体技术水平还是相对比较落后的，规模和应用领域都较小。今天活跃在国际市场上的仍然是德国、日本、美国、俄罗斯等老牌工业国家的企业。在这些国家里，传感器的应用范围很广，许多厂家的生产都实现了规模化，有些企业的年生产能力达到几千万只甚至几亿只。相比之下，我国传感器的应用范围较窄，更多的应用仍然停留在工业测量与控制等基础应用领域。

我国传感器技术的整体水平的差距主要表现在：核心制造技术严重滞后、人才资源匮乏、产业规划不足、投资力度不够。以压力传感器为例，国外压阻式传感器精度可以达到 0.075%，而国内研制的压阻式传感器精度只有 0.1%；在长期稳定性能上，国产传感器和进口传感器的差距更为明显，国产产品长期稳定性的指标为 0.1%/年，比国外产品至少高 2 倍；另外，国产产品的温度特性差，与国外产品相比，温度漂移比国外产品的典型值大 50%～100%。此外，国产产品的规格品种不够全，不能满足某些工艺的特殊要求。

近些年来的该行业的发展也逐渐暴露出我国传感器行业市场的一些问题：厂商较多，但上规模的企业较少；品种较多，但高端高技术产品少；产品研发多以大学和研究所为依托，与企业结合不够紧密，专业研发公司较少，对研发投入少，不够重视；研制、生产和销售传感器的厂家中，代理商、销售商占相当部分。

结合国外传感器技术的发展趋势以及我国传感器技术的发展现状，我国传感器技术的发展方向应注重以下几个方面的发展：新材料和新机理；高精度和高可靠性；微功耗及无源化；微型化；集成化、智能化、数字化和网络化。

2. 工业仪表

我国工业仪表总体的技术水平与国际相差 10～15 年，少数产品已经接近或达到了国际水平。我国仪器仪表工业已形成门类比较齐全、布局较为合理，并有一定技术基础和生产规模的工业体系。在仪表工业化进程中，逐步形成了一批国内知名企业和著名品牌，并具有了一定的国内外市场竞争力。但与国外仪器仪表仍有巨大差距，产品从精度、数字化、智能化、集成化、自动化程度等方面还处于较低水平，高档智能型产品较少，特别在流程工业用仪器仪表和自动化系统方面和国外相比还有较大差距。

当前国际流程工业仪器仪表的技术的发展过程中，新原理、新技术、新材料的应用使现场仪表向着耐高温、高压、高压差、强辐射、多相流、非接触检测、无损检测以及微流动等领域拓展。高量程比、模块化结构、红外技术、无线通信、自校正、自适应、自诊断等技术的发展应用使得现场仪表操作应用便捷、劳动强度降低、备品备件减少。现场仪表中，新型传感器、MEMS 传感器的应用使其精度等级提高了 1～2 个档次，数字技术、网络技术与传感器技术相结合使现场仪表在其性能上达到了一个新的高度，实现了现场仪表更为丰富的应用功能，如运算功能、控制功能、补偿功能和通信功能等。而现代工业大型化、高参数化、工况复杂化的发展趋势使得对现场仪表的可靠性要求提高。国外领先企业将高可靠性作为仪器仪表工业发展的重要方向，并拓展了可靠性的含义，将功能安全技术和系统整体安全等级囊括于可靠性之中，即对仪表的可靠性提出了更高的要求。

现阶段，我国工业仪表方面存在的问题主要包括以下几个方面：[47,51]

① 缺乏技术储备，特别是核心技术；原创性成果少，国产产品主要以中低档为主，缺乏中高档产品的研发能力，更缺乏前瞻性和原创性的创新能力。

② 企业研发投入严重不足，特别是核心技术的研发力度很低，平均投入占销售收入的 1%～3%，而国外企业平均达到占销售收入的 5%～10%。

③ 外部环境的制约，国人不敢用国产产品的现象普遍存在。

④ 从产品化方面来看，国产仪表存在着以下方面的问题：可靠性较差；性能、功能落后；精度比国外产品低；智能化程度低等。

⑤ 受限于其他技术的发展，传感器技术、精密加工和特殊工艺技术、智能化技术、数字通讯技术以及系统集成和应用技术。

4.10.2　应用案例

MEMS 技术、多功能传感器以及无线网络技术的应用是信息化在工业传感器及仪表领域最有代表性的应用案例。

1. MEMS 技术

如日本采用 MEMS 工艺制作的单晶硅谐振压力传感器，数字信号输出，品质因素 Q 值高达 50000 以上，使 EJA 智能变送器的综合精度达到 ±0.075％FS，整机的稳定性和可靠性大为提高，连续工作四年不需要调校零点。ABB 公司的 MV2000T 系列多功能差压/压力变送器，采用复合微硅固态传感器，可以同时测量差压、绝压。传感器的温度信息和绝对压力还用于消除环境对传感器的影响。复合传感器技术极大地减小了环境和过程的影响，保证了测量的可靠性和对过程变化提供快速响应的能力，可选精度达到 ±0.05％FS[51]。

微型流量传感器是另一利用 MEMS 技术的典型案例[52,53]。将微加工工艺应用于流量传感器，可以减少传感器对流场的干扰，同时微型流量传感器具有质量惯性和热惯性小、响应速度高、易集成、低功耗和潜在的低成本等优点。传统流量传感器的微型化和集成化是解决上述问题的主要途径，发展微型化、无干扰、集成化流量传感器是提高传统流量传感器检测质量的重要发展方向。另一方面，MEMS 技术的发展提出了如何在微小尺度下进行流量精确测量的问题，特别是随着近年来当代生物技术的进展，导致生物芯片技术的进步和"lab-on-chip"概念的提出更是迫切要求实现微量流体的精确测量。微流体流量（速）和宏观流体的流量的测量有很大的不同，主要是由于在 MEMS 系统中流量传感器需要缩小其尺寸，并且要求能够测量很小的流速或流量。当尺度减小时，流体的流动特性发生了变化，这种流动特性的变化使得宏观流体流量的测量技术在微流体中的简单移植往往不成功或者效果不好，微流体的流量测量技术更为复杂和多样化。传统的流量传感器都存在尺寸较大，不适合用于 MEMS 系统中，迫切需要实用化的微流体流量传感器。微流体流量测量技术是微流体器件的进一步小型化和性能改进的关键，另一方面其发展也将促进微流体驱动与控制技术的发展。有人预计进入 21 世纪，微型流量传感器的市场份额将占微机电系统市场份额的 19％，达到 140 亿美元。强大的市场需求和迅速的技术进步使微型流量传感器得到长足的发展。

微型流量传感器由于应用的原理不同，在结构形式上也不同。微流量传感器根据其测量原理分为：基于流体传热学原理的热线式（hot wire）或传热式（heat transfer）微型流量传感器，差压式（differential pressure）微型流量传感器，升力式（lift force）微型流量传感器，流体振动型（fluid oscillatory）微型流量传感器，科里奥利（Coriolis）微型流量传感器及仿生（bionic）微型流量传感器等。

2. 多功能传感器

人工嗅觉传感器是多功能传感器的典型代表，但其研究和发展还处于初级阶段。由于嗅觉元件接收到的判别信号是非常复杂的，其中总是混合着成千上万种化学物质，这就使得嗅觉系统处理起这些信号异常错综复杂。

人工嗅觉传感系统的典型产品是功能各异的 Electronic nose（电子鼻）[54]，近些年来，该技术的发展很快，目前已有数种商品化的产品在国际市场流通，美、法、德、英等国家均有比较先进的电子鼻产品问世。电子鼻模拟人类的嗅觉系统，可用于系统中测量一种或多种气味物质的气体敏感系统。其基本结构包括：

（1）气体传感器阵列

由具有广谱响应特性、较大的交叉灵敏度以及对不同气体有不同灵敏度的气敏元件组成。工作时气敏元件对接触的气体能产生响应，并产生一定的响应模式，其相当于人类鼻子的嗅觉受体细胞。

（2）信号预处理单元

对传感器的响应模式进行预加工，实现信号的补偿、压缩和去噪等功能，并提取特征参数。

（3）模式识别单元

对信号做进一步的处理，采用关联法、最小二乘法、群集法以及主要元素分析法等方法对所测气体进行定性和定量鉴别。根据应用对象的不同，"电子鼻"系统传感器阵列中传感器的构成材料及配置数量亦有所不同，其中，构成材料包括金属氧化物半导体、导电聚合物、石英晶振等，配置数量则从几个到数十个不等。

电子鼻从 20 多年前诞生至今，以其快速、简单、客观和廉价的特点，在食品加工、环境监测、公共安全和医学诊断等诸多领域得到应用。目前国外已经有数十家公司对电子鼻进行了商业化开发，如 Alpha MOS 公司的 FOX 系列、Technobiochip 公司的 LibraNose、Electronic Sensor Technology 公司的 zNose 和 AIRSENSE Analytics 公司的 PEN 系列等。国内有一些公司在代理电子鼻产品，销售对象一般是大学、研究机构，供其用于应用型研究或对电子鼻产品所带的模式识别算法进行二次开发。但在工农业生产或者医疗诊断的实际场合，应用实例还较少。

3. 无线传感器网络

无线传感器网络有着巨大的应用前景，被认为是将对 21 世纪产生巨大影响力的技术之一，其应用领域包括：军事、环境、医疗、建筑物监测等[50]。

（1）军事领域

传感器网络研究最早起源于军事领域，具有可快速部署、可自组织、隐蔽性强和高容错性的特点，因此无线传感器网络已经成为军事 C4ISRT（Command, Control, Communication, Computing, Intelligence, Surveillance, Reconnaissance and Targeting）系统必不可缺的一部分，受到军事部门的高度重视，各国均投入了大量的人力和财力进行研究。

例如，可以在战场上布漫大量的传感器以收集和传输信息，并对相关原始数据进行过滤和压缩，然后再把那些重要的信息传送到各数据融合中心，将大量的信息集成为一幅战场全景图。当参战人员需要时可分发给他们，使其对战场态势的感知能力大大提高。智能微尘（Smart Micro Dust）就是可以这样大量布设的超微型传感器，目前直径为 5 微米的智能微尘已经问世，它几乎可以被大量地装在宣传品、子弹或炮弹壳中，散落在目标地点，形成严密的监视网络，使敌军的军事力量和人员、物资的运送情况了如指掌。

在海陆空协同作战能力的提高上，也能够采用无线传感器网络。例如，一艘海上战舰除了从自己的雷达获取数据以外，还从舰船战斗群的雷达中获取数据，也可以从鸟瞰战场的战机上或陆地传感器网络中获取数据。空中传感器负责侦察更大范围的低空目标，这些传感器也是网络中重要的一部分。

（2）环境检测

应用于环境监测的传感器网络，一般具有部署简单、便宜、长期不需更换电池、无需派人现场维护的优点。通过密集的节点布置，可以观察到微观的环境因素，为环境研究和环境监测提供了崭新的途径。传感器网络研究在环境监测领域已经有很多的实例，包括：对海岛鸟类生活规律的观测；气象现象的观测和天气预报；森林火警；生物群落的微观观测等。

① 洪灾的预警。通过在水坝、山区中关键地点合理地布置一些水压、土壤湿度等传感器，可以在洪灾到来之前发布预警信息，从而及时排除险情或者减少损失。

② 农田管理。通过在农田部署一定密度的空气温度、土壤湿度、土壤肥料含量、光照强度、风速等传感器，可以更好地对农田管理微观调控，促进农作物生长。

（3）其他方面

利用无线传感器网络进行公路交通管理，不仅可以使汽车按照一定的速度行驶，前后车辆自动保持一定的距离，而且还可以提供有关道路堵塞的最新消息，推荐最佳行车路线和提醒驾驶员避免交通事故等。无线传感器网络还有一个重要应用就是生态多样性的描述，能够进行动物栖息地生态监控。美国加州大学伯克利分校 Intel 实验室和大西洋学院联合在 Great Duck Island 上部署了一个多层次的无线传感器网络系统，用来监测岛上海燕的生活习性。类似地，无线传感器网络可以实现对森林环境监测和火灾报告，传感器节点被随机密布在森林之中，平常状态下定期报告森林环境数据，当发生火灾时，这些传感器节点通过协同合作，会在很短的时间内将火源的具体地点、火势的大小等信息传送给相关部门。

4.10.3　发展预见

信息化推动了工业仪器仪表的不断发展，对比国内外工业仪器仪表发展现状，针对我国工业传感器及仪表的"两化融合"策略，其发展趋势应考虑工业传感器和仪表硬件技术和信息处理技术两大方面：

1. 工业传感器及仪表硬件技术

（1）高可靠性

从国外工业化仪表产品发展趋势可以看出，国外企业对产品的高可靠性提出了更高的要求。国内产品的可靠性与国外产品有着比较大的差距，是国内仪表产品应该重点考虑和发展的内容之一。

（2）高精度

工业仪表的精度决定了整个仪表各个环节的整体水平，随着对工业生产过程要求的提高，必然对测量精度有着更高的要求。

（3）微型化

微型化是工业传感器和仪表的发展趋势之一，其发展水平将对整个工业传感器及仪表的性能指标有着重要影响，也会进一步影响传感器及仪表的集成化、多功能化和智能化等各方面的发展。MEMS 技术在微型化发展方面起了决定性作用，把传感器的微型化、智能化、多功能化和可靠性水平提高到了新的高度。

（4）多功能化和智能化

借鉴国内外仪表发展的趋势，多功能化和智能化是现代仪表的一个重要内容和特点。智能化使仪表不仅具有测量传输的功能，更重要的是使工业仪表多功能化，包括控制功能、运算功能、通信功能等。如横河公司的 EJX 多变量变送器，采用现场总线技术，由于能把质量流量、介质压力及导管堵塞、诊断、蒸气伴热诊断和孔板磨损情况等多种变量和信息经现场总线传输给中央控制室，对保证生产和提供设备维护信息、保证安全运行都很有利。这种新型变送器的发展，配合了自动化系统管控一体化的变革，使信息获取能力提高。信息丰富了，才能使信息化更好促进生产力发展。另外，它有广阔的市场，因为它在石油化工、冶金、电力等多个行业均用量很大。

（5）总线化和网络化

现场总线技术可以满足现代工业复杂、远程的测控要求，可以提供用于各种现场智能化仪表与中央控制之间的一种开放、全数字化、双向、多站的通信方式。

计算机通信技术的高速发展使工业仪表的网络化成为可能。利用工业信息网络技术，将仪表作为网络结构中的节点，也是智能仪表发展的一个重要方向，特别是无线传感器网络已经成为发展趋势之一。

2. 软件技术的发展

（1）多传感器数据融合技术

数据融合一词最早出现在 20 世纪 70 年代末期。几十年来，随着传感器技术的迅速发展，尤其在军事指挥系统中对提高综合作战能力的迫切要求，使其得到了长足的发展。其早期主要是应用在军事上，而随着工业系统的复杂化和智能化，近年来该技术推广到了民用领域，如医疗诊断、空中交通管制、工业自动控制及机械故障诊断等。数据融合是针对一个系统中使用多个传感器的信息处理新方法，所以数据融合也称为传感器融合。多传感器数据融合也称信息融合，它是指把多传感器数据和（或）其他信息源数据进行合并或融合，从而得到一个对周围环境更准确的评估。其研究目标是从工程上实现多个传感器信息处理的全过程。数据融合的目的是通过数据组合挖掘出更多的信息，得到最佳协同作用的结果，即利用多个传感器共同或联合操作的优势，提高传感器系统的有效性，消除单个或少量传感器的局限性。数据融合的最终目的是构造高性能智能化系统。它不同于一般信号处理，也不同于单个或多个传感器的监测和测量，而是对基于多个传感器测量结果基础上的更高层次的综合决策过程。由于它比单一传感器信息具有容错性、互补性、实时性和经济性等优点，其应用领域除军事外，还适用于自动化技术、机器人、海洋监视、地震观测、建筑、空中交通管制、医学诊断、遥感技术等方面[55]。

工业需求以及传感器微型化、多功能化、智能化和网络化的发展促进了多传感器数据融合技术的发展，使其成为工业传感器及仪表信息化发展的重要内容之一。应该对多传感器结构，数据融合模型和方法以及多传感器数据融合的工业应用等方面进行深入研究。

（2）软仪表的开发和应用

随着现代工业过程对控制、计量、节能增效和运行可靠性等要求的不断提高，各种测量要求日益增多。一方面，仅获取流量、温度、压力和液位等常规过程参数的测量信息已不能满足工艺操作和控制的要求，需要获取诸如成分、物性等与过程操作和控制密切相关的检测参数的测量信息。同时对于复杂的大型工业过程还需要获知反映过程的二维/三维的时空分布信息（如化学反应器内的介质浓度和速度的局部分布等）。另一方面，仪表测量的精度要求越来越高，测量从静态或稳态向动态测量发展，在许多应用场合还需要综合运用所获得的各种过程测量信息才能实现有效的过程控制、对生产过程或测量系统进行故障诊断、状态监测等。工业过程生产系统涉及物理、化学、生化反应，物质及能量的转换和传递，系统的复杂性、不确定性导致了参数检测的困难。虽然传感器技术已有长足的进步，但目前实际工业过程中仍存在许多无法或难以直接用传感器或过程检测仪表进行测量的重要过程参数。采用间接测量的软测量技术（Soft-sensing Technique，也称为软仪表技术（Soft Sensor Technique））的出现提供了一条解决途径，所谓软测量技术就是利用易测过程变量（常称为辅助变量或二次变量，如工业过程中容易获取的压力、温度等过程参数），依据这些易测过程变量与难以直接测量的待测过程变量（常称为主导变量，如炼油厂精馏塔中的各种产品组分浓度，化学反应器的反应物浓度和反应速率，生物发酵罐中的生物参数，化工、石油、冶金、能源等领域广泛存在的两相流和多相流参数等）之间的数学关系（软测量模型），通过各种数学计算和估计方法实现对待测过程变量的测量[56]。

与传统过程检测仪表的研制和应用过程相比，采用软测量技术构成的软仪表是以目前可有效获取的测量信息为基础的，其核心是用计算机语言编制的各种软件，具有智能性，可方便地根据被测对象特性的变化进行修正和改进。因此软仪表在可实现性、通用性、灵活性和成本等各方面均具有无可比拟的优势，其突出的优点和巨大的工业应用价值不言而喻。

经过多年的发展，目前已提出了不少构造软仪表的方法，并对影响软仪表性能的因素以及软仪表的在线校正等方面也进行了较为深入的研究。软测量技术在许多实际工业装置上也得到了成功的应用，并且其应用范围也不断地在拓展，早期的软测量技术主要用于控制变量或扰动不可测的场合，其目的是实现工业过程的复杂（高级）控制，而现今该技术已渗透到需要实现难测参数的在线测量的各个领域。最新的研究进展表明软测量技术已成为过程控制和过程检测领域的一大研究热点和主要发展趋势之一。

软测量技术现在广泛应用于过程工业中，应用领域包括炼油、石化、聚合、造纸、采矿、食品、医药、精细化工、半导体、纺织及微电子行业。目前，就实际应用而言，在一些技术较发达的国家，已有许多成功地将软测量技术应用于工业过程的例子，如美国的 TH 包装公司、德州 MT 炼油厂以及比利时的烯烃生产线等。我国软测量技术的应用起步较晚，目前也有一些成功的例子，如石家庄炼油厂、上海炼油厂等。另外，一些公司推出了通用性的软测量软件产品，如国外的 Honeywell、Setpoint、Johnson Yohogama、Pavilion 等几家公司，国内的上海交通大学、华东理工大学、浙江大学等一些研究机构。而软件产品则有诸如 Honeywell 的 App，华东理工大学的 MOPT，上海交大的 SOFT SENSOR，浙江中控软件技术有限公司的 APC-Sensor 智能软测量软件等。

从发展领域来看，应重点发展以下技术：

（1）应用于苛刻环境的仪器仪表产品的开发

现代工业的要求以及新材料、新技术的发展，工业传感器及仪表的应用范围不断拓展，高温、高压、高压差、强辐射等苛刻环境，甚至一些极限环境的传感器和仪表的研究开发已经成为发展趋势之一。

（2）多相流动领域工业仪表的开发

多相流动广泛地存在于工业的各个领域中，如石油、化工、冶金、能源、制药工业等，这些领域的参数检测是国民经济中迫切需要解决的问题。但众所周知，多相流动其流动特性远比单相流动特性复杂，其相间存在着界面效应和相对速度，而且对多相流动过程这一复杂多变量的动态过程，内部机理目前掌握还不够充分，这些都制约着多相流参数检测方法与装置的研发。虽然在某些方面，一些商品化的工业仪表已经出现，如进行纸浆流量的相关流量计、测量液液两相流的科里奥利力式流量计等，但在多相流检测技术的研究领域中，还有大量问题需要解决，其产品的信息化和工业化具有相当难度，需要投入大量研究和开发的人力物力来进行解决。

（3）微流动领域工业型仪表的研制开发

近十几年来，小型化、微型化已经成为自然科学与工程技术发展的趋势之一，其应用已经涉及工业生产的许多方面，包括电子、生物、化工、制药、医药工业，甚至军事领域。由于物理尺寸的减小使得小型化、微型化设备具有常规尺度下设备所不具备的一些优异的特性，例如微冷却装置、微混合器、微反应器、微型换热器等微型化工设备具有结构简单、无放大效应、操作条件易于控制和内在安全等优点，这些微型化工器件在小尺度和微尺度条件下反应的转化率、选择性均有明显提高，传热系数和传质性能与传统设备相比也得到很大强化，因此各国研究人员也对各种小型化、微型化设备的研究、设计、加工制造和应用产生了极大的兴趣。微流动领域内的工业型仪表的研制和开发自然而然成为该领域研究的热点内容之一，这将涉及电子、机械、流体力学、MEMS技术等多个学科，需要不同领域专家、学者和工程师共同参与完成。

参 考 文 献

[1] 路甬祥. 走向绿色和智能制造——中国制造发展之路 [J]. 中国机械工程，2010，(4)：379～386.

[2] 展如. 数字化工厂：工业新革命 [N]. 经济观察报，2010 年 10 月 30 日.

[3] 顾新建，祁国宁，唐任仲. 智慧制造企业——未来工厂的模式 [J]. 航空制造工程，2010，(12)：26～28.

[4] 赵伟，刘晓冰，许登峰. 制造生产模式的演变与敏捷制造 [J]. 工业工程，1999，2 (3)：13～17.

[5] 吴澄. 现代集成制造系统导论 [M]. 北京：清华大学出版社，2002.

[6] 罗海滨，范玉顺，吴澄. 工作流技术综述 [J]. 软件学报，2000，11 (7)：899～907.

[7] 高曙明，何发智. 分布式协同设计技术综述 [J]. 计算机辅助设计与图形学学报，2004，16 (2)：149～157.

[8] 黄双喜，范玉顺. 产品生命周期管理研究综述 [J]. 计算机集成制造系统，2004，10 (1)：1～9.

[9] 张玉云，熊光楞. 并行工程方法、技术与实践 [J]. 自动化学报，1996，22 (6)：745～753.

[10] 祁国宁，杨青海. 大批量定制生产模式综述 [J]. 中国机械工程，2004，15 (14)：1240～1245.

[11] 蒋新松. 21 世纪企业的主要模式——敏捷制造企业 [J]. 计算机集成制造系统，1996，2 (4)：3～8.

[12] Rao K V S. An overview of backscattered radio frequency identification system (RFID) [C]. Asia Pacific，Microwave Conference，1999，3：746～749.

[13] 范玉顺. 信息化管理战略与方法 [M]. 北京：清华大学出版社，2008.

[14] Janssen M，Hoha A. Emerging shared service organizations and the service-oriented enterprise-critical management issues [J]. International Journal of Strategic Outsourcing，2008，1 (1)：35～48.

[15] Moore J F. The Death of Competition：Leadership & Strategy in the Age of Business Ecosystems [M]. New York：Harper Business，1996.

[16] Bieberstein N，et al.，Service-Oriented Architecture Compass：Business Value，Planning，and Enterprise Roadmap [M]. Indianapolis：IBM Press，2005.

[17] 范玉顺，李慧芳. 企业集成技术的研究现状与发展趋势 [J]. 中国制造业信息化，2003，32 (1)：59～61.

[18] 约瑟夫·萧塔纳. 制造企业的产品数据管理——原理、概念、策略 [M]. 祁国宁译. 北京：机械工业出版社，2000.

[19] Foster Ian K C. 网格计算 [M]. 北京：电子工业出版社，2004.

[20] 欧阳峰，傅湘玲. 企业信息化管理导论 [M]. 北京：清华大学出版社，2006.

[21] 马士华，林勇. 供需链管理 [M]. 北京：高等教育出版社，2003.

[22] 黄小原. 供需链运作——协调、优化与控制 [M]. 北京：科学出版社，2007.

[23] Walker W T. Emerging trends in supply chain [J]. International Journal of Production Research，2005，43 (6)：3517～3528.

[24] 罗文丽. "物联网"的梦想与现实 [J]. 中国物流与采购，2008 (4)：35～38.

[25] 赵昱. 物联网对物流活动影响之展望 [J]. 企业导报，2010 (6)：107～108.

[26] 中国科学院先进制造领域战略研究组. 中国至 2050 年先进制造科技发展路线图 [M]. 北京：科学出版社，2009.

[27] 赵晓霞. 盈利来自信息技术——从沃尔玛看信息系统对连锁超市的巨大贡献 [J]. 商业研究，2003，(5)：67～68.

[28] 邓海燕. 世界智能轮胎技术与产品 [J]. 橡塑技术与装备，2004，30（3）：12～16.

[29] Jorge Verissimo Pereira, The new supply chain's frontier：Information management [J]，International Journal of Information Management，2009，29（5）：372～379.

[30] 王能民，孙林岩，汪应洛. 绿色供应链管理 [M]. 北京：清华大学出版社，2005.

[31] 程建刚，李从东. 服务供需链研究综述 [M]. 现代管理科学，2008（9）：101～102.

[32] 江宏. 物联网引发供应链管理革命 [J]. 物流技术与应用，2004，9（5）：33～38.

[33] 徐琼，古丽萍. 物联网：酝酿供应链精度革命 [J]. 物流时代，2009（10）：30～33.

[34] 毛华扬，魏然. 全程电子商务发展及架构模型探讨 [J]. 中国管理信息化，2008（17）：95～97.

[35] 王玉婿. 中国电子商务的发展与对策 [J]. 商业研究，2002（3）：53～55.

[36] 施奈德（Schneider. G. P.）。电子商务 [M]. 成栋译. 北京：机械工业出版社，2008.

[37] 杨佳欣，杨砚博. 电子商务在中国的发展潜力 [J]. 中国科技信息，2008（1）：137～138.

[38] 史秋芸，邱志斌，胡敏，等. 3G 通信技术在智能电网中的应用 [J]. 北京电力高等专科学校学报：自然科学版，2010，27（5）：236～237.

[39] 张景璐，杜辉，吴友兰. ARM9 嵌入式系统设计与应用案例 [J]. 北京：中国电力出版社，2008.

[40] 魏庆福，郑文波. 嵌入式系统的技术发展和我们的机遇 [J]. 自动化博览，2002（4）：5～9.

[41] 续蕾. RISC 架构下的 ARM 微处理器应用研究 [J]. 计算机与信息技术，2008（7）：67～68，70.

[42] IEC61508-1, Functional Safety of Electrical/Electronic/Programmable Electronic Safety-Related System [S]. 2010.

[43] 黄文君，何伟挺，边俊. 安全仪表系统的功能安全设计 [J]. 自动化仪表，2010（7）：75～78.

[44] IEC61511-1, Functional Safety—Safety Instrumented Systems for the process Industry sector [S]. 2003.

[45] 李海青. 21 世纪化工自动化及仪表技术的发展趋势 [C]. 中国化工学会成立 80 周年庆祝大会：面向 21 世纪的中国化工——纪念中国化工学会成立 80 周年，2002：82～86.

[46] 卞正岗. 传感器和检测仪表的现状和发展趋势 [J]. 自动化博览，2007（24）：16～17.

[47] 程宝平，卜庆华. 我国传感器技术发展的现状、方向和应对措施 [J]. 高科技与产业化，2008（2）：98～101.

[48] 赵阳华. 我国仪器仪表产业发展现状、问题及政策研究 [J]. 中国仪器仪表，2009，（3）：29～33.

[49] 赵群，张翔，谢素珍，等. 自动化仪表与控制系统的现状与发展趋势综述 [J]. 现代制造技术与装备，2008，185（4）：12～16.

[50] 李富伟. 浅谈传感器的现状以及发展趋势 [J]. 可编程控制器与工厂自动化，2007（1）：28～32.

[51] 徐开先，赵志诚. 传感器在仪表工业中的地位及国内传感器产业存在的问题 [J]. 中国机电工业，2003（16）：33～34.

[52] 彭杰纲，周兆英，叶雄英. 基于 MEMS 技术的微型流量传感器的研究进展 [J]. 力学进展，2005，35（3）：361～376.

[53] 蔡武昌. 流量检测技术和传感器设计若干趋势 [J]. 自动化仪表，2007，28（增）：33～35.

[54] 李光，傅均，张佳. 基于嗅觉模型的电子鼻仿生信息处理技术研究进展 [J]. 科学通报，2008，22：2674～2686.

[55] 康耀红. 数据融合理论与应用（第二版）[M]. 西安：西安电子科技大学出版社，2006.

[56] 李海青，黄志尧. 软测量技术原理及应用 [M]. 北京：化学工业出版社，2000.

第5章 中国工业信息化的重点领域

根据"有所不为才能有所为"的指导思想,应该找准"两化融合"的切入点,并提出相应的技术路线图,重点加以突破。

"两化融合"的重点领域包括:重大工程自动化控制系统关键技术与装备,云制造服务支撑平台及重大应用,制造服务信息化工程,工业软件,工业过程检测、控制和优化技术,装备制造业信息化工程,国家重大专项有关的信息化技术等。这些重点领域的特点是:显示度好、带动性强、覆盖面广、具有较强的前瞻性和战略性[1]。

5.1 重大工程自动化控制系统关键技术与装备

5.1.1 现状与需求

1. 总体情况[2,3]

1)背景

随着社会主义建设事业的蓬勃发展,几年前开展的长江三峡工程、西气东输工程、南水北调工程等基础设施建设,以及近几年开展的千万吨级炼油、百万吨级乙烯、百万千瓦火电、百万千瓦核电、万里高速铁路、综合智能电网等重大工程的建设,对自动化控制系统及自动化控制装备提出了越来越高的要求。我国经过五十多年的发展,与重大工程配套的重大装备已经取得了长足的进步,如大型数控机床、大型矿山机械、大型化工装备、大型发电装备、大型炼油装备等,都有相当的设计制造能力,但独缺与之配套的自动化控制系统和自动化控制装备。重大工程自动化控制系统与装备85%依赖进口。国务院关于加快振兴装备制造业的若干意见明确将"重大工程自动化控制系统和关键精密测试仪器"作为实现重点突破的十六大领域之一,但如今未列入国家重大科技专项给予支持。

2)技术现状

在国家发改委(中华人民共和国国家发展和改革委员会)两个工业过程自动化和工业自动化重大产业化专项、科技部(中华人民共和国科学技术部)863

高技术计划支持下，我国自动化控制系统和控制装备取得了长足进步，中小工程、中低端自动化控制系统与装备全部实现了国产化，在重大工程和高端技术市场也形势喜人。

（1）石化行业

重大石化工程主体装置的自动化控制系统虽然被国外所垄断（其中 Honeywell 28.3%、Emerson 21.2%、Yokogawa 17.7%），但中控集团已进入 1000 万吨炼油、45 万吨合成氨、80 万吨尿素等主体工程。

（2）火电行业

1000 兆瓦超超临界火电机组的自动化控制系统几乎全部被进口产品所垄断，但是，国产自动化控制系统在 600 兆瓦亚临界、超超临界火电机组获得成功应用，和利时等有一批系统投入运行。

（3）核电行业

我国百万千瓦核电工程的自动化控制系统已发展到第三代（全数字化仪控），全部被法国的 AREVA、日本的三菱、美国的西屋、瑞士的 ABB 等所垄断，但和利时、浙大中控、中自仪等不仅承担外核全部自动化控制系统任务，而且开始进入核岛。

（4）输变电行业

我国东北电网、华北电网、华中电网和华东电网（多直流特高压和多交流等高压接入的典型大受端电网，在人类历史上可能也是没有的）的自动化控制系统和控制装备，国产为主，南京南端就占有 64% 的市场份额。

（5）冶金行业

我国重大有色冶金工程和 2500 立方米以上高炉的控制系统及控制装备都被发达国家的高端技术所垄断，但是国产大功率高性能交流变频装置以及低碳炼铁装备、多目标优化炼钢、热连轧带钢优化、可循环钢铁流程能量综合优化等控制系统研究取得突破性进展。

（6）轻纺行业

我国 1800 米/分车速、10.8 米门幅的特大型造纸机和大型、高效纺机的自动化控制系统及控制装备，全部都由国外产品垄断，但是国产系统已全面进入车速在 500 米/分以下的大型纸机，浙大双园系统已淘汰进口系统 56 套。

3）技术发展趋势

（1）大规模化

在大型炼油、石化、电力、冶金等行业中，要求自动化控制系统（装备）具有较大的规模，通过多域网络和多控制器协同技术，使系统规模超过 10000 点，并且能够长期稳定运行，以满足炼油、石化、电力、冶金等重大工程长期稳定可靠运行的需要。

（2）高安全性

由于炼油、化工、电力、冶金等行业的生产流程具有高温、高压、易燃、易爆等特点，通常要求自动化控制系统具备高安全性、高可靠性、高稳定性、高环境适应性来保障重大装备长期正常的运转。此外，为了应对特殊情况，还要求自动化控制系统提供紧急停车系统和安全仪表系统来保障生产过程的安全。

（3）高开放型

为了提高生产效率、管理效率，炼油、化工、电力、冶金等行业对于自动化控制系统的管控一体化和信息化要求越来越高，这就要求控制系统具备高开放性来支持厂级的综合自动化系统。目前进口系统大多具备多种现场总线接入的能力，实现异构系统互联，具有很高的系统开放性。

（4）高适用性

在炼油、化工、电力、冶金等行业处于垄断地位的进口控制系统供应商都有数十年的行业应用背景，在这些行业积累了丰富的应用经验，这些企业所提供的自动化控制系统具有很好的针对性和适用性，能够满足这些行业重大工程的各种特殊要求。

（5）高集成度

在各种集成支撑技术的支持下，炼油、石化、电力、冶金、高铁、高纸等重大工程，要求自动化控制系统高度集成，将检测、控制、调度、优化、管理、决策等功能形成一个综合自动化系统，充分发挥各自的作用，并达到全局优化的目的。特别要求异构系统的综合集成，以满足用户的各种特殊需求。

4）存在问题

从总体上看，目前国内炼油、石化、电力、冶金、高铁、高纸等重大工程的自动化控制系统和控制装备，高端技术市场基本上为进口产品所垄断，主要问题如下：

① 自主创新能力低下，表现在开发设计能力薄弱，自主知识产权匮乏；

② 自动化孤岛现象严重，反映在应用系统相互独立，技术集成程度偏低；

③ 重"大脑"轻"手脚"现象严重，一贯重视核心控制器研究，忽视变送器和执行器开发；

④ 产品竞争实力不强，突出表现在低端技术产品泛滥，高端技术产品奇缺；

⑤ 全面树立国产系统形象不力，参与重大工程建设的能力薄弱，国家重大工程的应用业绩缺乏。

5）国内技术优势

（1）初步形成重大工程完整的自动化控制装备体系

国内研究制造了 SUPCON 集散控制系统、HOLLiAS MACS 系列系统、现场总线控制系统和 Webfild 网络化控制系统等一系列自动化装备，广泛应用于炼油、化工、发电、冶金等行业的重大工程，特别是在炼油化工行业，占有 57% 的市场份额，并已成功进入 1000 兆瓦超超临界火电、800 万吨炼油、45 万吨合成氨、80 万吨尿素等重大工程。目前已销售 6000 余套，迫使国外产品降价 1/3。

国内研究制造的 Suny 全集成新一代主控系统，集 DCS、PLC、FCS 和 MCS、PCS、QCS 于一身，已广泛应用于生物化工、制浆造纸和机械电子等行业的重大装备，目前已销售 1800 余套，取得重大的应用业绩。

以上控制系统是重大装备的重要组成部分，是重大工程的“神经”和“心脏”。这些控制系统的研制成功和大面积推广应用，以及形成的控制装备主控系统体系（DCS、FCS、PLC、PCC），有力地武装了我国的装备制造业。为产业结构调整、带动国家、地方经济发展作出了重要贡献。

（2）初步形成重大工程自动化控制系统应用技术体系

在控制工程领域，全世界普遍存在着一种十分严重的问题，那就是基础研究与工程应用之间存在着一条鸿沟。实际工程应用急需突破传统控制理论与控制方法的局限性和数学化，研究以综合优化为目标的、应用于重大工程或重大装备这一复杂对象的新型控制方法。

浙江大学、东北大学、华东理工大学一直以来致力于应用理论和关键技术研究，力图在基础研究与工程应用之间架设一座桥梁，消除这条很深的鸿沟。经过多年工程化、实用化研究，在优化控制、预测控制、容错控制、鲁棒控制、解耦控制、非线性控制和智能控制等方面，取得了一大批应用理论和关键技术的研究成果，形成了自动化控制应用技术体系，发表了数以千计的 TOP 期刊文章，出版了几十部高水平专著，取得了 500 多项发明专利，成果已大面积应用于重大工程或重大装备，获得了 20 余项国家科技进步二等奖，为填平基础研究与工程应用之间的鸿沟作出了重要贡献。

（3）初步形成重大工程节能减排先进控制与优化技术体系

一批高校和研究所一直以来致力于研究重大工程和重大装备节能减排的自动化控制装备和控制系统。

① 在钢铁工业方面，中南大学、浙江大学、东北大学等研究开发了大型高炉、大型加热炉和大型冷热连轧机等重大装备节能降耗一系列先进控制与装备优化系统。例如，一个大型高炉炉气的能量优化系统，年节电就达到 1 亿度。

② 在炼化工业方面，浙江大学、华东理工大学等研究开发出大型常减压、

大型催裂化、大型铂重整等重大工程节能降耗的自动化装备和优化控制系统。例如，一个炼化厂的能量优化系统就使该厂的能量消耗因素降低 11.94%。

③ 在电力工业方面，北京和利时公司针对 60 万千瓦亚临界、超临界、超超临界火电机组，研究开发了燃烧系统、发汽系统、蒸汽处理系统、发电系统等重大装备节能降耗的自动化控制系统。例如，一个发电厂的最优燃烧控制系统，年节能达到 17%，CO_2 排放减少 15%。

④ 在轻纺工业方面，浙大等研发的大型造纸机、大型蒸发器和大型纺织机等装备的节能减排自动化控制系统，取得了重大的节能减排效果。例如，一个年产 10 万吨纸和浆的造纸厂，节能达到 35%，减排 15%。

针对重大工程和重大装备研发的节能减排先进控制和优化技术，已形成了一个较为完整的技术体系，为节能减排总体目标的实现作出了重要贡献。

（4）初步形成重大工程自动化控制系统通信标准体系

浙江大学等研究解决了工业实时以太网系列关键技术，原创性地提出了 EPA（Ethernet for Plant Automation）工业控制网络通信技术，制定了我国第一个拥有自主知识产权的现场总线国家标准和国际标准。

2008 年 1 月、5 月、8 月先后提出 EPA Safety 功能安全通信标准、工业网络线缆与安装国际标准、高可用性网络等 6 种国际标准，被 IEC 接纳并批准。建立了基于 EPA 技术的测试系统、认证系统，开发了基于 EPA 技术的控制系统、各种仪表，以及 EPA 芯片。

组织成立了推广 EPA 技术与标准的产业联盟，为大面积应用"中国人自己制定的标准"作出重要贡献。目前 EPA 技术与标准已成功应用于 1200 公里青藏铁路、31 个奥运会主场馆、杭州湾跨海大桥、马德里地铁等监控系统。

2. 需求和产业关联性分析

1）需求

自动化控制系统是工业生产的"神经"和"心脏"，是重大装备的重要组成部分，是确保重大工程安全可靠运行的神经中枢、运行中心和安全屏障。没有自动化控制系统，大型装备就没有灵魂，重大工程的建设和安全稳定运行就缺乏保障，所以，急需大力发展自动化控制系统，着重解决一批自动化控制系统的关键技术及自动化控制装备。

目前，我国正在实施的 1000 兆瓦超超临界的火电工程、1000 兆瓦压水堆式核电工程、1000 万吨炼油工程、100 万吨乙烯工程、380 公里/小时高速铁路工程、5500 立方米特大高炉工程、1200 米/分高速纸机工程、2500 吨/日煤气化工程等，都迫切需要自动化控制系统和自动化控制装备的支持。我国将开始实施的智能电网工程、大型舰船工程，以及重大公用工程更离不开自动化控制系统及装备。因此，研究重大工程自动化控制系统及装备符合国家重大战略需求。

2）技术和产业的关联性分析

自动化控制系统和自动化控制装备与国民经济各个产业部门都有直接关联。

（1）装备制造产业

关系到机械设备、冶金设备、动力设备、舰船设备、化工设备、炼油设备、轻工设备、纺织设备、工程设备、环保设备、港口设备、交通设备、有色冶金设备、公用工程设备等装备制造产业，这些产业是国民经济的支柱产业，这些设备是自动化控制系统的直接服务对象，而自动化控制装备是这些生产设备的重要组成部分。

（2）仪器仪表产业

直接关系到各类元器件、传感器、变送器、调节阀、执行器、定位器、控制器、调节器、操纵器、记录仪、显示仪、分析仪、测试仪、指示仪、补偿器、仪表柜、操作台、控制箱等仪器仪表产业。这些仪器仪表是自动化控制系统的重要组成部分，2008 年的产值达到 3280 亿元，并以每年 25％的增长速度上升。

（3）公用工程产业

自动化控制系统及自动化控制装备还直接关系到油库、粮库、冷库、食品库、供电、供气、供热、供水、隧道、桥梁、排污、排水、城市气候信息系统、大气污染信息系统、城市人口信息管理系统、突发事件信息管理系统、自然灾害信息管理系统等事关民生的公共工程产业。这些产业是自动化控制系统的重要服务对象，一旦服务不周，就会造成不可估量的经济损失和社会影响。

（4）流程工业产业

流程工业是自动化控制系统和自动化控制装备的主要服务对象，它在国民经济中占有绝对优势，是加工制造业的主体。直接关联的有黑色冶金工业、有色冶金工业、电力工业（发电、变电、输电、配电、用电）、炼油工业、化工工业（石化、化肥、化工、生化、煤化工）、轻工工业（制浆、造纸、制皂、发酵、试剂、溶剂、添加剂、洗衣粉）、制药工业、橡胶工业、矿山开采、纺织工业等，高质量自动化控制系统能保证流程工业平衡、安全、高效运行，就能做到"科技含量高、经济效益好、资源消耗低、环境污染少、人力资源优势得到充分发挥"。

3. 战略意义

重大工程自动化控制系统和自动化控制装备的研究与开发，不仅符合国家重大战略需求，而且还是信息化带动工业化的战略重点，是工业化与信息化融合的桥梁，具有重要战略意义。

1）重大工程自动化控制系统及装备的研究与开发，是加快信息化带动工业化步伐的迫切需要

在信息化被作为一项战略举措列入指导我国国民经济和社会发展的纲领性文件之后，我国信息化进入到一个前所未有的发展新阶段，信息化越来越受到重视。但是，我国信息化发展是不平衡的，人们对于信息化的重要作用、发展方向、战略重点和切入点的认识是十分模糊的。

自动化控制系统的测量技术是信息技术的重要组成部分，是信息技术的源头，是信息化的基础。测量技术的载体自动化仪表，对工业生产发挥着"倍增器"、"先行官"、"战斗力"的作用，自动化仪表是信息化的关键和依靠，它为信息化提供可靠的在线信息，没有自动化控制系统，没有自动化仪表，信息化就是"瞎子"、"聋子"。信息化必须依靠自动化仪表，必须依靠自动化控制系统。

重大工程自动化控制系统及装备是我国信息化的战略重点和切入点。例如，机械工程的智能工程设计系统、生产管理信息系统、制造自动化系统；电力工程的计算机数字仿真系统、产品设计自动化系统、经营管理信息系统、网络数据库支撑系统、厂级决策支持系统；石化工程的建模、控制、优化、调度、管理、决策等功能于一体的综合自动化系统，这些自动化控制系统，既是信息化的战略重点，又是信息化的主要切入点。

2）重大工程自动化控制系统及装备的研究与开发，是加快振兴我国装备制造业的迫切需要

自动化控制系统是工业生产的"神经"和"心脏"，一直以来，我国工业生产被"神经病"和"心脏病"所困惑。目前，我国自主设计制造的大型注塑机，其控制系统 95% 依靠进口；大型挖掘机的液压控制系统，几乎全部从德国引进；3000 立方米以上的特大型高炉，它的自动化控制系统 100% 由外商提供；500 立方米以上大型发酵罐的建模、控制、优化技术，85% 被德国厂商控制。自动化控制系统是这些重大装备的重要组成部分，所以，加快振兴装备制造业，必须同时发展自动化控制系统和自动化控制装备。

《国家中长期科学和技术发展规划纲要》明确指出了制造业领域的优先发展主题之一是"流程工业的绿色化、自动化及装备"。

国务院《关于加快振兴装备制造业的若干意见》又明确指出："装备制造企业要以系统设计技术、控制技术与关键总成技术为重点，增加研发投入，加快提高企业的自主创新和研发能力"，同时强调，要"重点支持系统集成技术、自

动化控制技术以及关键共性制造技术、基础性技术和原创性技术的研究开发"，并且将"发展重大工程自动化控制系统和关键精密测试仪器，满足重点建设工程及其他重大（配套）技术装备高度自动化和智能化的需要"作为实现重点突破的十六个领域之第十一项，彻底解决我国装备制造业自主创新能力弱、对外依存度高、产业结构不合理等问题。

发展重大工程自动化控制系统和关键精密测试仪器，用来支持我国装备制造业的振兴，一个十分突出的问题是必须同时大力发展新型传感器、特种变送器、特种执行器和气固液成分分析仪器，它们是发展重大工程自动化控制系统的关键，是振兴装备制造业特别是重大装备制造业的瓶颈。

3）重大工程自动化控制系统及装备的研究与开发，是确保我国国民经济安全的迫切需要

发展重大工程自动化控制系统及装备，重点是高端自动化控制系统及装备。它以高智能化、高可靠性、高稳定性、高环境适应性为特征，以进入重大工程关键装置、主体装置、核心装置为标志。2007 年，我国国产工业自动化仪表及系统共销售 5000 余万台（套），占有 73% 的市场份额，但高端工业自动化仪表及系统的市场占有率不足 15%；2007 年我国国产工业自动化控制装备的销售额为 760 亿元，占 65% 的市场份额，但国产高端工业自动化控制装备的市场占有率只有 5%；我国与重大装备配套的专用控制装置的市场份额为 30%，但国产高端的专用控制装置只有 3% 的市场占有率。

我国只有少量高端自动化控制系统及装备进入重大工程的关键装置、核心装置，绝大部分被发达国家高端自动化控制装备所垄断。如重大核电工程国产自动化控制装备，在秦山核电站、大亚湾核电站等已经应用 24 套，但全部都在外核，没有进入核岛；又如重大石化工程，国产集散控制系统已应用 3800 余套，但关键装置、核心装置应用还不足 150 套。发达国家的高端自动化控制装备垄断了我国重大工程关键装置、核心装置的控制任务，而这些装置是我国国民经济的重要命脉，发达国家实际上已经不同程度地掌握了我国国民经济的某些重要命脉。所以，必须加快发展重大工程自动化控制装备，特别是高端自动化控制装备。

发展重大工程高端自动化控制装备，确保国民经济安全，一个十分突出的问题是如何树立国产自动化控制装备的形象，由于没有机会成为重大工程的关键装置、核心装置，因此没有重大的应用业绩，就无法显示国产自动化控制装备的先进性和优越性，重大工程的业主就不可能接受使用，如此造成恶性循环。

4) 重大工程自动化控制系统及装备的研究与开发，是实现节能减排总体目标的迫切需要

《国民经济和社会发展第十一个五年规划纲要》指出了"十一五"期间单位国内生产总值能耗降低 20% 左右，主要污染物排放总量减少 10% 的约束性指标。《国务院关于印发节能减排综合性工作方案的通知》指出，当前，实现节能减排的目标面临的形势十分严峻。数据表明，我国炼制每吨原油平均综合能耗为 87.1 千克标油，发达国家炼制一吨原油的综合能耗为 53.2 千克标油；我国乙烯综合能耗为 720 千克标油，而国外先进水平为 500 千克标油；我国水泥工业电耗指标为 100 千瓦时/吨，而发达国家为 85 千瓦时/吨。减排的任务更为严重，SO_2 和 CO_2 等的污染居高不下。

重大工程实现节能减排一般有三条途径：一是采用绿色化的工艺设计技术，二是通过生产工艺的技术改造，三是采用先进控制和优化技术。对于现有的重大工程和生产装备，节能减排最有效的办法是先进控制与优化。自动化控制系统不仅仅是重大工程安全可靠运行的神经中枢，而且是实现节能减排最有效的手段之一。国内外大量实践表明，重大工程和生产装备采用先进控制与优化技术，可平均降低 15% 的制造成本，而 40% 来源于节能降耗。例如，全流程能量转换和传递的优化技术、质量指标最优卡边控制技术、驱动装备的最优调速控制技术、最优燃烧控制技术，都已经和将要在重大工程和生产装备节能减排中发挥重要作用。

5.1.2　关键技术

1. 关键技术概述

瞄准国家重大战略需求，紧密结合国家重大工程，在自动化控制系统和自动化控制装备两个战略面进行协同作战。重大工程质量与安全的自动化系统、重大工程节能减排的先进控制与优化，以及自动化控制系统的关键支撑技术也是重要的研究方向。

(1) 重大工程自动化控制系统共性关键技术研发

面向国家重大工程，以炼油、石化、电力、冶金、高铁、高纸等重大工程的复杂系统建模、控制、优化等为主攻方向，寻求在共性关键技术上取得重大突破。

(2) 重大工程自动化控制装备共性关键技术开发

以炼油、石化、电力、冶金、高铁、高纸等国家重大工程急需的自动化控制装备为重点，以优化工艺设计和高智能化、高可靠性、高稳定性、高环境适

应性为突破口，力争在核心关键技术上取得一系列重大发明。

（3）重大工程自动化控制工程关键应用技术研发

以前面研发的自动化控制系统和自动化控制装备的共性关键技术为支撑，以炼油石化煤化、火电核电风电、高炉高铁高纸等具体工程为对象，着重研发实施过程中的工程应用技术，确保在关键应用技术上取得一批重大创新成果。

（4）重大工程自动化控制系统关键支撑技术研发

以重大工程自动化控制系统及装备配套的新型传感器技术、特种检测技术、特种变送器技术、特种执行器技术、气固液成分分析仪器为战略重点，务必在关键支撑技术上取得重大进展。

（5）重大工程节能减排的先进控制与优化技术研发

以钢铁、有色等六大高能耗、高污染行业的重点污染源和重点耗能设备为切入口，研发以节能减排为主要目标的先进控制技术和装备优化技术，力争在核心关键技术上取得一批重大研究成果。

（6）重大工程质量与安全在线检测及控制技术研发

以石油化工、高速铁路、电力系统、超高建筑等重大工程为重点，研究施工作业过程自动化安全检测与故障在线诊断技术、关键构件与部件的在线质量检测技术、施工设备运行监控与优化调度技术、多种异类信息的检测融合技术，争取在核心关键技术上获得一批重大应用成果。

2. 具体技术内容

1）重大工程自动化控制系统共性关键技术研发

（1）重大工程系统的机理与复杂性研究

从机理分析、统计实验和先验知识三个角度，从微观、介观、宏观三个层面，重点研究复杂工程系统的结构分析，各子系统的相互作用与整体系统新功能的关系。

（2）重大工程系统的随机层面优化技术研究

综合运用最优控制理论、运筹学、统计学、对策论等多种数学工具着重研究大型分布式参数最优控制、反馈镇定、边界控制、大型柔性结构的振动控制，以及复杂工程系统的鲁棒控制和工程控制器设计方法。

（3）重大工程的健康诊断与预测维护研究

主要研究在线或远程状态监测与故障诊断、自愈合调控与损伤智能识别以及优化维护；重点研究重大装备的寿命测试和剩余寿命预测技术，可靠性与寿命评估技术。

（4）重大装备优化设计、制造、运行理论与技术研究

研究以自动化系统理论为核心的、基于多领域知识、面向多学科协同优化的新一代数字化设计理论。

（5）重大工程系统生产流程重构技术

着重解决不同原料、不同负荷、不同工况和生产不同品种条件下的生产流程重构技术。

（6）重大工程自动化控制系统实时优化运行技术

特别是在安全平稳的基础上，保持装置持续高效、优化运行的关键技术。

（7）生产工艺、设备与控制三者的集成优化技术

彻底改变唯一由工艺运行参数、设备参数、流程结构确定控制系统结构、参数和运行的局面，重点研究逆向的设计理论和综合优化技术。

（8）复杂工程系统基于数据的建模、控制、优化、调度与故障诊断技术

综合运用重大工程和生产装备的海量历史生产数据，通过分析、处理、加工等手段，研究以数据驱动的建模等关键技术。

2）重大工程自动化控制装备共性关键技术开发

（1）高端自动化控制装备硬件平台创新设计

包括高端 DCS、FCS、PLC、PCC 等自动化控制装备体系结构优化技术、应用软件的工程化标准化技术，着重解决高可靠性、高稳定性、高环境适应性、高智能化技术。

（2）高端自动化控制装备软件平台创新设计

着重解决总体设计技术、系统集成技术以及集成支撑技术，实时数据库和关系数据库技术，信息挖掘、采集、加工、融合技术，动态成本过程建模和控制技术，主导产品质量检测、预报和控制技术。

（3）高端自动化控制装备可靠性技术开发

主要解决可靠性综合分析设计技术，自动化控制装备可靠性模型建立、故障诊断、寿命预测和评估技术，以及预测故障的发生位置、时间、程度和故障修复技术。

（4）高端自动化控制装备安全性技术开发

着重解决安全性分析、设计、验证技术及方法，建立安全级验证的测试平台，研究硬件、软件、网络组成的完整自动化控制系统的核安全性技术和安全性验证技术。

（5）重大工程高可靠安全计算机技术研究

安全计算机控制系统遵循 IEL61508/61511 标准，着重突破三重冗余的硬件技术和软件技术，同时研究控制系统元件的故障识别、故障自动排除及自修复

技术。

3）重大工程自动化控制工程关键应用技术研发

结合具体工程，重点研究自动化控制工程实施过程中的关键应用技术。

（1）千万吨级炼油、百万吨级乙烯工程

总体设计技术，各大装置的高可靠控制装备以及先进控制和装备优化技术，特种参数的在线检测技术，故障的在线预测技术，系统的优化维护技术。

（2）百万千瓦火电、百万千瓦核电工程

高参数可测和不可测变量的特性研究和变送器研制，高可靠、高安全硬件和软件技术，脱硫脱硝控制技术，旋转设备的健康诊断技术。

（3）380～400公里/小时高速列车

高可靠性、可用性、可维护性和安全性技术，多语义性、多时空性、多尺度性的海量、多源、异构数据的融合、存储、检索技术，以及优化调度及运行控制技术。

（4）1500米/分、10.8米门幅高速纸机

高速、宽幅条件下的定量、水分、灰分、纸病等特种参数检测技术，高速、宽幅条件下的流浆箱、靴式压榨、烘干部的多变量解耦控制技术，以及传动系统的调速技术。

（5）5000立方米以上特大型高炉

着重解决特大型高炉的动态数学模型、相应的专家系统，最终实现智能闭环优化控制。

（6）2500吨/日以上的特大型煤气化炉

特大型煤气化炉的动力学特性，以及多喷嘴对置式水煤气化炉的优化控制技术，与其配套的6万立方米空分设备变负荷控制技术。

（7）风电工程

研究适合5～10兆瓦电机和中低风速、风量风电的总线通信技术、冗余技术、信号检测技术以及故障检测与处理技术，着重研究变浆系统控制器软件技术与驱动软件技术，以及控制器的长寿命设计、抗恶劣环境设计、抗电磁干扰设计技术。

（8）大型冶金工程

对于大型连铸连轧机组，重点研究钢水预处理技术，结晶器液位检测、控制技术及装置，结晶器热流检测及漏钢预报技术，二次冷却区动态配水及动态轻压下的控制技术；在连轧机组，着重研究酸洗段、轧机段、酸轧段的各类特种检测技术和先进控制技术。

对于大型镍钴矿湿法冶炼工程，重点研究高压酸浸解耦控制技术，智能优

化控制技术，异常工况的智能诊断技术，大型浓密机优化控制技术，以及镍钴湿法冶炼的优化运行技术。

（9）大型污水处理工程

曝气量、出水氨氮浓度等关键变量检测技术，生物反应池、沉淀池等的建模技术，曝气量、污泥回流、污泥排放、pH 等的智能优化控制技术，污水处理过程的故障检测和诊断技术，以及污水处理全过程的综合优化技术。

4）重大工程自动化控制系统及装备关键支撑技术研究

这里所指关键支撑技术，是支撑自动化控制系统主体的关键技术，是重大工程自动化控制系统的重要组成部分，主要研制新型传感器、特种变送器、特种执行器，以及各种成分分析仪器。没有高端的关键支撑技术，就没有高端自动化控制装备。这方面的研制总的要求是智能化、微型化、数字化、网络化、低功耗、多功能。

（1）新型传感器

重点研发高档传感器、MEMS 传感器、无线传输传感器以及生物传感器等。

（2）特种变送器

符合高可靠性、高稳定性、高安全性、高环境适应性要求的重大工程非常见变量的变送器技术。

（3）特种执行器

针对高压、高温、腐蚀、易爆、易燃等特殊要求，着重研制高精度特种执行器和相应的调节阀，以及高精度阀门定位器。

（4）成分分析仪器

针对气固液及多相流介质，研发高精度、长寿命在线成分分析仪器。

5）重大工程节能减排的先进控制与优化技术研发

（1）重点污染源和耗能设备数据校正、数据处理和数据集成平台技术

主要研究内容包括过程数据显著误差检测与去噪方法，基于鲁棒小波变换和 H-H 变换的过程数据处理方法，高维数据的在线压缩及特征提取方法，采用统计学习的小样本数据、异构数据的学习方法，以及网络型综合数据集成平台体系架构与共享交互技术。

（2）重点污染源和耗能设备多尺度描述方法和建模技术

对重点污染源和耗能设备，在宏观、介观、微观三个层面，研究获取能耗、物耗、污染等指标的数据融合方法，生产过程物流、能流的平衡校正技术，基于海量数据的知识挖掘技术及数据综合利用技术，支撑网络型综合数据集成平台技术及共享交互策略。

（3）重大工程节能降耗的全流程优化技术及智能优化先进控制技术

以节能降耗为目的，以优化理论为基础，研究大规模复杂工程系统的高性能优化技术，解决变约束、多目标、非线性、无模型、特大规模等复杂工程的最优化技术，同时研究开放架构的全流程模拟与优化一体化求解方法，以及分布式环境下的全流程协同优化方法与技术。

（4）重大工程污染治理的特种检测技术和最优化技术

采用光谱、色谱、质谱等先进检测原理，研发应用于重点污染源特殊废气检测的在线气体分析系统，常规废气检测的在线光谱气体分析技术，研究高性能、多功能、长寿命、模块化在线气体、水质成分分析仪器及成套优化控制装置，基于污染治理的全流程最优化技术。

（5）重大工程全流程能量转换和能量传递过程最小能量损失的优化技术

以全局综合优化原理为基础，研究能量转换和传递多过程关联分析模型的集成优化方法，综合经济指标与生产过程性能指标关联分析、系统综合与优化技术；着重研究能量回收过程系统工作点多、非线性强、参数跳变大等特点的整个工作区间高精度优化控制方法及技术。

6）重大工程质量与安全在线检测控制及装备技术研发

重大工程质量与安全，是关系到几代人生命和国家财产的重大问题，实施在线检测与全过程控制对重大工程质量与安全具有重要意义。

（1）新型机器视觉软测量和精微模识测控技术

着重解决金属产品普遍存在的镜面高光反射和景深检测国际性难题。针对重大工程的关键建筑构件、金属零件检测的实际需要，研发系列的工业检测用机器视觉设备，以彻底解决零部件尺寸、缺陷、形状的在线高速检测问题。

（2）利用多传感器信息融合技术研究施工作业中的安全检测与故障诊断

研发施工设备群的防碰撞、大型起重机故障诊断与预测、运输车辆的故障诊断等系列智能安全测控装置。着重研究设备群碰撞模型的建立，重大机电设备的故障诊断模型，以及故障特征提取、信息融合与分类识别技术。

（3）无线传感器网络的动态协同自组网方法与技术

主要解决无线传感器网络在工业监控应用方面存在实时性差、可靠性低、操作安全性差等问题。基于无线传感器网络技术，研发施工设备的自动化群控系统、作业运行的监控系统及在线优化调度系统；重点是无线传感器网络自组网技术和实时网络协议，群控设备的优化调度算法及多种通信协议。

（4）多轴联动跟踪算法与前瞻自适应控制技术

着重解决多管相贯线、空间复杂曲线等轨迹跟踪控制问题。主要研发大口径管切割装备自动化控制系统、焊接机器人空间曲线自动跟踪控制系统。关键技术是自适应控制算法和快速跟踪算法。

（5）嵌入式测控设备柔性设计开发平台技术

解决重大工程作业过程中的安全检测、故障论断、险情预报、视觉测量、定位控制等各类高端嵌入式测控装置的快速研发问题。研究的关键技术包括柔性设计开发平台的软硬件体系结构、核心硬件与集成模块、组态软件及算法库。

5.1.3　技术路线图

图 5-1 为重大工程自动化控制系统关键技术与装备发展的技术路线图。

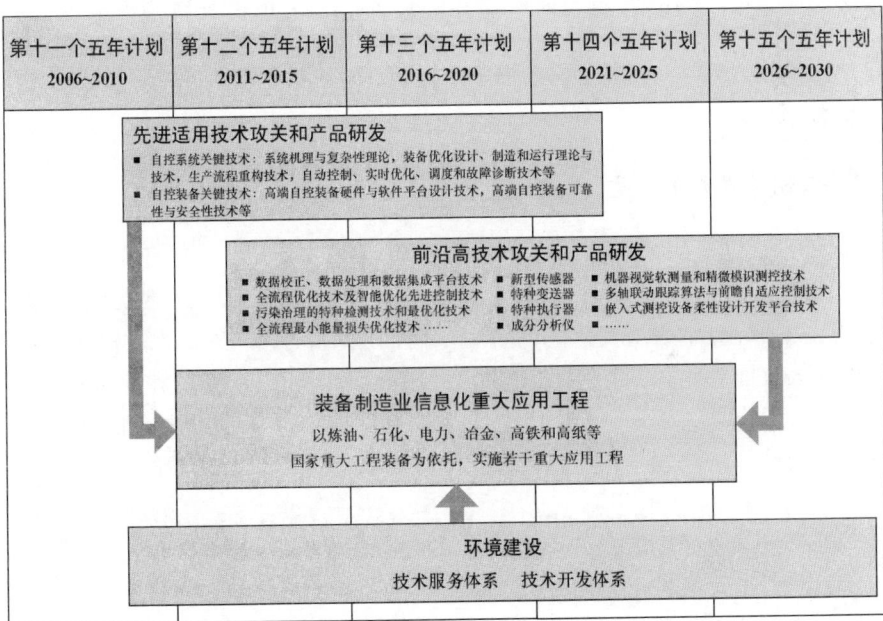

图 5-1　重大工程自动化控制系统关键技术与装备发展的技术路线图（2010～2030 年）

5.2　云制造服务支撑平台及重大应用

5.2.1　现状与需求

1. 背景

随着网络基础设施的逐步完善，互联网、3G、无线宽带网络、无线传感等多种网络正在融合为泛在信息网络，"无时无刻不联网"的时代已经到来。在这种环境下，一种新的服务化计算模式——云计算（cloud computing）正在兴起。

作为一种新的计算架构，云计算不仅对信息领域产生着重大影响，也对工业企业的发展产生着重要的影响。

基于云计算的云制造模式正在形成和快速发展。云制造是在"制造即服务"理念的基础上，借鉴了云计算思想发展起来的一个新概念。云制造是先进的信息技术、制造技术以及新兴物联网技术等交叉融合的产物，是制造即服务理念的体现。在理想情况下，云制造将实现对产品开发、生产、销售、使用等全生命周期相关资源的整合，提供标准、规范、可共享的制造服务模式。这种制造模式可以使制造企业用户像用水、电、煤气一样便捷地使用各种制造服务。

云制造需要采取包括云计算在内的先进信息技术，建立共享制造资源的公共服务平台，将巨大的社会制造资源池连接在一起，提供各种制造服务，实现制造资源与服务的开放协作、社会资源高度共享。

2. 需求

1) 云制造服务平台是实现云计算技术在制造业落地的必然需求

云计算平台只是提供云制造服务的第一步。对于提供公共的云制造服务的目标而言，建设云计算平台还仅仅是计算基础设施的建设。在应用软件方面，目前国内的云计算中心所提供的内容有限。而应用软件部署、系统和软件管理、收费模式等方面更是接近于空白[4]。因此，建设面向具体应用和业务的云制造服务平台，提供公共的商业云制造服务，是实现制造业和 IT 融合的必然需求，也是保证云计算落地的根本途径。

2) 云制造服务平台是实现传统制造业向先进制造服务业转型，实现云制造的必然需求

云计算以计算资源的服务为中心，它不解决制造企业中各类制造设备的虚拟化和服务化，而云制造服务平台主要面向制造业，把企业产品制造所需的软硬件制造资源整合成为云制造服务中心。所有连接到此中心的用户均可向云制造中心提出产品设计、制造、试验、管理等制造全生命周期过程各类活动的业务请求，云制造服务平台将在云层中进行高效智能匹配、查找、推荐和执行服务，并透明地将各类制造资源以服务的方式提供给用户[5]。因此，云制造服务平台是实现传统制造业向先进制造服务业转型，实现云制造的必然需求。

3) 云制造服务平台是实现两化融合的必然需求

在制造业信息化过程中，借用云制造服务平台来实现"云制造"思想的落地，是工业化与信息化高度融合的必然需求。云制造服务平台通过信息技术实

现制造资源的充分共享，积累技术竞争力，打造强壮的产业链，最终让具有国际竞争力的制造企业脱颖而出①。云制造服务平台的建设能够真正实现信息化带动工业化、工业化促进信息化的双赢战略目标。云制造服务平台也必然能使得云制造所涉及的信息化建设、商务模式创新、资源高度共享、产业链重新整合等关键问题得到有效解决。

3. 战略意义

我国已经成为当今世界上拥有制造加工资源最丰富的国家之一，"云制造"的思路是为避免我国制造资源的浪费，借用云计算的思想，利用信息技术实现制造资源的高度共享。

云制造服务平台为云制造概念的实现提供了一个共享制造资源的公共服务平台，将巨大的社会制造资源池连接在一起提供各种制造服务，实现制造资源与服务的开放协作、社会资源高度共享，企业用户无须再投入高昂的成本购买加工设备等资源，可以通过公共平台来购买制造能力②。

云制造服务平台的战略意义包括：
① 解决资源重复购置导致的浪费，实现资源优化配置；
② 建立信息技术支持的市场环境，加入全球经济一体化竞争；
③ 提高企业的竞争力和快速满足市场需求的能力；
④ 促进业务模式和组织的创新；
⑤ 推动现代制造服务业的发展；
⑥ 进一步推动网络化制造、ASP、制造网格等先进制造模式的发展。

4. 技术发展现状

云制造服务平台涉及云计算技术、XaaS 技术、服务型制造和制造服务技术以及物联网技术等。

（1）云计算技术

2007 年 10 月，Google 与 IBM 开始在美国大学校园推广云计算的计划。2008 年，Yahoo、Hp、Microsoft、Intel 和 Dell 等计算机业巨头相继开始了各自的云计算计划。目前云计算的实践者主要有 Google、IBM、Yahoo、Amazon 和 Microsoft。

---

① 硅谷动力，《云计算 ERP 为中小企业管理保驾护航》，http://www.enet.com.cn/article/2010/0331/A20100331633335.shtml。
② 杨海成，《我国十二五将探索"云制造"》，http://www.cnetnews.com.cn/2010/0125/1609455.shtml。

（2）XaaS 技术

XaaS 代表"X as a service"。云制造服务的本质就是 XaaS。XaaS 最常见的例子是软件即服务（SaaS）、平台即服务（PaaS）和基础设施即服务（IaaS）。这三个结合起来使用，有时被称为 SPI 模式（SaaS，PaaS，IaaS）。

（3）服务型制造技术

服务型制造是基于制造的服务和面向服务的制造，是基于生产的产品经济和基于消费的服务经济的融合。是制造与服务相融合的新产业形态，是一种新的制造模式。服务型制造业的主要模式是业务流程外包，外包业务可以是生产、营销、设计、开发、信息、保养等各个经营环节[6]。

（4）物联网技术

随着云计算、虚拟化等技术的发展，"物联网"正由虚拟的概念逐步进入一个"落地"的阶段。经过了近几年的市场及大环境的培育，"物联网"随着技术的创新、互联网的发展，以及信息产业的快速发展，已经形成一定的市场规模。

随着云计算技术、XaaS 技术、服务型制造和制造服务技术，以及物联网技术等的发展和应用，云制造服务平台也经历了从简单的互联网信息增值服务，到面向特定企业需求的云计算应用平台服务，再到面向云制造服务网络的公共云制造服务平台的发展阶段。

（1）"云服务"的雏形：互联网增值服务

"云服务"的雏形应用是 Google 开创提供的互联网搜索应用服务，其核心是利用互联网的传输能力，利用服务器和网络资源运算能力提供给用户基于互联网的信息搜索和应用服务。在早期的互联网增值服务技术中，已经开始实现"云服务"的初步构想，即通过互联网的传输实现服务和应用的网络运算。随着网络传输、运算能力和提供应用服务能力的提高，"云服务"将在运算传输能力和应用服务能力两个方面继续提高。一方面提升网络上传需求任务的快速响应和计算任务能力，一方面通过拓展多样化和定制化的应用服务范围，更好地满足用户需要。

（2）面向企业特定需求的专业化"云服务"应用平台：通过互联网应用平台向用户提供在线一体化运算和应用服务

通过集成用户端应用软件，加上提供互联网传输的应用服务平台网络，实现向用户提供多样化、一体化的运算和应用服务。与互联网增值服务只能提供特定的有限服务相比，云服务应用平台通过在用户端集成应用软件，将信息搜索，数据储存，数据处理、运算、发布和传播等一体化应用服务通过互联网集成实现。例如，Google 的 Chrome 浏览器和操作系统，向用户传达了"只需要一个简单的可以连入互联网的终端，一切运算和功能服务都通过互联网实现"的理念。另外，IBM、SUN 等公司也相继推出了面向商业和企业应用的"云服务"应用平台，一方面为企业和商业用户提供在线存储、在线数据处理和软件应用等服务；另外一方面通过集成化的系统服务平台，整合提供商的商业服务器等运算资源，以应用化平台向企业用户提供整体化服务。

（3）面向云服务网络的公共"云服务"平台：实现具有虚拟化和网络聚合服务特点的一体化系统

面向特定企业和应用的"云服务"平台的本质还是基于有限范围内的服务器和网络资源，针对定制化的用户需求进行运算服务，并没有完全具备"云制造"的概念。在将来的业务发展和云计算概念中，将不仅仅局限于通过服务器平台提供运算和特定服务，而是通过虚拟化和网络聚合服务，将分布于广域网的多样化资源和信息计算任务连接成为一个整体，由易于重组和扩展的云制造服务设施实现资源的实时协作和服务聚合，实现满足整个"云"网络里不同用户的不同需求。与应用平台相比，新的"云制造"网络在资源提供、服务获取、运算任务分配、无缝连接以及满足多样化应用需求等方面拥有更高的灵活性和广泛性。因此，云制造服务的未来趋势，将不仅仅满足于目前在网络应用服务和网络传输运算能力两方面的提高，而将更注重网络运算结构的分散化和随机化，通过虚拟化运算和网络聚合结构，通过有机连接形成一个能满足不同用户、不同使用目的需求，表现形态各异的"云制造"服务网络。

5. 存在问题

尽管云计算、XaaS、服务型制造、物联网等技术的发展为云制造服务平台的建设和运行奠定了很好的基础，在资源虚拟化、云基础设施建设、制造资源服务等方面取得了一定成果，但要进一步扩大并深化应用，取得显著的经济效益，无论在技术上还是运营模式上都还存在着一些瓶颈问题。

（1）资源服务模式问题

当前的制造服务模式的研究重点是如何使分散的制造资源能够通过网络连接起来，强调的是如何汇聚资源，协同完成一个制造任务。而云制造不仅体现了"分散资源集中使用"的思想，还体现了"集中资源分散服务"的思想，即其服务模式不仅有"多对一"的形式，同时更强调"多对多"，即汇聚分布式资源服务进行集中管理，为多个用户同时提供服务。这就需要对资源服务的集中管理和运营方法进行研究，提供连续、稳定、高质量的制造服务，保障制造服务的效率、质量、可靠性等要求[5]。

（2）云制造服务的管理与组织问题

目前，国内的云计算中心大多把重点放在基础架构平台的建设上，而对云制造服务一系列配套措施还不够重视。但是云制造服务不像建设 IT 基础架构那么简单。如果计划建设云制造服务平台来提供公共的商业云制造服务，除了考虑 IT 基础架构建设外，还应着重考虑相关的一系列配套措施。对云制造服务平台项目进行整体的规划，考虑云制造服务中心的管理和盈利模式，将未来的运营纳入到整体规划中，才可以促进云制造服务业务充分发展，使得企业能够真正通过云制造服务赢得利润①。

（3）云制造服务的可靠性问题

从云计算实体化而来的云制造服务，本质上就是将程序运行和数据存储都转移到"云"里。这也就意味着用户所需的应用程序并不需要运行在用户的个人电脑、手机等终端设备上，而是运行在大规模的服务器集群中，用户所处理的数据也并不存储在本地，而是保存在互联网的数据中心里面。这些数据中心正常运转的管理和维护则是由提供云制造服务的企业负责，并由他们来保证足够强的计算能力和足够大的存储空间，因此，云制造服务的可靠性问题显得尤为重要②。

（4）云制造安全问题

从"云计算"兴起之时，"云安全"就已作为普遍质疑所存在。在把数据交给云计算服务商后，最具数据掌控权的已不再是用户本身，而是云计算服务商，这样就不能排除数据被泄露出去的可能性。除了云计算服务商之外，还有大量黑客们觊觎云计算数据，他们不停地寻找服务应用上的漏洞，打开缺口，获得自己想要的数据。然而一旦将缺口打开，就可能对用户造成灾难性的破坏。因此如何保证安全性是云制造的一个重要问题。

（5）云制造服务的性能问题

云计算目前是建立在 VM（虚拟机）技术之上的。然而 VM 技术虽然日趋成熟，但依然存在性能上的问题。特别是当多个 VM 之间相互竞争时，磁盘会成为严重瓶颈。计算体系结构在过去几十年的变化虽然很大，但其核心基本上都没有太大改变。VM 将是大势所趋，作为性能上最根本的问题——硬件和操作系统，其设计必须符合这个趋势而不断改进。因此云计算的性能问题是实现云制造服务的核心。

---

① 《IDC：云计算平台只是提供云服务的第一步》，http://www.cnw.com.cn/server-cloud/htm2009/20090531_174840.shtml。

② 李开复，《云中漫步——迎接云计算时代的到来》，http://news.pconline.com.cn/nw/0805/1293853.html。

5.2.2　关键技术

1）面向云制造服务的海量数据管理技术

云计算系统需要对海量数据进行处理、分析，并向用户提供高效的服务。数据的读操作频率远大于数据的更新频率，云中的数据管理是一种读优化的数据管理。因此，云系统的数据管理往往采用数据库领域中列存储的数据管理模式，将表按列划分后存储。同时，云计算中的数据管理技术必须能够高效地管理海量数据，并在规模巨大的数据源中找到特定的数据，如何提高数据的更新速率以及进一步提高随机读取速率是未来的数据管理技术必须解决的问题[7]。

2）资源虚拟化以及虚拟资源管理技术

随着虚拟化技术的应用，对虚拟资源的管理成为研究的热点之一。当前的云计算系统一般是以虚拟机的形式来满足用户的计算资源需求，但用户需要根据自己的要求将这些虚拟机手动配置成一个工作集群。针对这种情况，需要通过对虚拟集群所需上下文环境的详细分析，如虚拟机的 IP 地址、安全信息等，在多个虚拟机之间自动、快速部署上下文环境。另外，虚拟专用网络的发展为用户在访问计算云的资源时提供了一个可以定制的网络环境。目前对于虚拟资源管理的研究，在满足用户对虚拟资源的 QoS 需求及服务等级协议（Service Level Agreement，SLA）方面还有待进一步研究。

3）云计算与 SOA 的融合技术

云服务一般是以 Web 服务的形式来实现的。在云中服务的组织和业务协同可以在面向服务的结构中进行管理。在 SOA 结构下的云服务可以部署在各种分布式平台上，也可以通过网络访问各种服务。近年来 SOA 得到了相当广泛的关注，在一个 SOA 环境中，终端用户请求一个服务（或一组服务的集合），并希望这些服务满足一定的 QoS 要求，用户请求可以得到即时服务，或在一个特定的延迟后满足。可以预期在未来十年，基于服务的解决方案将是向个人和机构递交信息和其他 IT 相关功能的主要手段。如软件应用、基于 Web 的服务、个人和商业的桌面机计算等。

4）云制造服务中的资源服务部署与调度技术

在云制造服务的资源部署中，云制造服务的海量规模为资源调度带来了新的挑战。资源调度需要考虑到资源的实时使用情况，这就要求对云计算环境的资源进行实时监控和管理。云计算环境中资源的种类多、规模大，对资源的实时监控和管理就变得十分困难。此外，一个云计算环境可能有成千上万的计算任务，这对调度算法的复杂性和有效性提出了挑战。从调度的粒度来看，虚拟机内部应用的调度是云计算用户更加关心的。如何调度资源满足虚拟机内部应用的服务级别协议也是目前待解决的一个难题[①]。

　　5）物联网与泛在计算技术

　　物联网是继计算机、互联网与移动通信网之后世界信息产业的第三次浪潮。物联网和泛在计算发展离不开云计算技术的保驾护航，未来传感云、网络云和计算云将有机地融为一体。下一代互联网是物联网产业化规模发展的网络基础，物以网聚是形成开放产业生态体系的关键，且物联网需要对接的大量资源都已经存在于互联网之上，而规模化地引入物联网设备还需要 IPv6 地址体系的支持。云计算为物联网信息的存储、处理、分析提供了强有力的计算手段。它可以根据客户的需要灵活地配置相关的计算能力，实现商务智能所需要的广泛信息关联。

5.2.3　技术路线图

1. 发展思路

　　云计算、云制造、物联网等先进信息技术的出现和应用为实现工业化与信息化融合提供了有利的技术基础，而云制造服务平台为工业化与信息化融合提供了公共服务平台，将信息技术与工业应用紧密结合起来，实现了信息技术与工业的紧密融合。云制造服务平台促进了优质资源的利用和经济结构调整，可解决工业化进程中的矛盾，拓展和丰富工业化的内涵。但同时也引发了一些观念、思路以及技术基础架构和应用架构的调整。云制造服务平台的研发与应用需要遵循如下的发展思路。

　　① 改变观念，促进云制造模式的发展；
　　② 实现资源服务化，建立面向应用的全业务领域的服务资源环境；
　　③ 加快基础设施建设，构建云制造服务基础设施；
　　④ 深化"政产学研用"，促进云制造服务平台的深入推广和应用。

2. 主要研究内容

　　1）云制造服务平台关键技术攻关与产品开发

　　对云制造服务平台研发过程中的共性关键技术进行攻关，研究云制造服务

---

① E-works，《提高云计算部署速度的三大关键技术》，http://do. chinabyte. com/240/11209740. shtml.

提供端各类制造资源的嵌入式云终端封装、接入、调用等技术，并研究云制造服务请求端接入云制造平台、访问和调用云制造平台中服务的技术，包括：支持参与云制造的底层终端物理设备智能嵌入式接入技术、云计算互接入技术等；云终端资源服务定义、封装、发布、虚拟化技术及相应工具的开发；云请求端接入和访问云制造平台技术，以及支持平台用户使用云制造服务的技术。

同时，针对云制造服务平台应用过程中的应用问题，重点研究基于云制造服务平台的设计制造技术、电子商务交易与平台技术、客户关系管理及供应链管理技术、现代物流过程优化与监控技术、制定电子商务和物流服务平台上的数据、应用、业务集成技术和标准规范，建设面向业务应用的公共云制造服务和集成平台。

在关键技术攻关的基础上，开发并形成一批支持云制造服务实施的关键产品和平台，包括如下内容。

（1）基于国产软硬件环境的云制造服务基础平台研发

大力基于国产处理器、服务器、网络存储，开发云端（云计算中心端）和客户端的两类云计算硬件平台并实现产业化，为云制造服务平台提供计算、存储、网络、递交等硬件支撑。

（2）面向云制造服务平台的中间件系统研发

目前，在云制造服务平台方面存在诸多技术开发方面的挑战，首先考虑物理系统与信息系统的集成，需要处理不同时空范围的事件。同时，在云制造服务平台的运行控制方面，需要支持各类物理资源的封装、接入、调用等。因此，为了支持云制造服务平台的研发和构建，必须开发和建立相关的云制造服务中间件环境，提供通用的制造资源封装服务、接入服务、安全服务、事件服务、工作流管理服务等，加快云制造服务平台的实施效率。

（3）基于云制造服务平台的设计制造系统研发

开发建立面向网络化制造和普适制造环境下的基于云制造服务平台的协同设计制造系统，将现有网络化制造和服务技术与云计算、云安全、高性能计算、物联网等技术融合，实现各类制造资源（制造硬设备、计算系统、软件、模型、数据、知识等）统一的、集中的智能化管理和经营，为产品开发全生命周期过程提供可随时获取的、按需使用的、安全可靠的、优质廉价的各类设计和制造服务。

（4）基于云制造服务平台的物流与供应链系统研发

建立健全基于公共云制造服务平台的物流与供应链运营体系，制订相关技术规范，基于云计算、物联网等技术，开发和构建面向云制造服务的制造业供应链管理平台，为制造企业提供公共的物流和供应链服务，实现制造业与物流业的整合与集成。

（5）基于云制造服务平台的普适商务系统研发

云计算、物联网等技术为网络化商务的实现提供了有力的支持，能够实现对物理资源和信息资源的实时跟踪、处理和集成。然而，这些信息技术必须与实际的商务环境和背景相结合，通过研发能够满足网络化协同商务所必需的专业化服务，建立公共的协同商务平台，才能实现真正的普适商务。基于云制造服务平台的普适商务系统将为网络环境下的协同商务提供一个通用的普适计算平台，以及专业化的协同商务服务，实现分布的物理和信息资源的全面协同。

2）云制造服务平台重大应用工程

围绕云制造服务平台，开展重大行业应用，结合市场需求，在制造装备、高速列车、海洋与造船、能源与发电等行业实施云制造服务平台示范。面向重点行业，建设和发展一批优质制造资源服务，形成面向行业应用的云制造服务平台，通过应用示范，降低企业产品研发成本和提高企业间协同运作管理效率，提升企业群的核心竞争力。

① 面向重大制造装备的云制造服务支撑平台重大应用工程：结合高档数控机床和国家重大设备研制及重大工程需求，研究和建立面向重大制造装备研制的云制造服务支撑平台，提升我国重大装备的研制能力。

② 面向航空航天的云制造服务支撑平台重大应用工程：结合航空航天产品协同研制需求，建立面向复杂航空航天产品研制全生命周期的云制造服务支撑平台，实现分布设计制造资源的共享与集成。

③ 面向高速列车的云制造服务支撑平台重大应用工程：整合国内目前高速列车领域的设计制造资源，建立公共的面向高速列车研制的云制造服务支撑平台，实现高速列车研制的规范化、标准化和集成化。

④ 面向船舶与海洋装备的云制造服务支撑平台重大应用工程：建立面向船舶与海洋装备的云制造服务支撑平台，实现关键制造能力的共享和分布式信息的快速传输与集成，加快我国船舶与海洋装备行业信息化的进程。

⑤ 面向能源与发电关键设备的云制造服务支撑平台重大应用工程：面向能源与发电行业需求，综合云计算、网格计算、物联网等技术，建立国家和区域的能源服务平台，实现能源与关键发电设备的协调与共享。

3）云制造服务平台的产业化与基础环境建设

发挥市场优势，整合现有资源与技术力量，促进云制造服务平台研发成果的应用转化，采用开放联合、优势互补、资源共享的机制，鼓励相关产业联盟的形成和发展，开展云制造服务工程技术服务，健全政策、法规、培训、咨询、评估等服务体系。重点建设关键制造设备、大型科学仪器设备、高性能计算中心等基础性、公益性、开放性的资源服务。根据重点产业发展的技术需求，在制造装备、高速列车、造船和能源等领域，重点建设一批国家和省级云制造服务平台和行业关键共性云制造服务平台。同时，加快云制造服务中介服务体系的建设和发展。充分发挥政府扶持和市场导向作用，推动云制造服务中介机构按照服务标准化、管理规范化、机制市场化的要求发展，使之成为科技创新体系的重要支撑。

3. 技术路线图

2010～2030 年，云制造服务平台将从先进适用技术攻关和产品研发、前沿高技术攻关和产品研发、云制造服务支撑平台重大应用工程和云制造服务环境建设四个方面进行研发、建设和推广。2010～2030 年云制造服务支撑平台及重大应用的技术路线图如图 5-2 所示。

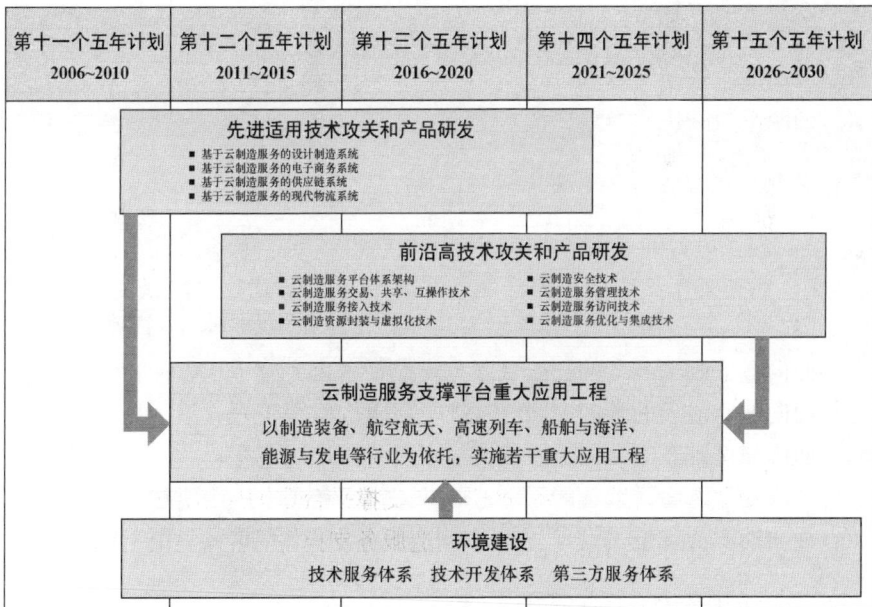

图 5-2　云制造服务支撑平台及重大应用的技术路线图（2010～2030 年）

1）云制造服务相关的先进适用技术和产品进行攻关和研发

重点对云制造服务相关的先进适用技术和产品进行攻关和研发，需要结合具体应用领域，突破一批面向应用的技术，研发相关的云制造服务应用系统，主要包括：

    ① 基于云制造服务的设计制造系统；

    ② 基于云制造服务的电子商务系统；

    ③ 基于云制造服务的供应链系统；

    ④ 基于云制造服务的现代物流系统等。

2）云制造服务相关的前沿高技术攻关和产品研发

针对云制造服务平台构建和运行过程中的关键技术问题，对云制造服务相关的前沿高技术进行攻关，开发形成相关的产品。主要的前沿技术包括：

    ① 云制造服务平台体系架构；

    ② 云制造服务模式下的资源的交易、共享、互操作技术；

    ③ 云制造服务接入技术研究；

    ④ 云资源封装与虚拟化技术；

    ⑤ 云制造安全技术；

    ⑥ 云制造服务管理技术；

    ⑦ 云制造服务访问技术；

    ⑧ 云制造服务优化与集成技术。

3）云制造服务支撑平台重大应用工程

围绕云现代平台的重大技术突破与行业应用，结合市场需求，在制造装备、航空航天、高速列车、船舶与海洋装备、能源与发电设备等行业实施云制造服务平台示范。主要包括：

    ① 面向重大制造装备的云制造服务支撑平台重大应用工程；

    ② 面向航空航天的云制造服务支撑平台重大应用工程；

    ③ 面向高速列车的云制造服务支撑平台重大应用工程；

    ④ 面向船舶与海洋装备的云制造服务支撑平台重大应用工程；

    ⑤ 面向能源与发电关键设备的云制造服务支撑平台重大应用工程。

4）云制造服务平台环境建设

包括云制造服务平台研发过程中所涉及的技术服务与技术开发体系，以及云制造服务平台应用推广过程中的第三方服务体系的建设。建议采用开放联合、优势互补的原则，鼓励产学研用联合，建立完善的云制造服务研发与应用推广支撑体系。

5.3 制造服务信息化工程

5.3.1 现状与需求

1. 现状[8]

制造服务（生产性服务）是向产品产生过程和使用过程所提供的各种形式的服务的总称，服务的主体或客体之一是制造企业。

制造业服务化和信息化是当前制造业发展的两大趋势。

制造业服务化是指制造业向服务业拓展、制造业与服务业融合的过程。其目的是通过服务增加企业收入、了解和满足用户需求。

制造业服务化的发展一方面是用户需求的产物，我国制造业的未来发展不能再像过去那样过度消耗资源和污染环境，需要通过制造业服务化向价值链的高端拓展，以很小的资源和环境代价，大幅增加制造业的产值、利润和就业率；另一方面也是技术推动的结果，其中信息技术对制造业服务化的影响最大。信息技术的发展使服务越来越便利，并使过去许多不可能的服务成为可能，如基于网络的各种信息和知识服务。用户需求的变化需要企业提供更快捷、更方便的个性化服务，而信息技术为企业开展用户服务提供了强大的工具，其优势主要表现在及时、互动和个性化等方面。制造业服务化将信息化作为提供服务的平台和工具，借助于信息化手段把服务向业务链的前端和后端延伸，扩大了服务范围、拓展了服务群体，并且能够快速获得用户的反馈信息，能够不断优化服务内容，持续改进服务质量。

制造业信息化的发展由来已久，现在进入到制造业信息化和工业化全面融合的阶段，出现并形成系统的信息化制造服务技术。信息化制造服务技术是制造业信息化技术的主要组成部分。制造业服务化是现代工业化的主要特征之一。制造业服务化和信息化融合也是制造业信息化和工业化融合主要的内容。

2. 需求

（1）用户对制造服务的需求

企业用户希望通过得到服务，将自己的非核心专业业务外包；消费者用户希望通过消费服务能使自己有更多的可支配时间；很多产品技术含量很高，操作和维护复杂，需要产品制造企业提供更多的服务。

（2）制造服务能够促进企业与用户的协同产品创新

产品创新的一些思想往往来自用户，通过服务企业可以搜集用户在使用和维护产品过程中的经验、教训和建议；企业通过服务，可以帮助用户自己进行某种程度的产品创新，因为用户最知道自己的需求。

（3）企业差异化竞争的需要

企业为用户提供独特的服务，这往往是竞争对手难以模仿的。服务需要高素质的员工，需要对庞大的服务链有很强的掌控能力，需要丰富的经验积累。

（4）企业发展的需要

在大多数价值链中，利润已从产品的制造环节分别向其上游（研发）和下游（产品服务）环节转移。例如，对德国 200 家装备制造企业的利润分布情况进行调查结果表明，2007 年 200 家机床生产企业的总销售额大约 434 亿欧元，其中通过新产品设计、制造和销售环节的销售额大约占 55％，但是获得的利润却大约只占总利润的 2.3％，其余利润几乎都来自服务环节。因此，企业要获得新的可持续利润，就必须从销售物理产品向销售服务方向拓展。

（5）企业争取客户的需要

企业利用对自己产品的专业知识获得服务的增值收益，并能够更牢固地锁定用户，有利于新技术在现有用户群中推广，有利于建立企业与用户之间的长期合作关系，提高保护用户利益的能力。

（6）环境保护的需求

制造企业对其产品全生命周期负责已经成为不可抗拒的世界发展潮流。当制造企业对产品的全生命过程负责时，就会更全面和深入地考虑产品对环境的影响。因此，近年来整合产业链作为解决经济效益与环境保护矛盾的重要手段得到了包括联合国环境发展机构在内的各方重视。20 世纪 90 年代中后期，联合国环境规划署提出了产品服务系统的概念，其关键思想是企业提供给消费者的是产品的功能或结果，用户可以不拥有或购买物质形态的产品。

（7）突破资源和市场限制的需要

向服务业拓展和向高端制造方向发展是企业发展的方向。在发达国家，服务业占 GDP 的 60％～80％。显然，这是突破资源和市场限制，持续发展制造业的必由之路。

为此，人们从不同角度研究了制造服务的趋势，如产品增值服务、制造增强型服务、产品服务化、制造业服务化、新制造业、现代制造服务业等。

2007 年 2 月国务院常务会议通过了关于加快发展服务业的若干意见，提出了"发展生产性服务业，促进现代制造业与服务业加快融合、互动发展"的方向与要求。

制造服务系统之间相差很大，不同的产业，其制造服务功能和目标不同，所需要的制造服务信息系统也不同，如表 5-1 所示。

表 5-1　不同的制造服务系统的功能和相关信息系统

产品	基本服务功能	增值服务功能	相关信息系统	典型企业
一般家电	安装、维修、回收	服务标准化，成套家电标准服务，家电节能服务，美好家居生活的服务商	配送管理系统，家电远程监控系统，社会化服务平台，网络生活服务系统	海尔集团
中央空调	安装设计、安装、维修、定时巡访并养护	远程诊断，运行管理，在线服务，"透明"服务，合同能源管理服务，舒适的室温控制服务商	远程监控系统，节能管理系统，合同能源管理系统	开利公司，海尔集团
机床	安装、维修、调试	远程诊断，工艺服务，工装服务，机床质量保证服务，再制造服务，提供整体解决方案，面向全球的综合机床供应服务商	远程监控和诊断系统，机床质量管控系统	德国 INDEX 公司
工业汽轮机	安装、维修、调试、保养	远程诊断，运行管理，节能服务，成套服务，提供整体解决方案，合同能源管理服务	远程监控和诊断系统，节能管理系统，合同能源管理系统	西门子公司动力集团
电梯	安装、维修、调试、保养	远程诊断，节能服务，运行管理，质量保证服务	远程监控和诊断系统，节能管理系统	三菱电梯
汽车	维修、保养、回收	事故处理，故障电话，汽车共享服务，智能交通导航服务，节油服务，再制造服务	智能交通导航系统，发动机热管理系统，汽车共享管理系统	丰田公司，宇通集团
工程机械	维修、保养、培训	远程诊断，远程培训，节油服务，再制造服务，租赁服务，工程机械方案提供商	远程监控和诊断系统，节能管理系统，发动机运行监视系统	卡特彼勒，小松，三一重工，徐工，柳工等
复印机	维修、调试、保养	维修知识共享，文件管理解决方案提供商	远程监控和诊断系统，知识共享系统	施乐公司
通信设备	保障设备、硬件维修	设备运营效率的网络优化服务，通信运营商云计算服务，信息化服务提供商	"云-管-端"的信息服务系统，整网云计算系统	华为公司
手机	维修	依托 GPS 和网络地图的导航类增值服务；微博客；播客和音频；新闻阅读和聚合；手机 SNS 社区；多方视频会议	互联网增值服务系统	诺基亚

续表

产品	基本服务功能	增值服务功能	相关信息系统	典型企业
注塑机	维修、调试、保养	远程诊断，节能服务；注塑整体解决方案服务；注塑工艺知识服务；租赁服务，再制造服务	远程诊断系统，节能服务系统，工艺知识管理系统	海天
刀具	刀具回收和重用服务	零件加工整体解决方案服务；零件加工工艺知识服务；生产率改进服务；再制造服务；租赁服务	工艺知识管理系统，生产率成本分析系统	山高刀具

5.3.2　关键技术

制造业服务化和信息化融合的关键技术主要分为两大类：产品全生命周期各阶段中的信息化制造服务技术；面向产品全生命周期的信息化制造服务技术。

1. 产品全生命周期各阶段中的信息化制造服务技术

产品全生命周期各阶段中的信息化制造服务技术如图 5-3 所示。

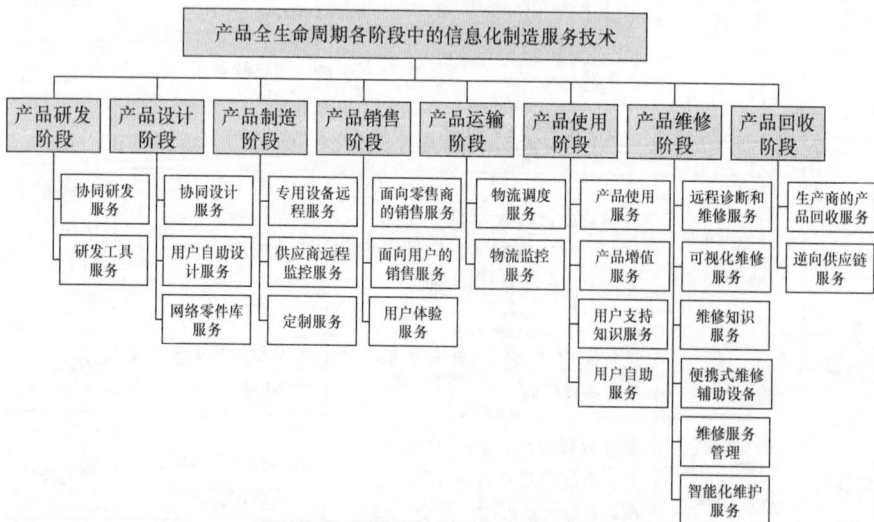

图 5-3　产品全生命周期各阶段中的信息化制造服务技术

1) 产品研发阶段的信息化制造服务技术

（1）协同研发服务

利用信息技术，一些复杂产品研发企业建立了协同研发服务平台，吸引合作伙伴乃至用户一起来开展产品协同研发。

（2）研发工具服务

有些研发工具不常用、价格贵、使用难，又适合远程使用。因此出现了一些在线网络研发工具服务提供商。如在线有限元分析服务等。

2）产品设计阶段的信息化制造服务技术

（1）协同设计服务

利用信息技术，为合作伙伴提供协同产品设计服务平台。例如，波音公司通过一个信息服务平台，实现了全球合作伙伴的设计和生产的协同，所开展的787 飞机协同设计和制造，速度快、造价低。

（2）用户自助设计服务

企业提供信息化的服务工具，让用户自己进行产品创新设计，不仅让用户获得自己真正想要的产品，让用户体验创新的快乐，而且企业从用户的创新过程中更深入地了解用户需求。例如，家具生产企业提供网上自助设计平台，支持用户进行家具的配置设计、变型设计。

（3）网络零件库服务

在分工专业化的背景下，零部件企业需要为各个整机厂提供设计服务，方便其设计检索和使用企业的零部件模型，以便争取将自己的零部件推销出去。在这种背景下，基于网络的零件库发展很快。目前，国内最大的零件库是三维资源在线[1]，国外最大的零件库是 traceparts[2]。

3）产品制造阶段的信息化制造服务技术

（1）专用设备远程服务

有的企业拥有一些比较少见的、需要专门知识的专用加工和测试设备，如快速原型制作设备等[3]。可以建立专用设备的远程制造和测试服务平台，通过网络提供服务，提高专用设备的利用率。

（2）供应商远程监控服务

企业将越来越多的零部件加工外包，因此对供应商的加工质量的监控变得日益重要。盈飞无限（InfinityQS）推出的 eSPC 工具能够为用户提供对供应商

---

[1]　http://www.3dsource.cn/。

[2]　http://www.traceparts.com/。

[3]　http://www.rp.com.cn/。

生产过程的跨地域的远程实时质量监控服务①。

（3）定制服务

通过网络，可以了解用户的定制需求，并将需求信息传到企业进行产品定制生产。例如，雅戈尔在全国的专卖店提供西服的定制服务，通过网络将专卖店现场测量得到的客户的人体数据和需求传递到加工厂，组织定制生产。

4）产品销售阶段的信息化制造服务技术

（1）面向零售商的销售服务

案例：宝洁公司利用网络技术获取零售商销售数据，并为其店铺提供实时存货和现金流信息的零售连锁系统，帮助零售商提高销售额，进行自动补货，减少零售商的缺货损失，同时还可为他们进一步控制库存，从而达到双赢。

（2）面向用户的销售服务

现在越来越多企业开设自己的销售网站，或者到第三方平台（如淘宝网）开展销售服务，既缩短了供应链，减少投资，又可以快速打开市场。例如，报喜鸟集团的 BANO 在网上提供服装高级定制服务。

（3）用户体验服务

耐克公司 2006 年推出 Nike+，把传感器与 iPod nano 或 iPod touch 连通后，它就能跟踪纪录跑步人的速度、距离和所消耗的卡路里。并通过 nikeplus.com 网站将世界各地的跑步爱好者联系起来。

5）产品运输阶段的信息化制造服务技术

（1）物流调度服务

我国企业的物流成本很高，第三方的物流调度服务可以帮助解决这一问题。

（2）物流监控服务

现在的物流公司基本上都可以做到利用互联网、无线互联网、短信等方式，帮助用户实时地跟踪自己托运的货物所在位置和到达目的地的时间。

6）产品使用阶段的信息化制造服务技术

主要是利用信息技术提供产品使用服务、产品增值服务等。其特点是：面向同类产品用户、适应面广、增值高。

（1）产品使用服务

主要是方便用户使用，保证使用的安全性，降低产品使用的成本等。

例如，沃尔沃卡车公司推出了"全金程全面物流解决方案"，包括免费提供

---

① http://www.infinityqs.cn/。

给客户的购车前的准确测算、运营线路测评、运营方式评估、司机管理、车辆调度、装卸连接、百公里油耗测算、车辆保养、车辆高出勤率的维护等综合解决方案，其目的是帮助客户寻找行业本身独特的价值链和盈利模式，从而在经营中创造最高的利润价值[9]。

（2）产品增值服务

主要是在产品基本服务的基础上提供各种增值服务，扩展产品功能，同时使企业获得更大利益。

例如，越来越多的手机制造企业将重点转移到手机增值服务上，如依托GPS 和网络地图的导航类增值服务；微博客；播客和音频；新闻阅读和聚合；手机 SNS 社区；多方视频会议等。其特点主要是：利润高；消费群体庞大，重复消费频繁，不必担忧经营状况；低成本投入并可搭配其他项目兼营。

（3）用户支持的知识服务

这是一种面向用户支持工程师的知识服务平台，能够自动搜集用户支持工程师的服务记录，积累和共享服务知识，丰富知识资源，在此基础上，可以快速向用户支持工程师的服务主动推送相关知识，使用户支持工程师能够快速有效的定位问题和解决问题，为用户提供及时、优质的服务。

（4）用户自助服务

主要是针对信息化产品开发的自主服务系统，支持用户自助维修产品、更新产品的功能，甚至根据自己的需求开发新的功能，如一些产品的控制软件等。

7) 产品维修阶段的信息服务技术

维修服务是用户最急需的服务内容，难度最大、要求最高。

（1）远程诊断和维修服务

其功能主要是实时检测、故障诊断、维修指导、视频交互、数据分析、信息管理等。例如，三一重工远程监控平台利用全球卫星定位技术（GPS）、无线通信技术（GPRS）、地理信息技术（GIS）、数据库技术等信息技术对工程机械的地理位置、运动信息、工作状态和施工进度等实施数据采集、数据分析、远程监测、故障诊断和技术支持。

（2）可视化维修服务

用户通过观看画面的演示和其他的信息来完成对设备故障的判断和设备的维修工作。同时使远方的用户能实时地进行设备维修评价。例如，交互式电子技术手册（IETM）可用于复杂产品操作、维修、训练和保障，且能为电子显示系统的终端用户提供精心设计和规格化的交互式视频显示内容的信息包。

（3）维修知识服务

复杂产品的维修服务，需要大量的知识，需要不同学科的专家的协同。面向维修服务的知识管理技术提供知识协同完善、知识协同评价、知识主动推送、知识可视化展示等功能。

例如，耐克公司的搜索引擎（Nike. com）支持用户搜索公司的全面的产品信息，并帮助公司降低了使用业务代表回答咨询电话和电子邮件的内部成本。Eddie Bauer 公司已经将知识库集成到虚拟呼叫中心，为用户提供自助服务选项。

（4）便携式维修辅助设备（PMA）

这是一种新型现场维修工具，能提供电子化的维修技术手册，帮助进行故障诊断，还能进行交互式远程诊断和维修。

（5）维修服务管理

维修服务管理技术主要是利用信息技术，特别是网络技术，对企业分散在全国乃至世界各地的用户处的服务人员进行管理和提供支持。例如，飞机发动机制造企业成为了发动机租赁服务商，这就需要把企业的维修服务人员派到发动机的用户所在的飞机场。信息系统可以为维修服务人员提供任务安排、维修咨询、相互协作等服务。又如，波音提供了一系列自助服务工具：送修服务工具帮助用户输入需要修理的部件号或部件中的子件号，直接从波音公司得到维修服务；技术资料跟踪系统帮助用户查看波音商务飞机技术文件的分发计划和修订计划，确定发送到交付地址的资料数量；数据和服务目录帮助用户浏览、检索并订购运营、维护和修理波音飞机需要的材料、服务和其他项目[①]。

（6）智能化维护服务

主要是方便产品维护。面向服务的产品智能化技术包括：远程诊断和维护服务技术、服务 Agent 技术、产品自诊断技术、产品自维护技术等。在这方面有大量的新技术在不断涌现。

8）产品回收阶段的信息服务技术

（1）生产商的产品回收服务

未来，生产商将越来越多地承担产品回收的责任。例如，欧盟关于报废电子电器设备指令（2002/96/EC）（简称 WEEE 指令）要求生产商在销往欧盟成员国的产品上加贴回收标识；改进产品设计，负有回收、处理进入欧盟市场的废弃电气和电子产品的责任；生产商同时应支付产品的回收、处理、再循环等方面的费用。显然，需要信息技术支持这类产品回收服务。

（2）逆向供应链服务

需要利用信息技术帮助建立逆向供应链，回收分布很广的废弃产品，并将产品分解，进行 3R〔减量化（Reducing）、再使用（Reusing）、再循环（Recy-

---

① 周默鸣，《波音知识管理护航中国航空公司》，中国知识管理网，2009 年 9 月 6 日。

cling）处理]。许多零部件还需要回到其生产商这里处理。

2. 面向产品全生命周期中的信息化制造服务技术

1）制造业服务化过程中的信息采集技术

要求实时采集制造业服务化过程中产生的大量信息，在此基础上提供更好的服务。这方面的技术包括：

（1）传感器技术

传感器的微小化和使用的分布化，使产品和过程的信息获取变得更加容易和可靠。

（2）无线射频识别（RFID）技术

用于提高制造服务信息采集的效率和柔性。

（3）快速测量技术

主要是满足用户个性化和快节奏的要求，如三维人体测量。

2）制造业服务化过程中的知识获取技术

制造业服务化需要大量知识，许多知识来自服务过程。要获取这些分散的知识，需要信息技术的支持。

3）制造业服务化状态描述技术

要求制造业服务化状态模型在产品全生命周期中具有一致性、可追溯性、完整性等。

制造业服务化状态描述技术利用信息技术，对几十年的产品状态数据进行管理。许多工业产品的生命周期可能有 10～50 年。在如此之长的生命周期内，产品有许多次的维护和维修。许多零部件被更换。这势必产生大量的产品状态数据，这些数据对于产品的维护和维修非常重要。依靠人工管理这么多的数据，难度很大。信息技术容易解决这一问题。

对零部件从多家供应商采购时，有许多产品零部件无法进行永久性标识，如柴油机的缸套、铜套、轴瓦、活塞环、活塞、气缸垫、挺柱、油封等零部件，只能建立质量档案来进行追溯。例如，一拖（洛阳）柴油机有限公司研究开发了一套基于产品可追溯性的售后服务管理信息系统，有效地提高了企业贯彻 ISO9001 质量管理水平和适应市场的能力。

4）面向制造业服务化的用户需求挖掘技术

在制造业服务化中，企业与用户的频繁接触，使企业掌握大量用户信息，从中可以挖掘出用户的真实需求，帮助企业为提供更好的服务，开展产品创新。

5）制造业服务化过程中用户行为的记录、分析和知识挖掘技术

基于网络和信息技术，制造业服务化过程中的用户行为（如网站服务功能点击、服务评价等）能够被方便地记录、分析和知识挖掘。这里可以采用 Web 2.0 模式。

6）制造业服务化中的标准协同建设技术

制造业服务化需要大量的标准支持和保障。例如，海尔推出中央空调"五段全程服务标准"，中国标准化协会发布的成套家电标准，也是一个服务标准。面对如此之多的标准的建设和应用，需要利用信息技术进行标准的协同建设。这里也可以采用 Web 2.0 模式。

总的来讲，产品的信息化程度越高，制造业服务化和信息化的融合程度也越高。

5.3.3 技术路线图

图 5-4 表示了制造业服务化和信息化融合的技术路线图。

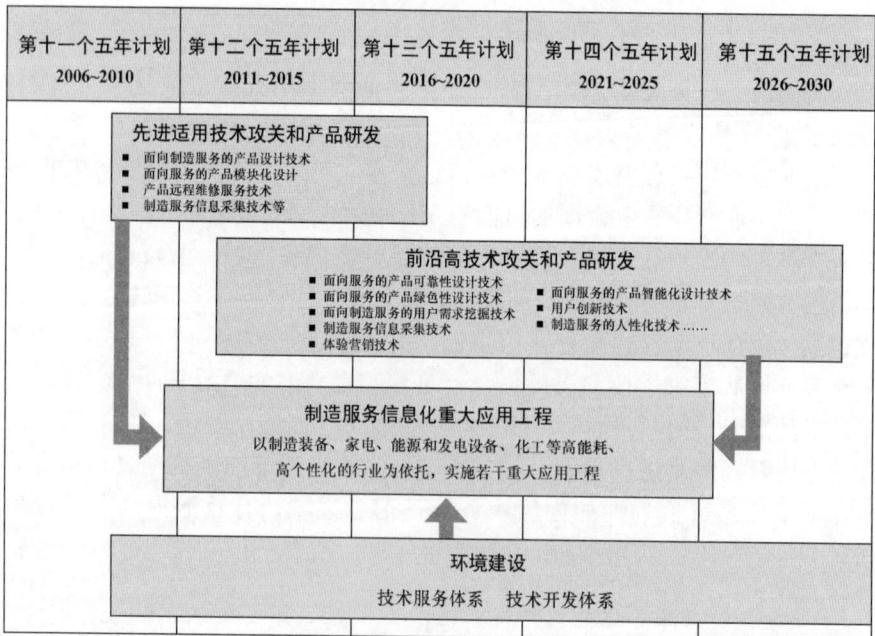

图 5-4 制造业服务化和信息化融合的技术路线图（2010～2030 年）

5.4　工　业　软　件

5.4.1　现状与需求

1. 领域背景

工业软件指专门为工业部门使用的软件，是能够使机械化、电气化和自动化的生产装备具备数字化、网络化和智能化特征，能够实现工业企业组织管理、经营决策等活动信息化的应用软件。工业软件中不包括一般的通用计算机所使用的通用软件，如计算机操作系统、基础中间件、通信软件、通用数据库系统、办公软件等。工业软件可以分为两类：工业产品内的嵌入式软件和支持工业产品全生命周期的软件。

1）工业产品内的嵌入式软件

嵌入式软件是指被植入到工业产品中，以实现各种装备、机器和系统运行的数字化、自动化和智能化的应用软件，如移动互联网、移动通信、移动监控、智能家电、汽车电子、工业装备电子和医疗电子等在内的实现软件。

2）支持工业产品全生命周期的软件

支持工业产品全生命周期的软件是指支持工业产品的研发、设计、生产、经营管理和流通等方面，实现生产和经营管理过程的数字化、智能化和网络化的管理和控制的软件。

由于支持工业产品全生命周期的软件涉及工业企业产品研发、采购、生产、销售、服务和决策管理等多个环节，涵盖范围非常广泛。不同企业的专业特点、管理体制和企业文化也直接影响支持工业产品全生命周期软件的实施和应用。通过对大量工业企业业务特点和软件应用方案的分析，可以将支持工业产品全生命周期的软件划分为经营管理、产品研发、生产控制、集成和协同四类，每一个子类涵盖多种软件系统。

（1）经营管理类软件

主要包括以企业资源计划（ERP）、供应链管理（SCM）、客户关系管理（CRM）、企业资产管理（EAM）、项目管理（PM）以及商务智能（BI）软件等，提供企业内外供应链管理、计划控制、客户关系管理等业务运作的支持。国内主要经营管理类软件厂商包括用友、金蝶、浪潮、神州数码、利玛等。

（2）产品研发类软件

主要包括计算机辅助设计（CAD）、计算机辅助工程（CAE）、计算机辅助工艺规划（CAPP）、计算机辅助制造（CAM）、产品生命周期管理（PLM）等系统。提供覆盖产品生命周期的设计和制造技术，并为企业的其他业务系统提供基础支持。国内主要产品生命周期研发类软件厂商包括 CAXA、艾克斯特、武汉开目、山大华天、清软英泰等。

（3）生产控制类软件

包括覆盖生产全流程的制造执行系统（MES）和过程控制系统（PCS）。实现对制造设备、底层数据采集设备、控制设备的管理以及车间级的生产计划与执行过程控制、质量管理等功能。国内主要生产控制类软件厂商包括石化盈科、浙大中控、上海宝信、和利时、上海新华等。

（4）集成与协同类软件

集成类软件为企业内部和企业之间业务应用软件系统的集成提供基础支持功能，通过提供相应的标准化、规范化的集成组件，实现应用软件系统互联的目标。协同类软件提供协同业务工作平台，支持企业内部（各个相关业务单元之间、企业各个分支机构之间）和企业间（企业与供应商、企业与客户、企业与协同设计开发商之间）业务的协同工作。主要软件包括协同产品商务（CPC）软件、应用服务提供商（ASP）平台、企业入口软件（PORTAL）等。国内主要的此类软件供应商包括复旦协达、北京慧点、点击科技、泛微软件、用友致远等。

2. 发展需求

国外巨头在工业软件应用中占据主导地位，国产工业软件品种较少，功能不全，缺乏核心技术的创新和突破。另外，国产工业软件的研发、推广应用的进度还跟不上工业发展和广大制造业发展的需求。

在管理软件领域，中国的企业只要有条件的都采用管理软件，规模和水平差距很大。管理软件进入的门槛不高，但关键技术主要由国外几家大公司，像 SAP、甲骨文所掌握。要用好管理软件就要跟中国的文化背景密切配合，国内软件厂商更熟悉国内背景，可以提供更好的、性价比更高的服务。

在未来十年当中，随着新的管理模式和管理思想的出现，国内工业软件厂商要占得更多的市场，就需要进行技术创新，突破关键技术，结合国内环境研发拥有自主知识产权和核心技术的软件产品。

3. 战略意义

目前，中国正在努力从世界顶级的制造中心变为创新国家，"自主创新"是中国国内持续发展的迫切需求。随着中国制造业面临着全面的结构调整和升级转型，只有借助新的技术和应用才能带来新的机会。

随着我国传统制造业、汽车、石化、电力电子和航空航天等行业的快速发展，工业化的需求已经非常迫切。从工业产品的研发和设计，制造设备自动化，到企业的经营管理和决策，都需要信息系统的强大支撑。只有在明确工业软件发展思路，突破关键问题的基础上，大力发展国内工业软件，才能够使工业软件作为技术力量去驱动工业化和信息化的融合，只有这样才能确保"两化融合"健康、持续地发展。

4. 技术发展现状

随着我国信息化和工业化的不断发展和融合，工业软件也在更多的企业得到了越来越广泛的应用。从我国当前的工业化程度和软件发展状况来看，工业软件的开发和企业的应用两方面总体上落后于国外，但是，有很多的民族软件品牌正在崛起，整个市场也将迎来更多的发展机遇。下面分别介绍几类工业软件的发展现状。

1）嵌入式软件的发展现状

嵌入式软件广泛应用于网络通信、消费电子、医疗电子、国防电子、工业控制、安防系统、电力系统和交通系统等领域。嵌入式软件中的关键技术，涵盖了从操作系统到嵌入式软件的设计、开发和测试的各个阶段的关键技术[10]。嵌入式软件典型应用领域如表 5-2 所示，其中通信、消费电子和计算机仍是嵌入式软件的主要应用领域。2006～2008 年中国嵌入式软件产业规模与增长现状如图 5-5 所示①。

表 5-2　嵌入式软件细分行业领域规模与增长率

	2007 年/亿元	2008 年/亿元	同比增长率/%
网络通信	635.4	746.8	17.7
金融电子	123.8	143.9	16.2
交通电子	103.5	122.7	18.6
消费电子与数字家庭	515.8	603.0	16.9
工业装备电子	91.4	110.0	20.5
医疗电子	35.8	40.2	17.9
能源电子	53.1	61.4	15.6
安防电子	18.3	22.2	21.4
其他	235.4	265.6	15.8

① 赛迪顾问，《2008～2009 年中国制造业 IT 应用市场研究年度报告》，2009 年。

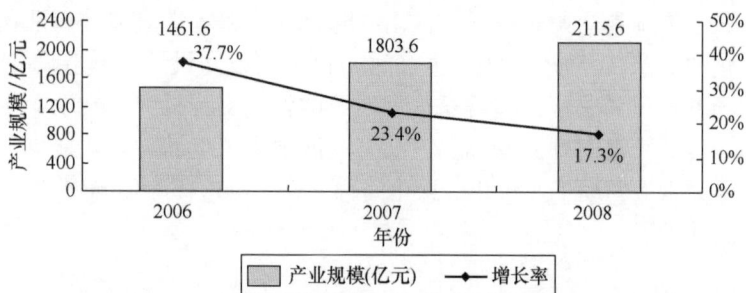

图 5-5　2006～2008 年中国嵌入式软件产业规模与增长

　　全球嵌入式系统普及度正在加大，应用范围遍及生活和生产各个领域，2007 年，全球嵌入式软件市场规模达到 3555.3 亿美元，同比增长达到 16.3%。2007 年，中国嵌入式软件产业规模达到 1803.6 亿元，同比增长 23.4%①。

　　随着信息化与工业化的融合，机械制造、汽车电子、医疗电子等工业行业对嵌入式软件的需求不断增加。包括嵌入式工业软件和芯片在内的嵌入式系统对于提高工业产品的数字化、智能化水平有较大作用，目前在国内外均处于高速发展的时期。由于我国在高端嵌入式芯片领域的整体技术水平和国外仍有一定差距，因此对于提高我国工业产品的技术含量和产品价值而言，嵌入式软件的发展仍有很大潜力。目前，我国在这一领域已经积累了一定的技术基础，如果重点发展，就有可能在短期内对我国的汽车、手机、数字家电、数控机床等工业产品整体水平的提升产生较大的促进作用。

　　2）经营管理类软件

　　我国经营管理类软件的应用日益深入，许多企业不同程度的实施了 ERP、CRM、SCM 等管理系统，同时，各单位对经营管理软件的认识日益成熟。一方面，不再盲目推崇国外产品，对国产软件表现出了足够的信心和耐心；另一方面，对管理软件的选择更为理性，通用化的产品已经不再是市场的主流，行业化、个性化、易用化的产品成为市场热点，一些企业还会聘请专业咨询公司，参与产品选型和策略制定，对产品性价比、投资回报率进行分析。

　　目前，国内经营管理类软件的高端市场还仍然基本被 SAP 等国际软件巨头所占据。但国内经营管理类软件厂商在产品研发上经历了学习、吸收和结合国情自主开发等几个阶段后，已逐步成熟起来，并成为国内市场上的主力军。国产软件产品由于实用、易用、实施周期短、风险低、见效快等特点，已受到越来越多的国内企业的青睐，一些世界著名跨国集团的在华企业也选择了中国本

　　① 赛迪顾问，《2007～2008 年中国嵌入式软件产业发展研究年度报告》，2008 年。

土的软件产品。图 5-6 显示了 2004～2008 年我国管理软件市场的销售额和增长率，从中可以看出我国管理软件的市场需求很大，并且处于快速增长期。

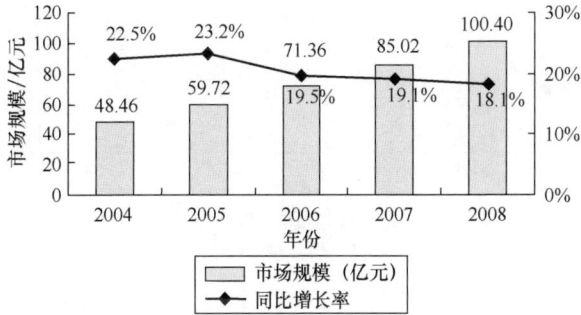

图 5-6　2004～2008 年中国管理软件市场销售额与增长率①

3) 产品研发类软件

经过多年的推广，我国产品研发类软件应用领域不断拓展。目前，汽车/零部件、工程机械、航空/航天、电子/通信、电气/家电、通用机械等离散行业仍是主要的应用领域，而快速消费品、制药、钢铁等流程制造行业正成为产品研发类软件应用的新兴市场。

在二维 CAD 方面，国产二维 CAD 软件已经基本能够满足大部分企业的需求。在三维 CAD 方面，国内软件厂商经过多年的自我发展和国际合作，已经积累了一定技术基础，能够开发出满足企业部分需求的三维 CAD 软件，并且也在国内企业得到了较好的应用。但在部分基础理论（如计算机图形学）的研究方面以及整体的技术与应用水平上，与国际先进水平还有较大的差距。

在用于大规模集成电路设计的 EDA 软件和计算机辅助工程（CAE）等软件中，国产软件发展还较为落后，市场基本被国外软件公司所占据。

这一领域较为特殊的一类软件是计算机辅助工艺规划（CAPP）软件。由于欧美国家的工业体系和自动化水平与我国有较大差异，因此欧美国家均没有重点发展 CAPP 软件。此类软件市场基本被国产软件厂商占据，并且也得到了较好的应用。图 5-7 显示了 2005～2008 年我国产品研发类软件市场的销售额和增长率。

4) 生产控制类软件

以支持生产过程控制为主的软件，大致可分为两类：一类是制造执行系统（MES）；另一类是工业自动化控制系统，包括集散控制系统（DCS）、过程控制

———————————

① 赛迪顾问，《2008～2009 年中国制造业 IT 应用市场研究年度报告》，2009 年。

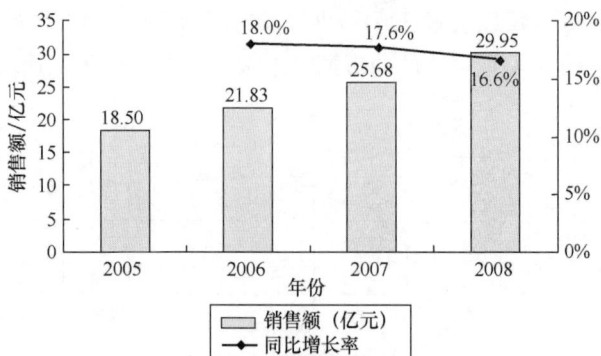

图 5-7　中国产品研发类软件市场销售额与增长率①

系统（PCS）以及可编程逻辑控制器（PLC）等。

（1）MES 软件

MES 是一个面向工厂制造级的生产管理控制系统，它通过计划监控、生产调度实时传递生产过程数据，对生产过程中出现的各种复杂问题进行实时处理，对生产制造起到了关键的作用。ERP-MES-PCS 三层架构模型将企业经营观点贯彻到现场的操作层面，强化产品的质量控制，将散落在工厂内各工序的生产现场信息贯穿起来，进行全厂的横向管理，将底层执行情况实时传递给决策人员，使制造现场的管理更加透明化、可视化、实时化及规范化，实现了生产控制自动化与制造管理信息化的融合。在 MES 软件应用方面，大型 MES 应用还主要被国外的厂商占据，我国 MES 软件厂商近年来在面向行业的 MES 系统开发与应用上发展迅速，例如，宝信软件在钢铁行业、中软公司在烟草行业、大连华铁海兴在装备制造行业的 MES 系统开发和应用上均取得了非常好的成果。图 5-8 显示了 2006～2008 年我国 MES 软件市场的销售额和增长率。

（2）工业自动化控制系统

我国工业自动化控制行业的发展有极大的空间，也正面临着快速发展的各种机遇和挑战。一方面，传统工业的技术改造、国民经济的持续快速增长及大型项目的投资等因素催生了对工业自动化控制产品的大量需求，同时国家政策坚持自主创新、鼓励发展工业自动化控制产业的政策，以及经济全球化大大拓展了市场空间，也为自动化控制产业的发展带来良机。另一方面，我国的工业自动化控制行业由于起步较晚，国内市场呈现国际化的特点，Honeywell、Yokogawa、Rockwell、Siemens 等国际知名公司均在国内设有分、子公司或办事处；跨国公司凭借其资本优势和技术优势，在国内重大工程项目、智能现场仪表等

① 赛迪顾问，《2008～2009 年中国制造业 IT 应用市场研究年度报告》，2009 年。

高端工业自动化业务领域占有主要市场份额。

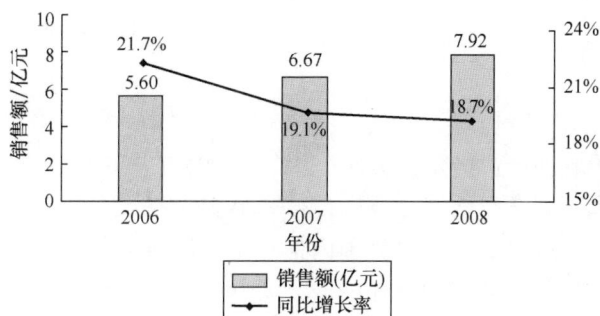

图 5-8　2006～2008 年中国 MES 软件市场销售额与增长率①

　　随着我国千万吨级炼油、百万吨级乙烯、百万千瓦级核电与火电等重大工程的大量建设，自动化系统的需求日益增加，工业自动化控制系统在国民经济中的战略地位也日益突出。目前重大工程自动化控制系统大多依靠进口的现状，给国民经济的战略安全带来隐患，因此需要高度重视重大工程自动化控制系统的国产化，建议将其列入重点发展计划。

　　5）集成与协同类软件

　　从 2003 年开始，集成和协同类软件已成为用户应用软件采购的最大热点，2005 年全球协同软件市场的营业额将近 500 亿美元，2006 年其市场规模大有赶超 ERP 之势，当前，企业在广泛应用各种系统的同时，使用集成类软件和协同类软件的需求不断增强。

　　图 5-9 显示了 2004～2008 年我国协同类软件市场规模。

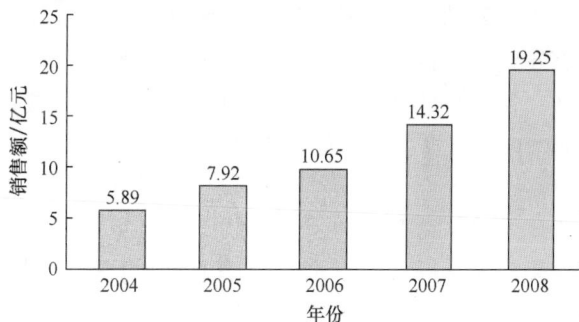

图 5-9　中国协同类软件市场规模②

---

①　赛迪顾问，《2008～2009 年中国制造业 IT 应用市场研究年度报告》，2009 年。
②　计世资讯，《2009 年中国管理软件发展状况调查报告》，2009 年。

5. 存在问题

1）嵌入式软件

（1）品牌效益有待提高

当前，我国软件产业仍以中小企业为主，2009 中国百家软件企业前 10 家软件企业收入总和不到全球软件百强排名第一企业的 30％，相比国际知名品牌企业仍有较大差距。应该看到，尽管国内信息化市场潜力很大，但对细分领域的市场开拓不够，特别是基于制造业的嵌入式软件、面向跨国公司和传统行业的软件服务外包市场仍有待进一步挖掘。

（2）高端产品的开发实力仍然薄弱

目前，我国软件产业在全球软件产业链中基本处于中下游环节，企业更多的是从事应用软件研发，缺乏核心技术，特别是系统、平台等基础软件的开发能力缺乏技术的积累。

在嵌入式软件领域，竞争主体呈现明显的两极分化现象。在嵌入式操作系统、数据库和开发工具等平台软件中，国外品牌占据了绝对优势，国内高端市场基本上由国外品牌的软件占有，本土品牌虽有少数参与者，但在应用规模上无法与国外品牌进行竞争；而在应用软件这一端，本土厂商在各个细分领域内都有相当企业占据主流地位。高端市场包括一些国家级的大项目、大型企业的主生产线控制等，其特点是装机数量少，但单机销售额大。

（3）产业标准极度匮乏

在国内，嵌入式软件主要依赖于终端制造厂商自身的研发水平，各个领域非常分散，因此每家企业都开发了各自的平台。此外，做嵌入式软件的企业规模都不是很大，重复开发的现象普遍存在，致使这些平台难以形成一个共享的标准开发平台，这导致了国内嵌入式系统产品缺乏标准性，这也是导致国内嵌入式软件开发企业在巨大的市场需求面前，发展速度依然缓慢。同时，嵌入式系统开发周期时间长、售后维护复杂也导致了国内嵌入式软件开发企业发展缓慢。

（4）产业结构体系仍欠完善

以嵌入式软件领域为分析重点，其产业结构体系的不完善表现如下。

一是区域发展不平衡。中国的嵌入式软件产业集中度较高，呈现出严重的不平衡发展态势，从产业的区域分布来看，全国的嵌入式软件产业主要集中在广东、北京、上海、江苏、浙江等少数省市。从企业分布来看，华为、中兴、大唐电信等电信设备制造企业占据了市场的大部分份额。

二是产业结构不完整。中国的嵌入式软件产业偏重应用软件，在基础的嵌入式操作系统和开发平台等领域缺乏竞争力。由于大部分处理器芯片和操作系统的核心技术掌握在国外厂商手中，中国的嵌入式企业部分集聚于嵌入式应用领域，对嵌入式操作系统等基础软件投入不够，市场上的嵌入式基础技术与开发平台大部分为国外品牌所控制。

三是产业协同不够。尽管产业规模很大，但中国嵌入式软件产品主要依赖于终端制造厂商自产、自销、自用，市场化、专业化和社会化程度较低，终端产品制造商各自为战，对嵌入式软件需求千差万别，产品标准化程度低，嵌入式系统开发人才短缺，大大提升了嵌入式软件生产企业的成本。

四是应用领域范围非常局限。从应用分布来看，主要集中在通信设备（包括交换机在内的基础通信设备和包括手机在内的移动通信终端设备）、医疗、汽车和消费电子领域。

（5）公共技术开发平台亟待构建和完善

目前，国际上自由软件运动发展迅速。在嵌入式软件领域，GPL（通用性公开许可证）概念正对嵌入式软件产业产生深远影响。嵌入式 Linux 多种原型的提出，和 GNU（通用公共许可证）软件开发工具软件的实用化进展，正为我国加快发展嵌入式软件技术提供了极好机遇和条件。此外，开放源代码的、基于 Java 的可扩展开发平台 Eclipse，其灵活的技术和授权模式使得嵌入式供应商能创建用户友好的嵌入式工具。在过去几年中，大部分嵌入式开发人员已经转向 Eclipse 作为他们选择的平台方案。大多数实时操作系统供应商拥有 Eclipse 开发环境，而且大多数芯片/内核供应商已经为那些希望开发自有架构的软件开发人员提供 Eclipse 链接。这些开源技术的发展，为构建嵌入式软件公共技术开发平台提供了良好的基础。

2）经营管理类软件

（1）软件的可配置性较差

国产软件和国际先进软件最核心的差距表现在软件的可配置性上，即普遍存在"软件不软"的问题。以 SAP 为例，它内置了 ABAP/4 开发平台，几十年来，SAP 在这个平台上完成了它的 ERP 产品系列的建设，而且现在还在不断发展。SAP 在实施时，软件本身基本上不会有改动，只要经过合理的配置基本都能达到目的。在这方面，国产软件就要差很多。国内的 ERP 厂商，过于重视底层开发平台的选择，诸如采用 Java、C♯等，但真正花在对 ERP 基础研究和软件构架设计上的精力不够。客户定制时，配置选择太少，常常需要修改标准程序。而且，国内 ERP 软件几乎都没有内置的开发平台，虽然大多有接口，可以在外部进行二次开发，但由此增加的集成难度往往成为实施失败或效果不佳的直接原因。

（2）售后服务不足

国内管理软件厂商现在还停留在卖产品上，对于软件产品的咨询、服务关注不够，难以满足客户需求。以 SAP 为例，它在全球的合作伙伴、咨询公司、培训机构数量非常惊人。单在中国，SAP 认可的咨询合作伙伴有 29 家，技术合作伙伴有 8 家，辅助软件合作伙伴有 4 家，托管合作伙伴有 3 家。国内的管理软件厂商，主要都是自己做销售和实施，在客户增加后，难免在技术支持和服务方面跟不上，从而影响软件的应用和推广效果。

（3）管理观念转变滞后

经营管理类软件的研发和应用不仅仅是一个软件项目，更是一个管理项目。国外先进的软件产品都包含了一些管理模型，可以根据企业的实际需要指导企业的经营管理工作。大多国内企业只是将管理软件的开发和应用作为一项技术工作处理，认为管理软件的实施是纯技术问题，结果在开发系统和实施系统时因缺少管理人员和业务人员的参与而步入误区。

3）产品研发类软件

（1）PDM/PLM 总体应用水平不高

与北美等地区的成熟市场相比，我国制造业对 PDM/PLM 软件投资力度不足，同时，对咨询服务的重视程度亟待提高。咨询服务对于制造企业应用 PDM/PLM 技术实现企业整体的信息集成，获得突出的投资回报有着至关重要的作用。

（2）投资回报率不高

许多军工企业实施产品研发类软件与军品型号开发项目挂钩，在应用方面很少考虑投资回报率，造成部分重复投入。很多制造企业还存在诸多信息孤岛和数据转换的问题，导致产品研发类软件的投资还没有获得显著回报。

（3）应用极不平衡

大型企业、军工企业的投资力度总体较高，是产品研发类软件，尤其是 CAE 软件的最大用户，而且购买的产品主要是国外软件。而众多的中小企业由于缺乏资金投入，在 CAE、PDM/PLM 等复杂应用上还停留在初级水平，明显落后于大型企业和军工企业。

（4）存在很多技术难点

在当前国产软件中，PDM/PLM 配置的变更管理、CAE 软件多学科联合仿真与优化、仿真数据和流程管理以及产品研发类软件与经营管理类软件的集成协同等问题仍然是困扰产品研发类软件开发和应用的疑难问题。

4）生产控制类软件

（1）MES 软件

① 标准尚待统一。由于缺乏统一的 MES 技术标准，国内 MES 产品从功能、接口、开发、实施、维护等方面呈现"百花齐放"的局面，影响了 MES 产品本身的技术性能，也影响了 MES 与周边系统平滑衔接的性能，加大了系统开发、应用和维护的成本，与国外同类 MES 产品竞争缺少优势。

② 产品化技术尚不成熟。整体架构体系尚不完整，基本功能不完善，缺乏过程管理与优化等面向典型行业的核心模块。特别是针对离散制造业，目前还未解决好数据的收集与系统集成等问题，与国外产品相比差距较大。

③ 集成性尚待解决。由于缺乏统一的工厂数据模型，MES 各功能子系统之间以及 MES 与企业其他相关信息系统之间缺乏必要的集成，导致作为承上启下作用的 MES 功能很难发挥重要的作用。

④ 通用性和可配置性较差。现有系统通常针对特定需求定制开发，很难应对企业业务流程的变更或重组；由于缺乏基于工厂数据模型的数据集成技术，系统的可配置性、可重构性、可扩展性较差，严重制约 MES 系统的推广应用。

⑤ 智能化优化技术程度不高。现有 MES 大多只提供了一个替代人工的数据集成、业务集成系统平台，如何在大量实时信息的基础上进行优化，比如怎样实现国外应用较多的高级排产 APS、带有模型的生产过程优化等，与国外产品相比尚有不小的差距。

（2）工业自动化控制软件

① 高端市场被国外产品垄断。目前，国产自动化控制系统主要集中在中低端市场，而石化、火电、核电等重大工程的高端控制系统市场基本为进口产品所垄断。例如，石化行业主装置的自动化控制系统被 Honeywell、Emerson、Yokogawa 等进口产品垄断；火电方面，在超临界机组和 1000 兆瓦机组方面，还全部被进口产品所垄断；核电方面，虽然我国的核电站已有了相当长的运行时间，积累了近百个堆年的运行经验，在运行管理方面已达到了国际先进水平，但百万千瓦级核电站自动化控制系统全部为国外产品，国内只有和利时、上自仪等几家企业承担过核电自动化项目，但其核心主装置的自动化控制系统仍被进口产品所垄断。

② 国产软件的整体能力较差。国产自动化控制系统在不少应用领域取得了一些业绩，在某几个关键点上基本具备了与国际主流控制系统在高端应用同台竞争的能力。但总体上来看，整体能力还有所欠缺，主要体现在平台化程度、产品化程度、应用基础研究、工程设计与实施技术等方面。特别在同时满足大

规模、快速性、安全性、开放性等综合指标方面还有欠缺；产品的行业整体解决方案与国外相比还有较大差距。因此，急需国家支持进行大型自动化成套控制系统的研究，突破重大工程的应用瓶颈。

5）集成与协同类软件

当前，国有大型企业基本使用了大型的、成套的信息系统，各种系统间能够无缝集成和互操作，对于早期的遗留系统也进行了集成和数据转换，但在中小型企业，由于资金的投入限制，各种简单的信息系统不能够有效的集成起来，不能完全发挥信息化的作用。在我国的集成软件市场，开发功能强大的集成软件平台和集成开发工具对于提高我国集成类工业软件有重大作用。

协同软件平台会成为企业信息化最基础的架构平台之一，甚至成为企业应用软件的枢纽平台。目前绝大多数公司不能实现充分的工作协同，只能对仅仅 20% 的企业信息资源进行真正的优化与管理，而另外 80% 的有用资源，尤其对企业至关重要的客户信息，则分别保存在电子邮件里、内发的文件中、从网络下载的各种页面上，以及由企业应用程序生成的报告里，不能产生价值。协同软件的主要应用需求点，以前集中在邮件通信、即时消息和日程管理等方面。现在的应用需求，主要集中在协同平台的开发以及协同模块的集成应用上。

5.4.2 关键技术

1. 关键技术问题

针对上述问题和需求，列举五项面向支持工业产品全生命周期软件的关键技术，并介绍其发展现状。

1）建模技术

模型是客观的抽象，是对客观现实经过反复思维抽象后得到的文字、图表、符号、关系式和实体模样的集合。在工业领域所涉及的模型，包括企业模型和产品数据模型。

2）仿真技术

通过建立模型，人们得到了客观事物的抽象，能够很好地刻画和描述客观事物。在此基础上，通过仿真技术的运用，能够体现模型的真正价值。

仿真技术是通过在计算机中建立实体模型的虚拟环境，来模拟和测试实体的各种假设条件和参数等的一种技术。仿真有很多优点，可以模拟各种现实场景、量化性能和绩效，能够节省大量的资金投入，极大降低决策的风险。它是分析、诊断和优化企业经营管理和复杂生产系统的有力工具。

3）构件技术

构件技术是指通过组装一系列可复用的软件构件来构造软件系统的软件技术。通过运用构件技术，开发人员可以有效地进行软件复用，减少重复开发，缩短软件的开发时间，降低软件的开发成本。构件技术在互联网时代突飞猛进，已经为实现软件复用的理想，解决软件危机带来了曙光。

面向构件技术对一组类的组合进行封装，并代表完成一个或多个功能的特定服务，也为用户提供了多个接口。整个构件隐藏了具体的实现，只用接口提供服务。这样，在不同层次上，构件均可以将底层的多个逻辑组合成高层次上的粒度更大的新构件，甚至直接封装到一个系统，使模块的重用从代码级、对象级、架构级到系统级都可能实现，从而使软件像硬件一样，实现由人装配定制。

目前主流的软件构件技术标准有：微软提出的 COM/COM＋、SUN 公司提出的 JavaBean/EJB、OMG 提出的 CORBA。它们为应用软件的开发提供了可移植性、异构性的实现环境和健壮平台，结束了面向对象中的开发语言混乱的局面，解决软件复用在通信、互操作等环境异构的瓶颈问题。

4）中间件技术

中间件是基础软件的一大类，是一种独立的系统软件或服务程序，分布式应用软件借助这种软件在不同的系统之间共享资源。中间件处在操作系统、网络和数据库之上，应用软件的下层，总的作用是为处于自己上层的应用软件提供运行与开发的环境，帮助用户灵活、高效地开发和集成复杂的应用软件。中间件技术是一种软件集成与重用的重要技术，是提高软件生产效率的有效方法。

中间件分为两大类：一类是底层中间件，用于支撑单个应用系统或解决单一类问题，包括交易中间件（TPM）、应用服务器（WAS）、消息中间件（MOM）、数据访问中间件（UDA）等；另一类是高层中间件，更多用于系统整合，包括企业应用集成中间件（EAI Suites）、工作流中间件（Workflow）、门户中间件（Portal）等，它们通常会与多个应用系统打交道，在系统中的层次较高，并大多基于底层中间件运行。

在工业软件的运用中，异构环境下的数据集成仍然是最主要的问题。发展中间件技术，能够有效地屏蔽异构环境，解决软件之间的互操作。同时，通过中间件提供简单、一致、集成的开发和运行环境，简化分布式系统的设计、编程和管理，这些使得软件的应用通过复用、松耦合、互操作（标准）等机制来提高软件质量，加快软件研发效率，使研发出来的产品能够相互集成并灵活适应变化。

中间件技术发展的动向是更加适应应用系统的要求，贴近应用，与应用的发展同步。对于工业软件而言，研究中间件技术，开发相应的中间件，能够有效解决工业软件中互操作和开发复用等问题。

5）软件生产线技术

软件在各种环境中的适应能力是评价软件的非常重要的方面，而产品线技术通过类似搭积木的方式来构建需要的软件产品，以满足特定用户的特殊要求，通过这种方式来很好地保证软件产品的适应能力。正因为在软件产品之间充分共享公共的特性，进而充分实现了软件生产的高效率，软件生产线技术才成为成功的实践。

软件生产线技术是通过描述性的方式来把各个公共的部分组合成一个完整的系统。软件生产线技术可以很好地满足目前客户对软件客户化越来越高的要求。然而，同样软件生产线技术也存在一定的风险，使用生产线模式需要公司建立一个全新的技术框架，并且组织和管理方面的障碍往往因为容易被忽视而变得很难克服。在企业内部构建软件生产线并且应用到实际的开发过程中，除了需要做很多的技术上的工作外，还需要考虑技术管理和组织管理等很多方面的问题。另外在应用软件生产线技术的过程中，无论是为了在开发过程中对技术进行管理和监控，还是为了对正在生产的软件产品分析通用的功能组件，上面所说的问题都是存在的。对一些组织结构不够健全的企业来说，需要有足够的智慧来预防和克服应用可能失败的危险。

2. 技术发展趋势

随着企业信息化程度的进一步加深，以及各种新技术的出现与应用，工业软件在技术上呈现出网络化、可信化、服务化、工程化和体系化的发展趋势。

1）网络化趋势改变应用与技术模式

信息技术正处于"以机器为中心"向"以网络为中心"的重大变革期，网络化成为软件产业中最具影响力的发展趋势。跨平台的面向网络的软件开发和应用技术正在成为新的研究热点，随着网络服务标准的成熟，新一代软件将基本以网络为中心来实现各种复杂的分布式应用。

SaaS 便是软件网络化趋势下兴起的创新的软件应用模式。面对这种创新的软件开发和应用模式，工业软件作为计算机软件一个大的领域应用和分类，在这种模式下也寻求着新的突破和发展。在工业软件 SaaS 化中，企业经营管理类软件的发展趋势最大，目前也达到了一定的市场规模并逐步扩大，其他类型的支持产品制造过程的工业软件是否适合 SaaS 的新模式应用，还在一个探索和发展阶段。

2）可信化成为网络软件应用的关键

随着软件规模越来越大、软件层次越来越复杂，以及应用领域的不断拓展，以服务的安全性、可用性和服务质量保证等为核心的高可信技术成为网络软件应用的关键；采用新的软件工程方法开发可信的基础软件平台及应用软件，提高网络软件的安全性和可靠性。

3）服务化趋势改变软件产业格局

在软件产业领域、在用户端，无论是企业信息化所用到的工业软件，还是社会信息化用到的各种应用软件，解决"信息孤岛"，实现互联互通，实现系统集成以及提升数据的智能化是最多的问题；在构建应用的开发端，最多的问题是如何提升软件开发的效率，如何满足用户不同的需求以及如何提高构建应用的成功率。

面向服务的软件体系结构能够使这些问题得到解决。SOA 思想让软件开发的快速性、灵活性、可重用性得到了大的提升，使软件开发中模块化、柔性化特点得到质的发展。互联网的广泛应用使各类软件产品以服务的形式向最终用户提供成为可能。未来绝大部分应用都将通过 Internet 提供服务，软件服务化将在绝大部分应用软件中普遍实现。软件服务将使目前的软件授权、开发、维护方式发生巨大变化，软件应用模式和商业模式也将随之发生改变。

4）工程化趋势推动复用技术和构件技术发展

网络化、服务化和国际化的发展趋势，使得软件更加复杂，开发难度增加，充分利用软件复用和软件构件技术是解决软件危机、提高软件开发效率和质量的有效途径，有助于实现软件的工程化、工厂化生产。未来大部分软件开发和部署将以复用和构件技术为基础来实现。

5) 体系化竞争加速软件平台的发展

随着互联网的不断发展和计算应用的不断拓展，分布、并发的复杂应用，以及互通、互联、互操作的应用需求促进功能更加丰富、屏蔽操作系统具有特性的中间件等支撑技术得到快速发展，并形成较为完整的软件平台体系。软件的竞争已从产品竞争发展成体系竞争，软件平台体系将发展成为网络环境下各种应用的支持基础。

5.4.3　技术路线图

在工业软件关键技术的研究和突破中，一方面需要立足发展现状，弄清当前我国工业软件发展中存在的问题和发展需求；另一方面需要将基础理论研究和实际应用结合起来，运用最新的技术，解决工业软件中存在的问题，提高工业软件在两化融合中的基础核心价值。

1. 发展目标

（1）自主创新，突破软件核心技术，发展民族品牌

国产工业软件品种少，功能还不是很全，国外巨头占据主导地位，核心技术也有待于国产企业进一步创新和突破，国产工业软件的研发、推广应用的进度还跟不上工业发展和广大制造业发展的需求。

在未来的发展中，国产工业软件要投入大量资金和人力在技术创新上，突破关键技术和核心技术，研发功能强大、易用好用、性价比高的产品，与国际品牌抗争。

（2）实施重大专项，由技术驱动向应用驱动转变

从国家政策和行业制度来讲，优先安排对扩大内需作用直接、能尽快形成产业化能力的软件项目，实施重大专项，提高基础软件自主创新能力，能够对我国工业软件的发展带来根本性的进步。

从我国施行"八五"、"九五"、"十五"、"十一五"以来，我国软件发展基本上都是技术先行，现在要由技术驱动向应用驱动转变。工业软件首先具有的是其在工业范围内的特点，同时它也是软件，需要从软件技术支持它的发展。这就要求工业软件在发展时，工业界与软件界必须进行合理分工。现在，越来越要求软件回归到理性，把软件放在支撑的位置上而不是指导地位。工业软件的定位需要定位在工业范畴内，以市场需求、工业化发展为导向，去发展工业软件。

（3）面向国际，开发行业基础平台软件和解决方案软件

国外软件企业善于把需求通用化，他们做操作系统、数据库和通用应用软

件等。中国软件企业的最大软肋是不善于把需求通用化、平台化,所以尽管多年服务于中国信息化市场,有大量的行业资产,但是和国外巨头相比,国内软件企业的软件还不强不大。

我们要转变思想,善于把行业资产进行固化、通用化和平台化。只有把所有软件加在一起支持各种应用,支持互通互联,形成不同行业、不同应用的国产软件解决方案,这样在中国工业的快速发展中才会带动国产工业软件的发展,从而在未来中国也会出现世界级的工业软件公司。

2. 发展思路

工业软件发展的总体思路为:突破关键技术,并运用新技术解决应用难题,由技术驱动转向应用驱动去发展。下面分别针对工业软件的两大类,嵌入式软件和支持工业产品全生命周期的软件,给出其发展思路。

1) 工业产品嵌入式软件

① 重点研发嵌入式软件支撑平台,包括嵌入式操作系统和嵌入式数据库;

② 在平台基础上开发嵌入式软件开发工具,为嵌入式软件开发提供优秀的基础开发平台;

③ 研究软件测试技术,提高嵌入式软件的应用效率和稳定性;

④ 开展嵌入式软件不同应用模式的研究,包括面向互联网和移动通信网络的嵌入式应用,以及与物联网相融合的应用。

2) 支持工业产品全生命周期的软件

① 基于先进的企业生产组织模式,研究最新管理信息化技术,开发适合企业最新组织模式和管理理念的企业管理软件,包括企业资源计划(ERP),供应链管理(SCM),客户关系管理(CRM),产品生命周期管理(PLM),企业门户(Portal)、协同和电子商务等;

② 基于新一代企业集成架构,即面向服务的智能集成,研究企业集成技术和支撑软件平台技术;

③ 发展技术创新,将新技术逐渐运用在实际应用中,包括 SOA、云计算、SAAS 和物联网技术等,探索新技术给工业软件带来的机遇和发展。

3. 技术路线图

图 5-10 表示了工业软件作为"两化融合"的技术驱动力,其发展的技术路线图。

第十一个五年计划	第十二个五年计划	第十三个五年计划	第十四个五年计划	第十五个五年计划
2006~2010	2011~2015	2016~2020	2021~2025	2026~2030

突破关键技术
- 研究基于网络的智能嵌入式软件系统
- 构建企业多视图建模与仿真系统
- 构建可信的软件资源共享环境
- 建立生产线集成应用平台

运用新技术，由技术驱动转向应用驱动
- 发展云计算技术下的全新软件应用模式
- 发展面向服务的智能集成技术
- 构建支持整个服务网络协同的软件系统
- 基于物联网的工业软件应用框架

实施重大专项，支持自主创新
- 工业软件开发与工程建设同步发展
- 制定专项开发与运用，支持自主创新

环境建设
技术服务体系　技术开发体系

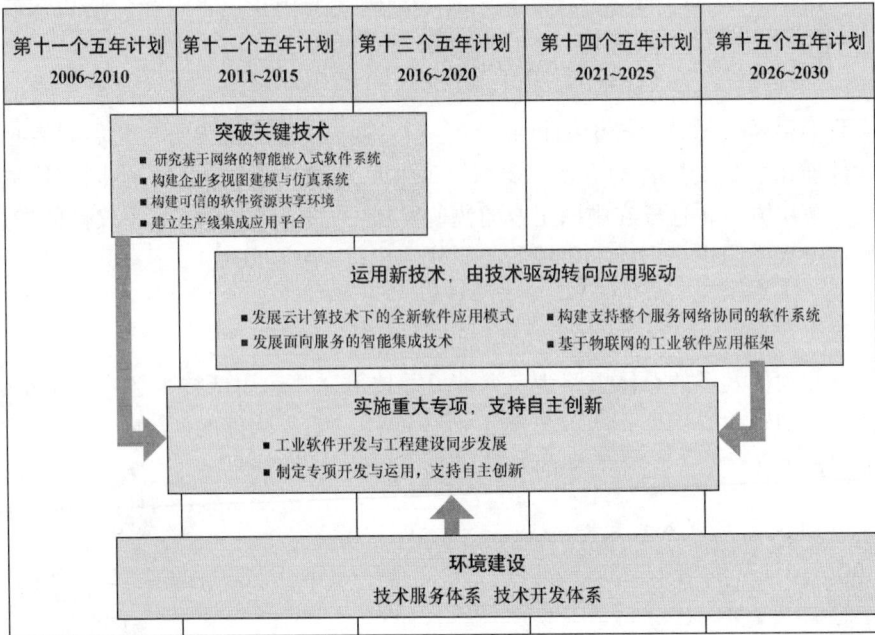

图 5-10　工业软件技术路线图（2010～2030 年）

5.5　工业过程检测、控制和优化技术

5.5.1　现状与需求

工业企业采用先进的信息技术，可以实现节能降耗、提高生产效率，增强在全球化经济形势下企业的综合竞争能力。无论是从保护环境、可持续发展的全局角度来看，还是从工业企业自身发展和技术进步的角度来看，都有非常重要的现实意义。

在石化行业，生产控制水平逐渐从低级的单回路控制技术发展到高级的复杂系统控制。DCS、FCS、APC 等控制技术和设备广泛应用于石化行业的大中企业；小型骨干化工企业主要产品的主要流程也已具有比较成熟的控制系统和低成本自动化成套技术，实现了生产信息在车间的集成。油品储运监测、油料物流、大型机组集散型在线状态检测和故障诊断、管道检测和数据采集等领域都有不同程度的信息技术应用；在冶金行业，大型企业普遍采用了较完善的自动化控制系统，在钢铁企业的烧结、炼钢、连铸、轧钢等主要生产工序和流程中，基本上普及了基本的自动化技术。生产工艺控制越复杂，基础自动化的程度就越高。

在这些流程工业企业中，工业过程的检测、控制与优化技术正日益发挥关键和核心作用。工业传感器是信息化的源头，为控制系统提供发展动力；控制系统是承载现代工业化发展的核心基础，为工业传感器提供技术牵引；优化控制技术则既是现场基础控制层与调度决策层的中间纽带，又是获得巨大经济效益的关键所在，因而备受青睐。这几方面的技术发展体现出极其紧密的相互依存、相互渗透和相互深化的关系。世界上许多国家正在不遗余力、不惜重金组织开展相关的研究。随着我国经济和高新技术产业的发展，现代仪器仪表技术和高端控制优化技术已成为国家的战略需求[11]。

1. 工业传感器和控制系统的战略需求

1）工业传感器

工业传感器具有多样性、边缘性、综合性等特点，涉及的学科原理多，需要多学科、多种高新技术配合。虽然工业传感器本身的绝对价值不高，但具有很高的附加效益，并具有不可替代性，它的发展可以推进甚至引领整个工业过程的发展方向和步伐。"两化融合"的发展正是推动工业传感器自主创新、形成工业传感器技术的积累和战略突破的良好契机，也是发展建立具有高度自主创新能力的现代工业体系所不可或缺的战略性布局。

（1）工业传感器敏感材料、生产工艺和工程化

单从工业传感器方面的专利申请上看，近年来我国针对该领域申请的各种专利已经有了非常快速的发展，目前需要重点解决的核心问题就是成果转化即工业传感器生产产业化问题，核心问题有以下三个方面[12]：

① 敏感材料问题。工业传感器的根本原理就是利用敏感材料的固有特性或二次功能特性，实现对外界信息的感知，所以没有好的材料就不可能有好的传感器。早在 20 世纪 80 年代，日本科学家就提出了传感器材料从单晶多晶材料到非晶态材料、从静态材料到动态材料、从单一材料到复合材料的发展问题。而我国在传感器材料方面的研究无论深度、宽度、水平和重视程度上都非常有限。为此，敏感材料已经成为发展和提升我国工业传感器自主研创能力的根本性制约因素。

② 生产工艺问题。先进、高效的传感器制造工艺是实现产业化发展的技术前提，如今国外先进的传感器制造已经向微结构微组分、纳米、膜、超精细加工等高新技术方向发展，这正是我国传感器制造领域极其薄弱并亟待发展的关键命题，也是导致我国的工业传感器难以和国外产品相抗衡、在高端传感器领域难以取得突破的根本原因。代表着高端制造水平的精密加工技术、精密装配

工艺是工业传感器自主产业化发展过程中需要重点突破的核心内容。

③ 工程化问题。工业传感器的工程化主要包括量产技术和测试技术，其根本目的就是在批量生产情况下控制工业传感器产品的精确性、稳定性、可靠性等性能，使之合格率达到商业化产业要求。其中，量产技术是工业传感器产业化的前提，测试技术是工业传感器产业化应用的基本保障，同时也是对传感器的制造进行优化完善的根本依据。当前，我国在工业传感器测试标准和技术方面与国外水平存在很大的差距，致使国内产品存在着一种非常普遍的现象：产品不稳定、一致性差，与国外产品相比缺乏竞争力。

（2）新型传感器技术

工业传感器遍及各种工业领域，随着工业技术的飞速发展，传感器也快速地从传统型向新型传感器转型。着眼于我国的长远发展需求和国外的发展前沿，在新型传感器技术方面需要重点开展以下研究[13,14]：

① 工业传感器的智能化、多功能化、网络化和微型化。新型传感器的特点是智能化、多功能化、网络化、微型化、数字化和系统化；对于我国的工业传感器特别是高端传感器，高精度、高灵敏度、高稳定性、高可靠性、低功耗、低成本是传感器领域亟待提升的关键，重点需要在传感器的微型化、仿生智能化以及无线通信和网络感知等方面寻求突破。需要强调的是，以 MEMS（微电子机械系统）技术为基础的微传感技术，在工业、农业、国防、航空航天、航海、医学、生物工程、交通、家庭服务等各个领域都有巨大的应用前景。随着微系统技术的发展，微传感器是个极具创新空间并且也是各国竞争研究开发的重点领域。

② 具有领域背景的工业传感器研究和应用。除了常见的温度、压力等工业传感器之外，目前我国各种中高端的传感器均被国外产品所垄断，尤其是当前发展非常迅速的生物医学工程、环境工程、汽车工业等领域，相关的传感器和检测仪表更是国外产品的天下，国内产品几乎没有市场空间，多数研究成果在我国尚未真正实用化。由于各种新型传感器领域都有巨大的发展应用需求和潜力，根据我国工业产业结构的宏观布局，研究并储备各重点领域的现代工业传感技术具有极其重要的战略意义。

（a）在食品卫生、生物医学工程领域中，迫切需要发展针对酶、免疫、微生物、细胞、DNA、RNA、食品添加剂、病原微生物、非成分异物排查、蛋白质、嗅觉、味觉等新型、微型传感器技术，实现公共卫生和食品信息的网络化、数字化，建立更完善的食品安全和生命健康的保障体系。

（b）在水环境监测和治理领域中，针对水源、污水迫切需要发展具有良好实用性和高稳定性的 pH、电导、浊度、COD、BOD、石油类、氰化物、氨氮、总氮、总磷、金属离子浓度特别是 Hg、As 等重金属离子浓度的新型传感技术和在线测量技术。

（c）在大气监测领域中，工业粉尘、烟尘、烟气、SO_2、NO、O_3、CO 等在线传感器大多数亟待开发。

（d）在汽车工业领域中，一个现代高级轿车通常需要几十种乃至上百种传感器，对温度、压力、位置、距离、转速、加速度、姿态、流量、湿度、电磁、光电、气体、振动等各种信息进行实时准确测量和控制不可缺少。目前我国自主研发的传感和控制技术水平还很低，随着我国汽车工业的发展，实现相关传感器国产化势在必行。

我国传感器产业要适应技术潮流，在核心技术研发、产业发展和普及应用等多个层面全面推进，抓住信息化的发展机遇，让传感器和检测仪表成为朝阳产业。

（3）多传感器融合技术

不同于单个或多个传感器的监测和测量，多传感器数据融合技术是对多个传感器测量结果在更高层次上的综合决策过程。多传感器数据融合的定义是：把分布在不同位置的多个同类或不同类传感器所提供的局部数据资源加以综合，采用计算机技术对其进行分析，消除多传感器信息之间可能存在的冗余和矛盾，降低其不确实性，获得被测对象的一致性解释与描述，从而提高系统决策、规划、反应的快速性和正确性，使系统获得更充分的信息，使许多不连续的分析过程连续化和自动化，完成实时、在线分析，实现高效率、快速度、无污染、大批量工业生产的目标。除国防军事外，多传感器数据融合技术还适用于自动化技术、机器人、海洋监视、地震观测、空中交通管制、医学诊断、遥感等领域[15]。

自 20 世纪 70 年代美国国防部率先开展多传感器融合技术研究以来，世界各国在该领域的研究和应用取得了显著的进展和成果，多传感器融合技术和应用平台在现代科学技术和自动化领域中的地位也日渐突出。我国在多传感器融合理论、模型和算法研究以及工程初步应用方面也取得了可喜进展。但总体而言，研究和应用的问题、对象与层次仍较局限，至今尚未形成一套完整的理论体系；许多工作仍属试探性、仿真性工作，正式投入使用的数据融合系统尚不多见；诸如传感器测量误差模式建立、复杂动态环境下系统实时响应以及多传感融合系统的有效性、安全性和可信性提高等关键技术问题亟须解决，多传感数据融合理论体系和平台架构亟须构建与完善。

2）工业控制系统和软件

自 20 世纪 90 年代以来，我国在中小型控制系统方面已取得突破性的进展，以 SUPCON、和利时等为代表的工控企业已成功实现了工控系统的自主产业化，我国的中小型控制系统和软件相比于国外同类产品已经基本没有实质性的差距，并逐渐取得了中小项目市场的主动权。但随着产业的发展，工业生产都向大型、特大型方向发展，我国也出现很多事关国计民生的重特大型"命脉"工程，如百万吨乙稀、千万吨炼油、百万千瓦核电、大型飞机等，遗憾的是我国自主的主控系统尚不能在这些"命脉"工程中扮演应有的角色。

（1）面向重特大型工程的自动化装备

在现代工业和 IT 技术的驱动和引领下，我国的工业控制系统和软件急迫需要在规模大型化、网络和接口的开放化、异构系统的互联性以及高速、高可靠性等方面取得突破，以提高装备对大型复杂工程的综合适用性[16]。

（2）具有自主知识产权的工业通信标准

以现场总线为核心的工业通信技术的出现将给控制系统体系结构带来一场革命。国家早在"九五"期间就支持成立了"中国机电一体化技术应用协会现场总线专业委员会"和"中国仪器仪表协会现场总线专业委员会"以推进行业工作。我国在现场总线的标准制定方面从无到有，特别是具有完全自主知识产权的 EPA 实时以太网标准已正式进入国际标准行列，使我国自动化行业在某些领域初步具备与国际跨国集团平等对话的权利[17]。

目前，我国急需进一步扶持具有自主知识产权的工业通信标准的研究和制定，特别是推动以 EPA 为代表的各种自主工业通信国际标准的工程化应用，尽快形成适度规模经济，才能真正拥有具有自主知识产权的技术核心，打破高端控制系统被国外垄断的尴尬格局，使我国自主的控制系统在国际舞台上真正占有一席之地，成为引领控制系统发展方向的一种力量。

（3）自主的工控软件产业

众所周知，"硬件"是系统的躯体，"软件"则是系统的灵魂。没有软件，就没有真正意义上的自动化和信息化，也就没有"两化融合"。

目前，我国的国产软件已呈现异军突起的态势。一方面是因为国产工业软件在本地化服务上有着自身优势，另一方面是我国工业不断发展壮大，大量的工业需求直接推动了国产工控软件的快速成长。目前，国内有近 10 家自动化软件公司已经在我国的软件市场上占有了一定的份额。但尽管如此，我国工业软件市场依然没有完全打破被国外软件所垄断的局面，相对于起步早 15～20 年的国外知名工业软件来说，我国市场对国产工业软件还很陌生，也没有培养出用户的良好使用习惯。特别是应用于重特大型工程中的中、高端软件依然被 iFIX、INTOUCH、WINCC、CITECT、CIMPLICITY 和 RSVIEW 等国外产品所垄断[18]。因此，推进国产工控软件的发展，尽快弥补国内工控软件和国外软件的差距，使国产工控软件产业能与国家需求相一致，有效保障我国工业生产乃至国家信息安全，也是"两化融合"工程的一项重大战略布局。

（4）通用工控设备

近年来，我国工业自动化产业已取得了长足的进步，部分国内企业已经在我国以及全球的工控领域建立了一定的竞争力，然而与国际先进水平和产业规模相比，还有很大差距。以工控设备中最典型的 DCS、PLC 和工业 PC 为例，除了中、小规模的 DCS 系统之外，大型 DCS 系统和几乎所有的 PLC、工业 PC 依然被国外产品所主导。

以我国重点发展的电力行业为例，我国电力系统相关的自动化市场基本格局就是：国家和省市级大型电网的建设和改造工程，其自动化系统基本上被瑞士 ABB、德国西门子等跨国公司所垄断，大电网系统的高技术、高可靠性要求，使得国内大多数企业没有实力承担，国内部分高科技企业仅仅能在地县级中小型电网工程中占有非常有限的一部分份额而已[19]。

（5）工业控制系统的整体设计和集成

改革开放为我国现代工业的建设和发展创造了良好的条件，大型乙烯工程、大型炼油联合装置、大型核电工程等一批大型工程项目的实施，为相关行业的技术进步和迅速发展提供了前所未有的机遇和挑战。但客观现实是，很多重大工程的工艺和主控系统等技术核心依然全部或主要依赖国外技术。如何实现从技术引进、工程建设到技术消化，真正提升我国自主的整体设计能力，也是一个需要正视和解决的问题。

此外，系统集成已成为自动化系统成套工程产业的新潮流，并逐步发展为工厂自动化系统集成和成套设备自动化系统集成两大应用类型。目前，我国的工厂自动化系统集成工作在生产单元自动化、生产信息集成等领域取得了较大的创新和发展，其中有的技术接近或达到国际先进水平。但从应用层次和应用规模上看，与我国现代化制造业企业以及重特大工程项目的集成生产和自动控制的需求还相差甚远，而与此同时，各跨国公司应用 CIMS 等理念和技术，已实现设计、制造、管理和经营一体化，进一步强化了垄断地位。

工业成套装备的核心在于通过工艺和设备系统集成、软硬件集成、机件的传动和控制集成，形成用户所需的整体功能和整套解决方案，是评价装备工业水平最直接和最明显的依据之一。目前，我国装备制造业工业成套集成能力依然薄弱，许多重大装备的工业成套集成技术被欧美等跨国公司所垄断，导致了我国装备制造业大而不强的局面。

工业传感器是工业化、信息化的基础；控制系统更是工业化的根本保证，也是连接工业化和信息化的纽带。总的来说，借助工业化和信息化的新浪潮，加强工业传感器产业相关新材料和新制造工艺开发，提升传感器的技术含量，扩大传感器应用范围，提升工业传感器的适用性、准确度和可靠性；重点突破新型传感技术，在微型化、智能化、非接触测量和 MEMS 等新型传感技术领域加强自主创新能力；拓展科学仪器、民生应用仪器等的研究和应用，加强基于新型传感技术和检测仪表的节能环保设备、医疗仪器设备、应急救灾设备的研究与开发，促进工业传感器在新应用领域中实现产业化和规模化发展；以工业信息化尤其是制造业信息化为重心，将现场总线、以太网、嵌入式技术等现代通信技术融合到工业控制系统及其软件产业中，切实提升控制系统的稳定性和实时性，增强控制系统的开放性和互操作性，促进工业控制系统的自身发展和信息化水平，提高系统对生产、能源以及环境等不同类型、不同层次技术需求的柔性适应能力等，都是加强创新型国家建设、提高我国的核心竞争力的重要技术手段和战略举措。

2. 先进控制与优化技术的需求

石油、化工、冶金等过程工业在我国国民经济中起着举足轻重的作用，近几年虽然有很大发展，但与发达国家相比差距仍然很大[20]。例如，我国炼油装置的轻质油收率比世界先进指标低约 $10\%\sim15\%$；乙烯、合成氨的单位能耗比先进国家高 40% 左右。过程工业的发展取决于多种因素，而工业自动化水平是一个十分重要的支撑因素。许多企业配备了集散控制系统（DCS），其中相当一部分 DCS 仅仅取代了常规仪表，要充分发挥 DCS 管理集中、控制分散、可靠性高的优势，进而彻底解决被控对象的高性能控制的难题，实现质量闭环控制和卡边操作的目的，单纯靠 DCS 本身提供的常规控制功能是很难做到的，需要借助先进建模、控制和优化技术。

在过程工业界，从 20 世纪 40 年代至今，采用 PID 控制策略的单输入/单输出简单反馈控制系统已成为过程控制的核心系统。这是因为 PID 控制算法是对人的简单而有效操作方式的总结和模仿，足以维护一般工业过程的平稳操作与运行，而且这类算法简单且应用历史悠久，工业界比较熟悉且容易接受。然而，单回路 PID 控制并不能适用于所有的过程和不同的要求。从 50 年代开始，逐渐发展了串级、比值、前馈、均匀和 Smith 预估控制等复杂控制策略，在很大程度上满足了单变量控制系统的一些特殊控制要求。但在工业生产过程中，仍有 $10\%\sim20\%$ 的控制问题采用上述控制策略无法奏效，所涉及的被控过程往往具有强耦合性、不确定性、非线性、信息不完全性和大纯滞后等特征，并存在着苛刻的约束条件，更重要的是它们大多数是生产过程的核心部分，直接关系到产品的质量、产率和消耗等有关指标。随着过程工业日益走向大型化、连续化，对工业生产过程控制的品质提出了更高的要求，控制与经济效益的矛盾日趋尖锐，迫切需要寻找合适的新型控制策略。先进的过程控制策略研究以及现有的控制理论和方法在过程控制领域的移植和改造应用越来越受到控制界的关注。

　　先进控制与优化技术的应用能为企业带来极大的经济效益，例如，兰州石化公司重油催化裂化装置引进美国 Honeywell 公司 RMPCT 多变量先进控制技术，年经济效益为 984 万元以上，齐鲁石化胜利炼油厂催化裂化装置采用美国 Aspen 公司 DMC Plus，年经济效益在 1236 万元以上，镇海炼化 PX 装置采用浙大中控的 APC-Suite，年经济效益在 1064 万元。在过程工业装置上应用的 DCS 系统，只有再配备先进控制与优化软件，才能充分发挥计算机的强大计算和智能功能[21]。根据统计数据，DCS、先进控制和优化等三项技术投资收益关系如图 5-11 所示：其中投资的 70% 用于购置 DCS，换回来的经济效益为 20% 左右，再增加 30% 的投资，得到的经济效益为 80%，其中先进控制技术的贡献是 50%，实时优化技术的贡献是 30%。

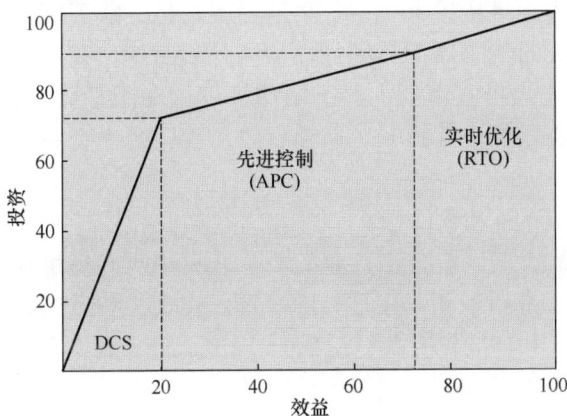

图 5-11　自动化技术的投资收益分析图

3. 工业传感器和控制系统的基本现状

（1）工业传感器

　　现代化工业生产向着大型、快速、高效、低耗、环保方向发展是必然的趋势，生产过程的最优化、智能化和无人化控制是这一发展趋势的重要标志。而工业传感器是感知、采集、检测物理量的部件，是高科技的"触角"，是一切工业产业实现自动化、信息化生产过程的信息基础。

　　目前，全世界约有 40 多个国家从事工业传感器的研制、生产和应用开发，已建立了包括物理量、化学量和生物量三大门类的工业传感器产业，我国也有近 2000 家企业从事工业传感器及其相关产品的研究、生产和应用开发，建立了传感器技术国家重点实验室、微米/纳米国家重点实验室等研发基地，形成了敏感元件和传感器产业雏形。近年来，国内工业传感器的研究和应用虽有发展，但远不能满足我国的战略发展需求。目前国内工业传感器与国外产品的差距主要体现在以下方面：科技创新和产业化进展缓慢、关键核心技术匮乏、低水平重复异常突出、产品稳定性和可靠性长期得不到根本性解决等。

从改革开放以来，诸如西门子、哈希、梅特勒、E＋H、欧姆龙等国外知名的工业传感器生产厂商都把各种工业传感器应用渗透到了我国各个领域，一方面为我国的工业生产带来了更多的选择，在一定程度上也推动了我国工业的发展；但另一方面国内各领域普遍对国外工业传感器产生了很强的依赖性。当前，除了温度、压力、液位、流量、pH 等一些在流程工业中较为常见的工业传感器产品之外，几乎所有的中高端工业传感器和检测分析仪表均被国外产品所垄断，绝大多数的工业传感器以及包括敏感机理、敏感材料、生产工艺设备和测试等先进传感器技术，仍然被美、日、欧等国所控制，特别是很多与国家安全相关的传感器产品则往往被国外所封锁。我国的工业传感器基础研究和自主创新能力极其薄弱，严重制约了我国在工业、能源、环保、汽车、国防等领域的核心竞争力的提升，这种现象与我国建立自主创新型国家的发展战略目标不相称。

（2）工业控制系统和软件

国务院关于加快振兴装备制造业的若干意见中明确提出"发展重大工程自动化控制系统和关键精密测试仪器，满足重点建设工程及其他重大（成套）技术装备高度自动化和智能化的需要"。要实现这个目标，工业控制系统和软件扮演着极其重要的角色。

首先，工业控制系统在现代工业中代表了生产力水平，代表了生产效率。以作为国民经济的重要基础能源和原材料产业的石化、化工等行业为例，它们在很大程度上体现了国民经济和社会发展的总体水平与综合实力。石油化工的生产过程高温高压、易燃易爆，能源、资源消耗巨大，只有采用大规模、高可靠性的自动控制系统，才能确保生产过程安全、稳定、高效率、低能耗地运行，各种类型的自动控制系统正是确保重大工程安全可靠运行的神经中枢和安全屏障。

近年来，国家大力支持石化、化工行业大型生产装置的国产化，压缩机、汽轮机、气化炉等关键装备的国产化取得重大突破，自主知识产权的各种工业控制系统发展非常迅速，特别是中小型系统与国外产品基本已经没有距离，并逐渐取得了市场的主动权。但在进军重特大型"命脉"工程时却不是一帆风顺的，甚至得不到与国外系统同台竞争的机会，其中既有产品差距的因素，也有由于没有应用业绩而引发的心理因素，更主要的还有国外企业在高端技术上的垄断因素。例如，我国大型石化、化工的主要工艺技术基本依靠进口，与之配套的自动控制系统也只能从国外进口，形成了受制于人的局面。不仅如此，在我国的其他工业领域，中高端的工业控制系统同样存在着被国外系统所垄断的现象。

工业控制系统是信息系统中最核心的环节，自动控制系统作为这些支柱产业生产装备的"神经"和"大脑"，是国民经济命脉稳定运行的保障，长期进口或依赖国外技术不仅影响着国内企业自主高端核心产品的发展，而且对我国经济的战略安全产生重大影响。换言之，如果自主控制系统缺失，就难以建立起真正自主的工业体系；没有自主的工业体系，就没有信息化的基础，甚至迷失信息化的战略方向，也就失去挺起工业大国脊梁的原动力。

4. 先进控制技术的研发和应用现状

经典控制理论和现代控制理论，都需要精确的数学模型。然而实际工业过程，往往是多变量、强耦合、时变、约束的复杂过程，难以得到其精确的数学模型。为了克服理论和应用的不协调，人们试图寻找一种对模型要求低、控制综合效果好的控制方法。以多变量预测控制（MPC）为代表的工业过程先进控制（APC）技术以其鲁棒性强、有效处理多变量约束问题等特点，在石油化工领域的过程控制中获得了广泛应用并开始推广至电力等其他行业[22]。美国、加拿大、欧洲等国涌现出 Setpoint、DMC、Honeywell、Profimatics、Adersa、Aspen-Tech、Treiber Controls 等多家从事先进控制和优化的工业自动化软件专业公司，均已开发出适合于实时控制与优化的多变量预测控制和实时在线优化的商品化工程软件，大量推向市场，并在几百家大型石化、化工、炼油、钢铁等企业中得到成功应用，取得了极其显著的经济效益。依据 Qin and Badgwell（2003）调查的数据，至 2003 年国外石化行业已有 7000～10000 套 MPC 应用。多变量预测控制被工业界普遍接受的主要原因是其带来的巨大效益，据统计，MPC 在原油单元装置、催化单元装置的应用每年可以获得 100 万～300 万美元的效益。目前在 Exxon Mobile 等国际著名石化公司，APC 技术已与 DCS 集成在一起成为新建装置必须配备的控制技术与系统。

预测控制技术在石油、化工等领域取得了成功应用，其主要原因之一就是预测控制提出后，商品化软件包也相继产生，使得其得以进一步推广[23]。在过去的几十年里，它经历了从简单到复杂，从功能单一到功能强大，从不完善到完善的四代演化过程[24]。

1）第一代预测控制技术

第一代预测控制软件的代表是法国 Adersa 公司的 IDCOM 和 Shell Oil 公司的 DMC，它们主要用于处理无约束的多变量过程。IDCOM 所采用的算法即 Richalet 在 1978 提出的 MPHC，其主要特点有：以过程的脉冲响应序列作为预测模型；采用有限时域的二次型性能指标；被控对象的未来输出跟踪参考轨迹；可以处理输入、输出约束；用启发式迭代算法求解最优控制作用序列。与此同时，Shell Oil 公司的工程师也开发出了自己的 MPC 软件，并于 1973 年首次投入使用。DMC 的主要特点包括：采用线性阶跃响应序列模型描述被控对象；采用有限时域的二次型性能指标；使被控对象输出尽量靠近给定的设定值；最优控制作用的求解归结为最小二乘问题的求解。DMC 算法的目标是在有 MV 惩罚项时使系统输出在最小二乘意义下尽可能接近期望的设定值。这样，系统输入变化的幅值不会太大，与 IDCOM 相比，这种方法对模型误差有更大的鲁棒性。

2）第二代预测控制技术

为了能够处理有约束的情况，Shell Oil 公司的设计人员将原 DMC 算法进行了改进。改进后的 DMC 算法被称为 QDMC，并于 1983 年在 AIChE 年会上首次被提出。QDMC 算法的主要特点是：采用线性阶跃响应模型；性能指标为未来有限时域上的二次性能指标；对象的未来输出尽量接近期望的设定值；采用二次规划方法求解最优输入值。作为第二代预测控制的代表，QDMC 将 MPC 问题转化成一个 QP 问题，提供了系统处理输入、输出约束的方法。QDMC 算法可以直接考虑输入、输出硬约束，同时，人们也开始通过在性能指标中加入加权项来实现尽量不违反的所谓的"软"约束。

3）第三代预测控制技术

随着 MPC 处理的问题规模越来越大，复杂程度越来越高，QDMC 算法遇到了新的问题：自由度问题、容错问题、经济优化问题等。这些在实际应用中遇到的问题使得许多公司对模型预测控制算法进行了新的研究，从而提出了第三代的模型预测控制软件包。Setpoint 公司开发出 IDCOM 软件包的新版本——IDCOM-M。IDCOM-M 软件包的功能特点为：采用线性脉冲响应模型；具有可控性分析功能，能避免病态系统的发生；采用多级目标函数，先进行被控变量的设定值优化，然后在保证其优化结果的基础上进行操纵变量的 IRV 优化；每个输出仅从相应的参考轨迹中选择一个未来预测点加以控制；每个输入只考虑一步控制作用；约束可以是硬约束或者软约束，且每个约束都有优先级的定义。此外，Shell 公司的 SMOC、Adersa 公司的 HIECON、Profimatics 公司的 PCT 和 Honeywell 公司的 RMPC 也都是第三代 MPC 软件的典型代表。

4）第四代预测控制技术

AspenTech 公司的 DMC-plus 和 Honeywell 公司的 RMPCT 是第四代 MPC

软件的两个最重要产品。他们的特点是：采用多级分层优化策略；增强了稳态优化的灵活性；控制器设计考虑模型的不确定性；采用先进的模型辨识技术。

近年来，国内一些企业和科研院校也通过合作或自主研发了多款 MPC 控制软件包。浙江大学工业控制研究所于 2002 年推出了 FRONT-Suite 先进控制软件包。它适用范围广、控制结构灵活、技术成熟，适用于 TDC3000、Deltav、CENTUM-CS 等 DCS 系统的集成。近年来又与荷兰 Tai-Ji Control 公司合力开发了 Tai-Ji MPC 软件包。Tai-Ji MPC 是一种新颖的自适应 MPC 控制器，由控制模块、辨识模块和监控模块三部分组成。它的推出旨在将 MPC 的设计、投运和维护做到最简化。利用 Tai-Ji MPC 建立 MPC 应用，工程师只需在控制器功能设计阶段对被控变量、输入变量和扰动变量进行选取，余下的工作，如装置测试与模型辨识、控制器整定与仿真、投运和后期的维护等，都可由 Tai-Ji MPC 自动完成，无须工程师介入。

预测控制理论从工业实践中来，随着其理论研究的不断深入，预测控制在工业过程的应用越来越广泛，应用范围遍及石油、化工、炼油、冶金、造纸、航空、机械制造、食品加工、液压传动、航海、军事等行业。据统计，在工业领域中应用预测控制技术的工业装置已达到 5000 套以上。根据文献报道，各种不同石油化工装置实施先进控制后，其净增效益如表 5-3 所示（含实时优化）。虽然各公司所报出的年效益有所不同，但其数量差别不大，因而表中数据可以作为实施先进控制的参考。

表 5-3　先进控制的效益（含实时优化）

装　　置	规模/(万吨/年)	年增净效益/万美元
常减压	750	225～450
催化裂化	370	420～1050
催化重整	215	150～450
加氢裂化	265	225～450
烷基化	130	135～315
延迟焦化	212	144～480
异构化	155	50～150
乙烯	45	300～500

国内一些控制软件公司、DCS 生产商以及科研院所都在竞相开发先进控制和优化的商品化工程软件包，目前国内已经有了一定规模的可以实施先进控制

与优化系统的软件公司和研究机构，如浙江中控软件技术有限公司（简称：中控软件）、石化盈科信息技术有限责任公司（简称：石化盈科）、北京清大腾飞科技有限公司（简称：清大腾飞）、浙江大学工业控制研究所（简称：浙大工控所）等。

5. 建模优化技术的研发和应用现状

现代流程工业企业生产过程大量采用了物料循环和能量集成的生产工艺，减少了单元流程间的进料缓冲。从过程角度看，全流程对象特性更加复杂、非线性和关联性增强、干扰增多，而过程的可控性和操作弹性下降，明显加大了过程控制的难度，同时期望通过操作参数的优化调整改善过程运行状况，充分发挥生产过程的潜力，对过程建模提出了更高的要求。面对流程企业生产过程的发展变化趋势，相应的非工艺改造的过程运行优化技术也在不断的发展中。

国内外理论界与应用界对流程工业过程建模、控制与优化技术都非常重视。控制与优化技术的基础是建模技术。流程建模与模拟技术20世纪50年代主要用于工程设计中单元操作设备的工艺计算，到70年代逐步发展为整个生产过程的模拟计算，80年代以来，原并行的序贯模块法和联立方程法技术路线逐步向融合方向发展，产生了联立模块法，并且模拟技术的应用已经从装置设计拓展到生产操作，广泛应用于操作决策支持、故障处理、进料选择和操作参数选择、安全与可靠性维护等方面。同时，基于流程模拟的优化算法从早期只能解决单个单元操作模拟的简单梯度法或直接搜索法，发展到70年代后期，出现强有力的优化策略逐次二次规划（SQP）法。然后通过不断改进，利用变量分解降维、稀疏矩阵求解等技术使其求解大规模非线性规划问题的计算效率与可靠性有了极大的提升。在此基础上，基于严格机理模型的在线过程优化逐步在流程工业过程中得到应用。而建立严格基于机理的反应动力学模型是对该过程进行流程模拟及在线优化研究的核心和关键。

为研究含有多种单体化合物的炼油过程的反应动力学，直至60年代，提出"集总理论"，出现了集总体系的动力学速度常数矩阵法后，才使复杂反应体系的动力学研究有了突破。对实际体系的集总来说，集总恒定原则的实施往往还会受到我们所掌握的分析手段、数学工具及实验和计算能力的限制。而且因为开发一个集总模型的难度是随集总组分数目的平方增加的，往往必须在模型的预测能力、可靠性和集总组分数目以及由此决定的实验和计算工作量之间进行权衡。

由于严格机理模型的复杂性很高，因此维护成本也很高。结合流程工业企业的现状，基于动态控制模型的区域优化技术也得到了发展。同时，针对流程工业生产过程难测变量的软测量技术的发展是对先进控制与优化技术强有力的支撑。软测量技术的研究经历了从线性到非线性、从静态到动态、从无校正功能到有校正功能的发展过程。其建模方法包括基于机理的建模方法、回归分析的建模方法以及基于人工智能的建模方法。现状是多种不同方法的相互融合，及采用多模型建模和混合建模的方法。同时，软测量模型的在线校正技术也得到了越来越多的重视。软测量技术使流程工业生产过程产品质量、能耗、物耗等生产技术指标有可能得到及时直接的测量，为生产过程质量指标的直接控制、具有产品质量等约束的能耗最小化优化技术、多目标优化技术等打下了坚实的基础。

国外从 20 世纪 80 年代起已逐步形成较为有效的流程模拟、统计质量控制和静态优化等理论与技术，部分研究成果进而开发形成了相应的工程软件。国外先后出现了一批优秀的化工流程模拟和优化软件，如 Aspen Plus、Aspen RTO、PRO-Ⅱ、HYSIS、HYSIS RTO＋和 Honeywell Profit Optimizer。我国控制理论界和工业界近二十年来在过程建模、流程模拟、静态优化、质量控制等方面也进行了许多理论研究和应用开发，主要是针对单过程和单装置的研究较多，对于各个流程分别进行建模，不能很好地处理生产流程之间、生产装置之间存在着的错综复杂的耦合关系。目前生产过程优化技术主要解决单个过程的优化问题，可以处理各种约束，可以把各种要求以性能指标的形式结合到模型、控制及优化中加以考虑，以提高控制的动态质量。动态控制的质量高，过程优化级就可以将工作点设置到临近约束边界，从而进行卡边优化生产。

操作优化（RTO）是指在满足操作约束条件的情况下使得过程的利润达到最大化或成本最小化。操作优化通过优化模型及约束条件，对目标函数进行优化求解，得到操作的设定值，把设定值向下传送给下层的先进控制系统，以达到控制系统运行、优化操作的目的。操作优化是基于稳态模型的控制方法，除了给出的设定值在变化外，优化过程总是在稳态下进行的。操作优化要由几个步骤实现，它们是：确定生产过程的稳态、数据采集和校正、更新模型参数、计算和实施这些新的最优设定值。

经过多年的发展，操作优化的建模方法已经日趋成熟。多数的建模方法都是基于系统运行的机理模型得到的，这些模型具有严格的准确性，可以准确的描述系统。但是对于一些复杂的系统，机理模型很难得到，并且机理模型的维数很高，给求解带来了困难。通常在求解时，要对模型进行必要的简化和降维，再使用算法得到优化解。另外，由于系统工况的变动和产品生产要求的调整，操作优化过程总是要周期运行得到优化设定值。所以，优化过程总是在反复的进行，但是流程生产过程也存在周期，新的设定值必须及时投用到现场，否则新的设定值就失去了应用的效果，这就要求所用算法的收敛速度要快，并且最终得到的设定值要准确。因此,很多专家学者提出了很多新的优化算法,并应用于操作优化过程。

流程工业过程机理复杂、工艺流程长、生产规模大、操作难度大。在现在的经济背景下,对工业的安全、高效、优质、节能、低耗、环保的要求越来越高。而操作优化能有效提高企业的效益、降低能源的损耗、污染的排放。尽管目前生产全流程先进控制和优化的研究还刚刚起步,多数成果要真正实现工程化应用还存在较大的差距,但集过程建模、控制与优化一体化的全流程集成技术将具有非常广阔的应用前景。

5.5.2 关键技术

1. 工业传感器

振兴我国的工业传感器产业,支撑创新型国家建设。重点需要在工业传感器敏感材料、传感器的精细加工产业化、新型传感器和多传感器融合等技术领域取得突破,包括:

① 工业传感器新型敏感材料开发、制备与应用技术:如新型半导体敏感材料、耐热性功能陶瓷敏感材料技术,新型功能金属、功能有机聚合物、非晶态材料、固体材料和薄膜材料制备与应用技术,基于新物理效应、化学效应和生物效应的新型敏感材料研究、制备与应用技术等。

② 传感器的精细加工和产业化技术:如传感器材料精密细微加工技术、传感器集成加工技术、传感器精密装配工艺设计技术、传感器核心芯片量产技术,传感器测试标准制定技术,以及高端传感器工程化和产业化技术等。

③ 新型传感器技术:如阵列和多维化传感器技术,多功能化、智能化和网络化技术,智能微型传感器技术,具有领域背景的工业传感器研究应用技术等。

④ 多传感器融合技术:如数据融合基础理论、融合算法、模型构建技术,知识发现机制和处理技术,高速并行检索和推理技术,多传感器融合在民用领域的应用技术,传感网、物联网和因特网在各行业的高效融合与综合应用技术等。

2. 工业控制系统

进一步促进我国的工业控制系统与软件的发展,保障我国工业产业特别是支柱型产业的健康发展,提升我国工业产业的战略安全性。重点需要在重特大型工程的控制装备、具有自主知识产权的工业通信标准和产业化、自主工控软件产业以及工业控制系统的整体设计和集成等方面取得突破,主要

包括:

①　面向重特大型工程的自主主控系统和自动化装备研制、投运和产业化技术:如新一代全集成自主主控系统研发和产业化技术,流程工业与制造业自动化装备国产化和产业化技术,重特大型工程核心高端自控系统自主创新技术等。

②　具有自主知识产权的工业通信标准和产业化技术:如自主知识产权的工业通信标准的研究和制定技术,自主知识产权的国家标准与国际标准的接轨和转化技术,以 EPA 为代表的各种自主工业通信国际标准的工程化、规模化应用和产业化技术等。

③　自主工控软件产业:如国产工业软件规模化、行业化应用与本地化服务技术,面向重特大工程和领域的高端自主工控软件研制、应用和产业化技术等。

④　工业控制系统的整体设计和集成技术:如面向重大工程的工业控制系统和生产工艺整体设计技术、工厂自动化系统集成和成套设备自动化系统集成技术、行业解决方案制定和规范化技术等。

全面推进我国工业各领域的信息化进程,建设资源节约型、环境友好型的产业,在工业研发设计信息化、工业过程信息化、企业和行业管理信息化以及工业资源和物流信息化方面取得突破。

3. 生产过程的先进控制

在可预见的未来,先进控制技术并不期望会集中于单一的形式。一方面学术界将继续开发新的算法,研究新的理论和方法。另一方面,工业开发将更多地考虑它们本身的关键技术及研究重点,两者具有一种良好的相互促进的关系。虽然对于改进或开发新的先进控制算法仍存在较大空间,然而将该技术推向新的应用领域至少是同等重要与具有挑战性的工作。以下方面将是未来 5~10 年先进控制技术开发的重点:

①　分布式控制:随着生产规模和装置规模越来越庞大、结构越来越复杂、性能要求越来越高,系统的整体行为调控难度越来越大。这样一类生产系统的特点是组成单元多、具有多目标和多约束、采用分布式结构、针对多单元的组合特征,采用分解-协调策略,形成区域化、分布式的控制,将是未来解决复杂系统控制的一个有效途径。

②　非线性控制:随着人们对产品质量和产量要求的不断提高,对生产经济效益的不断追求,非线性系统的控制引起了人们的普遍关注。虽然近年来有了较大的进展,但仍存在不少问题,如建模困难、实时性差,值得进一步研究。由于模型或目标函数的非线性特征和复杂多样性特征,寻找一种统一的非线性

系统控制方法很困难。非线性系统控制的研究主要集中在基于机理模型的非线性预测控制、基于线性化方法或多模型的非线性预测控制，以及基于智能模型的非线性预测控制。

③ 预测控制：预测控制将更多地向模型自适应、性能鲁棒的方向发展。尽管学术界已提出不少自适应预测控制算法，如 GPC，但只有 Invensys 的 Connoisseur 及来自 DOT Product 的 STAR 两个达到商品化的程度，这反映在实际应用中实施自适应控制仍是相当困难的，除非有理论上的突破。另外，除了 Honeywell 产品外，工业 MPC 控制器完全依靠仿真来评价模型失配的影响。鲁棒稳定性的保证将有效地减少调整和测试工业 MPC 算法所要求的时间。新近的鲁棒研究结果将最终结合到工业 MPC 算法中。鲁棒稳定性保证将与辨识模型的不确定估计结合在一起以大大简化 MPC 控制器的设计和调整。其次，由于每个控制周期要求解一个复杂优化问题，使预测控制基本都局限于慢过程对象。如何提高预测控制计算速度也是未来一个重要的研究方向。

④ 优化控制一体化：在石油化工领域，通常采用基于稳态模型的实时操作优化和基于动态模型的多变量预测控制。然而，在某些情况下（如生产负荷变化、产品牌号切换），其动态行为特征占据主导地位，传统的"稳态优化＋动态控制"的模式已不再适用于这样一类过程的整体控制与优化。基于动态模型的优化与控制一体化方法是理论和技术发展的必然选择。

5.5.3　技术路线图

预期到 2030 年，我国自主研发的工业传感器、控制系统和高端软件达到国际先进水平，能完全支撑起我国现代化工业发展的战略需求[25,26]：

① 建立起完整的工业传感器敏感材料、精细加工的自主创新体系，使中低端工业传感器的国产化率达到 60% 以上，并具备开展高端传感器研究创新的基础和能力。

② 发展重特大工程适用的自主控制系统，发展产业规模，使自主控制系统和软件在国家的重特大工程中具备和国外先进产品抗衡的信心和基础。

③ 加速进行高端控制优化软件的研发，针对重点高耗能、高排放行业的典型生产过程，开发专用化的先进控制、操作优化软件。

④ 不断提升我国核心工业、重大工程的整体设计和集成能力，很大程度上满足国家的基本需求。

图 5-12 为工业检测、控制与优化技术的体系和总貌，图 5-13 为工业传感器和控制系统技术路线图。

工业检测、控制与优化技术

工业传感器

工业控制系统和软件

高端先进控制与优化

基础支撑技术

先进传感技术

敏感材料

传感器制造工艺

传感器制造设备

测试技术和设备

非接触式传感技术

MEMS微传感技术

无线传感技术

工程类传感器研发

多传感器融合技术

无线传感网络

重特大型工程的控制装备

自主工业通信标准及产业化

自主工控软件产业

通用工控设备

工控系统整体设计和集成

多变量模型预测控制

过程检测与诊断系统

生产过程实时操作优化

建模控制优化的一体化

基础标准

制造标准

测试标准

产品设计标准

工艺设计标准

企业管理标准

数字支撑标准

通用模型标准

软件接口标准

两化融合的技术体系和标准化体系

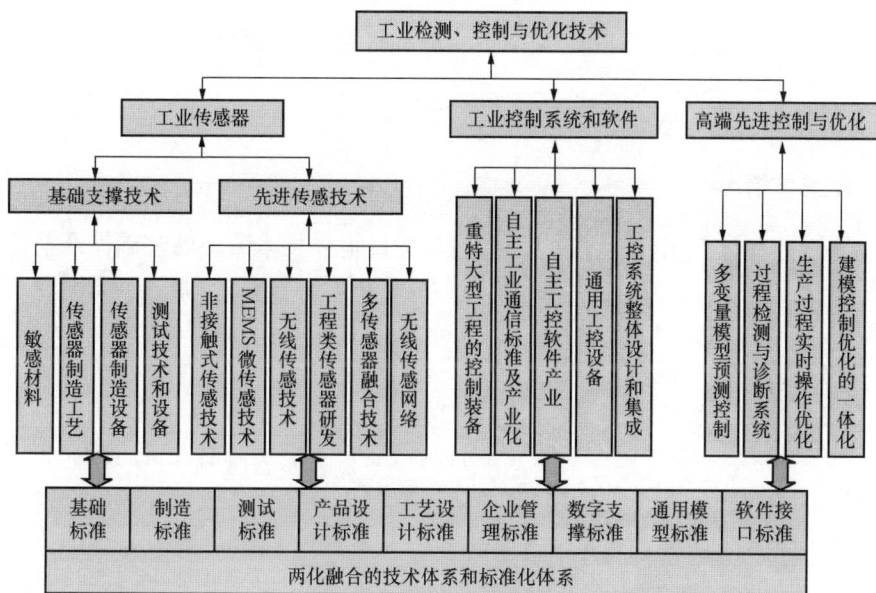

图 5-12　工业检测、控制与优化技术的体系和总貌

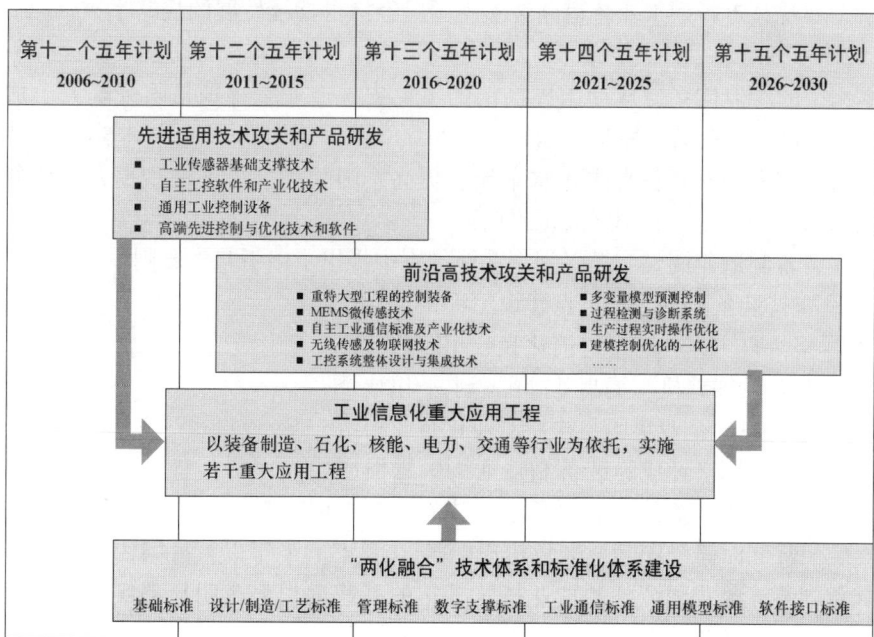

第十一个五年计划 2006~2010	第十二个五年计划 2011~2015	第十三个五年计划 2016~2020	第十四个五年计划 2021~2025	第十五个五年计划 2026~2030

先进适用技术攻关和产品研发
- 工业传感器基础支撑技术
- 自主工控软件和产业化技术
- 通用工业控制设备
- 高端先进控制与优化技术和软件

前沿高技术攻关和产品研发
- 重特大型工程的控制装备
- MEMS微传感技术
- 自主工业通信标准及产业化技术
- 无线传感及物联网技术
- 工控系统整体设计与集成技术
- 多变量模型预测控制
- 过程检测与诊断系统
- 生产过程实时操作优化
- 建模控制优化的一体化
……

工业信息化重大应用工程
以装备制造、石化、核能、电力、交通等行业为依托，实施若干重大应用工程

"两化融合"技术体系和标准化体系建设
基础标准　设计/制造/工艺标准　管理标准　数字支撑标准　工业通信标准　通用模型标准　软件接口标准

图 5-13　工业传感器和控制系统技术路线图（2010～2030 年）

5.6　装备制造业信息化工程

5.6.1　现状与需求

1. 总体情况

装备制造业是为国民经济发展和国防建设提供技术装备的基础性产业。装备制造业基础性强、关联度高、带动性大，决定着整个制造业的水平，也在很大程度上决定着社会消耗水平、国民经济整体效益和国防实力。

按照国民经济行业分类，装备制造业的产品范围包括机械、电子和兵器工业中的投资类制成品，分属于金属制品业、通用装备制造业、专用设备制造业、交通运输设备制造业、电器装备及器材制造业、电子及通信设备制造业、仪器仪表及文化办公用装备制造业 7 个大类 185 个小类。

重大技术装备是指装备制造业中技术难度高、成套性强，对国民经济和国家安全具有重大意义、对国计民生具有重大影响，需要组织跨部门、跨行业、跨地区研发、制造和管理力量才能完成的重大成套技术装备。

大力振兴装备制造业，是党的十六大提出的一项重要任务，是树立和落实科学发展观，走新型工业化道路，实现国民经济可持续发展的战略举措。

经过多年发展，我国装备制造业已经形成门类齐全、规模较大、具有一定技术水平的产业体系，成为国民经济的重要支柱产业。特别是国务院关于加快振兴装备制造业的若干意见（国发〔2006〕8 号）实施以来，装备制造业发展明显加快，重大技术装备自主化水平显著提高，国际竞争力进一步提升，部分产品技术水平和市场占有率跃居世界前列。

在装备制造业调整和振兴规划实施细则中提出了以下基本原则：

① 坚持装备自主化与重点建设工程相结合；

② 坚持自主开发与引进消化吸收相结合；

③ 坚持发展整机与提高基础配套水平相结合；

④ 坚持发展企业集团与扶持专业化企业相结合。

目前，我国已经成为装备制造业大国，但产业大而不强、自主创新能力薄弱、基础制造水平落后、低水平重复建设、自主创新产品推广应用困难等问题依然突出。同时，受国际金融危机影响，2008 年下半年以来，国内外市场装备需求急剧萎缩，我国装备制造业持续多年的高速增长势头明显趋缓，企业生产经营困难、经济效益下滑，可持续发展面临挑战①。

---

① 国务院办公厅，《装备制造业调整和振兴规划实施细则》，2009 年 5 月。

下面以两个重要的装备制造业，即高精度、智能化工作母机和能源、电力装备制造业为例，分析其发展现状及对工业信息化技术的需求。

2. 高精度、智能化工作母机

工作母机是将原材料经由动力源推动，以物理的、化学的或其他方法成形、加工成机器的零件，并装配成具有使用价值产品的机器。简而言之是制造机器的机器，是制造各种机器的基础设备。高精度、智能化是工作母机的主要发展方向。

随着科学技术的迅猛发展及制造业对工作母机要求的变化，其内涵不断扩展：不仅包括各种成形、加工设备（即通常所指的机床），还包括了装配、精密测量、工业机器人及仓储物流设备；不仅要考虑整机的发展，还应考虑数控系统、功能部件和刀具的发展；不仅要重视重型精密加工、成形设备，还应重视微米/纳米技术发展所需的微制造技术与设备；不仅要能用于金属材料的加工、成形，还能用于陶瓷、碳素纤维、工程塑料等非金属材料的加工、成形；不仅要为用户提供单机，还要提供生产线、制造单元、直至数字化工厂等全面解决方案。

1）现状分析

（1）市场规模

根据国家统计局和海关数据整理，中国机床工具工业协会发表的 2008 年中国金属加工机床数据为：产值 138.6 亿美元（世界第三）、进口 75.9 亿美元（世界第一）、出口 21.1 亿美元（世界第六）、消费 194.4 亿美元（世界第一）。

（2）产品结构

① 经济型数控机床国内市场满足率 100%；

② 普及型数控机床国内市场满足率 50%；

③ 高档数控机床以进口为主。

（3）产品水平

① MTBF 仅为国外产品的 1/4～1/6；

② 数控系统与国际先进水平存在 10～15 年的差距，自主开发的基于 PC 机的数控系统缺少共同的软件规范和支撑平台；

③ 配套体系尚未形成，功能部件发展相对滞后；

④ 工业机器人尚未形成产业。

2）2020 年目标和关键技术

（1）2020 年目标

① 步入世界工作母机制造强国之列，总体规模处于第 2 位；

② 中低端产品立足国内，并有一定的出口量；

③ 高端产品与国际先进水平的技术差距缩短到 5 年之内，并在某些方面有所突破。

（2）关键技术

关键技术包括：

① 新一代数控技术，高速加工技术；

② 超精密加工技术和测量技术；

③ 新结构机床技术；

④ 新一代工业机器人；

⑤ 数字化、智能化设计技术与系统；

⑥ 基于建模与仿真的数字化、智能化制造技术与系统；

⑦ 数字化、智能化管理技术与系统；

⑧ 数字化、智能化集成平台。

3. 能源、电力装备

能源、电力装备制造业是支撑国民经济建设持续、快速、健康发展和全面建设小康社会的支柱产业。能源、电力装备包括火力发电装备、水力发电装备、核能发电装备、燃气轮机联合循环发电装置、新能源发电装置（如风力发电装置）以及输变电设备、配电与用电设备等。

国外能源、电力装备制造技术发展较快，主要围绕高效、节能、环保、安全和高可靠性的主题，相继研究开发了多种先进技术，如超超临界发电技术、重型燃气轮机联合循环技术、组合化输变电技术等，并广泛采用新材料、新工艺和信息技术。能源、电力装备制造技术发展趋势可以概括为以下方面：

① 核电技术正在向第四代技术发展；

② 高效、清洁发电技术已成为火力发电技术的主要方向；

③ 洁净煤发电技术发展较快，诸如循环流化床、增压流化床、煤气化联合循环等技术均得到了推广应用；

④ 新能源发电技术成为今后的重要发展方向；

⑤ 输变电设备向紧凑型、高可靠性方向发展。

1）现状分析

① 目前，我国的能源、电力装备制造业已经具有一定的规模，某些产品的技术水平已接近国际先进水平，具体表现为：

（a）30 万、60 万千瓦亚临界火电机组参数、性能和机组可靠性已达到国际先进水平，技术与生产均进入成熟期；

（b）大型轴流转浆和大型混流式水电主力机组的设计制造水平均已步入世界先进行列，水电设备的品种、技术与管理水平以及生产能力等方面有了长足进步，年生产能力达到 800 万千瓦；

（c）220 千伏及以下电压等级输变电设备，无论从生产能力和产品品种上看，除个别品种外已经能满足国内市场的需求，且有相当数量的产品进入国际市场；

（d）已能成套提供 1000 万吨/年炼油厂、300 万吨/年加氢装置成套设备，45～70 万吨/年乙烯改造以及 30 万吨/年合成氨的关键设备也都由国内提供，已经能生产石化成套装置中的压缩机、流程泵等关键单机及大型反应器。

② 能源、电力装备制造业整体水平以及大容量、高效高参数、低污染（低排放）、高技术含量的产品与国际先进水平有较大差距，企业竞争力薄弱，具体表现为：

（a）尚未掌握超超临界火电发电设备设计和制造技术；

（b）尚未掌握百万千瓦级核电机组系统设计和关键设备制造技术；

（c）重型燃气轮机联合循环发电机组设计制造技术尚处于引进技术阶段；

（d）无能力制造超高压低损耗变压器、SF6 气体绝缘变压器、直流输电换流站设备，高可靠性隔离开关、智能化开关成套设备等；

（e）石化装备产品只相当于国外 20 世纪 80 年代末和 90 年代初的技术水平。

③ 科技投入不足、科技创新能力薄弱，核心技术依赖国外，影响电力装备制造业的发展，很难适应电力工业可持续发展战略需要。

2）2020 年目标和关键技术

（1）2020 年目标

以提高电力装备的自主开发和设计制造能力，不断增强电力装备国内外市场竞争力为主攻方向，加强科研和生产、技术与经济的紧密结合，加速引进技术的消化吸收，增强技术储备，加快科技成果商品化、产业化，使电力装备技术水平达到或接近国际同期先进水平。

（2）关键技术

关键技术包括：

① 掌握核电、超超临界火电机组、重型燃气轮机及大形成套交直流输变电设备等重大技术装备及工程系统设计、制造技术，发展具有自主知识产权的电力装备。如：百万千瓦级压水堆核电站设备模块化设计与制造技术，主循环水泵设计技术研究；高参数、大容量锅炉设计技术，大炉膛燃烧技术；高压汽轮发电机设计制造技术；重型燃气轮机低热值燃烧室设计技术等；

②　从电力装备中的关键设备（部件）入手，基本解决关键部件的设计、制造及材料方面的关键技术，全面提高其质量和可靠性，研制一批新型高技术、高性能、高可靠性的设备；

③　在纳米技术、高温超导技术等在电力装备的应用方面取得突破性进展；

④　建立电力装备制造业基础技术、应用技术研究体系和研究平台。

根据调查，我国的装备制造业水平与世界发达国家相比，总体上存在 20 年左右的差距。随着制造业竞争环境和发展空间的变化，我国将面临更为直接的国际竞争。同时，发达国家技术的快速发展可能会造成这一差距的进一步扩大，用信息化技术提高装备制造业的竞争力已经成为我们必然的选择。

装备制造业信息化将信息技术、自动化技术、现代管理技术与制造技术相结合，改善装备制造企业的经营、管理、产品开发和生产等各个环节，提高生产效率、产品质量和企业的创新能力，降低消耗，带动产品设计方法和工具的创新、企业管理模式的创新、制造技术的创新以及企业间协作关系的创新，从而实现产品的信息化以及产品生产/使用过程的信息化，包括：产品设计制造和企业管理的信息化、生产过程控制的智能化、制造装备的数控化以及咨询服务的网络化，全面提升我国装备制造业的竞争力。

装备制造业信息化是工业信息化的重要组成部分，是以信息化带动工业化的突破口。我国目前还处在工业化进程之中，距离实现现代化还有很长的一段路程。我们必须清醒地认识到：（a）工业化的进程是不能够逾越的。中国作为世界上最大的发展中国家，从一个落后的农业国变成一个经济高度发达的国家，一蹴而就是不现实的；（b）在信息时代，工业化的过程是可以缩短的。英国实现工业化用了大约 200 年，日本实现工业化用了 100 多年，而韩国实现工业化只用了 30 多年，究其原因，主要是韩国抓住了世界产业结构调整和新科技革命的机遇。我国现在面临着与当年韩国类似的机遇，应该充分利用后发优势，大力推进制造业信息化，以信息化带动工业化，从而实现全社会生产力的跨越发展。

例如，采用各种先进的产品设计技术、制造技术和相应的工具软件，大幅度提高装备制造企业的新产品开发和制造水平，增强装备制造企业的产品创新和技术创新能力；采用现代管理技术、现代电子商务技术及相应的工具软件，优化装备制造企业组织结构与资源配置，提高装备制造企业的管理水平和企业间的协作能力，实现集约化生产经营；采用系统集成与优化技术，提高制造系统集成能力，使我国企业很快适应经济全球化的环境；综合采用现代集成制造系统技术，全面提高我国装备制造业的重大新产品开发能力、国防装备更新能力和劳动生产率等，将大大地有助于实现提高综合国力的国家目标。

为了占领装备制造业信息化技术的制高点，许多国家都提出了大规模的研究计划。通过政府、企业、大学和科研院所的合作实施，这些计划大大促进了装备制造业信息化技术的发展。

纵观各国装备制造业信息化技术计划的制订和实施情况可以看到,装备制造业信息化技术的发展有其深刻的国际经济竞争背景。这些计划提出时即以提高本国制造业的国际竞争能力、促进经济增长和提高国家综合实力为目标,既注重技术的超前性,更重视来自产业界的实际需求;在关键技术的选择上注重系统集成技术与工艺装备研究开发并重,通过系统技术、信息技术和自动化技术的引入提高装备制造企业的竞争能力;同时也可以看到,各国在发展装备制造业信息化技术的过程中,政府通过若干计划的实施起到了关键的引导和调控作用,并形成了一套有效的研究开发及推广应用的管理机制和创新机制。

5.6.2　关键技术

装备制造业信息化的主要内容是:结合国家重大工程/重大专项进行技术攻关和产品研发,建设推动装备制造业信息化的环境,取得显著的经济效益和重大的社会效益,提高我国装备制造业竞争力,实现装备制造业的创新与跨越。

图 5-14 表示了装备制造业信息化的主要内容,其由三部分工作组成:装备制造业信息化重大应用工程、关键技术攻关和产品研发、装备制造业信息化环境建设。三部分工作相互影响、相互促进,形成了一个有机的整体。

结合国家重大工程/重大专项实施的装备制造业信息化重大应用工程,提出技术攻关和产品研发的需求,并进行技术和产品的应用验证,产生直接的经济和社会效益;关键技术攻关和产品研发既考虑到国家重大工程/重大专项当前的需要,对先进适用技术进行攻关和产品研发,又考虑到装备制造业信息化技术发展,对关键的前沿高技术进行攻关和

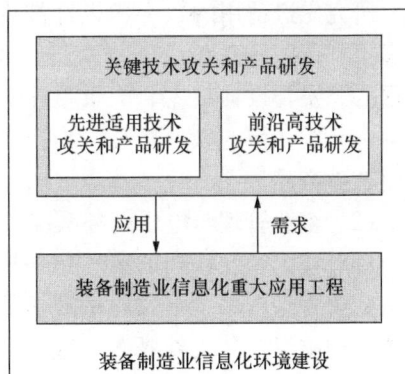

图 5-14　装备制造业信息化的主要内容

产品研发;装备制造业信息化环境建设包括技术服务体系和技术开发体系建设,通过环境建设推进我国装备制造业信息化持久、健康进展。

1. 装备制造业信息化重大应用工程

装备制造业信息化应该由国家重大工程/重大专项的实际需求驱动,关键共性技术研究、软件系统开发等都是紧紧围绕国家重大工程/重大专项的实际需求而展开的。为此,以数控装备、大飞机、船舶及海洋工程装备、能源和发电设

备、电子信息产业所需要的重大装备以及能带动我国装备制造业整体技术水平的、有标志性的重大产品或重大工程为依托，实施若干装备制造业信息化重大应用工程。通过应用工程，总结经验，为大规模推广装备制造业信息化技术打好基础。

2. 技术攻关和产品研发

为了全面推进装备制造业信息化，应该在先进适用技术和前沿高技术两个层次展开技术攻关和产品研发。通过上述两方面的技术攻关和产品研发，建立具有中国特色的装备制造业信息化技术体系，在技术上与发达国家相抗衡。

1）先进适用技术攻关和产品研发

结合装备制造业信息化重大应用工程，积极推进先进适用技术的技术攻关和产品研发，主要包括：CAD、CAPP、CAE、CAM、ERP、PDM、SCM、CRM 和 EAI 等单元技术；开发具有自主知识产权的目标产品，如数字化设计与制造系统、企业管理与电子商务系统、PLM 系统和区域制造网络系统以及现代物流系统等。

（1）数字化设计与制造系统

研究先进适用的数字化设计技术，如敏捷制造环境下的产品建模技术、面向虚拟制造的开发与设计技术、虚拟装配技术、产品虚拟样机技术、面向并行工程的开发与设计技术、大批量定制条件下的产品快速设计方法、绿色设计技术等，开发相应的软件系统，为企业设计数字化与生产数字化提供关键技术与实用软件产品。

（2）企业管理与电子商务系统

针对我国企业管理的集约化与现代化需求，研究符合中国现代管理模式的先进企业管理技术、全球化敏捷虚拟企业的组织与管理技术、敏捷制造环境下企业过程重组及其支撑技术、敏捷生产计划与控制技术、面向产品全生命周期的质量工程、绿色集成制造企业的管理运行模式与技术、传统制造企业先进生产管理模式及实现技术、基于 XML 的 ERP/SCM/CRM/eB 技术等，开发满足我国装备制造企业实际需求的、支持企业现代管理与电子商务的、基于先进管理模式的 ERP 和电子商务系统。

（3）PLM 系统和区域制造网络系统

研究支持新一代集成制造的企业网络与通信技术，数据库集成与数据仓库技术，集成平台与集成框架技术，新一代产品数据管理技术（PDM），拟实制造使能技术，新一代制造技术中的建模/仿真技术，企业协同技术，系统优化使能技术，企业数据与信息标准化技术，商务协同、设计协同、制造协同和供应链协同等关键技术，开发支持产品生命周期管理 PLM 系统，提出区域制造网络系统的制造网络协议及相关应用管理规范、应用实施模式和组织机制，开发典型区域制造网络专业平台和制造网络系统。

（4）现代物流系统

物流在我国新型工业化发展过程中起着十分重要的作用，在美国，物流成本约占 GDP 的 9%～11%，在我国，物流成本约占 GDP 的 22%左右。因此，运用现代管理系统、传感器识别、自动化装备、优化调度等技术，发展现代物流自动化技术与装备，构建区域性物流平台对于我国装备制造业具有十分重要的意义。

2）前沿高技术攻关和产品研发

智能制造是 21 世纪先进制造技术发展的重要方向。智能制造系统是一种由智能机器和人类专家共同组成的人机一体化系统，在制造过程中能进行诸如分析、推理、判断、构思和决策等智能活动。智能制造技术旨在通过人与智能机器的有效协同，扩大、延伸和部分取代人类专家在制造过程中的脑力劳动，以实现制造过程的优化。发展智能制造技术是实现我国装备制造业乃至整个制造业跨越发展的需要，是实现信息化带动工业化的重要突破口，具有十分重要的理论意义和实用价值。

智能制造将人工智能融进产品设计、工艺过程设计、生产计划调度、工艺过程控制、制造和装配等环节，提高制造系统各个环节的智能水平，使制造系统具有更高的柔性。

近年来，专家系统（expert system，ES）、人工神经网络（artificial neural networks，ANN）、模糊逻辑（fuzzy logic，FL）、遗传算法（genetic algorithm，GA）等新一代人工智能技术在制造领域取得了大量的研究与应用成果，并出现了综合应用 ES、ANN、FL 和 GA 等人工智能技术的混合智能系统（hybrid intelligent system）。应该结合国家重大工程/重大专项的需求，突破一批对提高我国装备制造业综合竞争能力具有重要意义的战略性、前沿性和前瞻性的数字化和智能化技术，开发具有自主知识产权的数字化和智能化技术产品，力争在具有相对优势的技术领域实现突破和跨越，达到国际领先或先进水平。

（1）设计数字化与智能化技术

研究智能化设计方法与技术，开发产品创新设计与设计智能化工具集。

① 智能化设计方法与技术，包括：智能行为建模技术，现代设计方法和技术，多学科设计优化（MDO）理论、方法和技术，设计过程的再认识技术，设计知识表示技术，多专家协同合作以及信息处理技术，再设计与自学习机制，多种推理机制的综合应用技术，智能化人机接口，设计信息的集成化技术等。

②产品创新设计与设计智能化工具集，包括：开发智能设计与分析专家系统，该软件可以根据科学原理知识库和实践经验知识库的内容，帮助设计人员逐步克服障碍，避免错误发生，在设计的每一个阶段优化设计方案；开发支持从概念设计、产品设计、工艺设计到工厂设计全过程的智能设计软件；开发集成智能工艺信息系统，以信息集成和工艺知识为主体，实现工艺设计与信息管理一体化；在理论研究的基础上开发出接近 TechOptimizer 功能和性能的智能化设计系统。

（2）管理信息化与智能化技术

研究和开发智能化制造规划和执行系统、智能化车间层计划和调度系统、监控与质量保证智能化工具等关键技术和关键系统。

①智能化制造规划和执行系统，包括：研究企业的智能管理模型技术、生产管理知识表示与知识获取技术等，开发集成环境下协同建模与仿真系统、基于多智能主体的群体决策支持系统等；研究智能化企业管理信息系统设计方法论、智能化企业组织与管理模型、智能管理优化方法、面向管理决策的多媒体人机智能接口系统、智能化计划优化技术、智能化数据分析技术等，开发基于智能优化方法的企业管理信息系统。

②智能化车间层计划和调度系统，包括：研究智能化生产车间的组织形式与体系结构、智能化车间生产过程重组与配置技术、智能化车间生产调度策略与控制技术、车间生产过程的仿真与优化技术、智能加工单元的监控技术等，开发智能化车间层计划和调度系统。

③监控与质量保证智能化工具，包括：研究智能化生产过程监控技术等，开发集成化质量管理系统。

（3）制造数字化与智能化技术

制造数字化与智能化技术及系统将各个层次的制造过程互相连接并加以集成而无须考虑其地理位置。制造数字化与智能化技术及系统可将信息收集、分析和处理功能集成到自学习环境中，对所有的制造能力和工艺过程进行全面的控制，而且还能预测问题，修正加工动作，并具有自学习、自调整和自恢复功能。本项目将研究和开发具有智能的、基于模型的和开放式控制结构的模块化加工装备，智能的、自配置的装配系统，智能化标签，智能制造工艺和装备等。

（4）装备数字化与智能化技术

装备是制造系统的最小物理单元，是数字化与智能化技术应用的重要载体，装备数字化是网络化制造的基础，制造业信息化的诸多环节需要装备的数字化与智能化提供支撑。在智能化数控装备系统方面，包括：为追求加工效率和加工质量方面的智能化，如加工过程的自适应控制、工艺参数自动生成；为提高驱动性能及使用连接方便方面的智能化，如前馈控制、电机参数的自适应运算、自动识别负载自动选定模型、自整定等；简化编程、简化操作方面的智能化，如智能化的自动编程、智能化的人机界面等；还有智能诊断、智能监控方面的内容，方便系统的诊断及维修等。另外，还包括工业智能机器人及生产线相关技术的研究。

　　（5）企业信息化与智能化技术

　　本项目将研究企业集成技术、产品生命周期管理技术等，开发虚拟设计/制造/企业支撑平台、智能化制造网络平台、制造知识共享使能工具集、企业数据与资源管理系统、智能公共信息服务系统、分布式智能协商（冲突消除）处理系统、制造工程知识库管理工具与智能应用支持工具等。网络化制造也是企业信息化集成技术的重要方向，其关键技术包括：基于网络的先进制造系统的运行模式和实施技术、基于网络的先进制造系统集成平台技术、网络化产品创新设计与数据管理技术、基于网络的先进制造执行技术、企业协同技术、制造网格技术、区域网络化制造动态联盟，以及制造网络系统的相关协议、标准与规范等。

　　（6）企业系统建模与仿真技术

　　建模与仿真（M&S）在改进产品和过程、缩短市场响应时间以及降低产品实现成本方面，具有其他技术无法比拟的重要作用。研究开发重点将围绕从微观到宏观的连续体建模、与可更新知识库集成的科学化模型、智能的设计与分析顾问系统、智能的自学习模型、开放、共享的存储系统和验证中心、模型的全面无缝互操作性和实时交互的基于性能的模型等。

　　（7）产品信息化与智能化技术

　　围绕装备制造业制成品的宜人化、个性化、人机交互便捷化、精密化、功能集成化，以及高可靠性和安全性的需求，研究相关的数字化和智能化技术。

3. 环境建设

　　环境建设是推动装备制造业信息化的重要内容之一，主要包括两方面的内容：其一是建立完善的技术服务体系，其二是建立高水平的技术开发体系。上述两个体系相互结合，共同推动装备制造业信息化的顺利发展。

　　（1）技术服务体系

　　从营造环境的角度出发，技术服务包含非常丰富的内容：如企业咨询与诊断、应用实施与技术支持、技术培训、中介服务等。

　　（2）技术开发体系

　　完善高效的技术开发体系保证了技术攻关和产品研发的顺利进行。建立技术开发体系包括的主要内容有：建立并完善全国企业/大学/研究所信息网、成立国家装备制造业信息化工程研究中心等。

5.6.3　技术路线图

图 5-15 表示了推进装备制造业信息化的技术路线图。

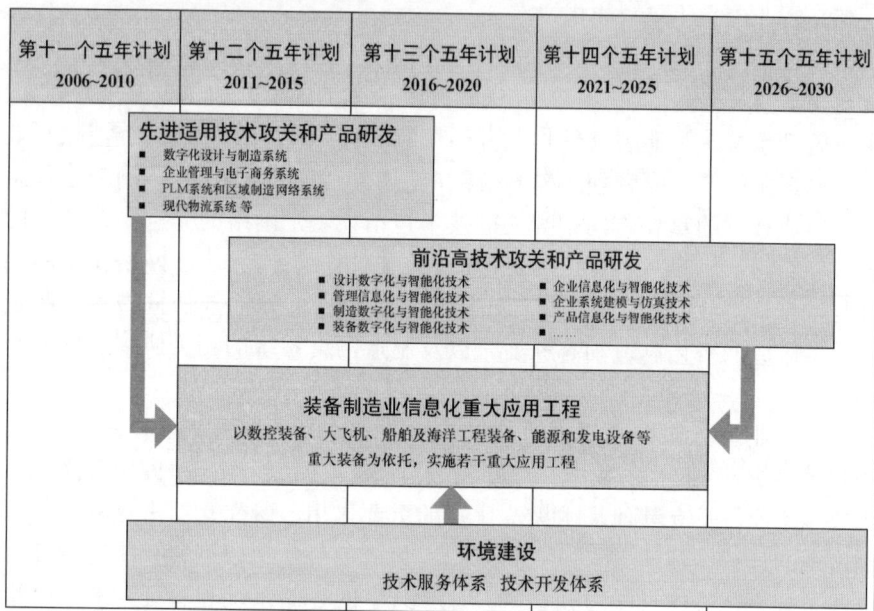

第十一个五年计划	第十二个五年计划	第十三个五年计划	第十四个五年计划	第十五个五年计划
2006~2010	2011~2015	2016~2020	2021~2025	2026~2030

先进适用技术攻关和产品研发
- 数字化设计与制造系统
- 企业管理与电子商务系统
- PLM系统和区域制造网络系统
- 现代物流系统 等

前沿高技术攻关和产品研发
- 设计数字化与智能化技术
- 管理信息化与智能化技术
- 制造数字化与智能化技术
- 装备数字化与智能化技术
- 企业信息化与智能化技术
- 企业系统建模与仿真技术
- 产品信息化与智能化技术
- ……

装备制造业信息化重大应用工程
以数控装备、大飞机、船舶及海洋工程装备、能源和发电设备等
重大装备为依托，实施若干重大应用工程

环境建设
技术服务体系　技术开发体系

图 5-15　推进装备制造业信息化的技术路线图（2010~2030 年）

在推进装备制造业信息化的过程中，必须十分注意结合中国国情，应该特别注意以下两点：

1）采用应用工程与技术研究两维驱动的方法，以应用工程带动项目的推进

本领域将以数控装备、大飞机、船舶及海洋工程装备、能源和发电设备、电子信息产业所需要的重大装备以及能带动我国装备制造业整体技术水平的、标志性的重大产品或重大工程为依托，实施若干装备制造业信息化重大应用工程。通过应用工程，总结经验，为大规模推广装备制造业信息化技术打好基础。应用工程一方面作为联系企业和研究机构的纽带，另一方面作为集成装备制造业信息化领域内各研究项目的母体，起着十分重要的作用。应用工程是用国家行为（产业化示范）牵动企业行为（产业化），实现制造业跨越发展的核心。

关键技术在应用工程中得到应用和验证，为关键技术的推广积累经验；应

用工程则是关键技术的载体，是本领域的直接成果，同时也为修正和充实关键技术提供实践的依据。

2）处理好若干重大关系

在推进装备制造业信息化的过程中，必须处理好以下关系：

（1）引进与创新的关系

我国装备制造业要充分利用当前国际产业结构调整和转移的机遇，有选择地引进国外先进技术。在对国外先进技术消化吸收的同时进行自主技术创新和集成创新，建立以企业为主体的技术开发和创新体系，形成自己的竞争优势，这对我国实施可持续发展战略极为重要。

（2）原始创新与集成创新的关系

要把形成具有自主知识产权的技术成果作为研发的重要目标。应该充分理解创新的内涵，将创新的原则贯穿于推进装备制造业信息化全过程的每一个环节，进行原始创新，同时，还要特别注意集成创新，包括多种技术的组合，研究开发、中试、生产和营销等多个环节的组合以及资本、劳动力和科技等多种生产要素的组合。

（3）经济与科技的关系

可以将装备制造业信息化的研究项目分为前沿高技术和先进适用技术两种类型，不同类型的项目与经济结合的紧密程度是不一样的。前沿高技术应该突出技术的战略性、前沿性和前瞻性，属技术驱动；先进适用技术则可依托企业或企业集团，以产品化和产业化为重点，属市场驱动。要进一步树立科技是第一生产力的思想，加强科技与经济的结合，提高科技对经济的贡献。

（4）基础工艺、零部件与整机系统、成套装备的关系

处于最终产品装配工业与基础材料工业之间的零部件、元器件和中间材料制造业称为"中场产业"。我国目前的中场产业无论在技术水平和规模上还比较落后，需要通过装备制造业信息化提升我国的中场产业，使之真正成为世界级的零部件和元器件制造基地。成套装备是制造业实力和水平的最终体现，在强大的中场产业的支持下发展我国的成套装备制造能力，提高装备制造业的整体竞争能力。

5.7　国家重大专项有关的信息化技术

5.7.1　现状与需求

为落实 2007 年 5 月发布的高技术产业发展"十一五"规划，引导、推动自

主创新重大高技术成果产业化，国家发改委发布了高技术产业化"十一五"规划，规划提出，"十一五"期间我国将在民用飞机等领域实施 16 个高技术产业化重大专项。这 16 个高技术产业化重大专项涉及软件和集成电路、下一代互联网、新一代移动通信、数字音视频、新型元器件、信息安全、生物医药、现代中药、生物医学工程、生物质工程、民用飞机、卫星应用、新材料、新能源、现代农业、节能减排等。

已公布的 13 个重大专项是：核心电子器件、高端通用芯片及基础软件；极大规模集成电路制造技术及成套工艺；新一代宽带无线移动通信；高档数控机床与基础制造技术；大型油气田及煤层气开发；大型先进压水堆及高温气冷堆核电站；水体污染控制与治理；转基因生物新品种培育；重大新药创制；艾滋病和病毒性肝炎等重大传染病防治；大型飞机；高分辨率对地观测系统；载人航天与探月工程，其中许多专项受到国内外的高度关注。

根据重大专项的内容，从重大专项和信息化的关系分类，13 个重大专项可以分为以下三类：(a) 基础信息技术的研发攻关；(b) 包含信息化技术的综合、前沿应用；(c) 信息化技术作为主课题的辅助支持研究内容。具体分类情况如图 5-16 所示。基础信息技术研发攻关类的专项有：核心电子器件、高端通用芯片及基础软件；高档数控机床与基础制造技术；极大规模集成电路制造技术及成套工艺；新一代宽带无线移动通信。在这些专项中同时广泛采用了信息化手段辅助主课题目标的实现。包含信息化技术的综合、前沿应用的专项有：大型飞机；高分辨率对地观测系统；载人航天与探月工程；先进信息化技术的综合

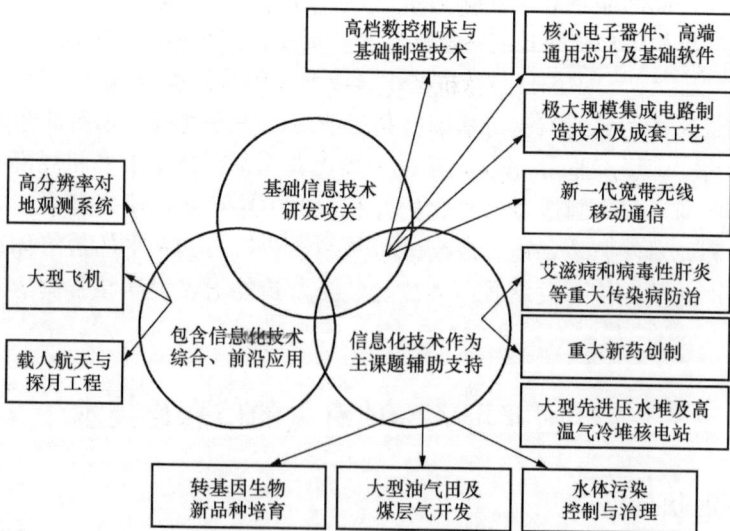

图 5-16　13 个重大专项与信息化的关系及分类

应用是这些专项的主课题目标得以实现的必须保证。信息化技术作为主课题的辅助支持的专项有：大型油气田及煤层气开发；大型先进压水堆及高温气冷堆核电站；水体污染控制与治理；转基因生物新品种培育；重大新药创制；艾滋病和病毒性肝炎。这些专项分别面向传统工业中的能源（包括传统能源和新能源）、环境保护、节能减排、农业、生物医药、生物医学工程等方面，其中涉及的信息化内容是主课题的辅助支持研究内容。

从图 5-16 可以看出，已公布的 13 个重大专项与信息化密切相关，可以得出两点结论：（a）以信息化为目的的各项基础技术，包括计算机软硬件技术、通信技术以及数字化装备技术，在重大专项中得到充分的重视；（b）信息化在传统工业以及高尖端应用项目中的作用日益加大。

5.7.2　关键技术

高档数控机床与基础制造技术、核心电子器件、高端通用芯片及基础软件、极大规模集成电路制造技术及成套工艺、新一代宽带无线移动通信几个专项的主课题本身就是信息化基础技术的攻关，已公布的 13 个重大专项部分子课题也涉及信息化技术的应用。13 个专项中与信息化技术应用有关的内容见表 5-4。

表 5-4　重大专项中与信息技术应用有关的内容

编号	重大专项	涉及信息化技术的子项目或内容	涉及的具体信息化技术
1	核心电子器件、高端通用芯片及基础软件	面向 3C 融合应用的新型异构多核 CPU 关键技术研究、高性能关键 IP 核；高端通用芯片知识产权分析与评估；基础软件知识产权策略、能力与服务；EDA 工具应用示范平台建设与 SoC 设计方法学研究；基础软件重大信息化应用、网络集成办公软件研发及产业化、EDA 工具应用示范平台建设与 SoC 设计方法学研究	知识管理（资源库、产权管理、专利管理、案例库、国内外重点软件企业专利信息库、开源软件知识产权信息库、专项知识产权成果数据库、嵌入式基础软件专利数据及分析信息库等）、EDA（电子设计自动化）
2	极大规模集成电路制造技术及成套工艺	集成电路生产线自动化调度控制软件技术；符合国际标准集束型 IC 装备控制系统开发平台研发与应用；半导体设备工艺腔室多场耦合分析与优化设计通用平台研究；IC 装备整机建模与仿真设计平台	CAD（计算机辅助设计）、EDA、CRM（客户关系管理）、MES（制造执行系统）、CAPP（计算机辅助工艺规划）、数字仿真、协同工作

编号	重大专项	涉及信息化技术的子项目或内容	涉及的具体信息化技术
3	新一代宽带无线移动通信	近距离通信 RFID 技术与 TD-SCDMA 网相结合公众应用研究与示范验证；家庭信息化解决方案研究、产品开发及产业化；TD-SCDMA 行业信息化应用方案开发及产业化；农村信息化应用方案开发及示范验证；传感器网络高能效通信技术研究；宽带无线接入技术测试与评估环境开发	SOA（面向服务的体系结构）、信息化行业应用（政府办公、市政管理、电力或交通），农业信息化、CAI（生产技能培训信息）、农业灾害防治信息库、仿真与测试技术
4	高档数控机床与基础制造技术	13 个子项目中：高速、精密、复合数控金切机床；重型数控金切机床；大型数控成形冲压设备；新型焊接设备与自动化生产设备；高档数控装置；数控机床功能部件；数字化工具系统及量仪；共性技术等与信息化有关。整个专项面向装备数字化	CAD（计算机辅设计）、CAE（计算机辅助工程）、CAM（计算机辅助制造）、CAPP（计算机辅助工艺规划）MPM（工艺过程管理）
5	大型油气田及煤层气开发	无相关资料	数字化油气田（基础地理信息系统；油气勘探开发信息系统；油气地面建设信息系统；油气开发信息系统；钻井信息系统；储运销售信息系统）
6	大型先进压水堆及高温气冷堆核电站	无相关资料	
7	水体污染控制与治理	三级水质监控网络构建关键技术研究与示范；水质信息管理系统及可视化平台关键技术研发与示范	数据可视化、资源库、DSS（决策支持系统）、数据挖掘
8	转基因生物新品种培育	无相关资料	
9	重大新药创制	创新药物研究开发技术平台建设	协同工作、知识库、数据挖掘、DSS（决策支持系统）
10	艾滋病和病毒性肝炎等重大传染病防治	能力建设领域：传染病监测技术研究；传染病信息分析技术与预警和防控决策的研究	数据库、信息采集、数据可视化、实时监控、数据挖掘、DSS、决策库

续表

编号	重大专项	涉及信息化技术的子项目或内容	涉及的具体信息化技术
11	大型飞机	信息化是"大型飞机"重大专项的重要支撑,其内容可以概括为:数字化标准、设计数字化、数字化实验与仿真、数字化制造、数字化客户服务	CAD、MBD(基于模型的定义)CAE、CAM、CAPP/MPM、EDI(电子数据交换)、虚拟制造、SPC(统计过程控制)、电子商务、并行工程、ERP(企业资源计划)、OA(办公自动化)、CRM、SCM(供应链管理)、TQM(全面质量管理)、知识管理、PLM(产品生命周期管理)、MES、网络化制造、协同工作、全面预算管理、BPM(业务流程管理)、数字化仿真
12	高分辨率对地观测系统	无相关资料	
13	载人航天与探月工程	无相关资料	

从表 5-4 统计归纳,13 个专项中涉及的信息化技术及其频次如图 5-17 所示,其中技术名称的右上数字为该技术的出现频次。

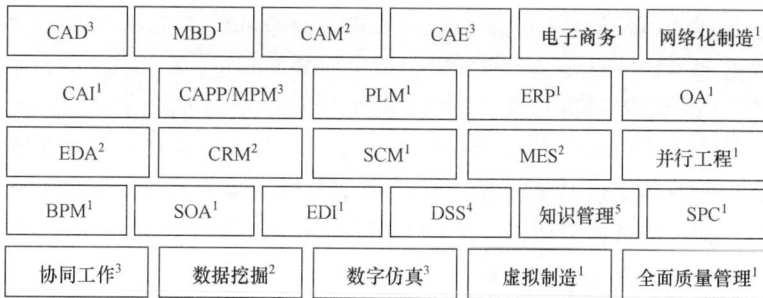

CAD[3]	MBD[1]	CAM[2]	CAE[3]	电子商务[1]	网络化制造[1]
CAI[1]	CAPP/MPM[3]	PLM[1]	ERP[1]	OA[1]	
EDA[2]	CRM[2]	SCM[1]	MES[2]	并行工程[1]	
BPM[1]	SOA[1]	EDI[1]	DSS[4]	知识管理[5]	SPC[1]
协同工作[3]	数据挖掘[2]	数字仿真[3]	虚拟制造[1]	全面质量管理[1]	

图 5-17　13 个重大专项与信息化的关系及分类

从表 5-4 和图 5-17 可以看出,13 个重大专项中涉及的信息化技术有如下特点:(a) 数量多:子项目多处出现与信息化有关的应用或研究;(b) 内容广:13 个专项中涉及的信息化技术较多;(c) 分类不一致:不同的子项目中涉及的具体信息化技术,可能属于不同的分类体系;(d) 设计制造业的信息化技术较多,其分类和定义较为规范,其他行业需要信息化的支持,但其技术分类和定义尚不完整，需要进一步研究。

从行业分类讲，13 个专项中的信息化技术及其应用反映出如下趋势。

（1）信息技术与设计、制造技术的融合

核心电子器件、高端通用芯片及基础软件、极大规模集成电路制造技术及成套工艺、新一代宽带无线移动通信、高档数控机床与基础制造技术、大型飞机几个专项涉及的内容属于广义范畴的制造业。

以信息技术应用为重点，以智能化、数字化、虚拟化、网络化、敏捷制造为方向，对传统企业设计、生产流程进行再造，实现生产信息化。包括推广应用 CAD、CAM、CAE、CAPP 以及并行工程、虚拟设计制造等先进技术，数控（CNC）、可编程控制（PLC）、分布式控制（DCS）、现场总线控制（FCS）、先进过程控制（APC）、柔性制造单元（FMC）和柔性制造系统（FMS）等先进加工控制技术，推广精益生产、敏捷制造、虚拟制造、网络化制造，满足生产过程自动化和优质、高产、低耗、高效、多品种、变批量的要求，满足客户日益强烈的个性化、多样化需求。通过提高重大技术装备研制水平和成套设备集成能力，如数控技术和数控机床、机器人技术及机器人、先进发电、输电和大型工程施工成套设备、大型自动化成套设备等，满足工业装备更新换代的需要。

（2）信息技术与传统工业的融合

重大新药创制、艾滋病和病毒性肝炎等重大传染病防治、大型飞机几个专项涉及的内容属于传统行业。

信息技术已经成为提升工业产业生产效率和附加值不可缺少的手段，包括钢铁、汽车、化工、纺织等，在产品升级、工业生产管理以及市场销售的各个环节，越来越离不开信息技术的应用。如飞机制造和汽车工业，既是传统产业，也是新兴产业。据统计，在飞机的整机成本中平均超过 30% 是信息技术或产品。随着信息化进程的推进，这个比重越高，国际上有的已经超过 50% 甚至60%[27]。再如化学工业、生物医药以及大型工程设计，利用已经研发建立的实验模型，把已有的实验数据都建立相应模型并输入进去，可以大大缩短实验时间和研发周期，降低研发成本，适应市场需求变化。

（3）信息化与企业生产、经营、管理的融合

已公布的 13 个重大专项几乎都涉及管理信息化的内容。

利用信息化手段，可以提高企业生产、经营、管理水平。在生产控制层面，以数控设备为基础，围绕创新研究和开发设计、工艺管理和加工制造、过程协同和质量控制、物料配送和产品管理等生产制造的关键环节推进信息化，以提高生产制造全过程工作效能。在资源配置层面，以成本分析为基础，围绕外部协作、内部计划、及时响应等关键环节推进信息化，以提高企业市场响应效率。在管理决策层面，以信息管理为基础，围绕产品市场与客户关系、人力资源与

资本运作、发展战略与风险管理等关键环节推进信息化，推广应用业务流程重组（BPR）、企业资源计划（ERP）、管理信息系统（MIS）、决策支持系统（DSS）、数据挖掘（DM）、商务智能（BI）、供应链管理（SCM）、客户关系管理（CRM）、知识管理（KM）等信息技术，实现管理信息化，提高管理、决策科学化水平[28]。

（4）信息化与资源、能源供给体系的融合

大型油气田及煤层气开发，大型先进压水堆及高温气冷堆核电站两个专项涉及的内容属于能源行业。

信息技术在工业行业生产中的普及应用，有助于推进工业行业节能减排工作，推动实现单位 GDP 能耗水平大幅降低。通过对钢铁、有色金属、建材、煤炭、电力、石油、化工、建筑等重点行业的能源消耗、资源消耗和污染排放联网监测与分析，可提高资源、能源利用效率和环保综合效益，推动行业淘汰落后生产能力。

（5）信息化与现代农业的融合

农业信息化实质是充分利用信息技术的最新成果，全面实现农业生产、管理、农产品加工、营销以及农业科技信息和知识的获取、处理、传播和合理利用，加速传统农业的改造，大幅度地提高农业生产效率、管理和经营决策水平，促进农业持续、稳定、高效发展进程。农业信息技术就是实现农业各种信息采集、处理、传播、贮存等方面的技术。农业信息化技术主要包括：气象遥感技术、卫星定位技术、农业专家系统、农业自动化技术等。

除上述 5 点外，信息技术本身就是最先进生产力，是高精尖领域的重要支撑。高分辨率对地观测系统，载人航天与探月工程两个专项是这一特点的体现。

5.7.3 技术路线图

各行业信息化领域的各种单元技术和集成技术，都是在工业实践的需求带动下发展起来的。各项行业信息化技术的发展可以描述为图 5-18 所示的进化过程①。各行业的信息化工程，以行业实践需求为出发点，随着管理模式的变革、计算机软硬件技术的发展，以及行业技术的发展，分为行业信息化技术和通用信息化技术。

可以看出，已公布的 13 个重大专项涉及制造、能源、农业和医疗等各个领域。信息化依托于计算机科学，首先应用在制造业，其后逐渐推广到其他领域，

---

① 黄培，《制造业信息化技术的发展进化规律剖析》，http://portal.vsharing.com/ShowArticle.aspx?id=623848。

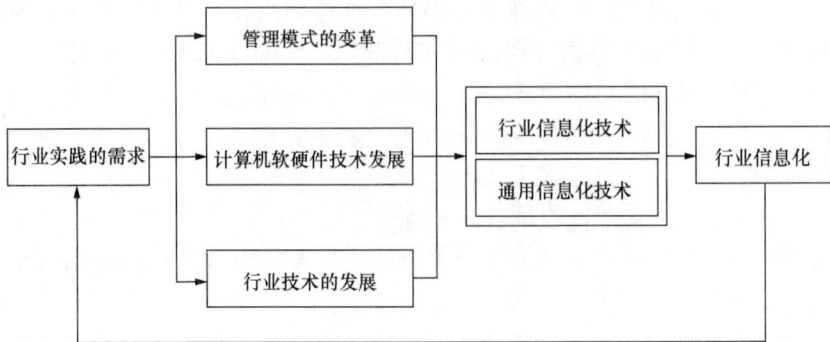

图 5-18 行业信息化技术发展历程

因此，在当前的信息化工程中，制造业的信息化仍然是重中之重。

建议如下：

我国设立的 16 个重大专项中，已经较充分认识到信息化及其技术在我国各行业发展中的重要作用，并在政策、资金等方面给予了大力支持。从重大专项的内容和分布看，提出如下建议：

（1）进一步加强基础性研究

主要指进一步加强支撑理论和基础信息技术的科研攻关。不论哪个行业的信息化工程都需要坚实的理论基础和成熟的信息技术支持，因此，只有在支撑理论和信息技术进一步完善和成熟的基础上，才能保证各行业和重大专项的信息化水平持续提高。

（2）进一步向非制造行业普及或强化信息技术的重要意义

当前，重大专项涉及制造业外的多个行业，主要包括：能源、农业和医疗。一方面，信息化是支撑和辅助这些重大专项得以成功和高效实施的重要支柱；另一方面，能源、农业、医疗甚至服务业自身一直就有着信息化的需求。但是，当前各行业对信息化的重要性意识不够，或者经常当做"面子工程"来做的现象也非常普遍，必须通过相应的规划和培训机制加以普及或矫正。

（3）规范调研信息化需求

信息技术的快速发展，各行业（尤其是非制造业）的信息化需求明显滞后，所以先进的管理理念和信息技术并没有在行业信息化中充分发挥作用。通过规范合理的机制进一步挖掘各行业的信息化需求，建立先进理论和技术与各行业需求对接的快速通道，非常有利于进一步发挥信息技术在各行业的作用。

（4）提高各大专项中的信息化应用参与单位的开放性

目前在各专项的信息技术应用中依然存在信息技术水平低，参与信息技术开发应用的单位局限性大，各专项对国内从事信息技术应用的优势研究单位参与专项研究封闭等问题，建议进一步提高专项的开放性，让国内具有信息技术开发应用的优势单位能够更多地参与到专项的信息化工作中，提高专项的信息化应用水平，促进专项目标更好的实现。

（5）考虑设立单独的信息化重大专项

绝大部分重大专项中涉及了信息化的相关内容。从内容方面看，信息化工程中涉及的基础理论，科学方法和信息技术日益广泛，交叉和集成成为未来的发展趋势。从行业方面看，制造业的信息化一直都是重要的研究内容，非制造业的信息化需求日益增加和深化。因此，建议对信息化工程中共性的理论、方法和技术展开研究，可以考虑设立单独的重大专项。

参 考 文 献

[1] 中国科学院科学发展报告课题组 . 2009 科学发展报告［M］. 北京：科学出版社，2009.

[2] 孙优贤，褚健 . 工业过程控制（方法篇）［M］. 北京：化学工业出版社，2006.

[3] 孙优贤，邵惠鹤 . 工业过程控制（应用篇）［M］. 北京：化学工业出版社，2006.

[4] 崔荣会，李艾艾 . 云制造落地［J］. 中国制造业信息化，2010，39（3）：18～21.

[5] 李伯虎，张霖，等 . 云制造面向服务的网络化制造新模式［J］. 计算机集成制造系统，2010，16（1）：1～7.

[6] 孙林岩 . 服务型制造：理论与实践［M］. 北京：清华大学出版社，2009.

[7] 邓倩妮，陈全 . 云计算及其关键技术［J］. 高性能计算发展与应用，2009，26（1）：2～6.

[8] 顾新建，张栋，纪杨建，等 . 制造业服务化和信息化融合技术［J］. 计算机集成制造系统-CIMS，2010，16（11）：2530～2536.

[9] 王冀 . 沃尔沃抛出"全金程"物流方案［N］. 中国汽车报，2004 年 12 月 6 日.

[10] 郭荣佐，郭进，王霖 . 嵌入式系统软件体系结构动态建模及应用研究［J］. 计算机应用，2009，29（4）：1143～1146.

[11] 贾凯 . "两化"融合，促进制造业由大变强［J］. 中国制造业信息化，2011，（2）：19～20.

[12] 李景丽，陈瑞球 . 我国传感器现状及其发展趋势［J］. 仪表技术，2003，（5）：39～40.

[13] 丁然，亢春梅，蔡丽梅 . 工业过程控制传感器［J］. 传感器技术，2001，（9）：6～9.

[14] 张广栋，罗仓学 . 生物传感器及其在食品工业中的应用［J］. 食品研究与开发，2005，（1）：133～134.

[15] 王刚，张志禹 . 多传感器数据融合的研究现状［J］. 电测与仪表，2006，（2）：1～5.

[16] 张万英 . 自动化仪表与控制系统的现状和发展趋势［J］. 电气时代，2009，（10）：40～43.

[17] 冯冬芹，俞海斌，金建祥，等 . EPA 实时以太网与标准化［J］. 自动化仪表，2005，（9）：1～3.

[18] 戴青云，王树辉，程俊红，等 . 组态软件的现状与发展趋势［J］. 应用技术，2008，（11）：70～71.

[19] 赵群，张翔，谢素珍，等 . 自动化仪表与控制系统的现状和发展趋势综述［J］. 现代制造技术与装备，2008，（4）：12～16.

[20] 褚健，王朝辉，苏宏业 . 先进控制技术及其产业化［J］. 测控技术，2000，（8）：1～3，9.

[21] 孙旭 . 现代石化企业的发展与自动化［J］. 新自动化，2006，（6）：72～73.

[22] 邹涛，闫志恒，李少远 . 基于 PC 机平台的多变量预测控制软件开发［J］. 应用科学学报，2003，（3）：296～300.

[23] 许超，陈治纲，邵惠鹤 . 预测控制技术及应用发展综述［J］. 化工自动及仪表，2002，（3）：1～9.

［24］邵惠鹤，任正云 . 预测 PID 控制算法的基本原理及研究现状 ［J］. 世界仪表与自动化，2004，(6)：1～7.

［25］吴澄 . "两化融合" 与自动化学科的发展 ［J］. 自动化博览，2010，(1)：38～41.

［26］陈琛，倪兰 . 2011 年全国工业和信息化工作会议召开定调 "十二五" 两化深度融合 ［J］. 通信世界，2011，(1)：1～2.

［27］綦成元 . 国家发改委今年信息化建设重点 ［J］. 信息系统工程，2009，(5)：8.

［28］孙国锋，张少形，武晓鹏 . 我国电子政务的现状与问题 ［J］. 中国信息界，2005，20 (10)：6～7.

缩 略 语

3C 融合	计算机（Computer）、通信（Communication）和消费类电子产品（Consumer Electrics）之间信息资源的共享和互联互通
3G	3rd-generation，第三代移动通信技术
3S	Syncretism（融合）、Symbiosis（共生）和 Synergy（协同）
ANN	Artificial Neural Networks，人工神经网络
AM	Agile Manufacturing，敏捷制造（或称灵捷制造）
AMS	Asset Management System，资产管理系统/仪表设备管理系统
AMADAS	Analyzer Management and Data Acquisition System，分析仪管理和数据采集系统
APC	Advanced Process Control，先进过程控制
APC	Automatic Pallet Change，托盘自动交换
APS	Advanced Plan System，先进计划系统
ASP	Application Service Provider，应用服务提供商
ATC	Automatic Tool Change，自动换刀
ATO	Assembling To Order，按订单装配
B2B	Business to Business，企业对企业（的电子商务）
BI	Business Intelligence，商务智能
BOD	Biochemical Oxygen Demand，生化需氧量
BPR	Business Process Reengineering 业务流程重组
C2C	Customer to Customer，客户对客户（的电子商务）
CAD	Computer-Aided Design，计算机辅助设计
CAE	Computer-Aided Engineering，计算机辅助工程
CAI	Computer-Aided Innovation，计算机辅助创新
CAM	Computer-Aided Manufacturing，计算机辅助制造
CAPP	Computer-Aided Process Planning，计算机辅助工艺规划
CAQ	Computer-Aided Quality，计算机辅助质量管理
CAX/CAx	Computer Aided X，所有计算机辅助技术之总称

CC　　　　　　Collaborative Commerce，协同商务
CPFR　　　　Collaborative Planning Forecasting and Replenishment，协同计划预测和补货
CIM　　　　　Computer Integrated Manufacturing，计算机集成制造
CIPS　　　　　Computer Integrated Process System，计算机集成流程生产系统
CIO　　　　　Chief Information Officer，信息主管/首席信息官
CKO　　　　　Chief Knowledge Officer，知识主管/首席知识官
CNC　　　　　Computerized Numerical Control，计算机数控
COD　　　　　Chemical Oxygen Demand，化学需氧量
CPC　　　　　Cooperative Product Commerce，协同产品商务
CPC　　　　　Cyber Production Center，智能生产中心
CRM　　　　　Customer Relationship Management，客户关系管理
C/S　　　　　Client/Server，客户机/服务器

DCS　　　　　Distributed Control System，集散控制系统/分布式控制系统
DFA　　　　　Design for Assembly，面向装配的设计/可装配性设计
DFE　　　　　Design for Environment，面向环境的设计/环境化设计
DFM　　　　　Design for Manufacturability，面向制造的设计/可制造性设计
DFT　　　　　Design for Test，可测试性设计/面向测试的设计
DFX　　　　　Design For X，面向产品生命周期任一环节的设计技术之总称
DM　　　　　Data Mining，数据挖掘
DNC　　　　　Direct Numerical Control，直接数控/群控
DSP　　　　　Digital Signal Processor，数字信号处理器
DSS　　　　　Decision Support System，决策支持系统

EAI　　　　　Enterprise Application Integration，企业应用集成
EC　　　　　　Electronic Commerce，电子商务
EDA　　　　　Electronic Design Automation，电子设计自动化
EDI　　　　　Electronic Data Interchange，电子数据交换
EDSP　　　　Embedded Digital Signal Processor，嵌入式数字信号处理器
EPA　　　　　Ethernet for Plant Automation，以太网工厂自动化
EPC　　　　　Engineer，Procure，Construct，（对一个工程负责进行）设计、采购、施工
ERP　　　　　Enterprise Resource Planning，企业资源计划

ES　　　　　　　Expert System，专家系统
ESB　　　　　　Enterprise Service Bus，企业服务总线
ESD　　　　　　Emergency Shutdown System，紧急停车系统
ETO　　　　　　Engineering To Order，按订单设计

FCS　　　　　　Fieldbus Control System，现场总线控制系统
FGS　　　　　　Fire & Gas Detection System，火灾和气体检测系统
FL　　　　　　　Fuzzy Logic，模糊逻辑
FMC　　　　　　Flexible Manufacturing Cell，柔性制造单元
FMS　　　　　　Flexible Manufacturing System，柔性制造系统

GA　　　　　　　Genetic Algorithm，遗传算法
GIS　　　　　　Geographic Information System，地理信息系统
GPS　　　　　　Global Positioning System，全球定位系统
GPRS　　　　　General Packet Radio Service，通用分组无线服务

ICT　　　　　　Information Communication Technology，信息通信技术
IEC　　　　　　International Electrotechnical Commission，国际电工委员会
IEC　　　　　　Integrated E-Commerce，全程电子商务
IMS　　　　　　Intelligent Manufacturing System，智能制造系统
IT　　　　　　　Information Technology，信息技术
IaaS　　　　　Infrastructure as a Service，基础设施即服务

JIT　　　　　　Just In Time，准时生产

KM　　　　　　　Knowledge Management，知识管理

LCA　　　　　　Life Cycle Assessment，生命周期评估
LCD　　　　　　Life Cycle Design，生命周期设计
LTE　　　　　　Long Term Evolution，长期演进（3G 的演进）

M2M　　　　　　Machine to Machine，机器对机器
　　　　　　　　Man to Machine，人对机器
　　　　　　　　Machine to Man，机器对人
　　　　　　　　Mobile to Machine，移动网络对机器

MAC	Main Automation Contractor，主自动化承包商
MAS	Movement Automation System，输送自动化系统/储运自动化系统
MBD	Model based definition，基于模型的定义
MC	Mass Customization，大批量定制
MCU	Micro Controller Unit，嵌入式微控制器系统/微控制器单元
MDO	Multidisciplinary Design Optimization，多学科设计优化
MEMS	Micro Electro-Me-chanical Systems，微机电系统
MES	Manufacturing Execution System，制造执行系统
MIS	Management Information system，管理信息系统
MOEMS	Micro-Optical-Electro-Mechanical System，微光机电系统
MPU	Micro Processor Unit，嵌入式微处理器系统/微处理器单元
MRP	Material Requirements Planning，物料需求计划
MRP II	Manufacturing Resource Planning，制造资源计划
MRO	Maintenance，Repair and Operation，维护、维修和运行
MTBF	Mean Time Between Failure，平均无故障时间
MTO	Manufacturing To Order，按订单制造
NC	Numerical Control，数控
OA	Office Automation，办公自动化
ODS	Operational Data Supervision System，操作数据管理系统
OPT	On-Line Real-Time Optimization，在线实时优化
OTS	Operator Training Simulator，操作员培训仿真系统
PaaS	Platform as a Service，平台即服务
PC	Personal Computer，个人计算机
PCS	Process Control System，过程控制系统
PDA	Personal Digital Assistant，掌上电脑
PDM	Product Data Management，产品数据管理
PLC	Programmable Logic Controller，可编程逻辑控制器
PLM	Product Life Cycle Management，产品生命周期管理
PM	Project Management，项目管理
PMC	Project Management Contract，项目管理承包合同
PMIS	Production Management Information System，生产管理信息

系统

QoS　　　　　　Quality of Service，服务质量

RDAS　　　　　Rotating Equipment Data Acquisition System，转动设备数据采集系统

RFID　　　　　Radio Frequency Identification，无线射频识别

RTOS　　　　　Real-time Operating System，实时操作系统

RTO　　　　　Real-time Optimization，实时优化/操作优化

SaaS　　　　　Software as a Service，软件即服务

SCM　　　　　Supply Chain Management，供应链管理

SIS　　　　　Safety Instrumented System，安全仪表系统

SLA　　　　　Service Level Agreement，服务等级协议

SOA　　　　　Service-Oriented Architecture，面向服务的体系结构

SOAP　　　　Simple Object Access Protocol，简单对象访问协议

SOC　　　　　System On Chip，片上系统

SOE　　　　　Sequence of Event，事件顺序记录

SOE　　　　　Service Oriented Enterprise，面向服务的企业

SOPC　　　　System on Programmable Chip，可编程片上系统

SPI　　　　　SaaS、PaaS、IaaS 三个服务模式

SRM　　　　　Supplier Relationship Management，供应商关系管理

STEP　　　　Standard for Exchange of Product Model Data，产品模型数据交换标准

TDAS　　　　Tank Data Acquisition System，储罐数据采集系统

TPMS　　　　Tire Pressure Monitoring System，胎压监测系统

TQM　　　　　Total Quality Management，全面质量管理

TRIZ　　　　Teoriya Resheniya Izobretatelskikh Zadatch（俄文的英语标音），发明问题解决理论

（原文为俄文：теории решения изобретательских задач）

UDDI　　　　Universal Description，Discovery and Integration，通用描述、发现与集成

VM　　　　　　　　Virtual Machine，虚拟机

VHDL　　　　　　　VHSIC（Very High Speed Integrated Circuit）Hardware Description Language，超高速集成电路硬件描述语言

WAN　　　　　　　Wide Area Network，广域网

WSDL　　　　　　　Web Services Description Language，网络服务描述语言

XaaS　　　　　　　X（anything）as a Service，一切皆服务

XML　　　　　　　eXtensible Markup Language，可扩展标记语言